다시 찾은 법률가의 소명

IVP(InterVarsity Press)는
'캠퍼스와 세상 속의 하나님 나라 운동'을 지향하는
IVF(InterVarsity Christian Fellowship)의 출판부로서,
'생각하는 그리스도인'을 위한 문서 운동을 실천합니다.

Redeeming Law
Copyright © 2007 by Michael P. Schutt
Translated by permission of InterVarsity Press
P. O. Box 1400, Downers Grove, IL 60515-1426, U. S. A.
All rights reserved.

Korean Edition © 2010 by Korea InterVarsity Press
352-18 Seokyo-Dong, Mapo-Gu, Seoul 121-838 Korea

다시 찾은 법률가의 소명

마이클 슈트 | 정옥배 옮김

부모님이신 톰과 샤론 슈트,
그리고
장인, 장모님이신 잭과 노마 재거스에게.

이분들은 가족, 직장, 사회, 지역 교회를 섬기며
하나님이 주신 소명에 헌신함으로써
선하고 경건한 유산을 남겨 주셨다.

차례

감사의 글	_9
서론	_13

1부 잃어버린 법률가

1. 잃어버린 법률가	_19
2. 미국 로스쿨 체험	_29
3. 소명과 지역 교회	_61
4. 법률직에 대한 고찰	_89

2부 통합

5. 통합의 토대	_119
6. 통일성	_129
7. 공동체	_155
8. 진리	_173
9. 통합을 위한 영적 훈련	_199

3부 통합의 실천

10. 직업 정체성, 통합 그리고 근대성	_235
11. 법률가의 악덕 — 법률가의 미덕	_269
12. 법과 진리	_307

결론	_349
부록	_351
주	_367

감사의 글

두 사람의 비전이 없었다면 이 책은 나오지 못했을 것이다. 리젠트 대학(Regent University) 로스쿨 학장 제프리 브라크(Jeffrey A. Brauch)와 기독 법조회(Christian Legal Society, 이하 CLS) 총무 새뮤얼 케이시(Samuel B. Casey)다. 이 두 지도자 모두 자신과 자신의 조직뿐 아니라 더 큰 비전을 위해 헌신해 왔으며, 나는 그들이 지치지 않고 선한 일을 하면서 하나님과 그분의 백성을 섬기느라 애쓰는 모습을 지켜보는 특권을 누렸다. 그들은 내게 섬김을 통한 기독교적 지도력이 무엇인지 보여 주었으며, 그들 덕분에 이 책을 쓰는 귀한 기회를 가질 수 있었다.

모세가 두 돌판을 갖고 시내산에서 내려온 이래, 하나님의 백성은 법이 일상생활에서 무엇을 의미하는지 이해하려 애써 왔으며, 나의 노력은 그저 앞서 간 다른 사람들이 생각한 것들을 적용한 것일 뿐이다. 그들 중 많은 사람들은 우리가 살펴볼 주제들에 대해 나보다 더 잘 그리고 더 깊이 생각했다. 내가 그들의 생각을 다시 포장하고 적용하여 그 생각들을 제대로 잘 나타냈기를 바란다. 법률과 법률직과 관련해 하나님을 섬기고 이웃을 사랑하는 일에서, 다른 사람들이 좀더 기독교적으로 사고하도록 고쳐시키려 하자 많은 사람이 도움을 주었다.

먼저, 리젠트 대학 법대 동료들이 내게 주어진 소명을 수행하도록 훈련하고 격려해 준 것에 감사하고 싶다. 특히 크레이그 스턴, 스캇 프라리어, 더그 쿡, 냇 갠트 교수에게 큰 신세를 졌다. 그들은 이 책을 쓰는 동안뿐만 아니라, 내가 조언과 의논을 요청할 때마다 시간을 내어 함께 원고를 읽고 토론해 주었다. 주님은 이 사랑하는 동료들과의 우정을 통해 내게 정말 크나큰 복을 주셨다. 또한 휘튼 칼리지의 스티븐 브리스텐 교수가 원고를 주의 깊게 읽고 비판해 준 것, 탁월한 통찰과 조언으로 원고가 더 나아지도록 도와준 것에 감사한다. 그의 조언 덕분에 이 책의 완성도가 높아졌으며, 내가 그의 조언을 좀더 잘 통합할 수 있었더라면 이 책이 훨씬 더 나아졌을 것이다.

교회와 법률직에서 소명에 대한 이야기를 기꺼이 함께 나눠 준 목사, 학생, 법률가, 교사들이 많이 있었다. 그중에서도 특히 데이브 앤더슨, 제프 줄리앙, 필 애쉬, 글랜디온 카니, 조프 볼린, 짐 데니슨에게 감사를 표하고 싶다. 또한 로버트 롤스턴, 레이몬드 데이그, 실비아 첸, 브라이언 샌더스, 브렌트 아마토, 제이미 래쉬, 빌 브루베이커, 마이클 스케이퍼랜다, 랜디 싱어, 탐 브랜든과 살라도 그룹, 로이스 헨슬러 등 그들의 유용한 통찰에 대해서도 감사를 표한다. 그리고 켄과 도나 필그림이 여러모로 깊이 후원과 사랑을 베풀어 준 것 (그리고 글을 쓰도록 숲속 은신처를 내어 준 것)에 대해, 그리고 IVP와 CLS 실행팀의 친구들과 동료들—존 테릴, 밥 트루브, 돈 폴 그로스, 실비아 첸, 수 발렌틴, 제프 기싱—에게 감사한다. 여러분의 우정과 교제는 귀한 도움이 되었다. 또한 조교 멜린다 레인지, 비서이자 친구인 메리 번치, 연구 조교 에밀리 스미스의 도움과 유능한 섬김에 감사하고 싶다. 덧붙여 쥬디 캡스, 크리스 스태그, 마크 킴벌, 미첼 워커, 클린트 리버스의 기도와 격려에 감사한다. 또한 기독 법학 교수회(Law Professors Christian Fellowship)의 지적·학문적 연구와 밥 코크란 교수의 통찰에 깊이 감사한다. 그리고 세계관 아카데미(Worldview Academy) 동료들—랜디 심즈, 델 쿡, 빌 잭, 채드 워렌, 제프 발드윈, 마크 버트란드—이 이 책에 나오는 수많은 개념에 대해 깊은 대화를 나누어 준 것 역시 감사한다. 친구 러스 스톨에게도 감사한다. 그는 법률가의 삶에 대한 나의 생각들을 근본적으로 형성시켜 주었다.

CLS 식구들에게도 감사하고 싶다. 특히 데이비드 남모와 덴 킴이 보여 준 우정과 사랑, 그리고 그들이 많은 법학도들을 이름도 빛도 없이 섬기고 사랑해 준 것에 감사하고 싶다. 마지막으로 가족이야말로 나의 가장 큰 지지자이며 격려자이다. 하나님이 세 자녀를 주시고 가장 좋은 친구이자 가장 훌륭한 비판자이며 가장 부지런한 편집자인 나의 참 사랑, 아내 리사를 주신 것에 대해 가장 감사드린다.

서론

이 책은 법률직에서 일하도록 하나님께 부름받고 세상에서 선한 일을 하도록 보냄받은 사람들을 위한 것이다. 이 책은 그 선한 일이 무엇인지를 다룬다. 하나님이 우리에게 주신 과제는 언제나 특정하고 제한되어 있다. 즉, 우리는 동시에 온 세상으로 나가라고 부름받지는 않는다. 그래서 각자 나아가야 할 방향을 직업으로 제시받아야 한다. 우리의 행군 명령은 언제나 일상생활과 일이라는 특정한 상황 가운데 주어진다. 그러므로 우리의 질문은 '우리의 일상적 일인 법률직이 정말로 구속적 가치를 지니고 있는가?' 하는 것이다.

분명 법은 영혼을 구속할 수 없다. 하지만 만물을 자신과 화목하게 만드신 그리스도의 동역자로서, "우리는 우리의 직업상 이 세상 어디에 처하게 되든지 구속적 과업에 참여한다."[1] 우리 하나님은 구속주이시며, 법을 구속하시는 분이다. 그리고 정치와 춤과 건축과 문학과 죄인들을 구속하시는 분이다. 우리가 주위 세상에 사랑과 섬김과 구속의 영향을 발휘하면서 하나님의 도구로 사용되는 만큼, 우리의 법률 실무는 실제로 이 세상에서 구속적 가치를 지닐 수 있다. 우리가 신실하다면, 우리의 법률 실무, 의뢰인, 동료, 교수들에게 역시 구속적 영향력을 발휘할 수 있을 것이다. 물론 우리도, 우리의 법률 실무도 실제로 구속의 일을 하지는 못한다. 하지만 하나님은 주변 사람들과 제도들을 섬기고 새롭게 하는 일에 우리를 기쁘게 사용하실 것이다.

법처럼 공적이고 정치적인 영역에서 왕 되신 하나님의 대리인으로서 부르심을 따라 산다는 것이 무엇인지 이해하기란 쉽지 않다. 또 한편으로는 "하늘을 땅으로 끌어내리려 하다 보면 언제나 지옥을 저 아래에서 끌어올리는 결과를 낳는다"[2]는 것을 깨달아야 한다. 종교재판에서 금주법까지, 30년 전쟁(주로 독일 내부에서 이뤄진 신·구교도 간의 전쟁—역주)에서 마녀재판에 이르기까지, 우리는 갖가지 방식으로 법을 오해하는 경향이 있다. 우리는 "하늘 도성에 대한 완전한 계시는 이 세상 역사의 지평 너머에 있다"[3]는 것을 기억해야 한다. 다른 한편으로, "하늘 도성에 대한 비전"이 우리의 행동을 지배해야 하며, "그것은 개인적 삶과 공적인 삶을 분리시킬 수 없다."[4]

하나님이 우리의 활동 무대인 법과 법 제도들을 구속하고 계시다면, 우리는 그것들을 서서히 그리고 불확실하게나마 그분의 권위 아래 두어, 포로를 해방시키고 희생자의 권리를 옹호하며 청지기로서의 직무를 수행하고 악행자를 벌하고 정의를 행하는 수단이 되게 도울 수 있을 것이다. 물론 이 세상에서는 이러한 일을 결코 완벽하게 성취할 수는 없겠지만 말이다. 문화적·법적 제도들을 제어하고 변혁하는 것이 법률가의 부르심은 아니다. 우리의 부르심은 하나님이 우리를 부르신 역할의 범위 내에서 자유를 가지고 겸손하게 우리 이웃, 즉 의뢰인·목사·배우자·동료 법률가·이웃 주민을 사랑하고 섬기는 것이다. 이렇게 섬기면 실제로 주변 세상에서 변혁이 일어날 것이다. 우리 이웃은 섬김을 받고 사랑을 받아 더 잘 살게 될 것이기 때문이다. 하지만 우리 목표는 세상을 변혁하는 것이 아니라 이웃을 섬기는 것이다.

앞으로 이 책에서 우리는 법—법정과 판사석에서의 법률 실무, 법학자들과 법학도들의 법학—이 주위 사람들에게 선행의 사역이 될 수 있는 가능성 그리고 하나님이 우리에게 주신 기술과 기회로 이웃을 사랑하고 섬기라는 부르심에 대해 탐구해 볼 것이다. 우리는 그리스도의 지체된 법률가로서 특정한 공동체에 대해 특정한 역할을 망라해 특정한 상황에서 우리 책임이 무엇인지 알아볼 것이다.

1부
잃어버린 법률가

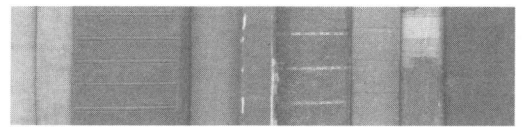

1. 잃어버린 법률가

소망 그리고 일상 업무 · 소망과 환멸 · 걸림돌

1980년대 중반 텍사스 로스쿨에서 그리스도인이 되는 것은 쉬웠다. 그리스도인 숫자는 많지 않았고, 법학 교수 중 자신이 신자임을 밝힌 사람은 한 명도 없었지만, 기독 법률가회(Lawyers' Christian Fellowship)가 매주 열심히 모이고 있었고, 강의실에서는 자기 속내를 자유롭게 털어놓을 수 있었기 때문이다. 게다가 로스쿨과 교회의 몇 안 되는 그리스도인 친구들은 풍성한 교제의 장을 제공했다.

하지만 그리스도인 동료들과 나는 법률직에 종사하는 그리스도인으로서 더 깊은 자리에까지 들어가기를 간절히 원했다. 우리는 그저 즐거운 교제를 나누고 예의를 갖춘 토론을 하는 것 이상을 원했다. 우리는 법률 분야에서 하나님을 섬긴다는 것이 무엇인지, 더 나아가 그에 선행하는 질문에 대해 답을 알고 싶었다. 그 질문은 '애초에 법률가로서 하나님을 섬기려는 것이 과연 잘한 일이었을까' 하는 것이었다. 우리는 또한, 예를 들어 형법의 목적이나 홈즈(Holmes) 판사(미국 사법 역사상 가장 유명하고 영향력 있던 대법관—역주)의 추론, 혹은 과실상계의 기초가 되는 법리에 대한 몇 가지 '정확한 대답'을 원했다. 그저 기독교적으로 법에 대해 대충 생각해 보는 것만으로는 만족할 수 없었다. 우리는 신앙과 부르심이 통합된 그리스도인 법률가가 되고 싶었다. 우리는 강의실에서, 우리가 배우는 교과서에서, 혹은 법률가와 교수로 일하는 사람들에게서 이러한 궁금증에 관해 별로 도움을 얻지 못했다. 또한 목사와 사제들에게서도 도움을 얻지 못했다.

예나 지금이나 그리스도인 법학도들은 자신들의 학문에 대해, 그리고 궁극적으로는 그들의 직업적 소명에 대해 믿을 만한 방식으로 통합된 접근을 하는 것에 갈급해하고 있다. 그리고 과거의 법학도들은 이제는 법률직에 발을 들여놓고 살아가면서도 여전히 통합성을 추구하며, 여전히 대답을 찾고 있다. 또 여전히 신앙과 법률 실무 문제에 그들이 피상적으로 접근하는 것에 실망하고 있다. 많은 그리스도인 법률가들은 여전히 '나의 생업이 하나님을 기쁘시게 하는 걸까' 하고 자문한다.

이러한 분투는 전혀 새로운 것이 아니다. 거의 300년 동안 미국 법률가들은 도덕적 정체성 문제로 씨름해 왔기 때문이다.[1] 하지만 윌리엄 블랙스톤(William Blackstone), 제임스 켄트(James Kent), 존 마샬(John Marshall) 같은 사람들이 갖고 있던 정통 기독교 세계관의 영향을 받아 발전한 법 제도에서는, 법률 분야에서 하나님을 섬길 수 있는가에 대한 해묵은 질문들이 오늘날처럼 근본적인 것은 아니었다. 사실상 비교적 최근까지 로스쿨들은 법률가로서 진정한 성공을 거두려면 기독교적 미덕이 선행되어야 한다고 생각했다.[2] 실재적인 법 이론—예를 들면 계약, 사유재산, 형사적 정의 등—을 놓고 일어난 모든 충돌은 그 주제에 대한 **적절한** 성경적 관점이 무엇인지 가려내는 싸움이었다.

하지만 오늘날 이 관점은 완전히 잊혀졌다. 완전히 뒤집혀 버린 것이다. 법학교수 조셉 알레그레티(Joseph Allegretti)는 자신이 변호사의 길을 떠나 예일대 신학대학에 들어간 이야기를 해준다. 그가 신학교에 들어간 지 일주일밖에 안 되었을 때, 역시 변호사였던 다른 학생을 만났는데, 그녀는 "그리스도인은 변호사가 될 수 없기" 때문에 변호사 일을 그만두었다고 말했다고 한다.[3] 대부분의 변호사들은 일반인들에게 그리스도인이 어떻게 변호사가 될 수 있느냐는 질문을 받은 경험이 있다. 그리고 내게 "변호사가 싫다"고 고백한 그리스도인 사업가도 여럿 있다. 내가 기독교 로스쿨에서 가르친다고 하면, 많은 사람들은 '그리스도인 법률가'이라는 말 자체가 모순이라며 빈정거린다. 그리고 법학도들은 과연 그리스도인이 변호사가 될 수 있는지에 대해 자기 교회 목사들은 의심스러워한다고 종종 말한다. 물론 이러한 법률직의 토대 변화는 지난 세기 동안 사회 내에서 일어난 다른 변화들과도 맥을 같이하는 것이며, 그 원인은 다른 분야의 쇠퇴와 변화에 대한 이유들만큼이나 깊고 다양하다.

이 책은 법률직을 '우리가 모두 그리스도인이었던' 때의 신화와도 같은 '좋았던 시절'로 돌아가게 하려는 것이 아니다. 하지만 그러한 법률직 상태에 대해 아무것도 할 수 없다고 주장하는 것은 믿음 없고 거짓된 말이다. 그리스도를 따르는 우리는 법률직에서 그리스도의 제자로 살지 못했고, 우리가 하는 일에 대해 신학적으로 생각하지 못했다는 것을 이야기해야 한다.

소망 그리고 일상 업무

이 책의 전제는 두 가지다. 첫째, 법률직에 종사하는 대부분의 그리스도인들은 자기 일에서 하나님을 섬기는 것에 대해 더 깊고 통합적으로 다가갈 수 있기를 진심으로 바란다. '통합된'(integrated)이라는 말은 서로 다른 역할들의 상충적인 요구들로 인해 분열되고 구획화되거나 나뉘지 않은 전인(全人)을 고려하는 것이다. 통합된 그리스도인이란, 삶의 모든 부르심에서, 즉 남편이나 아내로서, 법률가, 부모, 교인, 고용주 혹은 피고용인으로서 마음과 목숨과 뜻을 다하여 하나님을 섬기는 사람이다. 이러한 부르심은 각각의 부르심 안에서 우리가 맡은 책임에 따라 달라지는 의무가 무엇인지 알도록 도와준다. 하지만 우리는 두 마음을 가진 사람, 즉 충성을 나누어서 행하는 사람들이 아니다. 일요일과 일을 하는 평일 사이에는 참된 연속성이 있다. 하나님의 은혜로 우리는 모든 분야에서 전인적이고 통합된 인간으로서, 믿음으로 하나님이 우리에게 하라고 마련해 주신 선한 일을 하면서(엡 2:10) 하나님을 섬긴다. 그리스도인 법학 교수, 법학도, 판사, 변호사들은 그들의 일이 온전히 믿음의 삶에서 나온 것이 되기를 간절히 원한다.

둘째, 이러한 소망에도 불구하고 법률직에 있는 대부분의 그리스도인들은 그리스도를 따른다는 것이 실제로 일상 업무에서 정말 무엇을 의미하는지 알지 못한다. 어떤 사람들은 애당초 직업을 그리스도인의 소명으로 이해하는 개념 자체가 정립되어 있지 않거나, 법이 하나님과 이웃을 섬기기에 적절한 분야라는 것을 받아들이지 못한다. 또 어떤 사람들은 법이 고귀한 부르심이 될 수 있다고 생각하지만, 그럼에도 그들이 법을 가르치고 연구하거나 법률 실무를 수행하기 위해 교회의 역사적 자원들을 이용하기에는 역부족이다. 이 법률가들은 나와 나의 로스쿨 동료들이 그렇듯, 이 자원들이 풍성하다는 것을 모르고 있을 수도 있다. 아니면 그 일에 전념하기에는 다급하고 분주할 수도 있다. 마지막으로, 또 어떤 사람들은 자신의 일에서 하나님을 섬기고 싶어하지만, 일상적인 법률 실무에서 신실하고 만족스럽게 그리스도인다운 섬김을 실천하는 것은 불가능하다고 생각한다.

내가 샐리에게서 받은 글이 이러한 상황을 잘 보여 준다. 샐리는 일류 로스쿨에 들어가려고 준비하고 있는 젊은 여성이다. "나는 그리스도인이에요. 그런데 어떻게 하면 법률직을 통해 그리스도 안에서 성장하고 그리스도를 위해 일하면서 동시에 법 제도를 섬길 수 있을지 좀 혼란스럽네요"라고 그녀는 말한다.

법률직에 종사하면서 그리스도 안에서 성장할 수 있는 가능성에 대해 한 번도 생각해 보지 않은 사람들도 있다. 하지만 많은 사람들은 샐리처럼 그저 그 일에 어떻게 힘써야 할지 혼란스러울 뿐이다.

대형 로펌에서 일하며 하나님을 섬길 수 있을까? 유죄인 의뢰인을 변호하는 것은 어떤가? 성경 외에 다른 윤리 규칙들이 필요한가? 이혼소송을 수행하면서 어떻게 하나님을 섬길 수 있는가? 훌륭한 법률가인 동시에 훌륭한 그리스도인이 될 수 있는가? 이러한 질문들은 중요하면서도 좋은 질문이다. 그리고 이 질문들은 학생들만 하는 것이 아니다. 개업 변호사들도 기본적인 문제들로 씨름한다. 물론 우리가 어떤 직업을 갖고 일한 지 한참 되었는데 여전히 우리가 선택한 직업에 관한 기본 질문들에 대한 답을 잘 모른다면, 뭔가 문제가 있다는 징조다. 이러한 면에서 샐리의 경우도 관심을 불러일으킨다. 그녀는 자신이 법률직에서 그리스도를 섬길 수 있는가에 대한 확신도 가지지 못한 채 왜 로스쿨에 가려고 할까? 물론 문제는 이보다 더 복잡하다. 보통 문제는 우리가 일반적으로 법률직을 통해 하나님과 다른 사람들을 **섬길 수 있다고** 생각하지 않는다는 것이 아니라, **어떻게** 섬길지에 대해 혼동하고 있다는 것이다. 게다가 로스쿨에 들어간 이후 법률직에서 완전히 자리를 잡을 때까지의 경험을 통해 또 다른 의심이 마음속에 떠오르곤 한다.

소망과 환멸

처음에는 법률직에서 그리스도를 따르고자 하다가도 로스쿨에서의 경험 때문에 그런 마음이 사라져 버리거나 적어도 한풀 꺾이는 경우가 종종 있다. 법과대학의 주류 법학 이론은 법을 단순히 인간이 만든 것으로 여기며, 우리가 일찍이 법과 법률가의 삶에서 초월적인 것을 추구하던 태도를 의식하지 못하는 사이에 약화시킨다. 후에 법률 실무를 익혀 나가는 시기가 되면, 우리 자신과 소명에 관해 더 깊이 이해하고자 하는 소망은 우리가 맡아야 한다고 생각하는 역할들 때문에 더 꺾여 버리고 만다. 법정도 일반 사회도 법률가들을 고용된 총잡이나 사기꾼으로 보거나, 아니면 자기편으로 본다. 상황이 변할 때마다 역할이 변하는 것이다. 처음 법률직에 발을 들여놓았을 때에는 통합된 접근 방식을 찾아

보기 어렵고, 우리는 이 직업이 정말 하나님의 부르심인지 계속 반신반의하게 된다. 우리에게 영적 조언을 해주는 사람들과 상담자들도 우리가 씨름하는 복잡한 문제들에 대해 성경적 관점을 제시해 주지 못하고 똑같은 의심들을 표현할 뿐이다.

다시 선택한다면 로스쿨은 가지 않을 것이라고 내게 털어놓은 변호사가 한두 명이 아니다. "하나님과 의뢰인을 함께 섬기기는 너무 어렵거든요." 다른 사람들도 비슷한 감정을 토로했다. "옳은 일을 하려 애쓰는 것은 외로운 일입니다. **무엇이 옳은지를** 과연 알고 있는지 확신조차 하지 못하는 경우가 절반 정도 되요." 내가 아는 한 그리스도인 법률가는 법학도들과 가까운 관계를 맺고 있는데, 그는 로스쿨이 그저 '사탄을 위한 신병 훈련소'일 뿐이라며 농담 삼아 말한다.

게다가 나는 10, 15, 20년 동안 법률직에서 일하면서도 자신들이 날마다 행하는 법률 실무가 하나님을 기쁘시게 하는지에 대해 별로 깊이 생각해 본 적 없는 신자들을 알고 있다. 10년 이상 토지수용법을 전문으로 다뤄 온 한 변호사에게 국가가 토지수용을 통해 사유재산을 취한다는 개념 자체를 성경적으로 지지할 수 있는지 물어보았다. 그러자 그녀는 "와, 정말 좋은 질문이네요. 그런 문제에 대해 한 번도 생각해 본 적이 없는걸요"라고 말했다.

우리는 문제가 무엇인지에 대해서만큼은 제대로 이해했다. 그 문제의 많은 부분은 우리 자신의 냉담함과 태만에 기인한 것이다. 하지만 문제를 악화시키는 외부적 요소들도 있다. 예를 들어, 많은 목사와 교회 지도자들은 법률가들을 의심의 눈초리로 본다. 저명한 법학 교수들이 '도덕적' 법 이론이란 없으며, 형이상학은 법과 아무 관련이 없다고 말한다. 게다가 한편으로는 대중의 부정적인 인식, 그리고 다른 한편으로는 많은 법률가들의 교만한 무례함이 존재한다! 그리스도인 법률가들 간에 혼란과 환멸이 있는 것도 그리 놀라운 일이 아니다.

걸림돌

법률직에 몸담고 있는 많은 사람들이 일상생활에서 부르심의 기쁨을 체험하지 못하는 이유는 매우 다양하다. 그리고 오늘날에는 그런 사람들이 많다. 환멸의 이유는 많지만, 특히 그리스도인들이 법을 공부하고 법률가로 일하면서 그리스도를 섬기고자 할 때 직면하는 상호 관련된 세 가지 걸림돌이 있다. 이 잠재적 장애물들은 직접적으로 무지나 당황의 **원인이** 되지는 않는다. 그러나 이 잠재적 장애물들을 처리하고 극복하지 못하는 법률가들은 좌절의 쳇바퀴 속에서 법률가의 삶을 살게 될 것이다. 세 가지 걸림돌은 다음과 같다.

첫째, 미국의 법학 교육은 법이 하나의 도구이며 법률가는 사회적 기술자일 뿐이라는 개념을 부지불식간에 전달한다. 그렇기 때문에 일반적으로 영적인 문제에 무관심하다. 학생들은 제대로 법에 접근하려면 무신론자가 되어야 한다고 믿기 때문이다.

다른 사람들과 마찬가지로 법률가들도, 그들의 의무와 소명에 대한 성경적 비전과 반대되는 견해로 사방에서 공격을 받는다. 법률가들에게는 그런 공격이 로스쿨에서부터 시작된다. 로스쿨에서의 문화가 부지불식간에 사상누각의 토대를 이룬다. 일반 법학은 법이 단순히 인간의 행동을 기술적으로 처리하는 도구이며, 법률가는 사회적 기술자일 뿐이라고 가르친다.[4] 이런 전제는, 경쟁이 가장 치열하며, 법학 용어를 처음 배우고, 법률가처럼 생각하는 기술을 확립하기 위해 교관 같은 교수들에게 들볶이는 환경에서, 암시적으로 제시되지만 대체로 설명되지는 않는 가정이므로, 도전을 가하기가 어렵다. 사실상 이 잘못된 세계관은 삼투압처럼, 깨어 있는 소수의 학생들을 제외한 모든 학생들에게 침투해 들어간다. 그리하여 그들은 이 불안정한 기반을 신뢰하게 되고, 이 기반은 허물어져 가게 된다.

둘째, 교회는 대체로 더 이상 소명에 대한 정교한 교리를 갖고 있지 않으며,

그렇기 때문에 소명에 대해 가르치거나 법률직에서 그리스도인답게 섬기도록 독려하는 공동체를 세우지 못한다.

지역 교회는 전문 직업인들의 삶에서 일어나는 문제들에 대해 성경적 해결책을 제시하는 일을 공공연히 방해하지는 않았지만, 거의 도움이 되지도 못했다. 이 문제들은 종종 앞에서 언급한 잘못된 역할들이라는 형태로 나타난다. 소명으로서의 직무에 대한 가르침이 없기 때문에, 일부 그리스도인 법률가들은 법률가를 '고용된 총잡이'로 보는 일반적 개념이나 사회공학자로 보는 과장된 이상에 빠져 버린다. 두 견해 모두 기독교적 섬김을 위한 비전에는 도움이 되지 않는다. 그리고 고용된 총잡이 모델이나 사회공학자 모델을 의식적으로건 무의식적으로건 거부하는 많은 그리스도인 법률가들도 여전히 그들의 법률직을 '그저 하나의 직업'으로 본다. 교회는 최근 '직장 사역'의 필요성을 인식하긴 했지만, 지금까지 교회의 초점은 소명 교리가 아니었다.

심지어 법률직에서 그리스도인답게 섬길 수 있다고 생각하는 기독교 지도자들조차 법률가로서의 부르심, 정의, 변호, 직장 등과 같은 중요한 문제들에 대해 신학적으로 제대로 가르쳐 주지 못한다. 일의 내용상 처하게 되는 특유의 윤리적·신학적 딜레마에 대해 신학적 지침이 필요한 법률가들에게는 말할 것도 없이 그렇다. 교회 내에서는 더 이상의 대답을 듣기 어렵다.

셋째, 법률가들은 더 이상 법의 내용에 대해 신학적으로 생각하지 않으며, 그렇기 때문에 그들이 날마다 하는 일의 좋은 점(혹은 나쁜 점)을 보지 못한다. 그들이 제대로 생각한다면 성경과 교회의 전통적인 가르침을 통해 자신들이 하는 일의 좋은 점과 나쁜 점을 명백히 알 수 있을 것이다.

변호사들과 학생들이 법과 그들이 날마다 하는 일에 대해 성경적으로 생각하지 못하기 때문에, 법률가로서의 소명과 실무가 지닌 장점을 놓치고 혼란에 빠지게 된다. 불법행위법에는 하나님의 목적이 있는가? 계약이란 무엇인가? 법인에 대한 성경적 근거가 있는가? 법인을 세우는 일에 참여해야 하는가? 대부분의 법률가들은 이러한 질문들을 던지지 않는다. 즉, 그들은 자기 일에 대한 신학을 계발하지 못한다. 이것은 지성 차원에서 실패한 것이며, 이는 법률가들뿐 아니라 모든 교회의 문제다. 10년 전 마크 놀(Mark Noll)은 「복음주의 지성의 스캔들」(*The Scandal of the Evangelical Mind*, 한국 IVP)에서 이러한 실패에 대해 말했다. "복음주의 지성의 스캔들은 복음주의 지성을 찾아보기 힘들다는 것이다."[5] 물론 이렇게 지성 면에서 하나님을 섬기지 못하는 것은 처음 두 가지 장애물에서도 마찬가지다.

진 베이스(Gene Veith)는 법을 "문화를 만드는 직업"[6]이라고 부른다. 이 말은 법률가들이 주변 사람들을 의미 있게 섬길 수 있는 가능성을 지녔다는 말이다. 어려움이 있음에도, 법률직은 그리스도인들에게 하나님과 이웃을 온전히 섬길 것을 명한다. 그 섬김에서 법률가는 참된 만족을 누린다. 이 만족은 삶의 모든 영역에서 그리스도의 부르심을 따를 때 얻는 만족이다.

하지만 법률직에서 그리스도를 따르려면 주의를 산만하게 하거나 장애물이 될 만한 것들에 주의를 기울여야 한다. 미국 로스쿨 문화를 다룬 2장에서부터 그 걸림돌들에 대해 살펴보자.

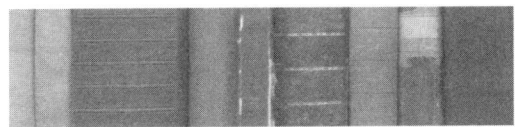

2. 미국 로스쿨 체험

로스쿨 분위기
문화적 조건 1: 영적 중심의 결여
문화적 조건 2: 은밀함·영적 나태

로스쿨은 당신의 현관 앞을 가로막고 있는 쓰러진 나무와도 같다. 도로에 나가기도 전에 길을 가로막을 우려가 있다.

물론 로스쿨이 법률직에서의 기독교적인 섬김을 방해하는 잠재적 장애물들을 허락한다는 말이 지나친 것일 수도 있다. 나는 법률직의 모든 문제의 책임을 법학 교육에 떠넘기거나 학생들이 무력하게 법학 교육의 손아귀에 사로잡혀 있는 것처럼 보이게 하고 싶지는 않다. 많은 그리스도인들은 로스쿨이라는 환경 속에서도 잘 지내며, 몇몇은 법에서 마음과 뜻을 다해 하나님을 섬긴다는 것이 무슨 의미인지 이해하는 듯하다. 하지만 로스쿨 경험은 잠재적 걸림돌이다. 로스쿨 경험은 '로스쿨 학생들이 법률직에 종사하는 그리스도인이 된다는 것은 무슨 의미인가' 하는 것과 관련해 초월적인 것, 즉 선한 것을 묵상하지 못하도록 방해하기 때문이다. 그 이유는 로스쿨이 보통 학생들에게 '훌륭한 법적 지성은 법의 근본적 원리에 대해 신학적·도덕적 견지에서 생각하지 않는다'라는 인상을 주기 때문이다.

로스쿨 분위기

학생들은 전형적인 미국 로스쿨 분위기를 맛보기만 해도 위에서 언급한 것과 같은 인상을 받는다. 즉, 로스쿨 분위기에서 나타나는 문화적 현상이라고 할 수 있을 두 가지 관련된 조건의 결합은 향학열에 불타는 그리스도인 학자에게 결정적으로 유해한 영향을 미친다.

첫째 조건은 강의실에 진지한 역사적, 종교적, 혹은 도덕적 중심점이 부재한다는 것이다. 인간의 본성과 법과 진리에 관한 가설들에서 일어난 극심한 변화는, 법학과 초월적 진리 추구를 완전히 분리했다. 둘째 조건은, 첫째 조건이 대부분의 학생들이 잘 탐지하지 못하는 가운데서 이뤄진다는 것이다. 법·인간성·현실에 관한 주된 전제들은 강의실에서는 결코 명확하게 표현되지 않는 숨겨진 틀의 상당 부분을 차지한다. 게다가 생소한 교수 자료와 방법들로 인해, 일반적인 법학도는 도저히 주어진 분량 이상은 깊이 생각하고 연구할 수 없는 찜통 같은 분위기에서 산다. 네 시간씩 자고 교수들에게 달달 볶이면서 주변을 살피기란 어려운 노릇이다.

이러한 문화적 현상에 오랫동안 노출됨으로써 얻게 되는 가장 해로운 결과를 논하면서 이번 장을 마무리할 것이다. 그것은 영적 냉담함 곧 중세 사상가들이 나태(아케디아, *acedia*)라고 불렀던 그것이다. 그 논의의 배경을 설정하기 위해 먼저 두 가지 풍토적 조건을 좀더 상세히 살펴보자.

문화적 조건 1: 영적 중심의 결여

먼저 조지 마스덴(George Marsden)이 말했듯, 현대의 대학 문화는 "속이 텅 비어 있다." 거기에는 "영적 중심이 결여되어" 있기 때문이다.[1] 법은 종교·도덕·역사에 매우 확고하게 뿌리를 박고 있기 때문에, 학문의 전당인 학교가 실용적인 가치만을 위해 이러저러한 근본 원리들을 거부하는 것은 특히 더 괴로운 모습이다. 로스쿨의 '영적 중심 결여'는 법이 힘의 정치, 최신 경제 이론, 실용주의 등에 불과한 것에 뿌리박고 있다는 무언의 가정을 스스로 드러낸다. 물론 이러한 것들은 법을 연구하고 실천하는 데 중요하다. 하지만 오늘날의 법학도는 한 주 전에 발표된 다양한 실용적 이론을 배우느라 1000년에 걸친 위대한 사상가들은 소개받지 못한다. 법의 역사적 · 도덕적 · 종교적 성격을 거부하는 것은, 학생들이 하나님과 이웃에 대한 의무를 이해할 수 있도록 도울 만한 자원 자체를 전혀 모른 채 훈련받는다는 의미다.

변화

1215년 스티븐 랭튼(Stephen Langton) 대주교와 몇 명의 영국 귀족이, 존 왕에게 마그나 카르타(Magna Carta)에 억지로 서명하게 했을 때, 그들은 모세가 십계명을 가지고 시내산을 내려왔을 때부터 서구 세계에 알려졌던 한 가지 원리에 의거해 행동한 것뿐이었다. 그 원리란 인간 통치자들 역시 법 아래 있다는 것이었다. 왕이 법 아래 있는 이유는 그가 인간이기 때문이다. 그리고 결국 모든 인간은 법의 지배를 받는다. 하지만 왜 그래야 하는가? 왕은 왕이긴 하지만, 법의 지배를 받는다. 왜냐하면 법 자체가 인간의 밖, 즉 인간 통치자 밖으로부터 유래하기 때문이다. 즉, 법은 피조세계에 내재되어 있는 도덕 질서로부터 유래하기 때문이다. 주권자이신 율법 수여자가 없다면, 왕들이 더 위대한 법에 '종속될' 이유가 없다. 이 기본 원리는 아우구스티누스, 아퀴나스, 에드워드 코크(Edward Coke) 경으로부터 윌리엄 블랙스톤, 제임스 메디슨(James Madison), 마틴 루터 킹(Martin Luther King Jr.)에까지 이르는 서구의 위대한 사상가들이 확증한 것이다.

물론 사람들은 여전히 말로는 '어느 누구도 법 위에 있지 않다'는 원리에 동의하지만, 그 토대는 완전히 구시대의 것이 되어 버렸다. 오늘날 판사들과 법학교수들은 '법'에 대해 말할 때, 그것을 오로지 인간 통치자가 만든 것으로서 단지 국가의 강압적 힘으로 뒷받침되는 일련의 명령들로만 이해한다. 이때의 법은 사람들이 선하거나 옳다고 생각하고, 그래서 시행할 수 있는 것과는 별개인 어떤 도덕 질서와 아무 관련이 없다. 필립 존슨(Phillip Johnson)의 말을 풀어 설명해 보면, "오늘날 법의 본질에 대한 사람들의 신념을 살펴보면 계몽된 사람들은 하나님이 정말로 죽었고 그렇기 때문에 우리는 우리 마음대로 할 수 있다"라고 인식하게 되었다.[2] 이것이 미국의 법학 교육이다.

하버드 대학 법학과 교수 해럴드 버만(Harold Berman)은 현 사태가 법의 본질에 대한 신념에 따라 정해진다고 본다.

> 로스쿨에서는 법이 본질적으로 입법자·판사·행정관을 포함한 정치 당국이 자신들의 정책을 시행하기 위해 만든 것이며, 본질적으로 사회적 감독 수단이고, 본질적으로 정권을 잡고 있는 사람들이 자신들의 뜻을 성취하기 위해 사용하는 실용적 장치·도구라는 개념이 일반적이다. 물론 법은 그 모든 것을 포함한다. 하지만 그것이 다는 아니다. 실은, **본질적으로** 그것이 아니다. 위에서 말하는 일반적 견해에서 빠져 있는 것은 법이 법을 전해 준 사람들보다 더 큰 어떤 존재에서 유래되었다는, 즉 법이 역사와 세계의 도덕 질서에서 유래되었다는 신념이다.[3]

버만은 이러한 견해가 근본적 이동을 가져왔다고 말한다. "종교적 법 이론에서 세속적 법 이론으로, 도덕적 이론에서 정치적 혹은 도구적인 이론으로의"[4] 이동이다. 법의 종교적·도덕적·역사적 이론을 저버리는 이런 변화는 법학에 영적 중심이 결여되어 있음을 드러낸다. 이것을 출발점으로 하여, 법 영역에서 그리스도인의 소명에 대한 토대가 결여된 것에 대해 생각해 보자.

윌리엄 블랙스톤에게 무슨 일이 일어났는가?

공식적인 '로스쿨'이 생긴 지 비교적 얼마 안 된 시기였던 1800년대 후반, 미국의 법학 교육은 법이 영원한 것에 근거하고 있다는 생각을 버렸다.[5] 19세기 중반까지 법률가들은 주로 오랜 수습 기간을 거치며 법에 대해 연구하고 훈련받았다. 법률가들은 법이 사물의 보편적인 도덕 질서를 구성하는 필수적인 부분이라고 여겼기 때문에 법학 교육을 할 때 회사법·부동산법·형법 등 지금 우리가 전통적인 주제라고 생각하는 것뿐 아니라, 윤리학·철학·신학·예술·수사학 등도 광범위하게 접하도록 했다.

데이비드 호프만(David Hoffman)이 1846년에 낸 「법학 연구 강의」(Course of Legal Study)는 법 연구에서 가장 유명한 강의 요목 중 하나다. 학생들이 읽어야 하는 실제 사례와 저작들이 아닌 강의 요목과 논평만 해도 825쪽에 달하며, "법률 실무에 종사하기 전에 법학의 모든 부문을 철저히 연구할 시간이 있고 연구하고 싶은 학생들을 위한" 참고 도서 목록도 적어 놓았다. 전체 강좌를 다 공부하려면 7년 정도 걸리겠지만, 추천 도서 중 일부를 제외하면 4년 과정으로 끝낼 수도 있다. 그 '단기' 과정은 열세 개의 장으로 나눠지는데, 각 장에는 평균 열 개의 주요 저서가 포함되어 있다.

호프만의 「법학 연구 강의」에는 분명, 매우 중대한 영적 중심이 결여되어 있지 **않다**. 서문에서 그는 법의 본질과 목적에 대해 의미심장하게 요약한다.

법학을 철저히 익히고자 간절히 바라는 사람들은 법학의 초월적 가치, 절대적 중요성, 끝없는 범위와 무한한 다양성에 대해 대단히 폭넓게 생각할 수 있어야 한다. 법학은 사람의 행동과 관련이 있기 때문에, 대단히 숭고한 도덕 철학이다. 법학은 개인과 국가의 행복을 목적으로 삼기 때문에, 무엇보다 가장 중요한 학문 분야이다. 그것은 사람과 국가의 도덕적 행동을 존중하므로, 무수히 다양한 경우에 그리고 법학은 하나님, 이웃, 나라, 혹은 자기에서 유래되거나 기인한 의무와 권리 전반에 관련되어 있으므로, 반드시 광범위한 학문이 되어야 한다.[6]

> **법을 공부하기 전에 학생이 드리는 기도**
> **(새뮤얼 존슨 박사, 1765)**
>
> 전능하신 하나님, 지혜를 주시는 분. 그분의 도움 없이는 결단도 헛되고, 그분의 축복 없이는 연구도 아무 소용이 없습니다. 주님의 뜻이라면 내가 의심하는 자를 인도하고 무지한 자를 가르치며 악을 예방하고 다툼을 끝낼 수 있을 만한 지식에 이르도록 해주시옵소서. 그리고 내가 얻게 될 그 지식을 주님의 영광과 나 자신의 구원을 위해 사용하도록 해주시옵소서. 예수님의 이름으로 기도합니다. 아멘.
>
> 데이비드 호프만, 「법학 연구 강의」

호프만의 교육 개요는 법의 '초월적 가치'를 강조한다. 그는 서론에서 그 저술들을 정해진 순서에 따라 읽어야 한다고 말한다. 각 장은 그 앞 장을 기초로 쓰여 있기 때문이다. 강좌의 첫 장에서 맨처음에 읽어야 하는 책은 성경이다. 이것은 색다르거나 이상한 일이 아니다. 1920년대 이후에 법학 교육을 받은 사람이 아니라면 말이다. 호프만과 그 이전 시대만 해도 위대한 법률가는 대단한 덕망을 갖춘 사람이었다. 이는 법률가가 엘리트이거나, 오늘날처럼 사회적 지위를 갖고 있기 때문이 아니었다. 법학 연구는 덕과 훌륭한 인격을 갖춘 사람들만 해야 하는 것이었는데, **법 자체가 존엄하고 중요한 주제이기 때문이었다.** 도덕적 진실성, 곧 천부적 권리와 의무를 보존하면서 옳고 그른 것을 구별하는 것이 법 본질의 중심이다. 이 때문에 법을 연구하는 사람은 성경, 철학, 인간 본성에 대한 글, 수사학, 윤리학 등을 연구해야 했다.[7]

호프만은 19세기 법과대학으로 비틀거리며 걸어 들어간 법학계의 탈선한 '근본주의자'가 아니다. 오히려 그는 시내산과 그 너머에서 이어져 내려온 서구 법학의 흐름 한가운데 굳건히 서 있다.

예를 들어, 호프만 강의 요목을 보면 강좌의 두 번째 장에서 「유스티니아누스 법전」과 함께 읽도록 명시되어 있는 가장 중요한 저술 중 하나가 1769년에 완성된 윌리엄 블랙스톤의 「영국 법 해설」(*Commentaries on the Laws of England*)이다. 이것은 아마 초기 미국 법률가들에게 가장 영향력 있는 교과서였을 것이다.

「영국 법 해설」은 주로 보통법 주제 전체의 항목 하나하나를 전문적으로 상세히 설명한 입문서지만, 그 책에는 법의 본질에 관해 확고한 기독교적 견해를 명확히 표현한 유명한 글이 몇 개 있다. 1787년의 미국 헌법 제정자들은 '그 해설'을 알고 있었으며, 그 해설은 성경 및 종교개혁자들의 신학 저술과 함께, 초기 미국 법을 형성하는 데 대단히 큰 영향을 미쳤다.[8]

블랙스톤은 법을 "어떤 우월한 존재의 지시를 받는 행동 규칙"으로서, 열등한 존재가 순종해야 하는 것이라고 규정했다. 따라서 "피조물인 사람은 반드시 창조주의 법에 복종해야 한다. 그는 전적으로 의존적인 존재이기 때문이다." 그리고 "사람은 모든 면에서 조물주에게 절대적으로 의존하고 있기" 때문에, 조물주의 뜻에 따라야 한다. 그렇다면 하나님의 본성과 인간의 본성에 비추어 볼 때, 결국 이 "조물주의 뜻을 자연법(natural law)이라 부를 수 있다."[9]

자연법이라는 이 개념은 물론 블랙스톤이 고안해 낸 것은 아니다. 그는 단지 보통법에 잘 드러난 기본 진리들을 분명히 표현한 것이었지만, 이론적으로 상당히 확실한 기반을 세웠다. 보통법 역사상 가장 유명한 법률가 중 한 명이었던 에드워드 코크가 17세기 초에 쓴 글에서는 벌써 이런 견해를 사실로 전제하고 있었다. 1610년 "칼뱅의 주장"(Calvin's Case)에서 그는 자연법의 출처를 밝혔다.

> 자연법은 하나님이 사람의 본성을 창조하셨을 때 그를 보존하고 지도하기 위해 그의 마음에 집어넣으신 것이다. 이것은 렉스 에테르나(lex aeterna), 곧 도덕법으로서 자연법이라고도 한다. 그리고 오랫동안 하나님의 백성은 하나님의 손으로 사람의 마음속에 쓰여진 이 법의 지배를 받았다. 세상에 최초로 법을 보도한 혹은 기록한 사람인 모세가 율법을 쓰기 전에 이미 그랬다는 말이다.[10]

자연법에 대한 위와 같은 견해는 명백히 성경적인 것으로서, 그 견해는 사실상 로마서 2장을 인용한 것이다. "율법 없는 이방인이 본성으로 율법의 일을 행할

> **칼뱅의 주장에 대한 에드워드 코크의 요약**
>
> 1. 백성들이 주권자에게 충성하거나 순종하는 것은 자연법 때문이다.
> 2. 자연법은 영국법의 일부이다.
> 3. 자연법은 이 세상에서 어떠한 사법이나 국내법이 있기 전부터 있었다.
> 4. 자연법은 불변하며, 바뀔 수 없다.

때에는 이 사람은 율법이 없어도 자기가 자기에게 율법이 되나니 이런 이들은 그 양심이 증거가 되어 그 생각들이 서로 혹은 고발하며 혹은 변명하여 그 마음에 새긴 율법의 행위를 나타내느니라"(롬 2:14-15). 코크의 성경적 접근법은 주류 영국계 미국인의 법 이론을 분명하게 표현한 것이다.[11]

자연법

서구 법 전통은 언제나 "최고의 정치적 권위를 지닌 법을 넘어서는 법체계가 존재한다는 믿음"에 의존해 왔다. 그 법은 한때 신법이라 불렸으며, 그다음에는 자연법으로, 그리고 최근에는 인권이라 불린다.[12] 루이스(C. S. Lewis)는 「인간 폐지」(*The Abolition of Man*, 홍성사)에서 이렇게 말한다. "내가 편의상 도(道)라고 부른 이것, 다른 사람들은 자연법, 전통적 도덕, 혹은 실천 이성의 제일 원리, 혹은 가장 진부한 말이라고 하기도 하는 이것은 가치 체계가 될 만한 여러 가지 중 하나가 아니다. 이것은 모든 가치 판단의 유일한 원천이다."[13] 서구 법 체계는 그 토대를 아퀴나스의 자연법 사상에 두었다. 블랙스톤, 코크 등은 마그나카르타와 토마스 아퀴나스의 신학적 입장을 기반으로 하고 있다. 아퀴나스는 그의 「신학 대전」(*Summa Theologica*, 바오로딸)에 나오는 "법에 대하여"(Treatise on Law)에서 네 가지 유형의 법에 대해 말한다. 영원법(eternal law, 코크가 인용하는 렉스 에테르나), 자연법, 인정법(human law, 人定法), 신법(divine law)이 그것이다. 그는 모든 법은 영원법―후에 블랙스톤은 이것을 자연법, 조물주의 뜻이라고 부른다―에서 나왔다고 주장했다. 모든 자연법과 인정법은 영원법에 종속되어 있다. 랄프 맥

키너니(Ralph McInerny) 교수가 말하듯, "자연법의 척도는 영원법이다. 인정법의 척도는 자연법이다. 간단히 말해, 인정 법령을 판단하는 불문법이 있다."[14] '자연법'은 이 영원법에 인간이 참여하는 것이다. 그것은 인간의 이성이 조물주의 뜻에 관해 분별할 수 있다는 뜻이다.

토마스는 선한 삶을 규정하고 그런 삶을 가져오는 이성의 능력과 실용가치를 신뢰하는 세상 속에서 살았다. 하지만 이성과 실용가치로 충분하다면, 믿음은 왜 필요한가? 그리스도인은 이런 세상에서 어떻게 살아야 하는가? 토마스의 자연법은 이러한 질문들에 관해 대답해 준다. 그것은 이성과 계시를 연결하는 고리다. 그것은 우리가 신적 이성―세상을 통치하는 하나님의 뜻―에 참여하도록 해준다. "자연법은 인간적 가치와 기독교적 가치 간의 근본적 조화를 보여주는 상징이다."[15]

> 세상이 신적 섭리의 지배를 받는다고 생각할 때, 분명한 것은…우주라는 전체 공동체가 신적 이성의 지배를 받고 있다는 점이다.…그리고 사물에 대한 신적 이성의 개념은 시간에 구애받지 않고 영원하므로…이러한 법은 영원하다고 해야 한다.…
>
> 그런데 무엇보다도, 이성을 가진 피조물은 가장 탁월한 방식으로 신적 섭리에 종속되어 있다.…그렇기 때문에 이성을 가진 피조물은 영원한 이성을 공유하고 있으며, 그로 인해 적절한 행동과 목적에 자연히 끌린다. 그리고 이렇게 이성을 가진 피조물이 영원법에 참여하는 것을 자연법이라 부른다.[16]

하지만 맨 앞에 나오는 조건("세상이 신적 섭리에 지배를 받는다")과 마지막 정의("영원법에 참여하는 것")가 없다면, 자연법은 자연법이 아니다. 자연법은 "모든 피조물이 궁극적으로 기초하고 있는 영원한 신적 질서와의 밀접한 연관을 깨닫지 못한다면 이해할 수 없는 것이다."[17]

성경은 이 영원한 질서가 피조물 자체에 계시되어 있다고 말한다. 그리고 적어도 부분적으로나마 모든 인류에게 분명히 나타났다고 한다(롬 1:18-24을 보라). 하나님은 성경과 그분의 피조세계와 역사에 나타난 그분의 활동과 경험과 양심을 통해 우리에게 자신을 계시하신다.[18] 이 중에서 규범에 대해 알려 주는 성경 외의 다른 것들은 일반 계시라 불린다. 모든 사람들이 일반적으로 접할 수 있기 때문이다.[19] 일반 계시는 인정법과 중요한 관계를 맺고 있다. 심지어 이교도들도 일반 계시를 알았다. 예를 들어 키케로는 자연법에 대해 익숙한 개념을 갖고 있었다.

> 참된 법은 자연과 조화를 이루는 바른 이성으로 모든 사람들에게 보급되어 있으며, 변치 않고 영원한 것이다. 명령들로 의무를 명하고, 금지사항들로 악을 억제하는 법이다.…이것은 참된 법과 반대되는 법률을 제정하지 않으려 하며, 또한 참된 법이 타락하지도 폐지되지도 않게 하려는 신성한 의무다. 실로 원로원(Senate)도, 사람들도 우리를 이 법에서 면제시킬 수 없다. 또한 우리 자신 외에 어느 누구도 참된 법의 해설자나 해석자가 될 수 없다. 또한 이것은 로마에서 다르고 아테네에서 다른 법이 아니다. 지금 다르고 후대의 어느 때에는 또 다른 법이 아니다. 이것은 모든 시대의 모든 국가를 구속하는, 영원하고 불변하는 법이다.[20]

아리스토텔레스는 이것을 자연적 정의라 불렀다. "정치적 정의에는 두 종류가 있다. 하나는 자연적인 것이고 다른 하나는 관습적인 것이다. 정의라는 규칙은 어디서나 똑같이 타당성을 지니고 있으며, 우리가 그것을 받아들이느냐 받아들이지 않느냐에 좌우되지 않는 자연적인 것이다."[21]

이렇듯 키케로에서 루이스에 이르기까지, 자연법은 인정법과 사회적 규범을 일치시키는 초석으로 인식되어 왔다. 하지만 판사, 법학자, 변호사를 훈련시키는 장인 미국의 법과대학은 마치 아리스토텔레스, 아퀴나스, 코크, 블랙스톤으로부터 배울 만한 것이 전혀 없다는 식으로 진행되고 있다. 자연법 사상이 근대에 영향을 미친 것이 사실이라고 해도 토마스의 체계는 "'합리주의자'의 체계라고 부를 수 없다. 근대 합리주의의 훌륭한 정신이 나와 있지 않다. 인간으로서 가지고 있는 자기만족감이나 고유의 완전함에 대한 주장도 없다. 추상적 '권리들'에 대한 정당화도, 법과 모든 규범의 궁극적 원천인 개인의 자율성에 대한 정당화도 없다."[22]

다른 한편, 한눈에 드러나지는 않지만 근대 사회에서도 사실상 인간들이 종속되어 있으며 참여하고 있는 객관적 도덕 질서가 있다. 그리고 더욱 중요한 점은, 인간들이 이 도덕 질서에 대해 뭔가 알 수 있는 것처럼 그리고 그 도덕 질서 안에서 책임(해야 할 일)이 있는 것처럼 우리가 행동한다는 것이다. 이렇듯 우리 모두에게는 선한 삶을 추구하고, 선한 삶의 몇 가지 본질적 요소에 일치될 수 있는 능력이 약간은 있는 듯하다. 게다가 우리가 신적 존재 혹은 법률 제정자를 믿든 안 믿든, 우리의 이성과 관찰력을 사용하여 공동선─심지어 법─에 대한 결정들을 내릴 수 있는 듯하다.

시내산 법 보고서. 물론 우리가 영원법에 참여하고 있음을 인식하는 것(즉, 자연법의 특정한 내용을 결정하는 것)에는 실제적 어려움들이 있다. 블랙스톤은 아퀴나스의 이론에 근거한 주장을 펼치면서, 특별계시를 중심 과제로 본다. 블랙스톤에 따르면, 우리의 이성이 완전하다면 자연법을 분별하는 것은 '즐겁고 쉬운' 일이 될 것이다. 하지만 우리의 이성은 타락했으며, 우리의 지성은 '무지와 오류로 가득 차' 있다. 그렇기 때문에 하나님은 우리에게 성경을 주심으로써 '은혜의 규정'을 마련해 두셨다.

인간 이성의 연약함과 불완전함과 무지함에 대한 긍휼로 인해, (하나님의 섭리는) 여러 시대에 다양한 방식으로, 매개 없이 직접적인 계시에 의해 그 섭리에 따른 법을 나타내고 시행하기를 기뻐하셨다. 이런 교리들에서 우리가 계시된 법 혹은 신법이라고 부르는 것이 나왔으며, 그 교리들은 오직 성경에서만 발견되어야 한다.

이 계시는 물론 자연법의 일부다. "인간의 모든 법은 자연법과 계시법이라는 두 토대에 의거하고 있다. 즉, 어떠한 인정법도 이 두 가지에 반하는 것이 되어서는 안 된다."[23]

그렇다면 모세가 법의 '최초 보도자'라는 코크의 말은 옳았다. 계시가 자연법의 각 부분에 대한 직접적 진술이라면, 계시는 인정법과 법 제도의 기초가 되는 확실한 발판이다. 1800년대 후반까지 대부분의 사람들은 이 사실을 분명히 알고 있었다. 러셀 커크(Russell Kirk)는 모세와 영국계 미국인들의 질서를 서로 연관시킨다.

> 미국인들의 질서는 레반트(지중해 연안 제국들인 시리아, 레바논, 이스라엘 등―역주) 사막에 깊이 뿌리내리고 있다. 이 질서는 나사렛 예수가 태어나기 약 13세기 전에 자라기 시작했다. 선지자이며 입법자인 모세를 통해, 유럽과 미국 그리고 세계 많은 지역의 문명을 발전시킨 도덕 원리들이 최초로 분명하게 표현되었다.…
>
> '계시'란 사람들이 이 세상에서의 평범한 체험을 통해 얻을 수 없었던 진리들을 드러낸다는 의미다. 그것은 일상적인 인간의 지각을 초월하는 어떤 원천에서 나온 지식을 전달하는 것이다. 이스라엘 사람들에게 모세는, 오직 한 하나님 여호와만이 존재하신다는 것, 하나님이 그의 백성과 언약 혹은 계약을 맺으셨다는 것, 그리고 그 백성이 따라야 하는 법들을 정하셨다는 것을 알렸다. 그런 계시로부터 근대의 윤리와 근대의 사회 제도를 비롯해 그 외의 많은 것들이 나왔다.…
>
> 우리가 '성경의 율법'이라고 부르는 것이 최초의 법전은 아니었다.…하지만 그 율법은 모세를 통해 알려진 법으로 지금까지 남아 있으며, 우리가 사는 사회에도 여전히 효력을 발휘한다.[24]

그렇다면 이러한 토대들은 정통 기독교 역사에 깊이 뿌리를 박고 있으며, 보통법 자체에 깔려 있다. 서구의 위대한 지성들은 때로 사람들이 주장하듯 신정 정치를 확립하려던 것이 아니었다. 반대로 그들은, 자신이 옳다고 생각하는 것을 예배할 권리 같은 자유를 포함한 법 질서가 보편적인 도덕 질서에서 나온다고 믿었다.

미국에서 표현되고 꽃핀 블랙스톤, 코크, 아퀴나스의 견해가 우리의 민주정치제도에 미친 사회적·법적 함의가 무엇인지 살펴보면서 그들의 사상을 검토하고, 재고하기까지 하면서 토론해 볼 만한 가치가 있다. 내 말은 자연법에 대한 토마스 혹은 블랙스톤의 표현에 오류가 없다고 주장하는 것이 아니다. 또한 계몽주의의 합리주의와 개인의 자율이라는 인본주의적 개념들이 법학에 미친 영향을 무시하는 것도 아니다. 단지 미국 법 전통, 즉 오늘날 법학 교육에서 무시되거나 억눌리고 있는 그 전통의 가장 기본이 되는 역사적·종교적·도덕적 풍성함을 보여 주려는 것뿐이다.

오늘날의 법학자들은 과거의 법률가들이 자신들의 가르침과 실무의 기초로 삼았던 이와 같은 풍성한 역사적 보화들 대신, 정치와 실용주의를 법 이론의 근본 원리로 삼는다.

근본 원인

이처럼 전통적인 법사상과 단절하게 된 근본 원인은 법에 대한 '도구적' 접근 때문이다. 도구적 접근은 법규정들 그리고 다른 형태의 법들을, 정권자들이나 자연법 혹은 사회 현상에 의해 규정된 "일반 규범보다는 실용적 목적에 기여하기 위해" 의도적으로 "고안된" **연장**으로 (혹은 '도구'로) 본다.[25] 이 견해에 의하면 법은 주로 특정한 사회적 목적을 달성하기 위해 사용되어야 하는 도구다. 사회적 목적은 사회의 여러 견해, 보다 광범위한 문화, 혹은 판사에 따라 언제나 변하기 때문에 본질상 하나의 정치 이론이다. 여기서 정말 문제가 되는 것은, 법이 사용될 목적을 결정하기 위한 정치적 수완을 누가 가졌는가 하는 것뿐이다.[26]

도구주의는 여러 문화적·법적 세력의 산물이었다. 하지만 도구주의를 주창한 가장 유명한 사람은 올리버 웬델 홈즈(Oliver Wendell Holmes Jr.)로서, 그는 실용주의와 도덕적 회의주의를 발판으로 후에 미국 연방대법관 자리에 오른 법학교수였다. 홈즈는 1902년에서 1932년까지 대법원에서 일했다. 홈즈는 법이 '근대 사회에서 점진적으로 발전하는 목표들을 성취하기 위한 도구'라는 견해와 과학만능주의를 주창했다. 그가 이런 입장에 서 있었기 때문에 당시 사회가 요구했던 필요를 채우는 데 우선순위를 두었고, 그래서 역사적 접근 방식을 받아들이지 않았다. 그렇지 않아도 위태롭던 그의 종교적 믿음은 남북전쟁 당시 북군 병사로 나갔던 경험으로 인해 산산조각 나 버렸으며, 그가 인간을 비천한 존재로 본다는 것은 매우 악명 높았던 사실이다. "나는 왜 사람에게 비비 원숭이나 모래 한 톨이 지닌 것 이상의 의미를 부여해야 하는지 이유를 모르겠다."[27] 법학계에서는 이러저러한 형태로 홈즈를 추종하는 사람들이 무수히 많았다. 법이론에서 홈즈를 그들의 지적 선구자로 여기고 도구주의를 중심 교의로 삼은 영향력 있는 운동에는 법 현실주의, 비판법학, 법경제학, 인종 및 젠더 비평학 등이 있다.

홈즈 이후 법은 언제나 도구, 곧 엔진이었으며 변호사와 판사는 사회적 엔지니어였다. 엔지니어들은 목적을 **형성**하고 사회가 그 목적을 **향해 가도록** 하는 역할을 하는 중요한 존재들이다. 이것은 법학 교육의 면모를 바꾼 최초의 변화였다. 이 새로운 통찰은 몇 가지 측면에서 아퀴나스, 코크, 블랙스톤, 호프만과 반목한다. 하지만 반목의 기초를 형성한 변화의 진수가 무엇인지는 추출해 낼 수 있다. 그것은 실용주의적인 혹은 정치적인 계산이 도덕적·역사적·종교적 사상보다 앞선다는 것이다.

역사상 모든 시대에 활동했던 학자들은, 법은 인간의 도구 이상의 것이라고 가르쳤다. 법은 신법에서 나온 것으로서, 창조주의 뜻을 반영한다. 법은 일차적으로는 창조주의 도구이며, 이차적으로만 우리의 도구다. 필립 존슨이 말했듯,

"인간 통치자들이 그때그때마다 무엇을 좋아하는지 상관없는 도덕 질서가 있고, 법은 그 도덕 질서와 조화를 이루는 한에서만 타당하다."[28]

미국 전역의 로스쿨에서 진리로 여겨지는[29] 도구주의 이론은 그리스도인 법학도들에게 심각한 결과를 가져온다. 도구주의는 법이 창조 질서에 뿌리를 박고 있다는 것을 거부함으로써, 신참 법학도들이 자신의 연구에서 선과 진리를 추구하지 못하게 한다.

실제 결과들

법의 일차적 기초가 되는 도덕적·역사적·종교적 이론을 거부하면 매우 특수한 종류의 법학 교육을 하게 된다. 이러한 법학 교육이 향학열에 불타는 그리스도인 법률가에게 어떤 장애물들을 놓고 있으며 그 결과는 어떠한지 밝혀 보도록 하겠다.

먼저 오늘날의 법학 교육은 호프만에게는 너무나 중요했던 미덕을 지닌 법률가를 더 이상 중요하게 여기지 않는다. 오늘날에는 어느 누구도 법의 '초월적 존엄성'이나 도덕적 숭고함에 대해 말하지 않는다. 그렇기 때문에 법을 연구할 때 더 이상 미덕과 고아한 품격을 요구할 필요가 없다. 법학도는 철학·문학·신학 분야에서 광범위한 교육을 받는 대신, 그저 약간의 기술적 교육과 책에서 해당 실정법을 찾아내는 방법만 잘 알면 된다. 기본적인 경제학 혹은 사회학에 대한 대충의 지식도 나쁠 건 없다. 미덕 대신에 전문적 능숙함과 사회학적 지식이, 법이라는 위대한 도덕 학문을 연구하는 데 필요한 적성을 보여 주는 가장 중요한 표시가 되었다.

이러한 실제적 결과에 대해 약간의 혼란이 있을 수도 있다. 지금은 아마 이전 어느 때보다도, 법학 잡지들과 간행물들마다 법률가의 미덕을 요구하고 있기 때문이다. "좋은 법률가가 좋은 사람이 될 수 있는가?"라고 그들은 묻는다. 법률직의 도덕적 중심은 어디 있는가? 왜 술, 마약 등의 남용이 그렇게 많은가?

소송에서 프로 의식과 교양이 없는 것을 어떻게 해결해야 하는가? 사람들은 이러한 질문이 존재하는 절망적 상황을 보면서, 로스쿨에서 학생들에게 제일 첫 번째로 원하는 것은 미덕이라는 결론을 내릴 수도 있다. 이것이 잘못된 결론일 수도 있다.

이렇게 외치는 이유는 법률직이 미덕에 대해서는 거의 신경 쓰지 않고 오로지 결과에만 매달리는 엔지니어들로 가득하기 때문이다. 게다가 비윤리적이며 여러 가지 중독과 싸우고, 법정에서 '수단이 목적을 정당화한다'는 듯 행동하는 법률가들을 양산해 내는 곳이 바로 로스쿨이다. 로스쿨이 이러한 법률가들을 입학시키고 훈련시키고 졸업시켰다. 그런데 어떻게 그들이 이제 와서 불평을 할 수 있단 말인가? 로스쿨은 미덕이 행동주의만큼 중요하지 않다는 것을 몸소 가르쳐 주었다.

로스쿨이 도구주의적 토대를 갖게 됨으로 인해 나타난 두 번째 실제적 결과는, 로스쿨에서는 종교적 믿음이 법 연구에 부적절한 것으로 분명하게 저지된다는 것이다. 집에서 종교를 갖는 것은 괜찮다. 하지만 이것은 강의실에서 공부하는 것과는 아무 상관이 없다. 일반적으로 로스쿨은 종교를 가진 사람들에게 적대적이지 않다. 하지만 로스쿨은 법에 대한 종교적 견해는 인정하지 않는다. 법경제학의 최전방에서 설득력 있는 글을 쏟아내고 있는 리처드 포스너(Richard Posner) 판사는 이 문제에 대해 매우 분명히 말한다. 그는 철학적 실용주의가 실용주의적 법 이론의 최적의 토대라 주장하며, 특정한 근본 논제들이 그의 접근법과 '아주 잘 맞는다'는 것을 확인한다.

우리는 공간적·물리적 환경을 교묘히 다룰 수 있는 지적 능력을 지닌 영리한 동물일 뿐이므로, 철학을 통해서건 다른 어떤 형식의 연구를 통해서건, 형이상학적 실체들—만일 그런 것이 있다면(이것에 대해서 우리는 알 수 없다)—을 발견하리라 낙관할 수 없다. 우리는 [형이상학적] 세계를 실제 있는 그대로 알 수 있으리라 기대할 수 없다.…

하지만 형이상학적 지식 추구를 포기하는 것이, 존재 중심에 심오한 신비 따위는 없는 것임을 의미한다고 해서 실망할 필요는 없다. 또는 최소한 의구심을 풀기 위해 애쓸 만한 가치가 있는 심오한 신비란 없다고 해도 마찬가지다.[30]

너무나 명백하다. 도덕적 진리에 대한 추구를 포기하라. 실용주의적 이론만이 법에서 중요하다. 우리는 물질세계의 범위 너머에 있는 것에 대해서는 아무것도 입증하거나 깨달을 수 없기 때문이다. 비물질적 실체라니, 당치도 않다.

한번 생각해 보자. 겨우 로스쿨 학생에 불과한 사람들이 어떻게, 그들에게 그만두라고 말하는 유명하고 똑똑한 법학 교수들 면전에 맞서 법에 대한 진리를 추구할 수 있단 말인가? '어떻게 하나님과 이웃을 섬길 수 있을까' 하는 문제에 대해 아주 막연한 관심만을 갖고 법률직에 들어가는 학생들이라면 절대 그럴 수 없다. 그들의 막연한 바람은 쉽게 꺾여 버릴 것이다. 그리고 법의 초월성에 대한 생각은 결코 형성되지 않을 것이다. 그리고 법과 정의를 통해 이웃을 사랑함으로써 초자연적 존재인 창조주를 섬기려는 진정한 열망으로 법학 학위를 받으려 하는 사람들은 곧 실망하게 될 것이다.

포스너의 입장이 분명히 밝히는 것처럼, 실용주의자들은 자기 나름의 '종교적' 전제들을 채택해야 한다. 예를 들어, 포스너는 형이상학적 연구를 거부한다는 일정한 목적을 갖고서 두 가지 형이상학적 전제를 신념으로 채택한다. 첫째, 그는 인간들이 '영리한 동물일 뿐'이라고 주장한다. 이 첫째 전제가 그다음 전제로 이어지는데, 그것은 인간들이 '추상적인 문제들을 다루는 데'보다는 '실제적인 문제들을 해결하는 데' 힘쓰는 게 더 낫다는 것이다. 그는 "우리의 지성은 일차적으로는 관조적이기보다는 도구적이다"라고 말한다. 이것은 경외감을 일으키는 관조적이고 추상적인 책들을 수없이 많이 쓴 학자로서는, 자신의 신념을 표방한 대담한 행보다. 그는 자비로운 창조주가 "진흙에 지성을 더했다"[31]는 전제를 입증하는 "갑제1호증"이다.

물론 문제는 인간의 본성에 대한 잘못된 가정들이 존재한다는 것이 아니라, 그 가정—법에 대한 역사적·신학적 견해를 반대하는 가설—의 진실성을 당연한 것처럼 여기는 것이다. 이것에 대해 아무런 토론도, 논의도 없다.[32]

법에 대한 도구주의적 견해가 야기하는 세번째 실제적 결과는 학생들을 법 이론의 뿌리에서 분리시킨다는 것이다. 법 이론을 강의실에서 토론할 때, 법 이론은 여전히 기본적으로 일반적인 실용주의적 견해와 조화를 이룬다. 학생들은 아퀴나스나 코크, 호프만의 글을 읽지 않는다. 오늘날 역사는 학문의 전당에서 실용주의에 밀려 뒷자리로 물러나 있다. 이것은 유서 깊은 법 이론들의 종교적 함의, 토대, 혹은 적용점들을 알고자 하는 그리스도인 학생들—혹은 이 문제에 관심있는 어떤 학생들이라도—이 무지한 채로 있게 된다는 의미다. 이것은 또한 로스쿨 학생들의 규범적 사고를 저해할 수도 있다. 이론들의 기초 자체가 정당화될 수 없다고 한다면 어떻게 자연법 이론들에 대해 배울 수 있단 말인가? 근본적인 원리가 경제적·사회학적 타산이라는 미미한 부분집합들로 국한되고, 법에 대한 위대한 도덕적·종교적 개념들이 출입금지된 상태라면 어떻게 그 근본적인 원리를 바탕으로 법이 무엇을 해야 하는지 논할 수 있단 말인가?

마지막으로, 이렇게 법에 대한 종교적·도덕적·역사적 접근을 통상 배제하면, 법학도들은 법 문제에 대한 진지한 기독교적 사고란 없다고 믿게 된다. 법과대학은 학생들이 스스로 필요한 일을 하기 위해 사용할 만한 도구들을 창고 뒤편에 숨겨 놓는다. 물론 충분한 기초 훈련을 받고 교육을 받은 학생들은 이 도구들이 있다는 것을 인식할 수도 있다. 하지만 그 학생들도 그 도구들의 적절성과 의미를 분별하는 데는 아무런 도움을 받지 못할 것이다. 그 결과 교회의 성인들, 그리고 그들의 사상에 영향을 받은 사람들의 위대한 보물은 묻혀 있게 된다.

법과 법률직의 본질에 대한 19세기의 대변환이 가져온 결과에 관한 논의를 마치면서, 알렉시스 드 토크빌(Alexis de Tocqueville)에 대해 살펴보자. 그는 이러한 변화가 일어나기 반세기 이상 전에 미국 법률가의 소명에 대해 어느 정도 상세히 논한 사람이다. 미국 법률가의 미덕에 대한 그의 묘사는, 도구주의로의 변화로 일어난 몇 가지 근본적 해악을 강조하고 있다.

성향과 취향

토크빌은 1820년대 미국의 문화, 제도, 성향을 관찰하기 위해 미국을 여행했다. 그의 관찰 결과인 「미국의 민주주의」(Democracy in America, 한길사)는 1835년에 발간되었으며, 지금까지 쓰인 글 중 가장 통찰력 있는 정치 해설서 중 하나다.

토크빌은 건강한 가정, 종교 집단, 지역 사회 공동체 등과 같은 책임 있는 사회적 제도들이 미국의 자유를 보존할 것이라 믿었다. 게다가 그는 미국의 법률가들과 그들의 "질서 있고 합법적인 절차들에 대한 애정"은 "대중의 판단"이 폭도의 통치로 전락하지 않도록 보장해 주리라 믿었다.[33] 토크빌은 종교와 법이라는 안전 장치들을 존중했다. 하지만 귀족 정치가 없으면 지배적 다수 혹은 무분별한 국민의 열정이 지닌 독단적 힘을 저지하지 못할 것이라고 염려했다. 그는 미국 법률가들이 그러한 저지를 해줄 수 있다고 생각했다.

미국에는 귀족이나 문학가들이 없으며, 사람들은 부자를 불신하는 경향이 있다. 따라서 법률가들은 사회에서 가장 뛰어난 정치 계층과 사회에서 가장 교양 있는 부류에 속한다. 그러므로 법률가들은 혁신에 의해 얻을 것이 아무것도 없다. 그로 인해 공공질서에 대한 그들의 타고난 취향에 보수적 관심사가 더해진다. '미국 귀족 사회를 누구라고 볼 것인가?' 하는 질문을 받는다면, 나는 주저 없이 서로를 이어 주는 공통 기반을 갖고 있지 않은 부자들이 아니라, 판사석과 법정을 점하고 있는 사람들이라고 답하겠다.[34]

토크빌은 미국의 법률가들이 미국 체제에 대해서 지니고 있는 가치를 낙관적으로 보았다. 이것은 주로 미국 법률가들의 '성향과 취향' 때문이었다. 법률가들은 그들이 가진 성향 때문에 "그 무엇보다 공공 질서에 애착을 갖고 있으며", "오래된 것에 대한 선호와 존중심"을 "질서 있고 합법적인 법 절차에 대한 애정"과 결합시킨다.[35] "법을 전문적으로 연구해 온 사람들은, 법률직에 종사하는 사람들이 질서를 신뢰하는 확고부동한 성향, 형식상의 절차에 대한 기호, 그리고 개념들을 규칙적으로 연결하는 것에 대한 일종의 본능적 관심 등을 갖고 있음을 발견하는데, 이로 인해 자연히 법률가들은 대중의 혁명적 정신과 무분별한 열정에 대해 상당히 적대적이 된다."[36]

법률가들이 이러한 가치들을 유지하는 데 결국 실패한 이유 중 하나는, 법률가들이 지녔던 전통적인 성향과 취향이 부식되었기 때문이다. 법학 교육이 이러한 부식을 범람시켰다. 도구주의 이론은, 토크빌이 법률가들이 가진 기질의 중심이라고 칭송했던 교육 내용을 결정적으로 바꾸어 놓았다. 법률가들이 더 이상 '오래된 것'을 존중하지 않는다는 사실은 의문의 여지가 없으며, 실용주의와 사회 과학이 역사, 신학, 미덕을 대신하게 되면서, 토크빌이 말한 성향과 취향은 더 이상 강의실에서 배양되지 않는다. 오늘날 법률가들은 그저 "대중의 맹목적 열정을 지도하는" 정도가 아니라 그 열정을 계발하고 불을 붙인다. 법률가들은 '대중'의 판결을 '경멸'하기보다는 매스컴, 대중 심리학, 쇼맨십 등으로 대중의 판단을 조작하는 일에 점점 더 많이 관여하는 듯하다.

토크빌은 법률가가 받는 훈련이 자기 자신과 자신의 역할에 대해 어떤 관점을 가져야 할지 알게 해준다고 생각했다. 훈련을 통해 법률가들은 그들이 받은 교육을 기초로 해서 흔들림없는 마음의 성향, 가치관 그리고 성향을 공유하게 된다. 간단히 말해, 훈련은 중요하다. 법의 본질에 대한 가설의 변화―이제는 미국 법학의 자연스런 배경의 일부가 되어 버린―는 어떻게 하면 법률직에 종사하면서 선한 일을 이룰 수 있는지 분별하기를 바라는 사려 깊은 학생을 혼란에 빠뜨리거나 낙담시킨다.

문화적 조건 2: 은밀함

로스쿨 풍토가 가진 고유의 두 번째 조건은 첫 번째 조건을 지속시키는 수단이다. 우리가 방금 논한 역사적·도덕적·종교적 배경의 상실은 로스쿨 문화에 은밀하게 스며들어 있다. 법학 교수들은 만연해 있는 물질주의적 실용주의라는 법학의 전제들에 대해 강의실에서 좀처럼 다루지 않는다. 물질주의적 실용주의라는 비교적 새로운 이 신앙 항목은 암암리에 존재하지만, 로스쿨에서 가르치는 모든 과목의 토대를 형성한다. 게다가 학생들이 훈련을 받는 환경으로 인해, 첫 번째 조건은 달리 도움을 청할 만한 시간이나 에너지가 없어 어찌할 바를 모르는 학자들에게 더 쉽게 받아들여진다.

통상적 종교

1978년 코넬 로스쿨 학장인 로저 크램톤(Roger Cramton)은 "법학 교육"(*Journal of Legal Education*)이란 잡지에 '법과대학 강의실의 통상적 종교'(The Ordinary Religion of the Law School Classroom)라는 글을 써서 작은 물의를 일으켰다.[37] 그 글은 "법학 교육에서 분명히 표현되지 않은 (그리고 보통 검토되지 않은) 가치 체계"를 살펴보고 있다. 그는 이렇게 암암리에 존재하던 가치 체계를 로스쿨 강의실의 "통상적 종교"라고 불렀다. 통상적 종교의 내용에 대한 그의 평가는, 영적 중심의 결여에 대한, 그리고 실용주의적이고 도구주의적인 이론을 위해 역사적·도덕적 접근이 희생되고 있다는 데 대한 우리 논의와 일맥상통한다. 통상적 종교의 "필수적 요소"에는 "일반화에 대한 회의적 태도, 법과 법 실무에 대한 도구주의적 접근", "사람이 이성을 적용하고 민주주의적 절차를 이용함으로써 세상을 더 나은 곳으로 만들 수 있다는 신념"이 포함된다.[38]

> **로스쿨 학생을 위하여**
>
> 당신은 로스쿨 강의실의 통상적 종교라는, 설명되지 않은 가정들에 대해 정신을 바짝 차리고 경계하고 있는가?
> 이러한 가정들은 악한 것이 아니다. 심지어 의도적인 것도 아니다. 하지만 우리가 법의 본질이나 인간의 본질에 대해 '주어진' 것으로 가정하는 것은, 우리가 내리는 모든 결정에 영향을 미친다. 강의실에서 사건들을 논할 때, 당신의 교수와 동료가 갖고 있는 기저의 가정들이 무엇인지 파악하라.

다시 한 번 이러한 특징들은 나름의 광범위한 문제들을 일으킨다. 하지만 크램톤의 전제는 통상적인 종교의 **내용**뿐 아니라, 그것을 은밀하게 전달하는 방식도 포함한다. 통상적 종교의 내용은 분명히 표현되는 법이 거의 없다. 크램톤은, 전형적인 로스쿨 강의실을 정교하게 관찰한 사람이라면, 교수와 학생들 대부분이 "특정한 근본 가치에 대한 가설을 무의식적으로 전제하고 있는 것"을 탐지해 낼 것이라고 말한다.

> 지적 틀이 공공연히 표현되는 일은 거의 없으며, 말과 행동 뒤에 숨겨진다. 근본 가설들은 "너무나 명백해 보여서 사람들은 그들이 무엇을 가정하고 있는지도 모른다. 그들은 다른 식으로 사물을 바라본 적이 한 번도 없었기 때문이다."[39]

리처드 포스너가 표현한 법과 인간의 본질에 대한 신념의 도약 대부분을 포함한 가치 체계가 당연시되기 때문에 풋내기로서는 그것이 존재한다는 사실을 간파하기가 어렵다. 그것의 실체는 걸리기는 하지만 어디서 걸렸는지는 알 수 없는 독감과도 같다.

물론 어떤 교수들은 다른 교수들보다 근본 원리에 대한 논의나 암암리에 통용되는 가정들을 밝히는 일을 더 잘 한다. 어떤 로스쿨은 교수들이 그렇게 하는 것을 다른 대학보다 더 잘 지원해 준다. 어떤 교수들은 통상적 종교를 의식조차도 못하고 있으며, 의식하는 다른 교수들은 의도적으로 통상적 종교와 싸울 수도 있을 것이다. 그럼에도 강의실에서 일어나는 대다수의 가르침과 토론은 기저에 있는 틀을 인지하지 않은 채 이루어진다. 법이 '무엇인가'에 대한 논의는 서서히 부상하는 반면, 법이 '무엇이 되어야 하는지'에 대한 논의는 무시된다. 이것은 법과대학들이 갖고 있는 무언의 가정에 대한 증거이자 그로 인한 결과다.

법과대학의 상태에 대해 크램톤이 시인한 것들은 또한, 가치 판단을 대신하는 듯이 보이는 '표면상의 목표들'이라고 그가 부르는 것이 무엇인지 드러낸다. 즉, "효율성, 진보 그리고 민주주의적 방식들이 액면 그대로 받아들여진다." 하지만 이것들이 과연 가치 있는 목표인가 하는 것은 절대 의문에 부쳐지지 않으며, 직접 언급조차 되지 않는다.

이로 인해 의견을 달리하거나 다른 의견을 얻어내려는 학생들은 명백히 불리한 처지에 놓이게 된다. 어쩌면 법에 대한 도구주의적 견해는 추구할 만하며, 결점을 보완하는 특성은 타락한 세상에서 환영받을 것이다. 어쩌면 실용주의적 접근은 비교적 새로운 것이면서도 최선의 것일지 모른다. 하지만 그것이 최선이라 해도 **유일한** 관점은 아니다. 그것은 역사적 관점이 아니다. 도덕적 관점도 아니며, 오랜 세월에 걸쳐 정통 그리스도인들이 갖고 있던 관점도 아니다. 아무 의심도 하지 않던 학생은 졸지에 코가 꿰어 끌려가기 전에, 이러한 관점들을 한 번이라도 평가해 봐야 한다. 성경의 기준에 반대되는 모든 것을 판단해 내야 하는, 곧 모든 이론을 파하기 위해 모든 생각을 사로잡아야 하는(고후 10:3-6) 그리스도인 학생은 그 전제들을 평가할 수 있기 전에 먼저 이러한 전제가 있다는 사실을 찾아내려는 태도를 가져야 한다. 힘든 학습 환경에 막 들어가게 된 그리스도인 학생은 실제로, 기독교적 관점을 존중하는 지속적이고 사려 깊은 대화에 참여하게 될 가능성이 거의 없기 때문이다.

힘든 학습에 본격적으로 돌입하게 되면 문제는 복잡해진다. 힘든 학습 환경으로 인해 유행하고 있는 법학 인플루엔자에 '걸릴' 가능성이 매우 높아지게 되는 것이다. 분주함과 스트레스 자체가 비이성적인 장애물은 아니지만, 로스쿨 커리큘럼 및 이후의 과정에서 의미와 깊이를 추구하는 학생들에게 추가로 지워진 짐이긴 하다. 로스쿨에서 겪는 정서적·육체적·정신적 스트레스는 피의자를 심문할 때 사용하는 잠 안 재우기 고문과 비슷하다. 당신을 죽이지는 않지만, 상대의 작전에 말려들기 더 쉽도록 만드는 것이다. 학생들이 로스쿨에서 겪게 되는 위기는 방금 논의한 것처럼 암암리에 세계관의 변화가 수반되는 문제다.

의도된 위기

로스쿨 학생들은 새로운 언어와 새로운 방법으로 새로운 주제를 배우려 할 때, 그들이 직면한 압박감 때문에 로스쿨의 세계관을 쉽사리 파악한다. 대단히 경쟁적이고 스트레스가 많은 환경, 학생들의 주의를 산만하게 하거나 무감각하게 하는, 격앙시켜 항복하지 않을 수 없게 만드는 환경에서, 은밀히 보존되어 있던, 도덕과는 상관없는 실용주의라는 환자용 묽은 죽이 학생들에게 제공된다. 처음에 예민하게 신경을 썼던 사람, 처음 로스쿨에 들어왔을 때 법에서 선하고 참된 것을 추구하던 사람들이 종종 자신의 이상주의를 재빨리 저버린다. 물론 애초부터 돈, 명성, 권세만을 위해 학위를 따려고 들어왔던 사람들은 말할 것도 없다.

이러한 상황은 전형적인 로스쿨 강의실의 교수 방법이나 기술 자체가 악하거나 해롭다는 말이 아니다. 사실상 대부분의 유서 깊은 교수 방법들—부담스러운 스케줄, 많은 읽기 과제, 소크라테스적 방법—은 학생들이 법적 문제에 대해 분석적이고 객관적으로 생각할 수 있도록 고안된 것이다. 하지만 무능력하다는 답답한 느낌에 압도될 때, 일반적으로 로스쿨 학생들은 강의실에서 제기되지 않은 더 큰 문제들을 심사숙고할 시간이 거의 없을 것이다.

생소한 언어

로스쿨에 들어간 첫해에 대부분의 학생들은 긴급 위기 관리 상태로 들어간다. 이 상황은 그들이 기대했던 바가 전혀 아니며, 이 경험은 다른 어떤 교육의 경험과도 다르다.

로스쿨에서 일주일에 읽어야 하는 자료 분량은 보통 학부에서 한 학기에 읽어야 할 분량보다 더 많다. 사실상 대부분의 경우, 보통 수준의 학생이 각 과목에 과제로 주어진 자료를 전부 읽고 이해하기란 거의 불가능하다. 첫해에 봐야 할 자료들은 주로 판례 기록들로 법적 의견들이 포함된 자료들이다. 대부분의 학생들은 전에 한번도 이런 것을 공부해 본 적이 없으며, 설사 해 봤다 해도 그처럼 많은 양을 해 보지는 않았다. 어떻게 하면 판사의 판결에서 규칙들을 분별해 낼 수 있는가? 판사는 옳았는가, 옳지 않았는가? 그리고 1723년의 사건은 오늘날의 법과 어떤 관련이 있는가? 이때 문제를 복잡하게 만드는 것은 학생들이 읽어 내야 하는 판례들이 생소한 언어, 곧 판사가 말한 법률 언어로 쓰였다는 점이다. 매일 밤 읽어야 하는 수백 페이지에 가득 등장하는 불가해한 법률 용어들은 차치하고라도, 사건 관련된 당사자들의 서로 다른 말투와 용어에 익숙해지는 데만도 한 학기가 걸린다.

나의 로스쿨 시절, 첫 강의 때에 교수가 학생 한 명을 부르더니 '계약이행청구소송'이 무슨 말이냐고 물었다. '빌'은 그만 얼굴이 창백해지더니 모른다며 더듬거렸다. 교수는 '계약이행청구소송'이라는 말이 로스쿨 맨 첫날, 첫 강의에서 공부하는, 첫 판례에 나오는, 첫 단어라는 점을 지적하며 빌을 완전히 묵사발로 만들었다. 빌은 수업이 끝났을 때 백지장처럼 하얗게 되었고 나는 그날 밤 이후로 매일 밤마다 판례들을 읽으며 「블랙 법률 사전」(*Black's Law Dictionary*)을 꺼내 공부했다. 그 교수의 생소한 언어 수업은 적중했다. 물론 첫해 그 판례들에 나오는 말 중 우리가 제대로 이해하지 못하는 모든 단어를 일일이 다 찾아보았다면, 첫 주 과제를 읽는 데 무려 여섯 달은 걸렸을 것이다.

전기의자

언어 문제 외에도 로스쿨에서의 교수 방법은 완전히 새로운 세계다. 교수들은 학생들이 암기 기술뿐 아니라 분석적 추론 기술을 실습하도록 하기 위해 판례들에 관하여 학생들과 대화를 나누는데, 그러면서 일부러 반대 의견을 말하기도 하고 결론에 도전을 가하기도 하며, 특정한 판례 혹은 판례들로 제기된 문제들을 놓고 학생들끼리 서로 싸움을 붙이기도 한다. 교수가 당신을 지명할지도 모른다는 엄청난 두려움은, 토론에 계속 참석하게 하고 날마다 강의 준비를 하게 하는 다소 강렬한 동기가 되기도 한다. 게다가 더 압박이 되는 것은 일반적으로 기말 고사가 각 강좌에 대한 유일한 평가 방법이라는 것이다.

역시 그중 많은 것이 실제로는 학생의 분석적 문제 해결과 독립적 사고를 돕기 위해 고안된 것이다. 법적 조언을 제공하려면, 법률 지식보다는 분석과 절차가 더 필요하다. 세인트 루이스 대학(St. Louis University) 로스쿨의 다나 언더우드(Dana Underwood) 학장은 학교 웹사이트에서 장차 로스쿨의 학생이 될 사람들에게 다음과 같이 설명한다. "여러분이 배우는 것은 지금까지 배웠던 것과는 전혀 다릅니다. 여러분은 사실을 암기하고 나서 다시 토해 내는 것이 아니라, 하나의 절차를 배우는 것입니다. 첫해 훈련은 강의 교재에 대한 것이기보다는 분석적 절차에 대한 것입니다."[40]

하지만 이러한 새로운 학습 방식은 대부분의 학생들에게 스트레스를 준다. CLS의 로스쿨 사역 책임자 데이비드 남모는 로스쿨이 "학생을 정서적, 육체적, 정신적, 영적으로 쥐어짠다"고 말한다. 그는 경쟁에서 이기려는 마음이 앞에서 말한 혹독한 과제들과 결합하여 성경을 연구하거나 기도하거나 교제를 누리거나 예배드릴 시간을 갖지 못하는 많은 학생들을 '무너뜨린다'고 덧붙이고 있다. 간단히 말해 로스쿨의 새로운 학습방식은 학생들의 영적·지적 민감성을 교묘한 방식으로 마멸시킨다. 물론 모든 학생이 다 극심한 압박감을 느끼는 것은 아니다. 수년 전, 로스쿨에 오기 전에 해군 전투선 조종사였던 한 학생이 있었다.

그는 교수들이나 시험에 대해 스트레스를 받지 않았다. 그는 내게 "총을 한 번이라도 맞아 본 사람에게 로스쿨은 그리 스트레스가 많은 곳이 아니다"라고 말했다. 그러므로 로스쿨 스트레스는 보편적인 것이 아니다. 정리해서 말하자면, 대부분의 학생들에게 경쟁적이고 성과 지향적인 로스쿨 환경을 더 복잡하게 만드는 것은, 연막 뒤에 실용주의라는 벽지가 숨어 있다는 점이다. 로스쿨 학생들은 중요한 것에 초점을 맞추기가 어렵다. 날아올 탄환을 주시하지 못함으로써, 많은 학생들은 정의, 섬김, 소명에 대한 법과대학의 오도된 접근에 허가 찔린다.

우리는 법이 진리에 관한 주장을 만들어 내는 것을 보았다. 몇 가지 분명한 것으로, 인간의 본성, 정부의 목적, 법의 본질에 대한 주장들이 포함된다. 이 주장들이 강의실에서 겉으로 표현되지 않는다는 사실은, 학생이 범죄 구성 요건들에 대해서는 눈에서 불꽃이 튀도록 집중하고 있는 반면, 처벌 목적이나 정의와의 관련성에 관해서는 한 번도 의문을 가질 생각을 하지 못한다는 의미다. 로스쿨의 '공기'만 마셔도 그렇게 된다. 우리는 그저 널리 퍼져 있는 세계관을 파악할 뿐, 정말로 그 세계관을 알거나 그 세계관이 현실과 관련된 것인지는 미처 평가하지 못한다. 이것 역시, 반드시 모든 법학 교수들이 그런 것은 아니다. 어떤 교수들은 법을 조롱하고 업신여기고, 또 어떤 교수들은 법을 존중한다. 어떤 교수들은 법 이론을 해체하는 데서 큰 기쁨을 느끼고, 또 어떤 교수들은 법 이론에서 큰 의미와 존엄성을 본다. 하지만 교수들 대부분은 의도적이건 아니건, 그들이 가르치는 학생들에 대한 탐지망 아래 도구주의적 분위기를 보급하는 일에 참여한다.

요약하면, 곤경에 처해 어찌할 바를 모르는 학생은 로스쿨 강의실 기저에 있는 종교, 곧 법 사상가들의 역사적인 법 세계관과는 전혀 조화되지 않은, 실재에 대한 무언의 가정에 기초한 종교의 막강한 영향력을 알지 못한 채, 칸막이로 차단되어 있다. 그 칸막이는 어둠 속에 있는 학생들이 대단히 중요한 근본적 원리의 실상을 계속 알지 못하게 하고, 깨어 있는 학생들이 이런 종교와 견줄 만한 정설을 가르쳐 줄 수 있는 자원을 이용하지 못하게 한다.

영적 나태

로스쿨 문화에서 제기되는 진짜 문제는 앞에서 논한 두 가지 조건으로 인해 자기도 모르게 일어나는 결과이다. 학생들은 로스쿨 풍토만의 고유한, 무언의 비도덕적인 전제에 노출되고 나면, 법률 분야에서 그리스도인답게 섬길 수 있다는 잠재된 가능성에 대해 아예 무감각해져 버리곤 한다. 그들은 로스쿨에서의 경험으로 생겨난 일종의 깊은 영적 냉담함을 지닌 채 로스쿨을 떠난다. 그것은 가장 으뜸 되는 것에 대한 추구, 궁극적 선, 진리, 아름다움을 추구하는 일에 둔감해지는 것이다. 중세 학자들은 이러한 영적 나태에 대해 아케디아(*acedia*)라는 라틴어를 사용했다.

우리는 선하신 분, 진리이신 분, 아름다움이신 분을 추구하기 위해 창조되었다. 웨스트민스터 소요리 문답에 따르면, 우리의 주된 목적은 그분을 영화롭게 하고 영원토록 즐거워하는 것이다. 여기에는 자연 세계와 그 법칙들, 우리에게 주어진 의무들에서 그분의 손길을 보는 것도 포함된다. 우리는 최고의 선을 추구하면서 세상과 우리 삶에서, 그리고 우리의 소명에서 선한 것과 고귀하고 참된 것을 추구한다. 물질 세계에 대한 우리의 청지기직은 우리가 "그리스도 예수 안에서 선한 일을 위하여 지으심을 받은 자니 이 일은 하나님이 전에 예비하사 우리로 그 가운데서 행하게 하려 하심이니라"(엡 2:10)는 이해와 어떤 점에서 관련되어 있다. 우리의 선한 일은 **이 세상**에 있다. 그것은 지금 여기에 있다. 우리의 크나큰 기쁨은 추구하고 두드리는 것, 마음을 다해 찾는 것, 하나님을 섬길 우리의 소명을 분별하는 것을 우리가 일상적으로 해 나가는 일을 통해 하는 데 있다. 이러한 탐구를 포기하는 것은 하나님의 형상으로 창조된 것에 수반하는 바로 그 특권을 거부하는 것이다. 아케디아는 그 기쁨을 훔쳐가며, 추구하고 두드리는 특권을 우리 손에서 억지로 빼앗아 가 버린다.

많은 법률가들이 바로 이렇게 기쁨 없는 상태에 있다. 그들이 이런 상태에 있는 한 가지 이유는, 로스쿨 생활을 하면서 법에서 영원한 진리를 바라는 것은 부적절하기 때문에 억눌러야 한다는 사실을 점차 알게 되기 때문이다. 이것은 일종의 영적 나태함이다.

토마스 아퀴나스는 절망이라는 죄의 맥락에서 이 영적 나태를 논한다. 자기 스스로나 다른 사람의 힘으로 "사람이 이루기 힘든 선을 얻는 것이 불가능하다고 생각하는 것은 그가 낙담하고 있기 때문이다.…그가 보기엔 자신은 절대 어떤 선도 행할 수 없는 것처럼 보인다. 그리고 영적 나태함은 이런 식으로 영혼을 낙담시키는 슬픔이므로, 여기서 절망이 생겨난다."[41]

다시 말해 영적 나태는 우리가 훌륭하고 선한 것을 도저히 이룰 수 없다고 간주할 때 일어난다. 로스쿨에서 조장되는 것은 바로 훌륭하고 선한 일을 이루지 못하리라는 절망감이다. 포스너 판사가 형이상학적 추구를 포기할 때 절망하지 **말아야 한다**고 했던 것을 생각해 보라. 존재의 핵심에는 "그것(형이상학적 추구)에 대해 우리의 마음을 괴롭게 할 만한" 것이 아무것도 없기 때문이라는 것이다. 하지만 우리는 우리가 그 신비를 추구하기 위해 창조되었으며 우리의 행복이 그것에 달려 있다는 것을 알기 때문에, 깊이 절망한다. 그리고 우리는 선을 이룰 수 없다거나 선이 부적절하다는 말을 여러 번 듣는다면, 포스너의 영적 나태를 우리 것으로 삼아 거기서 유발되는 절망을 경험한다.

독일의 철학자 요제프 피퍼(Josef Pieper)는 실재에 대한 '더 오래된' 견해에 기초해, 영적 나태가 지닌 함축에 관해 말한다.

더 오래된 행동 규약으로 보면 영적 나태는 특별히 다음을 의미했다. 인간이 그의 존엄성에 수반되는 바로 그 책임을 포기했다는 것, 다시 말해 그가 하나님이 원하시는 존재가 되기를 원치 않는다는 것이다. 그리고 이것은 정말로, 그리고 궁극적 의미에서 자기 본연의 **모습**이 되기를 원치 않는다는 의미다.[42]

로스쿨 문화는 하나님의 형상인 우리의 본성이 지닌 고유의 책임을 거부하도록 조장한다. 언제나 직접적으로 그런 것은 아니지만 적어도 분위기상으로 우리는 우리가 할 수 없는 한 가지 유일한 일을 하도록 조장된다. 그것은 선하고 참되고 아름다운 것을 더 이상 추구하지 않는 것이다. 우리가 그 부르심을 포기한다면, 법을 공부하지 않는 편이 나을 것이다.

법률가들은 섬기고, 돌보고, 추구하기 위해 법률 분야로 부르심을 받는다. 우리는 자연 세계와 인정법이 창조주의 영광을 반영할 때, 거기서 하나님의 선한 목적들을 추구한다. 우리는 상담자와 조언자로서 법을 통해 다른 사람을 섬기는 법을 배울 때, 그들의 필요에 비추어 우리 자신의 소질과 은사를 이해하고자 한다. 그리고 우리는 인간의 제도에 반영**되어 있고** 반영**되어야 하는** 법에서의 진리 곧, 세상의 도덕 질서에 대한 진리를 추구한다. 영적 나태의 반대는 바로 "인간이 그 자신의 존재, 세상 전체 그리고 하나님을 기꺼이 긍정하는 것"[43]이다.

바로 이것이 법률가와 법학도로서 우리가 할 일이다. 즉 우리의 연구와 학문과 실무에서 참되고 선하고 아름다운 것을 추구하는 것이다. 우리가 더 나은 법률가가 될 것이기 때문이 아니라—실제로 그렇게 되겠지만—참이시며, 선이시며, 아름다움이신 분을 추구하도록 우리가 지음받았기 때문이다.

결론

우리는 법률 실무, 법에 대한 가르침, 그리고 연구에서 하나님을 추구하는 인간으로 부름받았음을 기꺼이 수긍해야 한다. 하지만 하나님과 이웃을 섬길 실제적 방법들을 분별할 때, 우리의 주의를 산만하게 하거나 우리를 낙심시킬 만한 걸림돌이 될 잠재적 장애물들이 있다. 우리가 훈련을 받기 시작할 때부터, 로스쿨은 우리를 다른 길로 빠지게 할 가능성이 있다. 법과대학의 문화적 풍토가 지니고 있는 두 가지 조건은, 첫 시작부터 곧바로 법률 영역에서 청지기가 되라는 부르심을 저지하는 방향으로 우리를 밀어붙인다. 첫 번째 조건, 곧 도덕적·종교적·역사적 구심점에 대한 거부는 우리를 꾀어내어, 법에 처음 접근할 때 대단히 중대한 근본적인 원리를 분별하지 못하게 한다. 두 번째 조건인 로스쿨의 학습 분위기는 우리가 인식해야 하는 가정들을 덮어서 가리는 동시에, 우리가 그것들을 다루지 못하도록 눈길을 딴 데로 돌리게 한다.

이 두 가지 문화적 조건들은 한데 어울려 우리를 냉담함으로, 곧 법에서 진리와 선을 추구할 의무를 저버리고 나태한 자기만족에 빠지는 것에로 이끌 수 있다. 나는 이 장애물들에 대해 곳곳에서 암시했다. 그리고 2부에서는 장애물들의 해결책에 관해 더 상세히 살펴볼 것이다. 하지만 먼저 로스쿨에서의 경험을 근거로 두 가지 다른 장애물들에 대해 말하도록 하겠다.

■ 더 깊은 생각을 위해

1. 당신은 처음 로스쿨에 들어왔을 때보다 냉소적인 편인가? 당신은 이상주의적인가? 인정이 많은 편인가, 적은 편인가? 로스쿨이 지금처럼 우리에게 영향을 미치는 이유들을 살펴보라.

2. 로스쿨 교수들이 제시한 다양한 종교적 자료 중 당신의 법학 연구에 영향을 끼친 자료를 떠오르는 대로 말해 보라. 그것들은 어떻게 도움이 되었는가?

3. 당신이 법률가로서 혹은 로스쿨 학생으로서, 법과 법학의 선 혹은 아름다움까지도 어떻게 추구할 수 있을까? 바로 그것을 추구하기 위해 실제적으로 어떠한 장기적인 계획을 수행할 수 있을지 생각해 보라.

4. 당신은 법과 법률직에 대한 역사적·종교적 접근들이 당신의 법학 혹은 법 실무에 적절하다고 생각하는가? 만일 그렇다면, 그 이유를 말해 보라. 당신이나 당신의 고객들이 이러한 접근법에서 어떻게 유익을 얻을 수 있을지 생각해 보라.

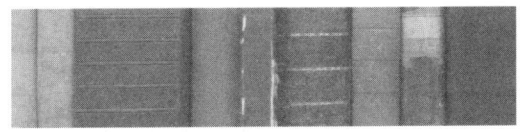

3. 소명과 지역 교회

두 번째 장애물: 일과 지역 교회 · 소명 교리 · 소명의 왜곡 · 새로운 이원론

교회가 없다면 참된 그리스도인의 삶은 있을 수 없다. 즉, 성도들의 교제, 말씀을 듣는 것 그리고 성례 참여가 없다면 우리는 죽은 목숨이다. 아마 이 때문에 그처럼 많은 그리스도인 법률가들이 자신들의 일이 활기차지 못하다고 느낄 것이다. 그들은 지역 교회 회중들과 단절되어 있기 때문이다. 이제 소개할 남아 있는 장애물들은 그리스도인 법률가와 "진리의 기둥과 터"인 교회 간의 단절과 관련되어 있다(딤전 3:15).

모든 법률가가 교회와 단절되어 있다고 느끼지는 않으며, 모든 교회가 법률가들을 제자화하는 데 실패하지도 않았다. 하지만 수많은 이유로, 법률가들이 자신의 소명을 잘 추구하도록 교회가 구비시키는 일은 실제로 **어렵다**. 물론 이 문제는 법률가들만의 것은 아니다. 주중에 종사하는 일에 대해 영적 인도를 받기 원하는 많은 교인들은, 대부분의 지역 교회가 그 분야에 대해 격려하거나 가르쳐 주지 못한다는 사실을 알게 된다. 이러한 문제는 종종 전문직의 일반적인 특징 때문에 그러하다. 예를 들어 의사와 법률가들이 직면하는 윤리적 선택의 문제는 대부분의 목사들이 일반적으로 경험해 보지 못한 문제들이며, 그들이 경험해 보지 못한 지식을 요한다. 원인이 무엇이건, 문제는 법률가와 일반 그리스도인들이 일상적인 일과 소명에 관해 제자로서의 기쁨을 자주 경험하지 못한다는 것이다.

이번 장에서는 1장에서 언급했던 바, 즉 법률 분야에서 그리스도인답게 섬기는 것을 방해하는 두 번째 주요 장애물은, 일상적인 일 그리고 그 일과 하나님의 부르심 간의 관계에 대해 서구 교회가 제대로 이해하지 못하기 때문임을 말하려 한다. 교회 지도자들의 냉담함 때문이건, 명백한 신학적 오류 때문이건, 아니면 단순히 지식이 부족하기 때문이건 **많은 교회는 소명 교리를 잊어버렸거나 포기했다.**

두 번째 장애물: 일과 지역 교회

소명(vocation)이라는 말은 '부르심'이라는 의미의 라틴어 '보카치오'(*vocatio*)에서 나온 말이다. 소명 교리의 핵심은 하나님이 우리를 특정한 역할들로 부르셨으며, 그런 역할들과 관련된 선한 일을 수행하기 위해 우리에게 그분의 은사들을 구비하게 하셨다는 것이다. 하나님은 우리가 할 선한 일을 예비하셨다. 사실상, 그분은 그런 일을 하게 **하시기 위해** 우리를 창조하셨다(엡 2:10을 보라). 그리고 그분은 문자 그대로 우리를 통해(즉, 우리에 의해) "우리 이웃을 사랑하신다." 다시 말해, 소명이란 하나님이 우리 삶에 두신 사람들을 사랑하라고 우리를 부르시는 것이다. 그리고 애초에 우리로 하여금 지금 위치에 처하게 하신 분은 바로 하나님이시기 때문에, 그 위치에서 신실하게 섬기는 것이 곧 하나님에게 신실한 것이라 확신할 수 있다. 그렇기 때문에 우리에게는 다양한 소명 혹은 부르심이 있다. 가정, 직장, 지역 교회에서, 시민 그리고 이웃으로서.[1]

그러나 교회는 언제나 이렇게 가르치지는 않았다. 중세 교인들은 제도 교회의 '성직자들'만이 참으로 하나님의 부르심을 받았다고 믿었다. 이렇게 '세속적인 것을 무시하고 영적인 것을 높이는 것'은 대부분의 사람들이 일종의 영적인 이류 시민에 속함을 의미했다.[2] 명상과 관조는 가장 고귀한 소명이었으며, 그렇게 부름받지 않은 사람들은 세상에 필요하긴 하지만 이 세상에서 하나님의 일을 하는 데는 덜 중요한 사람이었다. 4세기 역사가 유세비우스는 '그리스도가 주신 두 가지 삶의 방식'에 관한 글에서 중세의 견해를 잘 요약했다. 하나는 '완벽한 형태'이고 다른 하나는 더 '비천한' 방식이다.

> 전자는 본성을 초월하며 일반적인 인간의 삶을 넘어선다.…그것은 완전히 영구적으로 인류의 일반적·통상적 삶에서 분리된 것으로, 오직 하나님만 섬기는 데 바쳐진다.…그렇다면 그것이 완벽한 형태의 그리스도인의 삶이다. 그리고 후자는 더 비천하고 더 인간적인 것으로서, 사람들이…종교뿐 아니라 농업, 무역, 다른 세속적 관심사들을 생각하도록 허용한다.…그리고 그런 일은 경건의 등급이라는 면에서 보면 이류라고 할 수 있다.[3]

이것은 두 개의 층으로 이루어진 그리스도인의 삶이라는 것이 나오게 된 출전이다. 윗층, 곧 신성한 부르심은 명상적이거나 수도사적이거나 사제적인 삶이며, 아래층은 세상 안에 있고 세상에 속한 세속적 일이다. 오스 기니스(Os Guinness)의 말을 빌리면, 부르심에 대한 중세의 견해는 "부르심의 범위를 좁히고 대부분의 그리스도인들을 부르심의 영역에서 배제함으로써 성경적 가르침을 터무니없이 왜곡했다."[4]

소명 교리

소명 교리는 이러한 이원론과 대비된다. 소명 교리는 종교개혁과 더불어,[5]

특히 마르틴 루터와 존 칼뱅의 가르침에서 만개했다.[6] 종교개혁자들은 가정, 정치, 교회, 사회, 일, 여가를 포함한 삶의 모든 영역이 "종교적으로, 도덕적으로 의미 있다"고 가르쳤다. 그 영역들은 "사랑으로 자기 이웃을 섬기라는 하나님의 부르심에 사람들이 순종하도록 하나님이 정하신 길이기"[7] 때문이다. 다시 말해, 종교개혁자들은 "매일 접하는 일상의 삶에 영성의 본질이 담겨 있다고 단언했다."[8]

이렇듯 부르심에 대한 정확한 견해를 회복한 사람들은 주로 종교개혁자들이었지만, 이후에 제도 교회 밖에서의 일상적 일과 역할이 지닌 영적 중요성을 강조한 사람들이 로마 가톨릭 사상가들이라는 점은 주목할 만하다. 사실상 적어도 1900년대 초기부터, 로마 가톨릭 교회는 중세적 접근에 반대하는 입장을 훨씬 더 효과적으로 고수해 온 반면, 주류 복음주의는 반대 방향으로 나아가는 듯하다. 특히 요한 바오로 2세는 그의 글에서 일상적인 일이 하나님의 형상(*imago Dei*)에서 나오는 영적인 활동이며 하나님의 지속되는 창조 활동에 참여하는 것임을 매우 분명히 밝혔다.[9] 개신교와 가톨릭 모두 소명적 사고의 문화적 왜곡이 남긴 영향으로 인해 고민하고 있으며, 각 전통에 속해 있는 그룹들과 교사들은 소명에 대한 성경적 관점을 회복하고자 애쓰고 있다.

일차적 부르심과 이차적 부르심

소명 교리는 우리가 삶의 다양한 자리에서 일상생활을 통해 하나님을 섬기는 것에 초점을 맞춘다. 하지만 이런 '이차적' 의미의 소명은 전적으로 일차적 부르심, 즉 제1원인적 부르심에 종속되어 있다. 그 일차적 부르심이란, 부르시는 바로 그분을 따르라는 것이다. 오스 기니스는 일차적 부르심과 이차적 부르심의 관계를 이렇게 말한다.

그리스도를 따르는 자인 우리의 일차적 부르심은 그분에 의한, 그분에 대한, 그분을 위한 것

이다. 우선 무엇보다도 우리는 어떤 것(엄마 노릇이라든지 정치 혹은 가르침 등과 같은)이나 어떤 곳(도시 빈민 지역이나 외몽고 같은)이 아니라, 어떤 분(하나님)에게로 부름 받는다.

우리의 이차적 부르심은, 주권자이신 하나님이 어떤 분이신지 생각할 때 모든 사람이, 모든 곳에서, 모든 것에서 전적으로 그분을 위해 생각하고, 말하고, 살고, 행동해야 한다는 것이다. 그렇기 때문에 우리가 이차적 부르심으로서, 즉 주부로 혹은 법률 실무로 혹은 미술사 연구로 부르심 받는다고 말하는 것이 정확할 것이다.[10]

소명 교리의 중요한 원리에 관해 논할 때, 우리는 그 교리의 유일한 토대를 결코 잊지 말아야 한다. 바로 **하나님 앞으로의** 부르심이다.[11] 하지만 소명 교리에는 삶과 일상적인 일을 완전히 통합하기 위해 유의해야 하는 이차적 개념도 있다.

소명적 사고의 핵심 개념

하나님의 가면. 종교개혁자들의 사상에서 가장 중요한 요소는 하나님이 인간을 **매체로 하여** 활동하신다는 것이다.[12] 우리가 그분의 종이라는 것은 사실이다. 하지만 우리는 또한 그분의 **도구**다. 우리는 하나님의 사랑이 세상에 흐르게 하는 '통로'(channels)이다.[13] 우리는 하나님이 주시는 것을 믿음으로 받는다. 그러고 나서 우리의 부르심에 따라 사랑으로 우리 이웃에게 '나누어 준다.'[14] 루터는 하나님의 창조 역사가 자신들의 삶의 자리에서 하나님께 복종하는 사람들을 통해 이루어지고 있다고 말했다. "하나님의 일인 창조는, 자신의 소명에 신실함으로써 사탄에 대항하는 동역자인 사람을 통해 이루어진다.…하나님은 소명에 따라 사는 사람이 있는 곳에서 이 땅에서의 창조 역사를 계속해 나가신다."[15]

다시 말해 하나님은 자신의 일을 하시기 위해 다양한 부르심을 받은 사람들을 사용하신다. 우리는 이 땅에서 하나님의 일에 협력함으로써 그분의 '가면'— 무대의상 혹은 변장—이 된다고 루터는 말한다. 하나님이 자신의 사랑(혹은 진노)

을 나타내시면서 자신의 목적을 이행하실 때 하나님은 그 가면 밑에 숨어서 일하신다. 예를 들어, 하나님은 남편과 아내의 '도움' 없이 자녀들을 만들어 내실 수 있다. 하지만 그분은 결혼 안에 '숨으신다.' 결혼을 통해 그분은 자녀를 만들어 내시며, 창조자이신 그분은 남편과 아내에 의해 '감추어진다.'[16] 이것을 약간 다르게 말하자면, 남편과 아내는 하나님이 창조 사역을 해 나가실 때 사용하시는 그분의 도구다.

이 원리는 로마서 12장 끝 부분과 13장 첫 부분에 나오는 하나님의 진노에 관한 논의에 가장 준엄하게, 법률가에게는 가장 적절하게 설명되어 있다.[17] 로마서 12장에서 바울은 진노를 하나님께 맡기고 원수를 사랑하라고 명한다. 갚는 것은 하나님 자신이 하실 일이다. "원수 갚는 것이 내게 있으니 내가 갚으리라고 주께서 말씀하시니라." 하지만 본문을 보면 얼마 지나지 않아 바울은 주께 '그것을 맡기는' 방법에 대해 말한다. 하나님은 그분의 진노를 **인간**이 집행하도록 하신다. 관원(官員)은 "하나님의 사역자가 되어 악을 행하는 자에게 진노하심을 따라 보응하는 자"(롬 13:4)다. 여기에서 말하는 관원은 명백히 하나님의 '도구'로서, 하나님이 그분의 진노를 집행하고 그분의 사랑을 보이시기 위해 (악행하는 자들을 벌함으로써 보호받는 사람들에게) 사용하시는 '도구'다.

우연이 아니다. 둘째로, 아마도 소명 교리의 가장 기본 요소는 삶의 환경과 경계가 우연이 아니라 하나님이 정하신 것이라는 점이다. 우리를 창조하신 분께서 우리가 해야 할 선한 일을 준비해 놓으셨다면, 그분은 당연히 우리가 그 일을 하는 데 필요한 욕구와 재능을 갖도록 창조하셨을 것이다.[18] 좀더 '내적인' 그런 은사들에 더하여, 하나님은 또한 그들이 활동할 무대도 만드셨다. 바로 우리의 사회적 환경, 지리적 한계, 가족 배경, 자원 등이 그 무대다. 이러한 것들은 우리가 하나님이 부르신 삶을 살도록 준비해 주고, 또한 그 삶을 성취할 조건을 설정해 준다.

이 기본 개념에는 우리의 소명을 분별하고, 우리에 대한 하나님의 부르심을 경험해야 한다는 암시가 내재해 있다. 예를 들어, 폴 스티븐스는 '특별한' 부르심을 분별하는 데 초점을 두지 말라고 권고한다. 대신에 제자도의 일부로서, '모든 차원에서 그분을 기쁘시게 하기 위해 사는 법'을 배워야 한다는 것이다. 스티븐스는 제자가 되라는 부르심이 실제로 무엇인지에 더하여, 하나님이 우리를 부르시는 세 가지 명확한 수단을 말한다. 첫째, 하나님은 삶의 모든 **환경**을 통해 인도하신다('섭리적 부르심'). 둘째, 하나님은 그분이 우리에게 주신 **은사**들을 통해 부르신다('은사적 부르심'). 그리고 셋째, 하나님은 그분의 성령으로 우리 안에 창조하신 **욕구**를 통해 인도하신다('마음의 부르심').[19] 우리가 하나님을 추구하는 삶을 살 때, 그분은 우리를 부르신다.

다중적 부르심과 다중적 의무. 소명적 사고의 세 번째 요소는 우리가 다중적 부르심을 갖고 있다는 점이다. 즉, 다각적인 삶에서 하나 이상의 '처소'를 갖고 있다는 것이다. 우리는 가정에서, 직장에서, 시민으로서 그리고 교회 등 모든 영역에서 자신의 위치에 있도록 하나님의 부르심을 받는다. 우리가 형제나 자매, 남편이나 아내, 시민, 일하는 사람으로 부름받았음을 알게 되면, 각 영역에서 날마다 살아갈 때 목적을 갖게 된다. 그리고 각 영역에서의 활동을 통해, 우리는 하나님이 피조세계를 섭리에 따라 보살피시는 일과 세상에서 계속 이루어 나가시는 역사에 참여하게 된다.[20]

이 원리 역시 로마서 13장에 설명돼 있다. 관원은 또한 한 명의 시민이며 아마도 남편이자 아버지일 것이다. 남편으로서 혹은 아버지로서의 소명이라는 면에서 그의 의무는 원수를 사랑하고 악을 선으로 갚는 것이다. 하지만 다른 한편 그는 관원의 역할을 맡아 형벌을 집행해야 한다. 이런 맥락에서 보면, 소명은 같은 환경 속에서도 다양한 역할에 따라 우리가 해야 할 의무를 결정하도록 돕는다. "예를 들면, 동일한 사람이 자기 자녀들의 아버지요, 자기 아내의 남편이고, 자기 종들의 주인이며, 시청의 공무원이다."[21] 루터에게 그것은 '역할'(office)의 문제였다. 우리는 특정한 역할을 맡고 있고, 하나님이 그 일을 이루어 주시며,

우리는 그 일을 수행함으로써 우리 이웃을 사랑한다.

우리가 부모, 배우자, 법률가 혹은 농부의 직무를 특별히 어떤 방식으로 살아낼 것인지 결정하려면 당면한 환경에서 특정 직위와 관계 있는 의무가 무엇인지 분별해야 한다. 우리는 '직위'에 따른 의무를 수행하도록 부름받는다. 그 이상도 그 이하도 아니다.[22]

누가 나의 이웃인가?

이런 의미에서 소명은 대단히 실제적이다. 그것은 우리의 의무를 분별하도록 도울 뿐 아니라, 제한된 자원을 우리가 부름받은 분야에 집중하도록 돕는다. 소명적 사고가 담고 있는 함의 또한 실제적이다. 예를 들어, 하나님의 손에 대한 소명적 사고를 갖게 되면, 추상적인 의미에서 '인류'를 섬기거나 '세상을 구원하는' 대신 '진짜' 이웃들, 곧 하나님이 우리 삶에 두신 사람들에게 신실하게 될 것이다. "주님은 인간 마음의 솟구치는 불안함, 이리저리 흔들리는 변덕, 반대되는 것들을 동시에 움켜잡으려는 그 마음의 열망 그리고 그 야망을 아신다"[23]는 칼뱅의 가르침은 이러한 생각을 표현한다. 우리는 동시에 **모든** 선을 행할 수 없다. 그래서 "우리의 어리석음과 경솔함으로 인해 모든 것이 혼란에 빠지지 않도록 하기 위해, 각 사람에게 각각 다른 삶의 양식에서 서로 다른 별개의 의무들을 부여하셨다."[24]

우리가 사는 세상을 이러한 방식으로 바라보면 내가 누구의 부모를 공경해야 하는지, 어떤 상관을 존중해야 하는지 혹은 어떤 나라에 충성을 바쳐야 하는지에 대해 논쟁의 여지가 없어진다. 우리는 하나님이 우리에게 주신 부모를 공경한다. 하나님이 우리에게 주신 관할구역 내에서 우리의 고용주를 존경하고 당국에 복종한다. 우리는 하나님이 특정한 사람들을 특정한 방식으로 사랑하도록 우리를 특정한 환경에 두셨다는 것을 알게 된다. "그렇기 때문에 모든 사람의 삶의 양식은 그가 언제나 제멋대로 이리저리 질주하지 못하도록 주님이 정

해 주신 일종의 처소다."²⁵⁾

　하나님이 이런 식으로 우리 삶을 인도하시게 하면 우리는 매우 자유로워진다. 우리는 은사들의 '영적' 배출구를 찾는 대신, 하나님의 영광을 위해 우리의 일을 추구할 수 있다. 우리는, 우리가 '섬겨야' 할 낯선 사람들을 찾기보다 자신의 가족과 일하는 사무실에서 이웃을 사랑할 수 있다. 우리의 다양한 소명은 우리가 부름받은 사역이다. 그리고 하나님이 우리에게 짐 지우셨다는 것을 깨달을 때, 우리가 하는 일이 무엇이건, 우리가 어디에 있건 그 짐과 관련된 어려움과 수고를 믿음으로 견딜 것이다.²⁶⁾ 그뿐 아니라, 우리와 우리의 일에 대해 세상이 어떻게 생각하든 하나님의 부르심을 따른다면 가장 비천한 일이라도 칼뱅이 말한 대로 "하나님 눈에는 빛나고 가치있다"²⁷⁾는 것을 깨달을 것이다.

　간단히 말해, 믿음으로 살 때 삶 전체는 신성해지며, 하나님이 우리를 두신 처소는 매우 실제적인 의미에서 **그분으로부터 오는 '소명'**이 된다. 중세 교회의 가르침과는 반대로, 소명은 삶 전체에—심지어 세속적인 활동에도—신앙적 의미를 불어넣으며, 우리가 처한 삶이 부과하는 의무들은 하나님의 뜻으로 지배되고 그 뜻에 따라 판단받는다. 사실상 우리의 모든 행동은 하나님의 부르심을 기준 삼아 "그분 앞에서 평가된다." "모든 것에서 주님의 부르심은 올바른 행동의 기초이며 출발점이다. 그 부르심과 관련해서 행동하지 않는 사람은 의무를 결코 올바르게 수행하지 못할 것이다."²⁸⁾

　댈러스의 목사 랜디 마샬(Randy Marshall)은 '너무 **일상적**'이라는 데 삶의 문제가 있다고 말한다. 소명 교리의 핵심에 그 문제에 대한 해결책이 있다! 소명은 날마다의 일상생활과 일을 지시해 준다. 개념은 간단하다. 하나님은 일상생활의 모든 요소에서 우리의 신실한 섬김을 통해 이웃들—우리의 고객, 자녀, 친구, 그리스도 안에서의 형제자매들—을 사랑하신다는 것이다.

　이것이 법률가에게 어떻게 적용되는지는 분명하다. 법률가들은 우리 이웃인 의뢰인들에게 하나님의 사랑의 도구가 됨으로써 하나님을 섬긴다. 법학 교수들은, 이웃인 학생들이 또한 그들의 이웃을 사랑하고, 하나님의 사랑으로써 공의를 행하도록 구비시키는, 하나님의 도구다. 판사는 재판을 함으로써 공동체를 사랑한다. 검사와 피고인의 변호사는 악행자—오로지 악행자들만—를 처벌하고 옳은 일을 행하는 사람에게 보상을 주려 애씀으로써 자기 의뢰인을 섬길 뿐 아니라 정부를 돕는다. 재무 설계사는 이웃인 의뢰인들이 삶에 대한 하나님의 부르심에 따라 자기 가족과 이웃을 사랑하는 청지기직을 수행하도록 돕고 격려한다. 이런 예는 그 외에도 많다.

하지만 법률가들은 교회 내의 다른 사람들과 마찬가지로, 보통 소명에 따라 생각하지 않는다. 그리고 교회는 일반적으로 소명에 대해 가르치지 않는다. 나는 이번 장 첫 부분에서 많은 교회들이 소명 교리를 완전히 포기했다고 주장했다. 이러한 포기는 외부와 단절된 상태에서 일어난 게 아니었다. 교회가 일반 문화에 영향을 받아 일상의 일에 대한 관점을 제대로 형성하지 못하게 되었다.[29] 간단히 말해 소명 교리는 지난 400년간 대체로 왜곡되고, 반대편 주장에 흡수되고, 곡해되어 사라져 버렸다. 폴 스티븐스가 말하듯이, "대부분의 그리스도인들이 지니고 있는 일의 신학"은 "사상의 시장"에서 역사적·문화적 발전을 통해 "무의식적으로 흡수"되곤 하는 다양한 출처에서 나온 것이다.[30] 예를 들어 '계몽주의의 세속화하는 영향력'은 일에 대한 그리스도인의 태도에 만연할 수밖에 없었다. 리런드 라이컨(Leland Ryken)은 계몽주의를 "일에 대한 태도의 역사에서 가장 슬픈 장"[31]이라 부른다. 계몽주의 시기 동안, 합리화하고 세속화하는 힘은 개신교 소명 교리의 신학적·영적 토대를 제거해 버렸고, 소명을 "개인적 성공의 신념"[32]으로 바꾸어 버렸다. 마찬가지로 산업혁명과 그로 인해 퍼져 나간 소비주의 사회의 발흥은 소명 교리를 다른 식으로 왜곡하도록 부채질했다.[33] 근본 원인이 무엇이든, 우리는 심지어 교회 안에서조차 돌연변이가 된 소명 교리를 종종 접하게 된다.

소명의 왜곡

이번 장의 나머지 부분에서는 뒤틀린 교리가 현재 어떤 식으로 표현되고 있는지 살펴볼 것이다. 그러면서 그것들이 각각 우리가 현재 다루는 걸림돌에 특별히 어떻게 기여했고 그리스도인 법률가에게 미치는 영향은 무엇인지 말할 것이다. 우리는 지난 세월 동안 '무의식적으로 흡수된' 일에 대한 네 가지 접근법과 그것이 일의 신학에 미치는 영향을 살펴볼 것이다.

개신교 노동 윤리의 쇠퇴

개신교 노동 윤리란, 청교도들의 특별한 소명적 사고에 붙여진 이름이다. 청교도들은 일상의 일을 높이 평가한다는 점에서 지적으로 루터와 칼뱅의 후손이었다. 계몽주의가 뿌리를 내리면서 르네상스가 쇠퇴하던 시기에, 개신교 윤리는 가짜 소명으로 인해 무너지고 말았다.[34] 계몽주의는 일을 중시하는 종교개혁의 견해를 채택하는 한편, 진보와 합리적 인간에 궁극적 신뢰를 두었기 때문에 소명의 기반—삶의 모든 영역에서 하나님이 주권을 갖고 계신다는 믿음—을 제대로 위협했다. 소명 교리는 거의 쇠퇴하고, 자급자족과 재정적 안정이라는 기초 요소만 남겨 놓았을 뿐이었다. 루터에게는 소명이 곧 이웃을 사랑하는 것이었으며, 우리가 부름받은 곳은 단지 "세상에 대한 하나님의 사랑과 인간에 대한 그분의 돌보심을 전달하는 통로"[35]일 뿐이었다. 이와 뚜렷이 대비해, 18세기 말쯤 아담 스미스는 "우리는 도살업자, 양조업자 혹은 제빵업자들의 자비심 때문이 아니라 이윤에 대한 그들의 관심 때문에 우리의 저녁거리를 마련할 수 있다. 우리는 그들의 자비심이 아니라 그들의 이기심을 상대하는 것이다"[36]라고 노골적으로 말했다. 개신교 노동 윤리가 왜곡되면서, 이웃 사랑을 자극하는 것이나 섭리에 의해 우리가 지금의 위치에 있다는 생각은 사라져 버린다. 가정·교회·직장에서의 일상적 부르심은 더 이상 그 자체가 신성한 것, 즉 신자의 삶에서 하나님의 특별한 부르심을 반영하는 것으로 존중되지 않았다. 그보다 하나님의 섭리를 떠나서도 일 자체가 유익한 것으로 보았기 때문에, 그리고 일이 상품과 문화와 무엇보다도 돈을 생산해 내는 유용한 것이었기 때문에, 특별한 부르심을 배제한 일상적 부르심을 중요하게 여겼다. 중세 교회가 신성한 것을 세속적인 것보다 높이 둠으로써 이원론을 만들어 낸 것처럼, 왜곡된 개신교 유산은 반대 결과를 가져온 이원론이었다. 그 결과란 "영적인 것을 희생하고 세속적인 것을 높이는 것"[37]이었다.

리런드 라이컨은 계몽주의를 일에 대한 기독교적 견해에 드리워진 "어두운 그림자"라고 부른다.[38] 그는 "적자생존·검약·경제적 이익에 기초한 사회적 출세, 자기를 절제하면서 일하는 것, 자기 신뢰"는 모두 '계몽된' 견해의 표시라고 말한다.[39] 계몽주의의 영향은 그것을 받아들인 문화와 교회에 만연하고 있다. 사실상 종교를 사적 영역으로 몰아내는 일과 세속화가 계속되면서, 오늘날에는 상황이 더욱 나빠졌다. 더글라스 슈르만은 "종교를 세속적인 사회 질서로부터 철저하게 고립시켜 조직적으로 사사화(私事化)하는" 오늘날의 사회에서 "세속적 활동 가운데 하나님의 부르심에 대한 생생한 느낌"[40]을 유지하는 것이 과연 가능할까라는 의구심을 품는다.

덧붙여 말하면, 근대성의 조건들 자체가 법률 분야에서 신실한 증인으로 살아가지 못하게 방해하는 골치 아픈 걸림돌이라는 점은 앞으로 또다시 말할 기회가 있을 것이다. 근대성을 나타내는 표시에는 이성만 믿는 것, 과학의 우월성, 인간의 자족성, 개인의 자율이 모든 규범의 원천이 되는 것 등이 포함되는데, 이러한 표시들은 앞으로 논의를 해 나갈 때 부주의한 여행자가 끊임없이 빠지게 될 함정처럼 계속 나타날 것이다.

교회 내의 세속화된 노동 윤리가 가져오는 한 가지 미묘한 결과는 일상의 일에서 우리가 "하나님을 위해 유용한 뭔가를 하고 있다"는 생각이다. 물론 우리는 우리가 하는 모든 일에서 하나님을 섬긴다. 그리고 이러한 의미에서 우리는 하나님을 위해, 그분의 다스림을 받으며 일하고 있다. 하지만 그리스도인들이 자주 하는 말은 우리의 일에서, 우리가 하나님을 돕는 뭔가를 하고 있다는 것이다. 내 생각에는 현대인들이 유용성과 생산성에 관심이 많기 때문에 이런 생각을 하는 듯하다. 생산성 자체는 전혀 잘못된 것이 아니지만, 그것은 소명 교리의 일차적 관심사가 결코 될 수 없다. 그리고 생산성을 소명 교리의 일차적 관심사로 두는 것은, 우리가 섬기는 하나님에 대한 성경적 견해가 아니다. 우리는 하나님이 이 세상일을 잘 하시도록 돕기 위해 자질구레한 일을 해 드리는 이 땅의 관리자가 아니다. 우리는 그분이 너무 바빠서 못하시는 일을 수행하는 개인 비서도 아니다. 사실상 하나님께는 우리가 필요하지 않다. 분명 그분은 우리에게 일을 하도록 권위를 부여하신다. 하지만 제1의 원동력이자 궁극적으로 일하시는 분은 여전히 하나님이시며, 하나님은 우리를 당신의 도구 혹은 당신의 얼굴을 가리는 가면이 되는 특권을 주신다. 그렇지 않다고 생각하는 사람들은 우주의 왕이신 위대한 그분의 주권을 무시하는 것이다.

하늘은 나의 보좌요,
땅은 나의 발판이니
너희가 나를 위하여 무슨 집을 지으랴(사 66:1).

소명은 다른 사람들에 대한 우리의 사역이 '하나님을 위해서 해 드리는' 뭔가가 아니라, 하나님의 영원하고 지속적인 사역의 일부임을 기억하도록 도와준다. 하나님은 사랑이시다. 그리고 이웃에 대한 우리의 사랑은 우리를 위한 하나님의 사랑이 흘러넘치는 것일 뿐이다. 하지만 이 사랑은 그저 하나님의 백성을 향한 그분의 성향일 뿐만 아니라, 그분 성품의 일부다. 하나님의 사역은 시작도 끝도 없다. 우리는 창세 전에 그분의 사랑이 존재했음을 안다. 그 사랑은 하나님의 내재적 삼위일체 사역에서 표현되었다. 예를 들어, 우리는 "창세 전부터"

성부가 성자를 사랑하셨다는 것을 안다(요 17:24). 하나님의 사랑은 성자의 사역에서 표현되기는 했지만(요일 4:9), 우리에게 나타난 어떤 사랑의 표현을 떠나 하나님 자체가 바로 **사랑이시다**. 그렇다면 우리 이웃에 대한 하나님의 사랑은 단지 그분의 성품과 일의 표현일 뿐이다. 우리는 창세 전에 시작된 그분의 사역에 동참하는 것이다.

이웃 사랑과 삼위일체의 사역에 대한 동참이라는 두 개념은 뒷 장들에서 법률가의 소명에서 핵심이 되는 문제들을 정리하도록 도와줄 것이다.

> **창세기 1장과 일**
>
> "하나님이 보시기에 좋았더라."
> 창세기 제일 첫 장에 나오는 창조에 대한 이 묘사는, 또한 어떤 의미에서 최초의 '일에 관한 복음'이다. 왜 일이 존엄한 것인지 보여 주기 때문이다. 이 사실은 사람이 일하는 것에서 자신을 창조한 분인 하나님을 본받아야 한다고 가르친다. 사람만이 하나님의 형상을 입고 있다는 독특한 특성을 지녔기 때문이다. 사람은 일하는 것에서 그리고 또한 안식하는 것에서 하나님을 본받아야 한다. 하나님 자신이 일과 안식의 형태로 그분의 창조 활동을 제시하기 원하셨기 때문이다.
>
> 요한 바오로 2세, 사회 회칙 "노동하는 인간"(Laborem Exercens, 사회 회칙이란 사회에 속해 있는 사람들의 공동 복지에 장애가 되는, 그리고 개인 · 가정 · 공동체 및 국가의 존엄성에 영향을 미치는 정치 · 경제 · 문화적인 문제들을 직접적으로 언급한 교황의 회칙을 말한다 – 편집자 주)

일과 타락

소명에 대한 다른 왜곡된 개념들보다는 덜 퍼져 있지만, 일에 대한 전통적 견해는, 일이 새로운 형태로 되돌아온 저주라는 것이다.[41] 그것은 인간의 타락이라는 성경적 견해의 흔적을 지니고 있는 듯하나, 그 개념의 잘못된 전제는 '부르심'의 기초를 완전히 제거해 버린다. 우리는 왠지 무의식적으로, 일이란 인류에게 내린 하나님의 형벌의 일부라는 생각을 받아들였다. 일이 타락의 결과라는 것이다. 창세기 1장에 분명히 그와 반대되는 이야기가 나오는 것에 비추어 볼 때, 그런 생각은 별로 언급할 가치가 없는 듯하다. 하지만 일부 그리스도인들은 실제로 일 자체가 죄의 결과라는 인상을 갖고 있다. 일이 죄의 결과라면, 그것은 단지 필요악일 뿐이다. 우리는 오로지 살기 위해서 일하며, 우리가 살기 위해 일하는 이유는 아담의 죄 때문이다. 다시 말해 일은 골칫거리다. 하지만 적어도 우리는 일을 통해 여가와 윤택한 생활을 추구하는 **현실의 삶**을 살 수 있다. 대부분의 사람들이 교회에서 이런 개념을 배우지는 않지만, 교회는 일이 타락의 결과라는 생각을 별로 반박하지 않는다. 일을 저주로 여기는 사람들이 대부분 하나님을 그들이 일상의 일을 하도록 부르시는 분으로서 보지 않는 것은 놀랄 만한 일이 아니다. 일이 저주라면, 소명 교리는 아무 의미가 없다.

오늘날 일과 타락에 대해 어떤 견해를 갖고 있든, 일을 그저 필요악으로만 보는 그리스도인들이 많이 있다. 기껏해야 일을 다른 어떤 것—그것이 '윤택한 생활'이든 그저 끼니를 해결할 음식과 머리를 가릴 지붕이든—을 위한 수단으로 참고 견디는 사람들은, 일을 하나님 형상의 표현이나 거룩한 사역에 참가할 기회로 보는 것이 아니라 하나의 도구로 본다. 이 도구는 여가, 재물, 조기 은퇴 혹은 쾌락을 얻기 위해 존재한다. 하지만 분명 일 자체는 전혀 가치를 지니고 있지 않다.

일에서 느끼는 수고와 어려움은 실제로 타락의 결과다. "네가…얼굴에 땀을 흘려야 먹을 것을 먹으리니…너는…흙으로 돌아갈 것이니라"(창 3:19). 그리고 일에 대한 어떠한 논의에서든 이런 요소들을 무시하는 것은 잘못이다. 인간의 모든 일은 아담과 하와가 지은 죄의 저주로 오염되어 있다. 하지만 **일 자체**는 타락의 결과가 아니다. 일과 관련된 땀과 수고만이 타락의 결과다. 하나님 자신이 일하시는 분이며 우리는 그분의 형상으로 창조되었다. 하나님은 아담을 그분의 완벽한 세상인 에덴동산에 두어 그곳을 "경작하며 지키게" 하셨다. 타락 이전에, 이미 인간 아담으로 하여금 일하게 하신 것이다.[42] 하나님의 위대한 창조 역사는 계속 진행되고 있다. 물론 아담의 후손처럼 그것도 이제 인류의 타락으로 인해 손상되었지만 말이다. 일에 저주의 요소들이 있다는 것을 무시할 수는 없지만, 일은 그저 죄의 결과만은 아니다. 일은 적어도 부분적으로 구속될 수 있다.[43] 일이 저주라는 절반의 진리는 하나님의 부르심을 성취하고자 일하는 자를 좌절하게 만든다.

자아실현과 의미 발견

일과 믿음에 대한 이러한 일반적 접근에는 새로운 휴머니즘이 수반된다. 그것은 '인간의 자율성과 자아실현'이라는 문화적 견해가 일상의 일을 포함한 모든 삶에서 하나님을 밀어내 버리고, 스스로 방향을 설정하여 의미를 추구하는 소명 교리를 만들어 냈다. 폴 스티븐스가 지적하듯, 우리는 가장 참된 의미에서 '소명 이후'(post vocational)의 시대에 살고 있다. 우리는 더 이상 신에 의해 형성되거나 인도를 받지 않는다. 이제 우리가 우리 자신을 형성하고 인도한다. 우리는 우리 자신의 의미와 실상을 만들어 낼 정도로 강력한 존재가 되었기 때문이다. 스티븐스는 이렇게 설명한다.

> 소명에 대한 신학이 전혀 없으면, 우리는 사람을 쇠약하게 하는 대안들로 빠져 들어간다.…거기에는 오늘날 가장 흔한 대안인 자아실현이 포함된다(우리는 스스로 마술사가 되어 우리 삶의 의미와 목적을 만들어 낸다). 그와 대조적으로 성경적 소명 교리는 우리 삶 전체가 선하신 하나님의 즐거운 부르심과 관련된 의미를 갖는다는 견해를 제시한다.[44]

1992년에 미국 대법원은 이러한 어리석음의 논리적 귀결이 무엇인지 표현하는 유명한 말을 했다. "자유의 핵심은 존재와 세계와 인생의 신비에 대한 개념을 스스로 규정할 수 있는 권리다."[45] 라이컨과 다른 사람들은 르네상스에서 칼 마르크스에까지 이르는 이러한 사고의 궤적을 추적한다. 라이컨은 "마르크스에게 일은 '인간의 자아실현을 위한 시금석 자체'이며 '그를 행복하게 만드는' 것이다"⁴⁶⁾라고 말한다. 마찬가지로 폴 스티븐스도, 막스가 "하나님을 묵상하는 것에 대한 대안"을 제시했다고 지적한다. "우리 손으로 하는 일을 통해 우리 자신을 묵상하는 것에서 성취를" 발견한다는 것이다.⁴⁷⁾

이러한 반소명적 사고가 초래하는 가장 위험한 결과는 그것이 일을 영적 성취의 수단으로 만든다는 것이다. 이것은 우상숭배다. 이러한 사실을 직시하도록 하자. 오늘날 많은 법률가들에게 일은 실제로 우상이다. 일은 우리의 자존감을 규정해 주며, 우리 존재의 제일 중심이다. 적어도 서구 사회에서는 일상의 일이 목적 있는 삶의 중심이다. "일은 당신에게 유익한 것이다. 그것은 고통과 외로움과 사랑하는 사람의 죽음과 사랑에서 겪는 실망 혹은 삶의 목적에 대한 의심을 치유해 주는 구제책이다."⁴⁸⁾ 우리가 누군가를 알게 될 때 처음으로 던지는 질문은 "무슨 일을 하십니까?"라는 것이다. 그리고 "정서적 만족감은 직업의 성공에서 온다"는 식의 자기계발 전문가들의 이야기는 또 얼마나 많은가? 일은 우리의 정체성과 사회적 지위에서조차도 제일 중대한 요소다.

이런 우상숭배는 이기심에서 나온다. 덕 셔만(Doug Sherman)은, 사람들이 "일의 궁극적 목적은 자신을 성취하는 것"이라고 믿을 때 그 결과 "자신의 '필요'에 병적으로 몰두하게 된다"⁴⁹⁾고 말한다. 우리는 우리의 정서적 필요, 영적 필요, 성적 필요, 성장할 필요, 자기주장을 펼칠 필요, 도전 받을 필요에 주의를 집중한다. 마치 "[우리의] 채워지지 않은 필요를 채우는 과정은 디너파티에서 포도주 잔을 채우는 것과도 같다. 즉, 더 많은 필요를 채울수록 자기 성취감도 더 커진다"⁵⁰⁾고 믿는 것이다. 그렇다면 일은 단순히 "잔을 가득 채워 영혼을 취하게 하는 것"으로서 잔치, 즉 우리 삶을 활기차게 만드는 것이다.⁵¹⁾

그리고 일을 우상으로 높일 위험이 있는 사람들은, 일을 영적 성취 수단으로 대체하려 **애쓰는** 사람들뿐만이 아니다. 일을 고귀한 것으로 생각하며 하나님의 사역에 참여하려 애쓰는 사람들도 일을 우상으로 섬길 수 있다. "소명이 왜곡되어 인간의 활동이 창조와 구속을 통해 하나님이 하시는 활동을 침해할 정도가 된다면, 이의를 제기해야 한다."⁵²⁾ 다시 말해 일을 신성한 소명으로 고귀하게 생각하는 것은 그 자체를 영적 성취 혹은 구속으로 높이려는 경향이 될 수 있다.

게다가 소명이 단순히 권세나 명성에 대한 추구를 정당화하게 될 때, 우리는 핵심을 놓치고 우리의 소명을 오용하게 된다. 이것은 법과 정치에 관여하는 사람들에게는 특별히 심각한 유혹일 것이다. 내 친구 빌 브루베이커(Bill Brewbaker)가 지적하듯, 우리는 국회의원 혹은 잘 나가는 법률가라는 일을 '신성한 소명'으로 정당화하기 매우 쉽다. 물론 우리는 우리의 편안한 생활 방식과 지위를 정당화하기 원한다! 우리가 덜 '이름난' 직업을 갖고 있더라도 똑같이 그렇게 느낄까? 우리는 소명 교리를, 하나님의 영광보다 우리의 영광을 구하기 위한 변명으로 사용하지 않도록 주의할 필요가 있다. 슈르만이 지적하듯, 소명은 부패한 현 상태를 감추거나 불의하고 거짓된 권력 구조의 맨 꼭대기에 있는 지위를 누리는 데 사용될 때 오용된다. "사회적 권세를 가진 사람들이 자신의 권세를 남용하여 고통을 유발하고 나서, 희생자들에게 고난에 대한 대책으로 십자가를 바라보라고 권하는 것은 치명적인 악이다."⁵³⁾

의미, 창조, 성취, 구속은 오직 하나님으로부터 임한다. 하나님이 우리를 일하도록 창조하셨기 때문에 우리는 일한다. 우리는 부름받는다. 부르시는 분은 오직 그분이다.

새로운 이원론

미국의 강단에서 앞에서 말한 모든 것보다 더 두드러지게 다뤄지는 것은, 일에는 두 가지 층위가 있다는 견해다. 하나는 '부름받은' 것이고 다른 하나는 그렇지 않다는 것이다. 이러한 새로운 이원론은 '영적인' 직업과 '세속적인' 직업 간의 잘못된 구분에 뿌리를 두고 있다. 즉, 하나님 앞에서 믿음으로 행한 일상적 일이 고유의 영성을 지니고 있음을 인식하지 못하는 것이다. 이 오류는 중세 사제들과 마찬가지로 일상적 일을 영적 주변부로 밀어내 버렸다. 솔직하게 말하면, **전임 기독교 사역이란**, 단지 중세에 '완벽한' 삶과 '더 비천한' 세속적 삶을 구분했던 것을 새로운 형태로 표현한 것일 뿐이다. 오늘날의 복음주의자들은 묘하게 중세적 견해로 회귀하면서 유세비우스를 연상하는 새로운 성속 간의 이원론을 받아들인 것이다.

'전임' 사역에 헌신함

나는 이제 막 열아홉 살이 된 스티븐이 일요일 저녁예배 때 교회 앞에 서 있는 것을 지켜보았다. "주님이 제 마음을 사로잡으셨습니다. 그리고 제가 사역에 헌신했음을 공개적으로 말씀드리고 싶습니다"라고 그는 말했다. 스티븐의 이 말은 자신이 '전임 기독교 사역'을 하면서, 즉 성직자가 되어 평생을 보내리라는 사실을 믿는다는 의미였다. 스티븐의 발표는 보수적인 대부분의 개신교 교회들에서 흔한 관행이다. 더 깊은 믿음의 순종을 하도록 부르심을 받았다고 느끼는 젊은이에게 '사역에 헌신'하라고 권면하는 것이다. 이렇게 해서 그들은 청년부 담당자, 전도사, 설교자 혹은 선교사로서의 삶을 위한 비공식적 준비를 시작한다. 이 교회들은 '하나님께 헌신'하는 것이 의사, 교사 혹은 법률가로서의 전임 사역을 하는 것을 통해 이루어질 수도 있다는 사실은 거의 고려하지 않는다. 적어도 직접 논의하거나 가르치지 않는다.

스티븐의 선언은 하나님께 더 헌신하려는 마음의 소원을 갖게 된 대부분의 젊은이가 하는 행동이다. 이러한 마음은 직업이나 이차적 부르심 등의 문제와는 거의 혹은 전혀 상관이 없을 수도 있다. 아마도 그것은 모든 영역에서 자신의 삶을 하나님께 드리라는 일차적 부르심에 반응하고자 하는 열망일 가능성이 더 많다.[54] 스티븐과 그의 교회 지도자들은 은사, 달란트, 능력에 기초해 일상에서 해야 하는 이차적인 소명이란 교회 내 전문 사역을 하는 것이라고 단편적으로 추정하는 것이다. 학생들이 인생에서 교육을 받고 세상에 대한 관점을 넓혀

나가도록 격려받아야 하는 때에 이같이 '사역에 헌신'하는 것은, 본래 의도와는 전혀 다른 결과를 가져온다. 전임 사역자로 헌신한 그 학생은 자신의 초점을 성경 연구 혹은 청년 사역으로 한정해, 진로를 발견하고 인생을 형성하는 중요한 시기에 선택하고 집중할 수 있는 범위를 좁혀 버린다. 폭넓은 교육과 하나님의 일들을 실생활의 경험에 적용하는 지혜를 얻지 못하고, 종종 다양한 은사와 달란트를 개발할 기회에서 고립되어 버린다. 심지어 '사역에 헌신'하라고 직접 권유하지 않고 그처럼 분명히 관심사를 좁히지 않는 교회들에서도, 그리스도인들은 종종 하나님의 엄숙한 부르심을 곧 '전임' 기독교 사역으로의 부르심이라고 생각한다.

한 친구가 자기 사위에 대해 말한 적이 있다. 그는 열일곱 살 때 자기 교회 교인들에게 자신이 '사역에 헌신'했다고 발표했다. 하지만 그 젊은이는 지혜가 자라감에 따라, 하나님이 그에게 주신 은사가 목회나 젊은이 사역에 적합하지 않음을 깨달았다. 그의 달란트는 분명 섬기는 일이긴 했다. 그러나 목회나 행정이나 설교 쪽이 아니었다. 그는 '사역'을 하지 않는 것에 대한 죄책감을 극복한 후에야, 간호사로서 훈련받기 시작했다. 앞으로 그는 자신을 향한 하나님의 부르심 가운데, 많은 사람들을 그리스도의 사랑으로 섬겨 나갈 것이다. '사역에 헌신'하는 것에 대한 그의 개념, 곧 소명에 대한 그의 교리적 입장은 실제로 그가 부름받은 사역을 **하지 못하게** 막았다!

'세속적 부르심'과 교회 일

한 저명한 목사가, '왜 피곤하고 바쁜 교인들에게 교회 일에 자원하라고 요청하는 것에 대해 죄의식을 느끼지 않는가?'라는 질문을 받았다. 그의 대답은 새로운 이원론의 또 다른 측면을 보여 준다.

당신은 자신의 직업과 일에 헌신하고 있음에도 자신의 세속적 소명이 영혼의 더 깊은 필요를 만족시키는 충분한 의미를 제공하지 못한다고 솔직히 인정하는 자동차 판매상, 증권 중개인, 벽돌공, 경찰을 만나게 될 것이다.

그들 중 일부는 그들의 일을 사랑한다. 그들은 자신들이 하는 일에 자극을 받고 기운이 난다. 그들 중 일부는 심지어 날마다 일터를 떠나 집으로 갈 때마다, 자신의 일과 사람들에 대한 사랑으로 하나님께 영광 돌렸음을 안다. 하지만 그들 중 **'이런 게 바로 인생이야'** 라고 말하는 사람은 거의 없다.

그리고 그 목사는 다음과 같이 결론내린다.

우리가 '날마다 해야 하는 판에 박힌 업무나 24시간 눈코 뜰 새 없이 해야 하는 부모 노릇이 과연 인생의 전부일까?' 하는 생각이 들 때마다, 거룩한 욕구가 우리를 자극한다. 우리가 불안하고 불만족스럽게 느낄 때마다, 그 욕구는 우리 영혼에 속삭인다. 우리가 '진정한 목적을 가진 삶이란 과연 어떤 느낌일까?' 하고 생각할 때마다, 그 욕구는 더 괜찮은 존재가 되라고 우리를 부른다.[55]

사람들이 자기 일에서 목적을 잃어버려 무너져 버린다는 이 목사의 말은 절대적으로 옳지만, 일 가운데 목적과 만족을 잃어버린 것은 대체로 우리가 일상의 일에서 하나님의 거룩한 부르심의 실상을 이해하고 전하지 못하기 때문에 생겨난다. 그가 고된 일에 대한 교회의 해결책으로 또 하나의 잘못된 이원론을 제시하는 것은 잘못이다. 그는 **일상적 부르심**—날마다 하는 판에 박힌 업무나 24시간 눈코 뜰 새 없이 해야 하는 부모 노릇—**안에서** 느끼는 하나님의 임재 의식을 강조하기보다는, 놀랍게도 지역 교회의 일에 자원함으로써 우리의 부르심 **밖에서** '진정한 의미'를 찾으라고 권면한다! 이것은 마치 테니스 경기에서 형편없는 백핸드를 하면서 '뛰어다니는' 것과도 같다. 우리는 진정한 문제에 주목하기보다는 그 문제를 무시한 채 좋긴 하지만 완벽하게 적절하지는 않은 어떤 것

> **하나님은 무엇을 찾고 계시는가?**
>
> 그렇다면 하나님은 세상에서 무엇을 찾고 계시는가? 조수? 그렇지 않다. 복음은 구인 광고가 아니다. 그것은 도움을 주겠다는 광고다. 기독교적 섬김으로의 부르심 역시 구인 광고가 아니다. 하나님은 그분을 위해 일할 사람이 아니라 그분께서 그들 안에서 그들을 통해 강력하게 일하시도록 할 사람들을 찾고 계신다. "여호와의 눈은 온 땅을 두루 감찰하사, 전심으로 자기에게 향하는 자들을 위하여 능력을 베푸시나니"(대하 16:9). 하나님은 그분의 팀이 이기도록 도울 일류 선수들을 찾고 있는 스카우터가 아니다. 하나님은, 그분을 신뢰하는 사람을 위해 그가 누구든, 경기에 이길 수 있도록 공을 잡고 터치다운까지 뛰어갈 준비가 되어 있는 막을 수 없는 풀백이다.
>
> John Piper, *Brothers, We Are Not Professionals*

으로 대체한다. 즉, 강력한 포핸드 혹은 '파트타임 평신도 사역'을 하는 것이다. 이것은 철저한 이중구조를 가진 그리스도인의 삶이다. 일상 업무와 가정생활을 통해 하나님을 섬기고 이웃을 사랑하는 것이 '진정한 목적을 지닌 삶'을 제공하지 못한다는 것이다. 즉, 인생의 참된 의미는 오로지 지역 교회가 만들어 내는 일들을 통해서만 누릴 수 있다는 것이다. 유세비우스는 아직도 건재하다.

 이러한 현대의 이원론이 어떻게 신실한 그리스도인이 자신의 직업을 통해 섬기는 일을 저지하는지 보라. '세속적인 일이 분명 종교적인 목적으로 하는 일이 아니기 때문에, 기독교적 섬김과는 상관없다'라고 본다면, 의사, 변호사 혹은 회계사로 일하며 하나님을 섬기고자 하는 우리의 열망은 **절대로** 충족되지 못한다. 우리의 일상 업무는 어떤 차원에서도 그분의 '부르심'을 성취하지 못한다. 즉, 어떠한 '세속적 부르심'도 그렇게 할 수 없다. 교회의 소명 교리는 최근 몹시 부패해서, 우리는 더 이상 '세속적 부르심'이라는 모순어법을 인식하지 못할 정도다.

 '전임' 기독교 사역에 대한 잘못된 생각에 뿌리를 두고 있건, 교회 후원이 가장 중요하다는 생각에 뿌리를 두고 있건, 이러한 이원론은 매우 비성경적이다.

강단, 돈, 낙서, 다른 값싼 대체물들

이러한 잘못된 이원론에 빠진 많은 그리스도인들이 흔히 갖고 있는 사고방식은, 비록 그들의 세속적인 일이 그 자체로는 대체로 쓸모가 없지만, 전도와 같은 더 '영적인' 목적을 위한 도구로 인식하는 편이 가장 좋다는 것이다. 그 결과 생겨나는 '세속적' 일에 대한 일반적 신학들을 나는 **플랫폼** 이론, **재정** 이론, **낙서** 이론이라고 부르겠다.

플랫폼 이론(The platform theory). 플랫폼 혹은 연단 이론에서는, '일하는 사람이 전도할 기회를 갖게 된다면 직업은 영적으로 가치 있는 것'이라고 본다.[56] 이런 견해에서는 근로자의 신뢰성과 평판이 대단히 중요한 가치를 갖는다. 근로자의 평판이야말로 복음을 잠재적 청중이 더 잘 받아들이도록 해줄 것이기 때문이다. 플랫폼이 가장 중요하다고 믿는 근로자들은 보통 '함께 일하는 사람들 및 다른 사람들에게 자신의 모습이 어떻게 보일까?' 하는 것에 매우 주의를 기울인다. 자기 청중에게 걸림돌이 되지 않기 위해서다. 그 결과, 플랫폼 이론은 일하는 사람들이 경건하고, 영적으로 깨어 있는 사람이 되도록 격려한다.

우리는 이러한 그리스도인들에게서 "세월을 아끼라. 때가 악하니라"(엡 5:16)의 의미를 배울 수 있다. 하지만 이들은 경건하긴 해도, 자신들이 날마다 매시간마다 수행하는 일상적 일들이 지닌 고유의 영적 풍성함을 깨닫지 못하는 경우가 종종 있다. 이웃 사랑에는 그저 전도만 하는 것보다 훨씬 더 많은 것이 포함된다. 사실상 플랫폼 이론을 신봉하는 대부분의 사람들이 자기 이론의 기초로 삼는 지상명령은, 주로 제자 삼는 것과 관련 있다. 그러나 제자가 된다는 것은 온전히 하나님의 영광을 위해 살면서 하나님께 순종하는 것—"네 이웃을 네 자신같이 사랑하라"는 두 번째 대계명(마 22:37-40을 보라)을 실천하는 것을 포함해서—을 의미한다.[57]

젊은 법률가들과 법학도들은 플랫폼 접근이 매력적이라고 생각한다. 우리는 '변호사'라는 호칭이 가져다주는 세상의 지위와 신뢰성에 끌리기 때문이다. 실제로 사람들이 법률가를 존경한다는 느낌은 어느 정도 사실이다. 당신의 교회에 교사, 장로, 집사 중 법률가가 몇 명이나 되는가? 하나님이 뭔가 이유가 있어서 법률가라는 지위를 주셨으므로, 그것을 이용할 필요가 있다고 생각하고 싶은 유혹이 생긴다. 물론 비결은 어떻게 하나님이 우리 자신을 높이기보다 다른 사람들을 섬기도록 부르고 계신지, 지속적으로 겸손히 분별해야 한다는 것이다.

재정 이론(The finance theory). 소명 이론을 대체하게 된, 일에 대한 두 번째 신학 이론은 재정 이론이다. 근로자들이 자신들의 일이 지닌 영적 가치를, '이 일이 지역 교회나 세계 선교를 재정적으로 얼마나 잘 지원할 수 있을까'로 평가하는 것이다. 이것은 굉장히 멋진 목표이며 사실상 그리스도인들의 일차적 의무다. 하지만 하나님은 단지 우리 돈이 아닌 그 이상을 원하신다. 그분은 우리 삶의 전 영역에 대해 그분의 주권을 요구하신다. 특히 그분은 우리 돈을 필요로 하지 않으시기 때문에, 우리가 우리 손, 우리 마음, 우리 달란트로 하는 일들에서 그분께 복종하는 데 관심이 있으시다. 우리 일을 순전히 재정적 견지에서만 생각한다면, 신성화된 물질주의로 인해 매일 일상의 일에서 우리를 통해 이웃에게 부어지는 하나님의 공급과 사랑의 풍성함이 상실되고 만다.

재정 이론은 자신들이 매일 하는 일들을 정말 싫어하지만, 익숙해져 버린 안락과 안정을 떠나기가 두렵다는 것을 깨달을 정도로 오랫동안 변호사로 일해 온 사람들 사이에서 특별히 인기가 있다. 마찬가지로, 돈에 끌리는 젊은 법률가들과 로스쿨 학생들은 로스쿨이나 로펌에서 힘들게 소명을 의식하며 일하는 것을 피하는 구실로 재정 이론을 사용하기 쉽다.

낙서 이론(The graffiti theory). 일에 대한 마지막 신학 이론은 낙서식의 접근이라고 부를 수 있다. 우리는 주변 세상에 '흔적을 남기기' 원한다. 이 이론이 지닌 오류는 참된 영향력, 즉 진정한 흔적을 남기는 일은, 그저 한 번에 한 명씩 이웃을 사랑함으로써만 이룰 수 있는 것이기보다 눈에 띄는 벽돌담에 화려한 그림을 그리는 것이라고 보는 점이다.

'세상을 바꾸는 것' 혹은 '변화를 이루는 것', 즉 흔적을 남긴다는 말은 추상적으로는 아무 의미도 없다. 사실상 우리가 부름받지 않은 곳에 흔적을 남기는 것을 나타내는 말이 있다. 바로 **낙서**(graffiti)라는 말이다. 교회가 문화에 영향을 끼칠 때 하나님은 세상을 변화시키시며, 하나님의 백성이 각자 부름받은 곳에 있음으로써 교회는 문화에 영향을 끼친다. 말하자면 우리가 심겨진 곳에서 꽃 피울 때 교회 사역은 뿌리를 내리는 것이다. 교회는 주린 자를 먹이고, 벗은 자를 입히고, 열방을 제자화하고, 고아를 사랑하고, 낙심한 자를 위로하고, 죄를 고백하고, 선한 통치권을 행사하고, 선한 청지기가 되고, 그 외 수없이 많은 여러 행동들로 세상을 변화시킨다. 우리는 하나님의 부르심에 따라 우리 이웃 곧 아내, 자녀, 의뢰인, 상사, 직장 동료, 행정 당국자, 목사, 동료 법률가, 같은 교회 교인 그리고 거리에 있는 우리의 실제 이웃들을 사랑함으로써 세상을 변화시킨다. 대개 CNN에 출연하는 것보다 기저귀를 가는 일이 세상을 변화시킬 가능성이 더 많다.

흔적을 남겨야 한다는 사고방식은 대부분의 그리스도인 로스쿨 지원자들이 자기 직업을 통해 이루고자 하는 목표에서 가장 잘 나타난다. 그들은 "저는 종교의 자유를 위해 싸우겠어요"라고 말한다. "졸업하면 먼저 종교의 자유를 위해 수정헌법 제1조를 가지고 헌법소송을 하고 싶어요." 이것은 하찮은 직업상의 목표가 아니다. 세계 전역의 공익 로펌과 사설 재단에서 수많은 사람들이 바로 그런 일을 하고 있는 것에 대해 하나님께 감사한다. 하지만 이 학생들 중 그런 일을 전임으로 할 기회를 가질 사람 혹은 심지어 졸업할 때까지 그런 바람을 계속 갖고 있을 사람은 백분의 일도 안 된다.[58] 여기서 잘못된 것은 직업에 대한 계획이 아니라 동기다. 모든 로스쿨 학생은 변호사 자격증을 가지고 '뭔가 큰일을 하기' 원한다. 물론 못할 것도 없다. 교회는 사실상 사람들이 일상적인 방식으로 하나님과 이웃을 사랑할 동기를 부여받도록 훈련시키지 않는다. 하지만 이웃이 가업을 위해 회사를 세워 청지기의 의무를 하도록 돕는 것보다 더 좋은 이웃 사랑법이 어디 있겠는가? 부모들이 유언서와 재정 계획을 작성하여 자기 자녀들에게 올바른 유산을 남기도록 돕는 것보다 더 나은 사역이 무엇인가? 상해를 입어 불구가 된 사람이 가족을 부양하기 위해 보상을 받아야 할 때 그를 대리해 주는 것보다 더 중요한 섬김이 무엇이겠는가? 학생들과 법률가들이 법률가의 갖가지 일상 업무가 지닌 영적 가치를 이해한다면, 그들은 로스쿨 시절과 그 이후에도 마음을 다해 일에 대한 영적 가치를 추구하도록 더 잘 준비될 수 있을 것이다.

게다가 그리스도인 법률가가 정치 조직으로 몰리는 추세는 문화 변화의 소명에 대한 우리의 편협한 견해를 나타내는 표시일 것이다. 정치적 행동주의는 흔히, 도덕적 진리에서 멀어져 문화적으로 표류하는 것에 대한 반사작용인 경우가 많다. 하지만 문화가 정치에 의해 변화되는 경우는 거의 없다. 문화가 먼저 변해야 하며, 그러면 정치적 해결책이 따를 것이다. 정치적 활동이 잘못됐다는 말이 아니다. 실제로 우리는 정치 제도에 참여하며 영향을 끼치도록 부름받는다. 하지만 우리는 우리 나름대로 만든 사회공학을 주의할 필요가 있다. 즉, 정치적 수단을 통해 우리의 개념대로 문화를 개조하려 하는 것이다. 이것은 종교적 계류 장치로부터 떠내려간 근본 원인으로 2장에서 비판했던 바로 그 도구주의다.

결론

다시 말하지만, 교회 내에서 현재와 같은 소명 교리로 유발된 문제들은 법률가들에게만 해당되는 것이 아니다. 하지만 법률가들이 일상 업무에서 그리스도인의 소명을 추구하는 데 실패하는 주된 이유는, 사실상 일상 업무가 하나님 나라의 가치를 지니고 있다는 사실을 제대로 가르쳐 주지 않고 격려해 주지 않기 때문이다(의사, 배관공, 회계사도 마찬가지다). 교회는 가르치는 소명을 더 잘 이행해야 한다. 그리고 법률가들은 깨어서 지역 교회와 함께 목사들을 교육하고 자기 직업에서 실패하고 있는 다른 사람들을 제자로 삼아 훈련할 필요가 있다.

법률가들은 신앙과 법률 실무를 통합하려다가 실족하는데, 나는 여기에서 교회가 소명 교리를 거의 잊어버리거나 단념한 것이 문제라고 말했다. 또 우리는 일을 필요악으로 보는 세속화된 노동 윤리, 다양한 자기중심적 '실현' 이론, 새로운 복음주의적 이원론을 살펴보았다. 법률직과 다른 직업들에서 그리스도인다운 섬김을 가로막는 이러한 걸림돌을 극복하려면, 교회 안에서도 쉽지 않은 길을 걸어야 한다. 2부에서 더 상세히 살펴보겠지만, 일상 가운데 신성한 부르심에 대한 종교개혁자들의 기본 원리로 돌아가는 것이 가장 좋을 것이다.

이번 장에서 우리는 일의 본질과 소명 교리에 대한 교회의 잘못된 접근법에 대해 논했다. 4장에서는 마지막 장애물을 살펴볼 것이다. 그것은 법률직 자체가 법률 실무의 본질을 신학적으로 이해하지 못하고 있는 점이다.

■ 더 깊은 생각을 위해

1. 당신은 자원해서 하는 교회 일이 당신의 의뢰인에게 하는 사역보다 중요하다고 생각해 본 적이 있는가? 만일 그렇다면, 왜 그런가? 당신이 교회에서 섬기는 방식과 의뢰인을 섬기는 방식을 생각해 보라. 그 둘은 어떻게 비슷한가, 또 어떻게 다른가? 하나님이 각 상황에서 다른 사람들을 사랑하는 데 당신을 어떻게 사용하셨는가?

2. 당신은 법률직을 사역으로 생각해 본 적이 있는가? 당신이 하는 일이 실제로 의뢰인을 섬기고 하나님이 당신을 통해 그들을 사랑하게 하시는 것이라면, 그 일을 어떻게 부르는지가 중요한가?

3. 당신은 영적인 것들을 일과 무관한 것으로 보는가? 아니면 일이 '더 영적인' 목적에 기여하는 경우에만 귀중한 것으로 보는가? 이러한 이원론적 경향을 물리치기 위해 무엇을 할 수 있는가?

4. 5분간 기도하라. 그리고 나서 당신의 법률 실무(혹은 법률 공부, 판사로서의 업무)가 '매일 반복되는 고된 일' 속에서도 영적 적실성을 지닌다고 생각하게 해줄 만한 것들의 목록을 작성하라. 그런 다음 다른 법률가나 법학도와 함께 그 목록에 대해 토론하라.

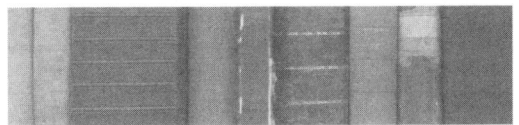

4. 법률직에 대한 고찰

복음주의 지성의 스캔들 · 그리스도인 법 지성의 현주소
나는 누구이며 무엇을 하고 있는가? · 다원주의적 정중함

나는 소명 교리를 이해하고 법률가 사역에 마음이 있는 텍사스의 한 목사를 안다. 그는 어느 대도시 대형 교회에서 목회하고 있는데, 교인들 중에는 법률가가 250명 이상 있다. 그는 교회 안에 있는 법률가들을 어떻게 하면 더 잘 양육할 수 있을지 조언을 얻고 싶었다. 그래서 어느 은퇴한 법률가에게 그리스도인 법률가들이 교회 지도자에게 무엇을 필요로 하는지 물어보았다.

"잘 모르겠습니다. 전에 아무도 내게 그런 것을 물어본 적이 없거든요." 퇴임 법률가의 대답이었다. 후에 그 목사는 그를 교회 내의 다른 변호사와 만나게 해주었다. 같은 문제를 논의하기 위해서였다. 그러나 그 목사는 "나는 그들에게 질문을 이해시킬 수조차 없었습니다. 그래서 포기했죠"라고 말했다.

간단히 말해 문제는 이것이다. 교회에는 도구가 없고 법률가들은 도와주지 못한다는 것이다. 3장에서 우리는 교회 내의 문젯거리에 대해 논했다. 이번 장은 법률 분야에서 그리스도인답게 섬기지 못하게 하는 세 번째 걸림돌인 법률가 자신에 대한 것이다. 우리는 '우리가 누구인지, 우리가 무엇을 하는지'에 대해 성실하게 생각하지 않기 때문에 걸려 넘어진다.

  3장에서 나는 교회 내부에서 일의 신학이 제대로 정립되지 않은 것이 법률 분야에서 그리스도인답게 섬기는 것을 방해할 수도 있다고 말한 바 있다. 하지만 상식적으로 볼 때, 신학자들과 목사들이 '교회 내의 전문가들'에게서 최소한의 통찰도 얻지 못한다면 법이나 의학 같은 분야에서 특정한 지식을 요구하는 문제들을 충분히 다룰 수 없을 것이다. 직업상 의무와 가정의 의무 간에 균형을 맞추는 일, 윤리적 딜레마, 스트레스 등과 같은 전형적인 문제들은 거의 모든 사람이 공통적으로 경험하는 것인 반면, 법률가들만이 독특하게 겪는 문제들이 있다. 어떤 목사 역시 내게 이렇게 말했다. "나는 법률가들이 매일 무엇을 감내하는지 정확히 알지 못합니다." 게다가 몇 가지 더 큰 신학적 질문들—예를 들어 정부의 역할, 인정법의 본질 혹은 사법 제도의 기능—은 교회 내에서 법률적 사고를 지닌 전문가들이 더 쉽게 다룰 수 있는 문제들이다. 교회와 법률직이 다루어야 하는 문제와 어려움이 무엇인지 알아내기 위해, 교회에는 교회 공동체 안에서 일하는 그리스도인 법률가들이 필요하다. 하지만 복잡하게 얽히고설킨 법률 분야의 문제들에 대해 목사가 우리에게 가르쳐 주리라 기대할 수 없다. 우리가 그 도전에 맞서 일어나야 한다. 교황 바오로 6세는 이것에 대해 다음과 같이 말했다.

> 인도를 받고 영적인 힘을 얻기 위해서는 [평신도들이] 성직자에게 의지해야 한다. 하지만 그들은 목회자들이 항상 전문가처럼 모든 문제(심지어 모든 중대한 문제)에 대한 즉각적인 대답을 줄 수 없음을 깨달아야 한다. 그것은 성직자의 역할이 아니다. 그리스도의 지혜의 인도를 받아, 그리고 교회의 가르침이 갖는 권위에 열심히 주의를 기울이는 가운데 자신들의 책임을 맡는 것은, 오히려 평신도의 몫이다.[1]

그리스도인 법률가와 관련해서 보면, 여기에서 문제는 교회의 중심 기능 중 하나인 성도를 구비시키는 일이다(엡 4:12). 법률가들은 성도를 구비시키는 교회 사역이 우리 직업과 관련된 범위 내에서 이루어지는 것이라면, 더 의식적으로 참여해야 한다. 법률가들이 자기 교회에 참여하고 있지 않다는 말이 아니다. 그들은 참여하고 있다. 요는 법률가들이 성경공부를 가르치는 것에 관심을 갖는 것과 마찬가지로, 재판과 의뢰인에 관련된 하나님 나라의 문제들에도 똑같이 관심을 가져야 한다는 것이다. 우리는 우리 부르심과 관련된 세세한 것들에 대해, 문제가 뭔지 제대로 규정하거나 질문들을 명확히 말하지 못해 좌절하고 있다. 소명과 하나님 나라에 대해 분명하게 생각하는 교회 지도자가 있는 경우에도 마찬가지다.

에베소서 6장에서 바울이 말하는 하나님의 전신갑주 중 첫째는 진리의 띠다. 바울은 우리가 나머지 갑주를 입기 전에 "진리로 너희 허리띠를 띠고"(14절)라고 권한다. 로마 군인은 넓적다리와 허리쯤에서 제복을 걷어 올려 '띠를 띠었으며' 그것을 허리띠로 고정해서 전투 때 걸려 넘어질 만한 것을 모두 제거했다. 허리띠, 곧 진리는 모든 것을 제자리에 고정시켜 준다. 우리가 걸려 넘어지는 것은 진리 곧, 하나님에 대한, 우리 자신에 대한, 일에 대한 진리의 허리띠를 띠지 못하고, 심지어는 법률가라는 직업과 법률 실무에 대해서조차도 그렇지 못하기 때문이라는 데 어느 정도 원인이 있다. 우리는 누구이고 무엇을 하는지 숙고하지 못하기 때문에 존재하고 행하는 데 넘어지게 된다.

그렇다면 우리의 세 번째 걸림돌의 핵심은 상당히 단순하다. 우리가 법률 분야에서 그리스도인답게 **행동하는 데** 어려움을 겪는 이유는 법률 분야에서, 법에 대해, 그리스도인으로서 **생각하려는** 노력을 하지 않기 때문이다. 이번 장에서는 이러한 실패의 구체적 표지들과, 법률가들이 성경적으로 사고하지 못하도록 막는 또 다른 장애물들에 대해 논할 것이다.

하지만 그러한 구체적인 것들로 넘어가기 전에, 법과 법률 실무에 대해 우리가 왜 성실하게 생각하지 못했는지 그 배경을 살펴볼 것이다. 날마다 하는 일,

정기적으로 서로 관계를 맺는 기관들에 대해 그리스도인답게 생각하지 못하는 사람은 법률가뿐만이 아니다. 미국 복음주의는 지성의 영역에서 전반적인 실패를 겪고 있는데, 우리의 실패는 그 증상 중 하나이거나 어쩌면 필연적인 결과일 것이다.

복음주의 지성의 스캔들

마크 놀은 1994년에 쓴 「복음주의 지성의 스캔들」이라는 고전에서 복음주의 교회 내의 이러한 전반적인 실패에 대해 평가했다. 그는 그 스캔들을 다음과 같이 규정했다.

> 그것은 근대 학문의 전 영역에 걸쳐 그리스도인답게, 명확하게는 기독교적인 틀 안에서 생각하지 못하는 것이다. 거기에는 경제학과 정치학, 문학 비평과 창작 글쓰기, 역사적 탐구와 철학적 연구, 언어학과 과학사, 사회이론과 예술 등이 다 포함된다.[2]

마크 놀은 이러한 스캔들—나는 그것이 법률직 내에도 존재한다고 생각한다—은 미국 복음주의 내의 역사적 요소들이 결합된 결과라고 주장했다. 이를테면 개인 양심과 '개인적' 구원을 너무 강조하다가, 교회가 해야 할 사명에 대해 대체로 무역사적이고 반지성적인 태도를 갖게 된 것이다. 그 결과 복음을 전할 때 전면적인 하나님 나라 사역에는 관여하지 않게 되었다. 특히 미국 내 대학들과 학계의 문화에서 더욱 그러하다.

놀의 명백한 초점은 주로 학계의 학적·지적 추구에 대한 미국 복음주의의 접근이다. 그는 일을 하는 개인들의 사고방식을 명백히 다루지는 않는다. 하지만 그의 진단은 미국 그리스도인들이 삶의 모든 측면에서 보여 주는 많은 지적 방법과 태도들에 대해 설명한다. 그 측면에는 우리의 일상 업무와 세상에서 교회가 지닌 임무의 범위 안에서 우리 일이 담당해야 할 역할에 대해 우리가 생각하거나 생각지 못하는 방식도 포함된다. 많은 미국 그리스도인들은 믿음을 개인적인 문제라고 생각한다. '나와 하나님 간의 일'이라는 것이다. 우리는 선교사로 나가 복음 전하는 것을 최고의 부르심으로 생각한다. 우리는 '책에서 얻은 지식'이 즉각적으로 내 '마음'을 변화시키지 않으면 역효과라고 간주한다. 그리고 우리 시대와 문화를 떠나서 기독교적인 견해로부터 조언을 구하는 경우는 거의 없다. 우리는 예술, 과학, 그리고 전문 영역들에서 하나님 나라를 진척시키기 위해 일한다는 것이 무엇을 의미하는지 거의 생각하지 않는다.

> **도덕주의적·치료적 이신론**
>
> 즉, 우리는 사실상 현재 미국의 십대들을 지배하는 종교를 '도덕주의적·치료적 이신론'이라고 부를 수 있다고 주장한다. 미국 십대들과의 인터뷰에서 드러난 것으로 이 종교의 교의를 요약하면 다음과 같다.
> 1. 세상을 창조하고 관리하시며 이 세상에서 인간의 삶을 지켜보시는 하나님이 존재하신다.
> 2. 하나님은, 사람들이 성경에서 그리고 대부분의 세계 종교가 가르치는 것처럼, 서로에게 착하고 친절하고 공정하게 대하기를 원하신다.
> 3. 인생의 중심 목표는 행복하고 자신에 대해 좋게 여기는 것이다.
> 4. 하나님은 문제를 해결하실 필요가 있을 때를 제외하면, 우리의 삶에 특별히 관여하실 필요가 없다.
> 5. 착한 사람들은 죽을 때 하늘나라에 간다.
>
> Christian Smith, "On 'Moralistic Therapeutic Deism' as U. S. Teenagers' Actual, Tacit, De Facto Religious Faith." 2005 Princeton Forums on Youth Ministry(Princeton, N. J.: Princeton Theological Seminary Institute for Youth Ministry, 2005), pp. 46-47.

소명의 경우에서 보았듯(3장을 보라), 문제는 우리의 신학이다. 오늘날 신학적 환경은 협력적이고 역사적인 것보다는 개인주의적이고 치유적인 것을 향하는 경향이 있다.[3] 근대성에 대한 교회의 반응으로 인해, 많은 그리스도인들은 역사적인 교회의 자원들과 하나님 나라의 신학을 벗어나 자기 개선, 개인화된 믿음, 감각 중심주의를 지향하게 되었다.[4] 신학 그리고 그리스도인의 삶에 적용된 신학은 주관적 자아에 침범당했다. 기독교 지성은 이렇게 자기자신에게 열중하는 치유 신학에 의해 부식되었으며, 데이비드 웰즈(David Wells)의 말을 빌리면, 이 같은 "삶에 대한 심리학적 고찰은 생각하고자 하는 욕구와 능력을 손상시키는데, 그러한 욕구와 능력 없이 신학은 명백히 불가능하다."[5]

우리가 세상—우리를 둘러싼 문화—에 따라 생각할 때, 하나님의 백성답게 행동하기보다 널리 보급되어 있는 문화에 맞춰 행동하는 것도 놀라운 일이 아니다. 최근에 있었던 바나 그룹(Barna Group: 미국 캘리포니아에 소재한, 기독교 사역을 위한 연구 조사 기업—역주) 연구에서는 불신자들이 매일 하는 행동과 기독교적 세계관을 가지지 않은 신자들이 매일 하는 행동 간에 실제로 별 차이가 없음을 발견했다.[6] 성경적 세계관을 가진 사람들과 그렇지 않은 사람들을 비교해 볼 때에만 서로의 삶이 다른 것을 보게 된다. 다시 말해, "성경적 세계관을 갖는 것은 그저 예수 그리스도를 구세주로 받아들이는 것보다 삶에 더 극적인 차이를 불러일으킨다."[7] 우리가 그리스도께 속했다고 말하면서도, 그분이 일상의 삶과 일에 대한 우리의 생각을 변화시키도록 하지 않는다면 우리와 그리스도의 관계는 세상에서 별 의미가 없다.

우리가 실패하는 이유 중 일부는 세상에 살면서 세상의 틀에 맞춰지도록, 일반적인 문화의 렌즈를 통해 현실을 보도록 강요당하기 때문이다. 나 또한 21세기 초의 미국 복음주의와 문화에 참여한 자로서 글을 쓰고 있으며, 주변 문화와 현대 교회들의 말을 듣고 그들처럼 생각하는 만큼 나도 모르게 많은 일반적 태도와 생각들을 흡수하고 또 앵무새처럼 되뇐다는 것을 깨닫는다.[8] 그렇다면 독자는 성경, 역사적 교회의 가르침 그리고 성령의 인도에 비추어 비판적으로 이 책을 읽어야 한다.

법학 공부와 법률 실무에도 마찬가지 방식으로 접근해야 한다. 우리는 '우리가 누구이고, 무엇을 하는지'에 대해 신학적으로 그리스도인답게 생각하도록 성령의 능력을 **구할 수 있다**. 하지만 바르게 보려면 성경적이고 역사적인 기독교의 렌즈를 통해 볼 필요가 있다. 사실상 이것으로도 충분하지 않다. 레슬리 뉴비긴이 말하듯, 우리는 "더 근본적인 회심", "의지뿐 아니라 마음의 회심, 즉 이 세상을 본받지 않도록, 우리 문화가 보는 것처럼 사물을 보지 않고 새로운 렌즈를 끼고 철저하게 다른 방식으로 보도록 마음을 새롭게 함으로 변화를 받는 것"[9]이 필요하다. 이것은 물론 바울이 로마서 12장 2절에서 가르치는 것이다. 우리는 마음을 새롭게 함으로 변화를 받아야 한다.

그리스도인의 법 지성의 현주소

내 경험으로 판단해 보건대, 그리스도인 법률가들은 대부분의 다른 그리스도인들과 마찬가지로 지성의 '더 철저한 회심'을 경험하지 못했다. 대다수 법률가들은 보통 미국인들과 마찬가지로 그들의 일에 대해 신학적으로 **생각하지 않는다**. 우리는 일반적으로, 믿지 않는 동료들의 렌즈와 다른 렌즈로 우리의 일을 보지 않는다. 그리스도인의 법 지성이 어떤 상태에 있는지를 관찰해 본 결과, 나는 그리스도인들이 법률 실무를 수행할 때 원칙에 입각한 변호를 하지 못하고 있다는 것을 알게 되었다.

변호를 변호함

우리가 생각하는 것에 실패했다는 분명한 단서는 그리스도인 평신도들이 법률직에 종사하는 형제자매를 향해 보이는 태도다. 당신은 그리스도인들이 법률가 형제자매를 의심스러운 눈초리로 바라본다는 것을 알아챘는가? 이것은 분명 우리 자신에 관한 생각에 대해 뭔가를 말해 준다. 심지어 우리 친구들조차 우리가 누군지 모른다! 이것은 그리스도인 법률가들이 법률가로서의 삶에 대해 그리 인상적인 변호를 하지 못했다는 증거다. 분명 우리는 하나님 나라에 속한 정의의 사역자로서 자신을 제대로 제시하기 위한 준비를 갖추지 못하고 있다.

한 그리스도인 의사는 "하나님의 말씀을 따른다면, 법률가들은 어떤 사람을 변호하거나 기소하는 것에 대해 동전 한 푼이라도 받아서는 안 된다. 그 동전이 정부가 주는 봉급이건 의뢰인이 지불하는 변호사 비용이건, 다른 누군가가 주는 실질적인 뇌물이건"[10]이라고 썼다. 그는 이렇게 결론을 내린다. "현대 미국 변호사들은 진리를 희생하고서라도 가능한 온갖 법적 수단을 다 써서 자기 의뢰인의 관점을 제시하고 진술하며, 때로는 유죄가 분명한 사람을 변호하기까지 한다."[11] 물론 이것은 궁색한 해석이다. 이런 해석은 무엇보다도 형법의 본질, 국가의 역할, 형사법 제도에서 변호사의 역할에 대해 분명히 알지 못한다는 것을 보여 준다. 하지만 그리스도인들이 이런 식으로 말한다면, 그것은 그리스도인들이 법률가들과 법 제도에 대해 뭔가를 아주 잘못 생각하고 있다는 것을 분명히 보여 주는 것이다. 우리 법률가들은 이런 문제에 대해 어떻게 반응해야 할지를 모르고 있다.

바로 앞에서 언급한 의사와 같은 견해를 가지고 있는 사람들은 극단적인 관점을 보이기 때문에 예외적인 경우로 볼 수 있을지 모르지만, 법률직을 의심의 눈초리로 바라보는 그리스도인들은 많다. 훌륭한 그리스도인이 법률 분야에 **종사할 수 있다**고 말하는 사람들 중에서도 그런 사람들이 있다. 다른 그리스도인들이 '그리스도인 법률가'라는 개념 자체에 대해 적대적일 때, '법학도들과 법률가들이 법률직에서 어떻게 그리스도를 섬겨야 하는가' 하는 문제를 놓고 고군분투하는 것도 놀라운 일은 아니다. 하지만 법률가의 역할을 오해하는 그리스도인들은, 동일한 오해를 가진 채 일하는 법률가들을 통해 그런 오해를 하게 된 것이다. 만일 어떤 전문 분야에 종사하는 그리스도인이 자신의 직업에 대해 분명한 입장을 지니고 있다면, 교회도 분명하게 생각할 것이다. "모든 생각을 사로잡아 그리스도에게 복종하게"(고후 10:5) 하고, "너희 속에 있는 소망에 관한 이유를 묻는 자에게는 대답할 것[*apologian*]을 항상 준비"(벧전 3:15)해야 한다면, 깨어 있는 시간 대부분을 어떻게 보내는지에 대해—하나님께 영광이 되든 우리에게 수치가 되든—변호하는 것은 분명 우리의 책임이다!

그렇다면 왜 그리스도인 법률가들은 그들이 하는 일의 본질에 대해 깊이 생각하지 않는가? 법률가들이 일반적으로 자신의 일에 대해 분명히 변호하지 못하는 두 가지 이유가 있다고 본다. 그것은 영적 무감각과 역사적 토대의 결여다.

시간과 에너지?

법률가들이 법률직에 대해 그리스도인답게 생각하지 못하는 이유에 대해 가장 잘 내세우는 변명은 시간과 에너지가 없다는 것이다. 사실을 직시해 보자. 여기까지 읽은 많은 법률가들은 법률직에 대해 그리스도인답게 생각하려는 노력은 허튼소리로, 자신들은 그런 데 끼어들 시간이 없다고 생각한다. 그들은 유료 상담 시간, 긴급하게 잡힌 변론기일, 의뢰인들에게서 수임료를 받아 가족을 부양하는 것, 어떻게든 꼬투리를 잡으려고 그들을 호시탐탐 넘겨다보는 다른 법률가들에게 관심이 있다. 그런게 '직업'이고, 삶은 날마다 돌아가며 법률 실무는 힘겹다는 것이 현실이다. 미국 법률가의 정신과 역할에 대한 논의는 로스쿨 때나 하는 것이다. 간단히 말해, 실제 법률가는 그들의 소명과 실무의 복잡한 요소를 심사숙고할 **시간이 없다**. 그들은 법이라는 힘겨운 맷돌에서 날마다 갈리는 곡식처럼 너무 바쁘기 때문이다.[12] 이 말에는 일말의 진실이 있다. 하지만 사실상 법률가가 그들의 실무에 대한 성경적 사고를 중요하게 여긴다면, 어떠한 대가를 치르더라도 그것을 추구할 것이다.

그러므로 진짜 문제는 시간이나 에너지의 부족이 아니라, 무관심이다. 법률가들은 온갖 종류의 중요한 일을 할 시간이 있다. 우리는 골프·사냥·낚시·스키를 하고, 운동 경기와 헬스를 하고, 자녀들을 지도하고, 희귀한 책을 사러 간다. 왜 많은 법률가들은 잠시 멈춰서서, 우리가 무엇을 하고 어떤 존재인지 생각하지 않는가? 그 일이 노력할 만한 가치가 있다고 생각하지 않기 때문이다. 우리는 하나님의 영광을 위해 하는 일에 관해 마음을 쓸 만한 가치(중요하고 가치 있는 '선')가 없다고 결정한 것이다. 다시 한 번 말하지만 아퀴나스는 이것을 '아케디아'(2장에서 논한 영적 나태)라고 불렀다. 우리는 하나님의 형상으로 만들어진 존재에게 주어진 의무를 포기하고 있다. 그것은 선하고, 옳고, 참된 것을 추구할 의무다.

즉, 우리가 그리스도인답게 생각하지 못하는 첫 번째 원인은 우리의 부르심 및 우리가 매일 하는 일의 성경적 기초에 관해 무관심하다는 것이다. 우리는 신경을 끄고 있다.

리처드 포스너와 애티커스 핀치

두 번째 원인은, 우리가 오랜 세월 전해 내려온 법과 정부에 대한 역사적인 기독교 자료에 대체로 무지하다는 것이다. 그런 자료들은 오늘날 법이 직면한 문제들에 대해 통찰을 줄 수 있는 것들인데도 말이다. 물론 대부분의 법률가들이 윌리엄 블랙스톤이나 토마스 아퀴나스를 읽지 않았다 해서 당장 큰일이 터지는 것도 아니고, 그 자체가 법률 분야에서 그리스도를 섬기지 못하게 하는, 극복할 수 없는 장애물도 아니다. 결국 앞에서 언급한 블랙스톤의 「영국 법 해설」과 아퀴나스의 "법에 대하여" 중 많은 부분은 철학과 이론으로서, 대부분의 미국 법률가들이 날마다 하는 일과 직접적인 관련은 없다. 하지만 법의 본질과 목적에 대한 우리 자신의 지적 뿌리와 기독교의 근본 사상에서 단절될 때 혹은 우리 스스로 단절시킬 때, 우리는 우리를 다른 기반 위에 세워야 하거나 법이 무엇이고 우리가 누구인지에 대한 잘못된 이야기에 영향을 받을 수밖에 없다. 물론 오늘날 법학 교육의 본질 자체는, 역사적 유대를 단절하고 정의의 목적과 수단에 대해 기독교의 근본 사상과는 다른 그리고 잘못된 이야기를 소개하는 데 기여한다. 2장에서 주장했듯, 우리가 받는 반형이상학적이고 도구주의적인 법학 교육은 **반드시** 일정한 결과를 가져온다. 법률가들은 대부분 그들이 받은 법학 교육에 의해서, 법의 본질과 목적에 대한 서구 사상의 뿌리에서 단절된다. 실무에 대한 준비 자체가 부르심의 근본적인 원리들을 대부분 무시할 때, 우리는 그 관점을 잃어버리거나 아니면 하나님의 은혜로 다른 곳에서 그 부르심을 회복한다.

원인이 무엇이든지 간에, 우리는 법에 대한 기독교적 사고와 전혀 연관이 없다. 리처드 포스너와 리처드 로티(Richard Rorty)의 이론이 블랙스톤, 아우구스티누스 혹은 아퀴나스의 이론보다 더 영향력이 있다는 것과 심지어 그리스도인 학생들과 법률가들 사이에서도 그러하다는 것은 인상적인 일이다.

게다가 우리는 이론 면에서만 기독교의 과거 역사를 피하는 것이 아니다. 역사를 보면, 정치적 입장은 다양하지만 법률가의 삶에서 매우 실제적인 세부 사항들에 관해 옳고 그름을 말할 수 있는 위대한 법률가들이 있다. 오늘날 그리스도인 법률가에게 법에 대한 그의 사고에 영향을 끼친 과거의 유명한 그리스도인 법률가가 누구인지 물어본다면, 애티커스 핀치(Atticus Finch)라는 대답을 가장 흔히 들을 수 있을 것이다. 다행히도, 토마스 모어(Thomas More)는 이 비과학적인 조사에서 그 뒤를 바짝 좇아 2위를 차지하고 있다. 그의 이름을 딴 캠퍼스의 학생 모임이 있는 덕이 크다. 이것은 고무적이고도 필요한 징후다. 하지만 데이비드 호프만, 윌리엄 스트링펠로우(William Stringfellow), 다니엘 웹스터(Daniel Webster)의 이름을 들어 보거나, 법률직에 대한 링컨(Lincoln), 조셉 스토리(Joseph Story) 혹은 제임스 켄트의 글을 읽어 본 법률가나 학생들이 과연 얼마나 되겠는가?[13] 즉석에서 한번 시험해 보라. 현재의 법학도들에게 역할 모델로 추천하거나 당신 스스로 받아들일 만한 역사상의 그리스도인 법률가들을 가능한 한 많이 생각해 보라. 이제 당신이 생각한 사람들의 목록에서 다음의 그리스도인 법률가가 있는지 보라. 신실한 남편이자 아버지, 자기 교파에 헌신된 민족 지도자, 영향력 있는 미합중국 헌법 제정자, 법과 정부에 대해 많은 글을 쓴 사람, 대륙회의(독립 전후에 필라델피아에서 두 번 열린 각 주 대표자 회의-역주) 의장, 미 연방 대법원장, 미국 성서공회 회장. 대망을 품은 그리스도인 법률가들이 본받을 만한 이 탁월한 역할 모델들이 누구인지 알겠는가? 그리스도인 법률가들 대부분이 존 제이(John Jay)와 그가 법과 정부에 대한 기독교적 사고에 끼친 영향을 잘 알지 못할 것이다. 하지만 그들은 앨런 더쇼비츠(Alan Dershowitz), 리처드 포스너, 게리 스펜스(Garry Spence), 조니 코크란(Johnny Cochran)은 안다. 우리는 과거를 잊어버렸다.

루이스는 「성육신에 대한 성 아타나시우스의 글」(*St. Athanasius on the Incarnation*) 서론에서 '예로부터 내려온' 것보다 현대적인 것을 더 좋아하는 것이 지닌 위험들에 대해 이렇게 논한다. "모든 시대는 그 나름의 견해를 가지고 있다. 그것은 특정한 진리들을 특히 잘 깨닫고, 특정한 실수들을 하기가 특히 쉽다. 그러므로 우리 모두에게는 우리가 사는 시대 특유의 실수들을 바로잡을 책들이 필요하다."[14] 우리 자신의 편견에 대한 유일한 해결책은 "오랜 세월 동안 내려온 청정한 바다 미풍이 우리 마음에 불도록 하는 것이며, 이것은 오래된 책들을 읽음으로써만 가능하다."[15] 현대 법률가들은 바로 이 일에 실패했다.

나는 누구이며 무엇을 하고 있는가?

우리 법률가들이 냉담함과 역사적 단절을 극복하고 자신의 일을 효과적으로 변호할 수 있으려면, 먼저 정체성의 혼란 문제를 다루고 그다음에 법률 실무의 본질에 대한 성경적 접근 방식을 확립하기 위해 노력해야 할 것이다. 각 영역을 차례로 살펴보자.

고용된 총잡이와 상어

견고한 성경적 접근을 요하는 첫 번째 문제는 법률가의 일의 본질에 관한 것이다. 법률가의 부르심이 단순히 높은 신분을 가지고 돈을 위해 일하는 직업이 아니라, 적법하게 이웃을 사랑하고 섬기는 일이라는 것—혹은 그렇게 될 수 있다는 것—을 어떻게 아는가? 이 책의 전제는 믿음으로써 변호사 혹은 판사로서의 삶을 산다면, 하나님 앞에서 섬김의 열매를 맺고 이웃 사랑을 실천할 수 있다는 것이다. 하지만 우리는 대부분의 그리스도인 법률가들이 자신의 일을 이러한 방식으로 생각하지 않는다는 사실을 직시해야 한다. 처음에는 시간을 들여 그런 것들에 대해 생각하던 사람들도, 법률 실무의 본질과 거기에 잠재돼 있는 요소들에 대해 몇 가지 실제적인 회의를 지니고 있다.

"헨리 이야기"(*Regarding Henry*)라는 영화에서 헨리(해리슨 포드 분)는 총에 맞은 후, 출세를 위해 맹렬히 돌진하는 변호사로서의 삶에 대한 기억을 깡그리 잊어버린다. 그는 자신의 옛 삶을 회복하고 그 삶을 다시 시작하려 한다. 하지만 그는 자신의 '옛 삶'에 대해 별로 확신하지 못한다. 그는 한 친구에게 이렇게 말한다. "나는 그때의 내 모습이 싫어." 그의 물리치료사는 그에게 권한다. "말해 드릴 게 있어요. 누가 당신이 누군지 말해 주려 해도 절대 듣지 마세요. 시간은 좀 걸릴지 몰라도 당신이 스스로 생각해 낼 거예요."[16] 헨리는 변호사라는 직업을 대표한다. 그것은 그저 한 변호사에 대한 영화가 아니다. 그것은 **변호사들**에 대한 영화다. 우리는 우리가 누군지 확실히 알지 못하며, 우리 주위에는 의미 있는 역사적·도덕적 배경 없이 우리의 정체성을 만들어 내려 애쓰는 온갖 전문가들이 있다. 우리는 '스스로 생각해 내지' 못했다. 그리고 법률 분야에서 살아 가면서 우리 자신을 규정하려 할 때, 온갖 말도 안 되는 개념들을 듣게 된다.

많은 그리스도인 법률가들은, 대부분의 법률가들과 마찬가지로 인위적 정체성과 역할극을 자신이 받아들일 만한 실천 모델로 수용한다. 우리는 성경적으로 생각하기보다는 역할에 기초한 도덕과 부적격한 '열성적인 변호'의 긴장이라는 흙탕물에 빠져 들어가면서, 저 유명한 법률가들의 '정체성 위기'를 한탄한다. 이것은 그리스도인 법률가들에게 일종의 정신분열을 낳게 만든다. 우리는 인간과 도덕적 책임에 대한 종교적 이해를 근거로 그리스도와 동일화된다. 하지만 또한 '고용된 총잡이', '상어' 혹은 그런 비슷한 인물과도 동일시된다. 하지만 우리는 이러한 동일시가 잘못된 것임을 안다! 어느 목사는 그리스도인 법률가들처럼 자기 직업에 대해 변명하는 집단은 한번도 본 적이 없다고 말한 적이 있다. "법률가가 다른 신자들에게 강연하는 것을 들을 때마다, 그는 자신이 법률가이어서 미안하다고 사과하더군요"라고 그는 말한다. 얼마나 인상적인 말인가!

의뢰인들 역시 '고용된 총잡이'로서의 법률직을 중시하고 촉진하는 문화 속에 푹 잠겨 있다는 사실로 인해 문제는 더 악화된다. 어떤 사람들은 대놓고 말한다. "나는 나를 대리할 그리스도인 변호사를 원하는 게 아니에요. 상대방을 삼켜 버릴 상어를 원하는 거지요." 물론 이러한 사람들 역시 상어가 자신들을 거칠게 다루면 놀란다.

법률직은 대체로 수십 년간 이 문제를 비통하게 여겨 왔으며, 법률가들과 교수들은 법률직에서 지속되는 '정체성 위기'에 대해 끊임없이 이야기하고 있다.[17] 법률 전문지들에 실린 글마다 법률직에 종사하는 사람들의 불행한 삶의 상태와 우리가 그 문제를 붙잡고 씨름하지 못하는 것에 대해 상세히 다룬다. 1993년에, 예일대 로스쿨 학장은, 법률직의 문제는 "영적인 위기", 즉 "법률가의 삶이 그 삶을 사는 사람들에게 성취감을 제공할 수 없다는 회의가 커져 가는 것에 대한 산물"[18]이라고 썼다. 그는 법률직이 "그 정신을 잃어버리고 있다"고 염려한다. 지난 30년간, 법률가들 및 법과 관련된 공익 집단은 이 '위기'를 생생하고 상세하게 분석해 왔다.

위기의 명백한 이유 중 하나는 우리가 자신을 두 가지 존재, 곧 인간이라는 존재(human being)와 법률가라는 존재(lawyer being)로 구획화할 수 있다고 로스쿨에서 가르치고 법률가들도 그렇게 믿는다는 것이다. 이것이 바로 3장에서 논했던 이원론이다. 인간이라는 존재는, 복잡하고 상호 관련된 도덕적 가치관, 사회적 규범, 가정의 유산, 공동체의 관습, 역사, 종교적 믿음 등에 의해 결정되는 의무, 책임, 역할들을 가지고 있다. 법률가라는 존재는 의뢰인들에 의해 결정되는 책임과 역할들을 가지고 있는데, 그 책임과 역할들은 어떤 경우에는 윤리 규칙들에 의해 조정되어야 한다. 통상 자신이 별개의 두 존재라고 믿는 사람은 정신분열이나 망상가라 불린다. 그러나 법률직에서는 그렇지 않다.

반가운 소식은 모든 법률가들이 이런 입장을 받아들이지는 않는다는 것이다. 내가 아는 어떤 그리스도인 법률가는 그것이 모두 학계에서 만들어 낸 것이라고 말한다. "정체성 위기는 없다. 우리는 우리가 누구인지 완벽하게 잘 알고 있다." 심지어 최근에 나온 많은 문헌들도 두 존재 체계가 본질적으로 불가능한 것임을 인정한다. 그런 문헌 중에는 소명적·도덕적으로 생각하는 데 필요한 일종의 복합적인 도덕적 평가를 격려하기까지 하는 최고의 문헌도 있다. 이 분야의 가장 뛰어난 연구들은, 다양한 역할과 복합적인 도덕적 추론을 진지하게 받아들이는 그리스도인 학자들에게서 종종 나온다.[19] 예를 들어, 다음 글은 문제를 다음과 같이 분명하게 밝힌다.

> 우리는 법률가들이 아는 것과 행하는 것에 대해 도덕적 책임을 지고 있다고 주장한다. 법률가들의 책임은 그들이 의뢰인에게 지고 있는 책임(역시 도덕적 책임)으로 인해 복잡해진다. 하지만 법률가들은 복잡한 도덕적 삶으로부터 피해, 당사자주의 제도(형사 소송 절차에서 법원이 소송의 주도권을 검사와 피고인측인 당사자에게 주는 태도—편집자 주)가 정당한 결과를 가져오리라는 환상 뒤로 숨으면 안 된다.
>
> 문제는 '도덕적으로 건강한 삶을 사는 것이 쉬운가'의 여부가 아니다. 그것은 '법률가들이 도덕적 건강함을 추구하는 일에 무능력해졌는가'의 여부다. 물론 정의와 자비가 지시하는 방향이 무엇인지 결정하는 일은 분명 어려울 것이다.[20]

도덕적 건강을 유지하는 것이 쉽지 않으며 여러 역할을 감당하는 자기 정체성이 복합적인 것이라고 인정하는 것은, 부르심에 대해 분명히 생각할 수 있게 하는 큰 첫걸음이다.

여기에는 일에 대한, 서로 관련된 두 가지 문제가 있다. 우리는 기독교적인 법적 사고라는 맥락에서 법률가의 업무를 적절히 다루기 위해 그 둘을 구분해야 한다. 첫째는 정체성의 위기, 아마도 '영적 위기'가 법률직에 널리 퍼져 있다는 상당히 일반적인 생각이다. 그 원인과 결과가 무엇인지 정확히 지적하기는 어렵지만, 다양한 관점에서 방대한 양의 문헌이 쓰였다는 사실이 그 점을 입증해 준다. 하지만 법률가가 일반적으로 일에 만족하지 못하는 것과 도덕적으로 모호한 관행이 이러한 정체성 위기의 일부라는 사실은 다들 인정하고 있다. 그리스도인 법률가들은 이러한 '위기'에 완전히 사로잡혀 있지는 않다 해도, 현대 법률직에 퍼져 있는 혼란을 바로잡기 위해 분명한 사고, 지혜, 건전한 지침을 가려내 보여 줄 필요가 있다.

예를 들어, 우리는 암담하고 절망적인 상태라는 생각이 들지 않게 하면서, 인식된 위기에 대해 말할 수 있어야 한다. 이렇게 하기 위해, 법률직에서 나타나는 일반적인 정신분열의 원인을 대담하게 거명해야 한다. 물론 도구주의적 법학 교육이 본질적으로 갖고 있는, 공적 진리와 사적 진리 간의 분열 및 소명적 사고의 결여는 법률가들과 법학도들의 삶을 붕괴시킬 것이다. 이것에 대해 우리는 그렇다고 말해야 한다. 게다가 우리는 이러한 위기적 사고방식에 우리 그리스도인들도 연루되어 있다고 말해야 한다. 나는 "이 직업을 가지고 그리스도인이 되기는 너무 어렵다. 함께 똘똘 뭉쳐 우리의 비통한 이야기들을 나누자"라는 식의 정서가 만연한 그리스도인 법률가, 법학 교수 혹은 법학도들의 모임에 수도 없이 참석했었다. 이렇게 막다른 궁지에 몰렸다는 생각은 복음이 법률가들의 일상적인 일에 대해 뭔가를 말할 수 있다는 진리와 어울리지 않는다. 그리스도인들이 절망에 싸여 함께 똘똘 뭉쳐 있을 때, 우리는 가장 중대한 영역에서 법률직에 관여하는 데 실패하고 만다.

둘째로, 많은 법률가들이 대체로 총잡이 역할을 받아들이는 것과 관련된 문제다. 이 점에서도 역시 많은 사람들은 총잡이 역할을 인간과 법률가를 인위적으로 분리시킨 것이라고 여겨 무턱대고 거부해 버린다. 또 다른 한편으로는, 법률가의 일을 총잡이 역할로 보는 시각을 많은 사람들은 하나의 모델로 받아들인다. 그리고 이러한 관점을 완전히 받아들이지 않는 사람들에게조차도, 총잡이 역할은 다른 모델들을 논하는 기준 역할을 한다. 예를 들어, 그리스도인 법학 교수 조셉 알레그레티는 법률가의 일에 대한 이러한 '전형적인 시각'에 대한 반응으로 그리스도인 법률가들이 채택하는 '다양한 자아상'과 관련된 법률가의 부르심에 대한 책을 썼다. 그는 이렇게 채택된 역할을 "서구의 유명한 고용된 총잡이"와 같은 것으로 본다. "법률가는 자신의 도덕적 가치관을 고려하지 않고, 의뢰인의 비도덕적 도구 역할을 한다."

> 변호사는 **중립적인 '의뢰인 우선주의자'**(neutral partisan)다. '중립적'이라는 말은, 변호사 자신의 개인적 가치관이 의뢰인을 위한 업무에 영향을 주어서는 안 된다는 뜻이다. '의뢰인 우선주의'는 의뢰인의 목표를 달성하기 위해서는 법률이 허용하는 범위 내에서라면 무엇이든지 할 수 있다는 것이다.[21]

이것은 적어도 우리가 로스쿨에서 배운 것과 매우 비슷하다. 그리고 대중이 생각하고 있는 모습이기도 하다. 이러한 상황이 현실이 아니라고 믿기는 어렵다. 많은 윤리 교과서들조차 법률가들이 자신이 담당하고자 하는 역할에 기초해서 다양한 접근을 할 수 있다고 설명할 뿐이다. 그리스도인 지도자들에게 (그리고 우리 자신의 마음속에서조차도) 법률가는 고용된 총잡이, 창녀, 상어 혹은 뱀이다.

이 문제들과 직업상의 정체성을 위한 복잡한 도덕적 추론의 중요성에 관해서는, 10장에서 훨씬 더 자세히 다룰 것이다. 지금은 그저 일반적으로 법률가의 역할에 대해 약간의 혼란이 있으며, 정체성 문제에 대해 분명한 기독교적 사고가 필요하다는 것만을 인식하면 된다. 이러한 정체성 문제는 다양하다. 하지만 일차적 혼란은 의뢰인에 대한 법률가의 도덕적 책임이 원인인 듯하다.

4 법률직에 대한 고찰

그저 일자리일 뿐

견고한 성경적 사고를 요하는 두 번째 분야는 일상 업무의 내용이다. 우리는 날마다 종사하는 특정한 **종류**의 일에 대해 변명하느라 많은 시간을 들이지는 않는다. 설령 법률가가 **되는** 것이 포르노 작가나 암살자가 되는 것과 다르다면 내가 하는 일은 정확히 어떻게 왜 다른가? 실무 분야 중 본질적으로 더 기독교적인 분야들이 있는가? 사람들을 상대로 소송을 제기하는 것이나 유언장에서 자녀의 이름을 누락시켜 그들이 유산을 받지 못하게 하는 것은 괜찮은가? 몇 가지 예외는 있지만, 그리스도인 변호사들은 다양한 법률 실무에 대한 성경적 접근법에 대해 거의 혹은 전혀 논하지 않는다. 법률가가 자신의 실무에 관한 신학적 기초에 대해 말하는 것을 들어 본 적이 있는가? 보통 업무에 대해 변호해야 하는 사람은 형사범 변호사뿐이다. 그리고 그 결과 그리스도인들(혹은 도덕적 법률가들)이 '유죄인 사람을 변호'해도 괜찮은지에 대한 교훈적 담론이 나왔다. 그 외 법률가들은 자신의 일에 관한 신학적 기초를 그다지 많이 이야기하지 않는다(혹은 생각하지도 않는다). 이러한 것에 대해 진지하게 생각하는 데 시간을 거의 들이지 않기 때문에, 앞서 언급한 다양한 의구심 역시 그리스도인 법률가들이 믿음 안에서 부르심에 따라 살지 못하게 방해한다.

법학 교육의 도구주의적 편향은 신실한 사고를 방해한다. 대부분의 미국 로스쿨에서 우리가 속고 있는 것은 근본 원리들에서만이 아니다. 우리의 교육은 불법 행위 소송 실무(practice), 계약, 형사 변호와 기소 혹은 다른 모든 실무 분야에 대해 형이상학적인 정당성의 사유를 거의 제공하지 못한다. 간단히 말해, 우리는 부르심에 대한 가장 중요한 질문들을 무시하도록 훈련받는다. 물론 우리 스스로 성경적 사고를 계발할 수 있다. 하지만 법률 실무에 대한 신학적 접근을 이해하려는 신참자들의 노력은 전반적인 가르침에서 얻는 효과만큼 생산적이지 못하다. 역설적으로도 우리는 근본 원리에 대해 로스쿨에 들어갈 때보다 나올 때 **덜 분명하게** 생각하게 된다.

그리스도인 법률가에게는 이 문제가 심각하다. 이 문제를 놓고 나와 함께 토론을 벌였던 법률가들과 그리스도인 법학도들 중 법률 실무를 '그저 하나의 일자리' 이상으로 생각해 본 사람들은 매우 적었다. 그것은 단지 3장에서 말한 소명적 사고가 결여된 것만이 아니다. 법률가들은 그들의 일을 사역으로 생각하지 못할 뿐 아니라, 보통 그들이 하는 특정한 일이 하나님의 기준에 좋은 일인지 아닌지에 대해 단 한번도 생각해 본 적이 없었다. 알레그레티 교수는 이렇게 말한다. "내가 이야기를 나누어 본 대부분의 법률가들, 심지어 독실한 그리스도인 법률가들도 그들의 종교적 가치관을 그들의 일과는 상관없는 것으로 보거나, 막연한 최소한의 지침(거짓말하지 말라, 속이지 말라)만 제공하는 것으로 본다."[22] 나도 오랜 세월 수많은 법률가 및 법학도들과 대화를 나누면서 똑같은 것을 발견했다. 법률 전문가들에게 그들의 구체적인 실무—유언장을 작성하는 것이든, 피해자를 대리하는 것이든, 기소를 하는 것이든—가 세상에서 하나님의 역사와 어떻게 관련되어 있는지 물어보면, 그들은 보통 자기 가족을 먹여 살리는 데 도움이 된다는 취지의 대답만 한다. "청구서 낼 돈을 준다"는 것이 평생의 생업을 신학적으로 정당화하는 빈약한 구실이다.

아마 그리스도인 법률가들이 이러한 태도를 가지게 된 것은 복음주의자 마크 놀이 말한 것처럼, 개인의 양심과 개인적 경건의 우월성을 강조한 결과일 것이다. 한때 의미와 역할과 관계를 제공했던 제도들이 분해되거나 버려지면, 소명과 직업상의 정체성에 대한 분명한 사고 역시 상처를 입는다. 소명이라는 개념이 더 이상 하나의 교리로서 생존해 갈 수 없고, 교회가 더 이상 의미 있는 제도로 여겨지지 않을 때, 문화 전역에서 정체성의 위기가 일어난다.[23] 이런 위기는 포스트모던 사상이 대두되면서 더욱 커진다. 이 사상은 도덕적 논거가 직업 역할에 통합되는 것을 어렵게 만드는, 혹은 심지어 사회적으로 불합리한 것으로 만드는 문화를 생성했다.[24]

이러한 세상에서 전형적인 그리스도인 법률가는 '양심에 따라' 법률 실무에 종사한다. 기독교적인 법률 실무 방식이 있는가? 물론이다. 어떤 복음주의 지도자는 내가 가르치는 법학도들에게 "옳다고 생각되는 일을 하고 거짓말하지 마십시오. 그러면 괜찮을 겁니다"라고 말했다. 우리는 특별히 한 번에 한 통화, 한 사건, 한 의뢰인을 다룬다. 각각을 나름대로 평가하고, 어쩌면 각각에 대해 정기적으로 기도한다. 한 그리스도인 법학 교수는 체계적인 도덕적 평가는 도저히 불가능하다고 말하기까지 한다. 사건을 선택할 때 '성령의 인도를 받아야' 하고, 그다음에는 의뢰인의 이익을 충분히 대리해야 하며, 성령의 즉각적인 인도와 윤리 규칙들만을 지침으로 삼아 열심히 의뢰인을 대리해야 한다는 것이다.

내 말을 오해하지 말기 바란다. 우리는 각 사건과 의뢰인에 대해 성령, 양심, 정기적 기도를 통해 인도를 받아야 한다! 이러한 것들은 그리스도인 법률가의 일에서 **필수 사항**이다. 하지만 그 이상의 것이 있어야 한다. 개인적 경건만으로는 법률 실무를 그리스도의 머리됨에 복종시키기에 부족하다. 진지하고 독실하지만 그리스도의 몸과 자신의 일의 본질에 대한 전통적 사고에서 분리되어 있는 법률가의 길은 험난할 것이다.

이쯤이면 정체성 위기와 소명 교리 간의 근본 관계가 분명해졌을 것이다. 우리는 소명에 대해 생각하지 않기 때문에 결과적으로 법률가를 고용된 총잡이라고 보는 일반적 개념에 집착하든가, 법률가를 사회공학자로 보는 과장된 이상을 갈망하든가, 우리 일을 '단순한 밥벌이'로 과소평가하게 된다. 각 견해 모두 그리스도인답게 섬기려는 비전에는 미치지 못한다. 우리 일을 믿음으로 수행할 때 그 일이 주님께 드리는 예배만큼 신성한 것이 될 수 있다는 사실을 알지 못한다면, 자신의 일을 이런 견지에서 평가하지 않을 것이다. 우리 일을 그런 각도에서 평가하지 않는다면, 우리는 자신의 일에 대해 완전히 기독교적인 방식으로 생각하고 있지 않은 것이다. 우리는 도덕적이고 윤리적이며 많은 존경을 받을 수는 있지만, 창조주께서 주시는 수단을 통해 그분의 목적을 의식적으로 추구하고 있지는 않은 것이다. 간단히 말해, 우리는 법률 실무의 참된 의미를 놓치는 것이다.

더 친절하고, 더 점잖고, 더 고상한 사회공학자

법에 대한 잘못된 기독교적 사고가 지닌 또 다른 위험이 있다. 그 위험은 법률 실무에 대해 통합적으로 접근하려 하는 법률가들의 심중에까지 도사리고 있다. 2장에서 보았듯, 법에 대한 초월적 사고에서 멀어진 것은 근본적으로 도구주의적 법 이론 때문이었다. 오늘날 도구주의는 널리 퍼져 있으며, 대부분의 학자들과 판사들은 법이 일차적으로 광범위한 사회적 선을 위해 사용되어야 하는 도구라고 믿는다. 혹은 그렇게 믿는 것처럼 행동한다.[25] 그리고 변호사, 판사, 교수들을 법공학자로 당연시한다. 법 자체는 사실상 권력 정치와 다를 바 없다. 선출직은 아니지만 법률가 계층이라는 엘리트가 공동선을 좌우하기 때문이다. 법률가들이 교만하다고 생각하는 사람들이 많은 것도 무리는 아니다!

문제는 사회공학자라는 역할에 대한 유혹을 그리스도인 법률가들도 매우 많이 느낀다는 것이다. 그리스도인이 이러한 사회공학적 경향에 쏠리는 것은, 법에 대한 대다수 그리스도인이 결과주의를 지향하는 것에서 드러난다. 우리는 세상에서 혹은 어떤 사건에서 올바른 '결과'를 원하며, 그런 목적을 위해 법을 '능숙하게 처리하는' 데서 만족을 느낀다. 우리는 절차, 당사자, 개개인들과 동떨어진 상태에서 '정의를 행하거나', '사회 정의'를 추구하기를 바란다.[26] 예를 들어, 요즘에는 범인에게 절차 보장을 배제하는 것보다 더 큰 불의는 없는 것처럼 보인다. 하지만 절차 보장은 정의의 도덕적 **본질**이다. 어떤 집단이나 '사회'에게 유익을 주기 위해 사건과 법 그리고 이론을 잘 이용하는 것은 '정의를 행하는' 것이 아니다. 두 소송 당사자 혹은 국가와 피고인 혹은 두 계약 당사자를 공평히 다룸으로써 정의를 행하는 것이다. 이 목표를 성취하는 방법은 어느 한쪽에게 손해가 가지 않게 만들어진 절차 규칙과 증거 규칙을 준수하는 것이다. 그렇게 하면 때때로 '참된' 증거가 용인되지 않거나, 과거 행동이 배심원들에게 밝혀지지 않거나, 일부 문서들이 요점을 입증할 만큼 신뢰를 얻지 못하게 된다. 이러한 소위 전문적 절차는 인간의 공평함과 공정함에는 한계가 있음을 인식하는 체제의 도덕적 기초에 뿌리를 두고 있다. 모세의 율법 체제에서 이런 전문적 절차 중 하나는 어떤 범죄나 위법 행위를 입증하려면 두 명의 증인이 요구되었다는 것이다. 그 범죄에 대해 말하는 증인이 한 명뿐이라면, 그 증인이 아무리 믿을 만하다 해도 피고인은 전문적 절차에 의해 석방되었다.

하지만 **인간의** 재판이 피고인에게 **완전한** 정의를 행하지 못하고, 유죄인 사람이 석방되거나 피해자가 보상을 받지 못할 때라도, 하나님의 정의는 이긴다. 우리가 정말 우주의 왕이신 하나님이 주권자이심을 믿는다면, 궁극적 정의는 결함이 없으리라는 것을 안다. 하나님은 인간의 모든 행위를 심판하신다. 신적 정의와 인간적 정의 간의 이러한 관계로 인해, 어느 정치학자는 공정하고 주권적인 하나님에 대한 믿음이야말로 불완전한 인정법 제도에 확신을 갖게 만드는 유일한 원천이라고 말했다. 그뿐 아니라, 세계가 완벽하기를 바라는 것이야말로 재앙을 부르는 비결이다. "잘못을 행하는 가장 강력한 동기 중 하나는, 모든 것이 제대로 돌아가도록 하려는 것이다."[27] 범사회적 정의, 곧 우주적 정의라는 하나님의 일을 완벽히 행하려는 욕구는 신실하지 못한 사회공학이다.[28]

이에 대한 오해 때문에 우리는 법 대신 우리 나름의 힘의 정치에 관여하려는 유혹을 받는다. 그 때문에 많은 그리스도인 학생들이, 마치 '종교의 자유를 위한 소송'이 그리스도인 법률가의 유일한 삶의 방식인 듯 말하는 것을 들으면 심히 걱정된다. 종교의 자유를 위한 노력은 선하고 신실한 섬김이 될 수 있지만, 진리가 이기는 것을 보기 위해 싸울 때 인간의 사법 제도는 아주 작은 부분에 불과하다. 궁극적 정의는 법정이나 법률 제정 혹은 종교적 '권리'에 대한 것이 아니다. 우리는 하나님의 진리가 이 **제도들에** 그리고 이 **제도들 안에서** 발휘되도록 애써야 한다. 그렇지만 바라는 결과를 위해 제도 권력을 이용하는 것은, 법의 초월적 본질에 정면으로 반대하는, 더 친절하고 더 점잖은 사회공학일 뿐이다.

다원주의적 정중함

몇 년 전 나는 내가 양육했던 학생들을 대상으로 강연을 한 적이 있는데, 그때 우리가 법에 대해 기독교적으로 생각하지 못했음을 드러내는 몇 가지 예시에 대해 말했다. 나는 또한 헌법을 해석하고 계약서를 입안하고 의뢰인을 대하는 방식에는 옳은 방식과 잘못된 방식이 있으며, 하나님 앞에 드리는 예배로서의 법률 실무를 어떻게 수행할 수 있는지 배울 수 있다고 말했다. 나는 이런 일들을 위해, 우리를 향해 계획하신 바대로 그리스도의 지체가 되어 의식적으로 진리를 추구하고, 일상 업무에 성경과 교회의 가르침을 적용하며, 하나님의 부르심을 포함한 삶의 모든 영역을 하나님에게 내어 드려야 한다고 했다. 그런데 나중에 한 로스쿨 학생이 나를 찾아와서는, 내 말대로 하는 것은 불가능하다고 말했다. "우리는 주류가 아니고, 우리의 사고방식은 그리스도인 모임에서는 통하지만 강의실이나 법정에서는 통하지 않습니다." 그래서 나는 그녀에게 "법학도가 되거나 법률 실무에 종사하기 위해 기독교 신앙의 진리를 버릴 필요가 있을까?" 하고 물었다. 그녀는 확신하지 못했다. 하지만 틀림없이 그녀는 그럴 수도 있다고 생각했다!

대부분의 신자들은 어떻게 살아야 하는가 하는 문제에 관해 '기독교적' 대답이 있는 것처럼 말하거나 행동하고 싶어하지 않는다. 마음속에 교회 내에 있는

> **진보에 대한 체스터튼의 말**
>
> 우리는 두 가지 다른 것, 두 가지 반대되는 것들을 섞어 놓았다. 진보는, 우리가 언제나 비전에 맞도록 세상을 바꾸고 있다는 것을 의미해야 한다. 그런데 진보는 실제로는 (바로 지금) 우리가 언제나 비전을 바꾸고 있다는 것을 의미한다. 진보는 우리가 느리지만 확실하게 사람들 사이에 정의와 자비를 가져온다는 것을 의미해야 한다. 그런데 그것은 실제로는 우리가 정의와 자비의 바람직함을 대단히 빨리 의심한다는 것을 의미한다.…우리는 이상에 맞추기 위해 현실을 바꾸고 있는 것이 아니다. 우리는 이상을 바꾸고 있다. 그게 더 쉽다.
>
> G. K. 체스터튼, 「오소독시」(*Orthodoxy*, 이끌리오)

다양한 전통 및 더 광범위한 다원주의적 미국 문화를 염두에 두기 때문이다. 물론 다른 이에게 편협하거나 교만하게 보이지는 않을까 하는 생각 때문일 수도 있다. 겸손은 좋은 것이고 우리는 세상을 은혜로 대해야 한다. 하지만 또한 진리로도 대해야 한다. 랜디 알콘(Randy Alcorn)이 말하듯, "은혜 없는 진리는 교회에 해를 끼치고 세상을 그리스도에게서 밀어내는 '자기 의'로 가득 찬 율법주의를 낳는다. 진리 없는 은혜는 도덕적 무관심을 낳고 사람들이 그들에게 그리스도가 필요하다는 것을 깨닫지 못하게 만든다."[29] 그러므로 겸손하게 주저하는 것도 이해할 만하지만, 우리 삶은 복음의 진리와 은혜 둘 다를 반영해야 한다. 이 젊은 여성 법학도는 중요한 문제를 제기하기는 했다. 그것은 문화 내에 존재하는 다양한 견해와 이론에 비추어 볼 때, '우리가 생각하는 진리를 어떻게 신실하게 말할 수 있는가?' 하는 것이다. 거듭난 지성을 가져야 한다는 논의에 대한 마무리로, 그녀의 질문에 답해 보고자 한다.

먼저, 우리는 '종교'와 종교적 믿음이 집이나 교회 같은 사적인 곳에서는 받아들여질 수 있지만 다른 곳에서는 아무 관련 없는 개인적 견해가 아니라는 점을 이해해야 한다. 그렇다. 우리의 믿음과 실천은 계시된 하나님의 말씀에 뿌리박고 있지만 모든 사람이 그렇게 인정하지는 않는다. 하지만 우리는 모두 자신의 의견에 대한 종교적 근거를 가지고 있다. 레슬리 뉴비긴이 말하듯, "이해에 도달하는 데는 '지식'과 '믿음'이라는 두 개의 분리된 길이 있는 것이 아니다. 믿음 없이는 앎이 없으며, 믿음은 앎에 이르는 길이다. 보편적 의심의 길을 지나 확실성에 다다르는 길을 추구하는 것은 앞이 잘 보이지 않는 길을 걷는 것과도 같다."[30]

근본적으로, 뭔가는 옳고 뭔가는 틀리다. 왜 어떤 것은 선호하는지 혹은 선호하지 않는지, 무엇이 좋고 무엇이 나쁜지 논의하다 보면 결국은 '믿음'의 문제로 귀결된다. 물론 종교적 확신은 그 확신을 기초로 공공연한 논의를 하기엔 근거가 박약하다는 입장 자체가 입증할 수 없는 신념이다. 거의 모든 공적 문제는 무엇이 옳고 그른지, 무엇이 도덕적이고 부도덕한지에 대한 신념을 포함하고 있다. 우리는 자신의 자료에 기초해서 진리에 대한 주장을 제쳐 놓으려는 사람들에게 굴복할 필요가 없다.

둘째로, 다원주의는 좋은 것이 될 수 있다. 하지만 그렇다고 해서 모든 사상이 다 똑같이 선하다거나 중요하다거나 참되다는 것은 아니다. 다시 말해, 다원주의에 반드시 도덕 상대주의가 뒤따르는 것은 아니다. 어떤 사상들은 우둔하다. 어떤 것들은 해롭다. 어떤 이론은 좋지 않은 결과를 낳는다. 다원주의 문화는 우리가 사상과 이론과 신앙에 대해 논의하는 것을 허용한다. 하지만 좋지 않은 사상, 잘못된 행동 혹은 해로운 이론들을 받아들이라고 요구하지는 않는다. 반대로, 그것은 우리를 (적어도 이론적으로는) 참되고 선하고 아름다운 것으로 인도할 것이다. 상대주의자들은 도덕적 진리가 문화, 시대, 사람, 지역마다 다르다고 주장한다. 그리스도인들은 그렇지 않다는 것을 안다. 하지만 그것으로 끝나서는 안 된다! 우리는 우리가 확신하는 진리를 **보여 주고** 그 진리에 따라 살도록 부름받았다. 일관되지 않은 도덕 철학은 결국 스스로의 무게를 이기지 못해 무너져 버린다. 당신이 상대주의자의 시계를 훔치고는, 도둑질이 '나에게는' 잘못이 아니라고 주장할 때, 도덕 상대주의는 언제나 그 주장에 패하고 만다.

셋째로, 기독교적 사고를 의도적으로 정치화해서는 안 된다. 법률가의 정신을 갖고 살아간다면 보통 중요한 정치적·법적 결과에 이르게 되는 것이 사실이다. 물론 그렇다. 그리고 분명하고 성경적인 기준에서, 성령의 인도를 받고 공동체 중심으로 생각했을 때, 공화당원에게 동의한다면, 동의하라. 민주당원에게 동의한다면, 동의하라. 나는 정치에 참여하지 말라고 경고하는 것이 아니다. 정치 참여는 그리스도인의 분명한 의무 중 하나다. 나는 진리가 어디로 이끌든 그 진리를 따르는 것이 아니라, 진리를 특정한 정치 운동이나 목표와 동일하게 보는 것을 경고하는 것이다. 여기에서 거대한 함정 중 하나는 그리스도인들이 지도자, 즉 대통령이나 교수나 정치가들을 따르면서 그들이 '그리스도인'이기 때문에 그들의 사상이 반드시 '기독교적'이라고 생각하고 따르는 것이다. 우리는 진리에 대해 신경을 쓰고, 그리스도의 인격과 계시된 말씀을 따르고, 다른 사람들에게 붙여진 호칭에 대해서는 더 이상 신경 쓰지 말아야 한다. 그들의 행동을 유의해서 보라. 그들이 옳은가? 그들의 사상을 주의해서 보라. 그들이 참된가? 그들의 지도력의 결과를 유의해서 보라. 그들이 도덕적으로 건전한가? 예를 들어 미합중국 헌법 제정자들이 그리스도인이었는지 이신론자였는지 이교도였는지에 대해 더 이상 신경 쓰지 말고, 그들의 사상과 그 결과물이 무엇인지 정확하게 평가해 보라.

물론 요점은 다원주의 사회에서 사람들이 토론을 원한다고 해서 법과 정부에 대한 기독교적 사고를 포기해서는 안 된다는 것이다. 사실 우리는 그것을 기꺼이 받아들여야 한다. 그것을 위해 영적 게으름을 극복하고, 성인들의 교훈을 따르고, 인위적으로 부과된 역할을 거부하고, 법률가로서의 이차적 부르심에 대해 설명할 준비를 하며, 구체적으로 종사하고 있는 업무에 대한 일관된 신학을 계발해야 한다. 2부에서는 이러한 이상들을 성취할 수 있는 실제적인 방법들을 더 살펴보겠다.

결론

이사야는 성전 보좌에서 여호와를 보았을 때, 자신을 새로운 각도에서 보게 되었다. "화로다, 나여 망하게 되었도다. 나는 입술이 부정한 사람이요, 나는 입술이 부정한 백성 중에 거주하면서"(사 6:5). 우리가 하나님을 있는 그대로 볼 때, 우리 자신을 알게 된다. 그분은 우리를 창조하신 분, 우리를 부르시는 분이기 때문이다. 이사야는 하나님의 영광에 비추어 자신을 이해했을 때, 자신의 일을 하도록 위임받았다. 법률가에게 필요한 것은 바로 이것이다. 우리는 하나님이 우리와 우리 일을 어떻게 보시는지 알 필요가 있다. 그러면 우리는 **그분의** 일을 위해 준비될 것이다.

다시 말하지만 기독교적으로 사고하지 못하는 것, 삶 전체를 하나님이 우리에게 그분을 계시하신 그 빛에 비추어 생각하지 못하는 것은 법률가들만의 문제가 아니다. 도덕 상대주의, 성경에 대한 무지함, 이단, 위선, 문화적 기독교가 이 시대를 지배한다. 그러므로 그리스도인 법률가들이 자신이 누구며 무엇을 하는지에 대해 성경적으로 생각하지 못하는 것은 조금도 놀라운 일이 아니다. 우리는 그저 다른 서구인들과 같을 뿐이다. 하지만 그것은 핑계가 되지 못한다. 우리가 추구하는 것 그리고 우리에게 필요한 것은, 법률직에 대해 경건하고, 지적으로 정확하며, 신학적으로 확고하고, 성경적이고, 역사에 정통하고, 관대한 태도를 지닌 접근법이다.

간혹 예외가 있기는 하지만, 법률가의 일상적 삶에서 어느 것도—우리가 받은 로스쿨 훈련, 지역 교회, 우리 자신의 경험과 사고도—우리를 위에서 말한 접근방식으로 법률 실무에 대해 준비시켜 주지 않는다. 이러한 장애물들을 극복하기 위해 혹은 피하기 위해, 우리는 먼저 **의식을 갖고** 법률 분야에서의 삶을 대해야 한다. 문제를 인식하지 않으면 그 문제들을 다루지 못할 것이다. 게다가 우리는 소명, 법학 교육, 법학 공부와 법률 실무의 본질에 관한 **대안적 관점을 계발할 필요**가 있다. 법률 분야에서 온전히 그리스도의 제자다운 삶을 살려 할 때, 우리는 문제에 대한 대답을 누군가가 숟가락으로 떠먹여 주기를 바라고 있을 수 없다. 마지막으로, 우리는 우리 삶을, 법률에 관한 삶까지도 하나님 아버지 그리고 우리 주 예수 그리스도의 지배와 권위에 **복종시켜야** 한다. 법학와 법률 실무가 정말 하나님 나라의 일이라면, 왕이신 하나님께 복종해야 한다.

2부에서는 이러한 걸림돌들을 극복하는 데 필요한 근본적 헌신에 대해 논하겠다. 그 후 3부에서는 몇 가지 실제적 제안들로 마무리하겠다.

■ 더 깊은 생각을 위해

1. 법률 실무에 관해 당신은 어떤 생각을 가졌는가? 당신은 자신을 고용된 총잡이로 보는가? 아니면 당신은 사회공학자인가? 또 법은 그저 하나의 일자리인가? 혹은 다른 사람들을 섬길 기회를 주는, 여러모로 좋은 일자리인가? 당신이 자신을 어떻게 보는지가 정말로 중요하다고 생각하는가?

2. 당신은 법률가의 일에 대한 신학적 토대를 생각할 수 있는가? 그렇지 않다면, 그 주제를 어떻게 탐구해 볼 수 있겠는가?

3. 교회 목사에게 당신이 날마다 법률가로 일하면서 겪는 투쟁들을 말한다면, 그중 어떤 것을 알려 주고 싶은가? 당신의 목사는 당신이 하는 일을 이해할 수 있겠는가? 그리고 당신이 더 나은 법률가가 되도록 도울 수 있겠는가?

4. 당신은 교회가 전문 직업인들을 섬기고 도전을 가하도록 어떻게 도울 수 있겠는가?

2부
통합

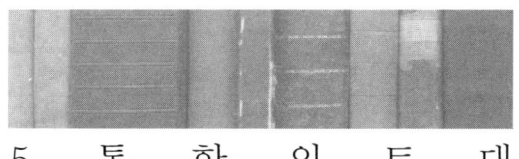

5. 통 합 의 토 대

통합된 법률가 · 통합의 핵심에 있는 헌신 · 통합과 걸림돌

1981년 7월 17일, 1,000명이 넘는 사람들이 캔자스시티 하얏트리젠시 호텔 안 뜰 로비에서 댄스 경연을 관람하고 있었고, 더 위에서는 몇백 명이 관람하고 있었다. 2, 3, 4층을 연결하는 공중에 매달린 통로 위였다. 저녁 7시가 지난 직후, 건물 안에 있던 사람들은 모두 뭔가가 무너지는 큰 소리를 들었다. 통로 두 개가 안뜰 바닥으로 와르르 무너지면서 114명이 죽고 다른 200명이 부상을 당했다. 그것은 미국 역사에서 가장 치명적인 구조물 붕괴 사건이었다. 이 통로 설계와 건설에 대한 재판이 진행되는 동안 주요 쟁점이 되었던 것 중 하나는 구조물 통합의 책임자를 가려내는 것이었다. 통로 구조물은 아름답고 시각적으로 매력적이었음에도 통합성이 없었다. 7월 17일 이후 그 구조물의 모든 것, 곧 디자인의 독특함, 시각적 아름다움, 근사한 공연 등은 모두 무의미하게 돼 버렸다. 건물의 통합성이 얼마나 중요한가를 생각하게 해준 의미를 제외하고는 말이다.

우리 역시 통합의 문제를 갖고 있다. 우리는 피조물이긴 하지만 우리를 창조하신 창조주와 마찬가지로 다각적인 측면을 지녔다. 창조주 하나님은 한 분이지만 또한 세 분이다. 우리는 육체와 영과 혼으로 이뤄졌다. 우리는 지성과 감정과 의지를 가지고 있다. 우리는 일하는 사람이자 시민이자 자녀다. 그리고 우리는 가족, 교회, 직장, 국가 내에서 다양한 역할과 책임을 지녔다. 그렇게 여러 가지를 신경 써야 하는데 어떻게 온전히 통합된 가운데 살 수 있을까? 그런 의문을 갖는 사람이 분명 적지 않을 것이다. AP통신은 **통합**(integrity)이라는 말이 미리엄 웹스터 온라인 웹사이트의 700만 사용자가 2005년에 가장 많이 찾아본 단어였다고 보도했다!

통합이라는 말은 **정직한**(honest) 혹은 **선한**(good)의 동의어로 사용되지만, 훨씬 더 깊은 함축을 지닌다. 웹스터는 통합이라는 말이 "완전한 속성 혹은 상태, 파손되지 않은 상태, 온전함, 전체"라는 뜻이라고 말한다. 또 말의 어근을 살펴보면, 이런 의미가 잘 드러난다. 예를 들어, **통합체**(integer)란 정수(整數)를 말한다. 그리고 **통합한다**(integrate)는 말은 "부분들을 결합함으로 온전하게 혹은 완전하게" 만든다는 것이다. 마찬가지로, 뭔가가 **통합적**(integral)이라면, 그것은 "완전함을 위해 필수적인 것"이다. 그리고 **통합된**(integrated)이라는 말은 '해체된'(disintegrated)—산산조각으로 무너진—의 반대다.

다시 말해 통합된 사람은 온전하고, 완전하고, 건전하다. 인간에게서 나타나는 통합은 영적 삶이 세상에서의 삶과 통합된 것, 말과 행동이 통일성을 지닌 것, 생각과 믿음 간의 모순이 아닌 일관성을 말한다. 우리의 직업과 신앙고백은 서로 대립되기보다 서로 협력한다. 이것이 통합된 사람, 건전한 남자, 완전한 여자, 즉 통합의 사람이다.

우리는 욥에게서 이것을 본다. 욥은 성경에서 통합적 인물로 가장 자주 묘사된다. 다섯 번이나 그렇게 묘사된다. 한 번은 욥의 아내가(그녀는 욥이 통합적인 사람이라는 것 때문에 조롱한다), 두 번은 그의 친구가, 두 번은 그 자신이, 그리고 한 번은 하나님이 그렇게 말씀하신다. 욥이 그런 말을 듣게 된 것은 무엇 때문일까? 한 가지 이유는 그가 자신의 믿음이 현실과 조화를 이루지 못하거나, 자신의 행동이 말과 믿음에 못 미치는 것을 단호히 거부한다는 것이다. 처음에는 자기 아내에게 그랬고 나중에는 자기 친구들에게 거듭 그렇게 했다. 그의 아내는 그에게 '자신의 통합성을 고수하기'보다 '하나님을 저주하고 죽으라'고 권한다. 하지만 그렇게 한다면 자신의 핵심, 곧 자신의 성품을 포기하는 일이 될 것이다. 그것은 세상에서의 의미를 결정하고 궁극적 현실을 구성하는 것은 환경이 아니라 하나님이라는 그의 절대적인 믿음을 버리는 것이다. "주신 이도 여호와시요, 거두신 이도 여호와시오니 여호와의 이름이 찬송을 받으실지니이다"(욥 1:21). 이 위대한 고백이 통합의 핵심이다. 그런 고백이 없으면, 우리는 일관되지 못하고 통합되지 못하고 표리부동하게 된다. 욥은 번영할 때나 시련을 겪을 때나 한결같았다. 그가 표리부동하지 않은 이유는 바로, 어떤 때는 하나님이 위대하고 인정 많은 주권자라고 믿다가 다음 순간에는 환경이 변한 것에 대해 그분을 저주하지 않기 **때문이다**. 그는 현실에 대해 일관된 견해를 갖고 있다. 언제나, 어디서나, 어떤 환경에서나, 살거나 죽거나, 세상의 주권자이신 여호와에 대한 믿음을 가졌던 것이다.

    욥은 물리적 시련으로 통합성에 도전을 받았다. 하지만 통합성을 위협하는 것은 물리적 시련들만이 아니다. 때로 우리는 도덕적 헌신을 포기하고 싶은 유혹을 받는다. 때로는 또래 집단의 압력이 거짓된 역할이나 정체성을 받아들이라고 설득한다. 때로 우리는 아무도 우리 개인의 생각을 볼 수 없다고 믿는다. 하지만 통합성은 이 모든 상황 속에서도 우리를 굳게 붙잡아 준다. 통합된 사람은 모든 영역에서 온전히 하나님께 복종하는 온전한 삶을 산다. 구획화되거나 억누르거나 산산이 부서지지 않는다. 통합성을 추구하는 것은 그 자체가 보람 있는 선(善)이다.

통합된 법률가

그러므로 통합은 법률 분야에서(혹은 다른 모든 부르심에서) 온전히 그리스도인다운 삶을 추구하는 데 필수적이라 말할 수 있다. 우리는 법률직의 삶에 뭔가 통합적인 것—우리가 궁극적으로 의지하고 있는 창조주에 대한 믿음—을 포함시킴으로써 그 삶을 온전하게 혹은 완전하게 만들고자 한다. 우리는 해체된 삶보다 통합된 삶을 살고자 한다. 우리는 우리 믿음에서 행동이 나오기를, 구세주를 섬기면서 우리의 생각과 말과 행위가 서로 협력하기를 바란다. 우리는 그리스도가 우리 전 존재의 중심이라고 고백하는 믿음이, 어떻게 우리의 법률 실무에서도 중심이 될 수 있는지 탐구한다. 그렇다면 통합된 삶을 사는 그리스도인 법률가라는 개념은 전혀 새롭거나 최근에 생겨난 것이 아니다. 우리는 단지 법학과 법 실무를 포함한 모든 면에서, 그리스도의 주되심에 완전히 복종하려 한다. 간단히 말해 믿음과 행위의 통합은 그리스도인의 삶의 기본에 불과하다.

이번 장에서 나는, 그리스도인의 삶의 기본에서 위와 같은 측면의 토대가 무엇인지 밝혀 보겠다. 그다음에 6장부터 8장에서는 그 토대를 그리스도인 법률가의 세계에 적용해 보겠다. 특별히 법률 분야에서 신실한 제자로 살아가는 것을 막는 걸림돌을 통합적 삶이 어떻게 극복하게 해주는가 하는 점에 주의를 기울여 밝혀 보도록 하겠다.

통합의 핵심에 있는 헌신

이웃 사랑을 통한 하나님 섬김의 일부인, '완전하고 온전해진' 통합된 법 실무 혹은 연구는 세 가지 특징을 보여 줄 것이다. 이 특징들을 통합에 필요한 기본 **헌신들**이라고 말하는 편이 더 정확할 것이다. 분명 우리는 이 분야들에서 자라고 성숙해질 수 있기 때문이다. 물론 우리는 하나님의 은혜로 그리스도 안에서 완성 혹은 온전한 통합을 향해 자라가기를 바라지만, 어느 누구도 이 세상에서 완벽하게 통합될 수는 없다. 나의 주장은 단지 그리스도 안에서 완전을 향해 나아갈 때, 이 세 가지 헌신이 통합이 무엇인지 보여 주고 그 안에서 성장하도록 해주리라는 것이다. 이 헌신은 권능을 부여하시는 성령의 임재가 없으면 불가능한 것으로서, 일상적 삶에서 구획화하거나 해체될 가능성이 가장 많은 영역들에 일관성과 온전함을 제공한다.

우선 첫 번째 헌신은, 통합된 삶을 살려면 그리스도의 주권하에 생각, 믿음, 행동이 반드시 통일되어야 한다는 데 동의하는 것이다. 통합된 삶은 분리되어 그중 일부만 하나님께 특별히 여겨지는 것이 아니라, 하나의 통일체로 살고 인식되는 삶이다. 그리스도의 주되심 아래 사는 삶은, 본질상 하나로 통합되어 있다. 그것은 서로 관련되지 않은 여러 가지 사건들도, 다양한 영적 헌신을 요하는 단편들의 모음도 아니다. 우리는 삶의 전 영역에서, 그분 안에서 그분을 힘입어 살고 움직이며 존재한다(행 17:28). 삶을 구획화해 놓고 삶과 일에서 그리스도께 온전히 복종하기를 기대할 수는 없다. 그러므로 이렇게 사고와 믿음과 행동이 본질적으로 통일되어야 한다는 것에 대한 동의와 갈망은, 통합된 삶에 당연히 필요하다. 게다가 위와 같이 동의하려면, 현실에 대해 통합된 접근을 해야 한다. 즉, 우리 자신과 세상을 시공간에 나타난 하나님의 계획에 비추어 일관되게 이해하고, 날마다 그 이해를 일관되게 실천해야 한다. 다시 말해, 통합이 해체보다 낫다는 인식뿐 아니라, 현실에 대한 비전과 일관된 삶, 둘 다가 필요하다.

두 번째 헌신은, 통합을 위해서 공동체 안에서 공동체를 통한 삶을 계속 추구하는 것이다. 즉, 통합된 삶에서 두 번째로 필수적인 것은 공동체에서의 삶에 대한 헌신이다. 그리스도인들은 그리스도의 몸 안에 있는 코이노니아(*koinonia*) 교제라는 친밀한 공동체 안에서, 하나님의 부르심을 실천해야 한다. 그러기 위해서는 다양한 영적 은사, 서로 죄를 고백하는 것, 가족 사랑의 책임을 서로 나누어야 한다. 또한 역사상 '성도의 교제'가 존재한 것도 인정해야 한다. 하지만 가장 중요한 것은, 우리가 현재 속한 공동체에서의 삶이 하나님과의 교제에서 나온다는 사실이다. 우리는 오직 하나님과 교제와 친교를 나누는 것에서, 하나님과의 교제를 통해, 하나님과의 교제로부터만 서로 교제를 나눌 수 있다.

세 번째, 통합의 삶을 살리면 진리, 곧 하나님 자신에 대한 계시에 헌신해야 한다. 하나님에 대한 계시는 창조, 성육신, 성경에서 그리고 그 계시에서 나온 다양한 상징, 관계, 형상, 원리, 가르침, 예배에서 경험되고 표현되는 진리로 전달된다.

통합된 삶은 진리에 헌신하면서 꽃피운다. 물론 먼저, 우리는 진리이신 분을 알아야 한다. 둘째로, 성육신에 나타난 하나님의 자기 계시뿐 아니라, 날마다 하는 법률 실무나 연구를 다른 방식을 통해 계시된 하나님의 말씀의 영원한 진리에 비추어 이해할 필요가 있다. 예를 들면, 성경, 창조 질서, 교회, 양심 그리고 역사에 나타나는 하나님의 일 등이 그것이다. 이것 역시 모든 그리스도인의 의무다. 하지만 이 과업을 얼마나 깊이 복합적으로 수행하는가 하는 것은 부르심에 따라 달라진다. 작곡가는 하나님 앞에서 음악, 그것의 용도, 그것의 본질을 이해하고 음악가의 삶으로 부름받은 것에 대해 성경과 교회의 가르침을 찾아볼 의무가 있다.[1] 마찬가지로 우리도 우리의 법, 특히 법률 실무에서 우리가 날마다 하는 일에 대해 성경적으로 이해하려 애쓸 의무가 있다. 셋째로, 우리는 내면의 참모습이 드러나도록 애써야 한다. "주께서는 중심이 진실함을 원하시오니 내게 지혜를 은밀히 가르치시리이다"(시 51:6). 우리는 자신의 참모습을 인식하기 위해 하나님께 죄를 고백하고(요일 1:9), 우리 안에 있는 어둠을 빛에 드러내야 한다. 이것은 그저 경건한 신앙심의 문제만이 아니라, 통합된 사람이 통합 안에 **머무르는** 유일한 길이기도 하다. 우리는 참된 포도나무이신 그분 안에 **머물러야** 한다.

삶의 모든 영역에서 하나님께 복종하고, 하나님을 섬기고 그리스도를 통해 이웃을 사랑하기 위해 법률 실무에 종사할 때, 앞서 언급한 세 가지에 모두 헌신하게 된다. 이렇게 할 때, 법률 분야에서 우리 의무가 무엇인지 이해하게 되고, 하나님의 말씀을 우리 일에 적용하도록 애쓰게 된다. 그 일은 법학 연구가 될 수도 있고, 유언서나 계약서 작성 혹은 거대 기업의 합병 혹은 피고인 변호가 될 수도 있다. 그리고 우리는 하나님의 영광을 위해 관계적 공동체 안에서 진리를 추구한다. 이것이 통합된 삶의 시작이다.

통합과 걸림돌

6장부터 8장에서는 위에서 언급한 헌신들을 하나씩 상세히 살펴보겠다. 먼저 6장에서는 통일성에 대한 헌신을 살펴보겠다. 그러면서 1부에서 보았던 걸림돌들에 대한 해결책을 찾아볼 것이다. 하지만 이러한 해결책들을 평가할 때, 해결책이 그저 통합하는 삶에 대한 철학적·실제적 접근법이 아니라, 통합하는 삶 자체임을 기억할 필요가 있다!

통합하는 삶은 온전한 삶, 둘로 나뉘지 않은 삶이므로 통합하는 삶의 각 특징들과 이 삶이 법률 분야에서의 섬김에서 무엇을 함축하는지 말할 때, 이야기가 중복되고 맞물리는 것을 보게 된다. 예를 들어, 통일성이 우리 삶을 여러 구획으로 분리하지 말아야 함을 상기시킨다고 말할 때, 또한 지성 생활이 경건 생활과 분리된 것이 아니라는 사실도 상기시킬 것이다. 마찬가지로, 그렇게 되면 우리의 로스쿨 경력과 관련된 소명 교리를 고찰하게 될 것이고, 이러한 고찰은 공동체 안의 삶에 대해 또 하나의 의미를 부여해 줄 것이다. 다시 말해, 통일성, 공동체 혹은 진리에 대한 헌신 자체가 특정한 문제에 대한 특정한 해결책을 제공하는 듯 말하는 것은 어리석은 일이다. 그 결과, 통합된 삶의 특징을 더욱더 분명히 말하기 위해 다음 장으로 넘어갈 때, 주제가 반복되리라 예상할 수 있다. 좀더 실제적이 되기 위해, 그 주제들은 걸림돌을 극복하기 위한 실제적 제안 부분에서도 다시 나올 것이다.

신학

걸림돌 극복에서 가장 두드러지게 나오는 주제 중 하나는, 우리가 하는 모든 일을 신학적으로 생각하라는 것이다. 나는 얼마 전 몇몇 법학도와 이야기하면서 법 공부를 하나님의 신성한 부르심으로 이해하라고 권면했다. 그렇게 이해하려면 이전보다는 법의 기본 요점에 대해 좀더 명백하게 성경적으로 사고해야 한다고 말했다. 한 학생이 그 도전을 이렇게 요약했다. "우리가 하는 모든 일에서 신학자가 되라." 바로 이것이다. 최선의 의미에서 신학은 창조주에 대한 연구이며 세상에서 그분이 어떻게 행하시는가에 대한 연구다. 분명 우리 모두는 이러한 연구를 하도록 부름받았다.

책임

우리가 공동체로 부름받은 것이 사실이라면, 그 공동체 생활에는 뭔가 내용이 있다. 책임의 중요성은 앞으로 나올 논의에서 다양한 맥락에 암시되어 있거나 분명하게 전개되어 있다.

지역 교회

신학 및 책임 둘 다와 밀접하게 관련되어 있긴 하지만, 지역 교회의 중심 위치는 아무리 강조해도 지나치지 않다. 제자도, 교리, 성장은 그리스도의 몸인 지역 교회 안에 있을 때 이루어지며, 복음주의 내에 '외톨이 그리스도인'이라는 모순어법을 조장하는 큰 흐름이 있긴 하지만 그 몸인 지역 교회를 무시하면 위험하다.

적극적인 고의성

모어랜드(J. P. Moreland)는 '공허한 자아'를 "정신적 삶을 왜곡하고 제거하며 그리스도인으로 성숙하는 것을 극도로 어렵게 만드는 일련의 가치관, 동기, 사고 습관, 느낌, 행동으로 이루어진"[2] 삶이라고 규정했다. 모어랜드는 공허한 자아의 일곱 가지 특징 중, 그것이 '어린애 같고' '수동적'이라는 것에 주목한다.[3] 법률가들과 법학도들이 장애물들을 극복할 유일한 길은 성령의 능력 안에서 적극적이고 의도적으로 노력하는 것이다. 우리는 어린 아기들처럼 누군가 떠먹여 주기를 기다릴 수 없으며, 다른 사람들이 이루어 주기를 기대할 수도 없다. 우리는 성장하고 사역하고 섬길 기회가 있는지 두 눈을 똑바로 뜨고 보아야 하며, 그 기회를 붙잡아야 한다.

예배

마지막으로, 통합된 삶은 예배에 뿌리박고 있다. 우리는 우리의 헌신과 노력을 언제나 우리의 주된 목적에 비추어 봐야 한다. 그것은 하나님께 영광을 돌리고 영원토록 그분을 기뻐하는 것이다. 모든 일상적인 일, 의뢰인들과의 모든 관계, 우리의 모든 연구, 즉 삶 전체의 중심은 하나님의 위대하심을 다시 하나님께 돌려드리고 그것을 세상에 선포하는 일이다. 이 주제는 다른 모든 주제를 결합하고, 장애물을 극복하고자 하는 모든 바람을 포함하며, 모든 헌신의 기초가 된다. 예배는 법률가로서의 삶의 뿌리다. 예배가 없는 인생은 아무것도 아니다.

이제 이 개념들을 법률가로서의 삶에 적용하기 전에, 잠시 먼저 살펴봐야 할 중대한 사항 하나를 생각해 보자. 그것은 통합과 통합의 기초가 되는 헌신을 추구하고 그러한 헌신을 이행하면서도, 하나님께 온전히 복종하는 풍성한 삶을 누리지 못할 수도 있다는 것이다. 다시 말하지만, 우리의 일차적 부르심은 법률 분야나 다른 중요한 직업으로의 부르심이 아니다. 우리의 일차적 부르심은 부르시는 분에 대한 것이다. 하나님의 부르심 안에서, 그것을 통해, 그것을 중심으로 하나님을 추구하는 것은 법률 분야나 다른 모든 분야에서 풍성한 삶에 이르는 유일한 길이다. 성령께서 역사하사 권능을 부여하지 않으시면, 통합된 삶을 살려는 우리의 노력은 실패할 것이다. 권능을 부으시는 성령의 임재와 믿음이 없는 삶은 전혀 참된 삶이 아니다. 베드로가 말하듯, "누가 봉사하려면 하나님이 공급하시는 힘으로 하는 것같이 하라. 이는 범사에 예수 그리스도로 말미암아 하나님이 영광을 받으시게 하려 함이니"(벧전 4:11). 통일성·공동체·진리에 대한 헌신을 살펴볼 때, 이러한 헌신들이 하나님께 향한 헌신이라는 가장 중요한 헌신에서 나옴을 유념해야 한다.

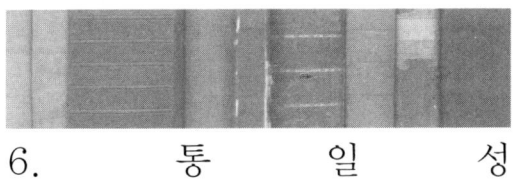

6. 통 일 성

한 세계, 한 제도, 한 마음 · 하나된 삶
성과 속: 잘못된 분리와 구획화 · 하나님 나라 · 통합된 관점

매우 자주 듣는 이야기들이 있다. 여러모로 충성되고 독실한 그리스도인이 불륜을 저지르다 발각된다. 공동체의 정직한 인물이 고용주의 돈을 횡령한 것이 밝혀진다. 교회 청년부 지도자가 부도덕한 행실을 들킨다. 우리는 겉보기와는 다르다고 놀라워하며, 그들이 '이중생활을 했다'고 말한다. 이중생활이란, 겉으로 보이는 삶과 비밀리에 영위하는 삶이 전혀 다른 것이다. 두 개의 삶은 마치 별개의 두 존재, 두 명의 완전히 다른 사람 같다. 물론 그들은 두 존재가 아니다. 속이는 남편은 하나의 삶을 영위한 것이다. 그 삶은 통합된 모습을 유지하기 위해 많은 노력과 속임수와 의지적 행동을 반복해야 했던 통합되지 못한 삶이었다. 그런 통합되지 못한 삶은 배신하려는 의지와 결합될 때 매우 악한 것이 된다. 아마 그 때문에 단테는 사탄에게 영원히 괴롭힘을 당하는 곳인 지옥의 가장 안쪽에 유다, 브루터스, 캐시우스 같은 배신자들을 두었을 것이다.

물론 우리의 일상적인 분열 중 많은 것은 단테가 말한 '악한 의지'를 포함하고 있지 않다. 사실상 개인의 분열은 보통 일부러 계획하거나 마음속에서 키워

온 것은 아니다. 그저 우연히 일어난 것일 뿐이다. 하지만 우연이 고의가 되고, 부지불식간에 당신은 '두 명의 다른 사람'이 되어 버린다. 이렇게 되는 이유 중 하나는 현대성 자체가 분열을 조장한다는 것이다. 그래서 분열은 현대인의 '자연스러운' 상태다. 그래서 아마 현대 사회에서 (그리고 어떤 면에서 근대를 연장하고 가속화한 포스트모던에서는 더욱더) 우리는, 의지적 행동으로 통합을 추구하지 않으면 분열로 치달을 수밖에 없다. 계속 선택하고 의도적으로 행동해야 한다는 사실은, 통합에 필요한 세 가지 헌신에 대한 논의의 출발점이다. 이번 장에서는 통일성에 대해 다루겠다. 통일성에 대한 헌신은 '이중생활'―그것이 배신에 근거한 것이든, 나태에 근거한 것이든―을 피하는 핵심이다.

첫 번째 헌신인 통일성은 광범위한 것이다. 내가 말하는 통일성(unity)이란 삶이 본래 갖추어야 할 온전함을 말한다. 그것은 삶의 여러 양상들, 즉 다양한 관계나 갖가지 부르심이나 많은 관심사 속에서 일관성을 유지하는 것이다. 여기서 내가 주장하는 바는 통합된 삶을 살려면 삶의 모든 **영역에서** 그리고 그 영역들을 **망라해서** 삶과 생각과 행동의 본질적인 하나됨에 헌신해야 한다는 것이다. 통합에 대한 정의를 생각해 볼 때, 통일성 자체가 통합의 특징을 규정해 준다. 통일성은 통합의 중심이다. 하지만 이번 장에서는 통일성을 좀더 상세히 규정한 후, 통일성 있는 삶이 이 책 1부에서 말한 걸림돌에 대해 무엇을 함축하는지 보여 주면서 논의를 마무리하겠다.

한 세계, 한 체계, 한 마음

온전함에 대한 헌신은 세 가지 전제 혹은 철학적 출발점을 지니고 있다. 첫째, 도덕적 세계와 자연적 세계는 **하나의 세계**다. 법철학자 마이클 무어(Michael S. Moore)의 말을 빌리면, 우리는 '한 세계의 사람'이다.[1] 법적 명제, 과학적 명제 혹은 그 어떤 명제든 그것이 참인지 거짓인지는 전적으로 그것이 실재에 부합하는지에 달려 있다. 그 실재는 '인간들이 그 실재에 대해 무엇을 믿는가' 하는 것과는 아무 관계가 없다. 간단히 말해, 우리가 어떻게 생각하든지 상관없는 진정한 사물의 상태가 있다.[2]

둘째로, 프랜시스 쉐퍼(Francis Schaeffer)의 말을 들어 보자.

> (성경 전체에서 가르치는) 기독교 체제는 사상의 통일체다. 기독교는 그저 많은 조각들과 단편들이 아니다. 시작과 끝이 있는 온전한 진리의 체제다. 이 체제는 우리가 존재의 실상에 직면할 때 우리에게 제시되는 모든 질문에 용감히 맞설 유일한 체제다.[3]

이것은 기독교가 단지 폐쇄된 철학적 체제라는 말이 아니라, 우리의 믿음이 모든 상황, 모든 장소에 대해 의미를 지니고 있다는 말이다.[4]

셋째로, 우리의 믿음과 행동은 하나다. 믿음은 행함을 촉진한다. 우리는 구획화된 존재이거나 두 개의 분리된 존재가 아니다. 하나는 생각과 믿음을 지니고 있고, 다른 하나는 행동을 하는 존재가 아니라는 말이다. 마찬가지로, 우리 자아는 일상생활에서 우리 일 혹은 우리 의무와 분리되어 있지 않다. 우리가 교회와 직장에서 서로 다른 사람이 아닌 것과 마찬가지다.

물론 이 세 출발점은 서로 관련되어 있다. 사물의 보편적 질서는 우리가 삶과 사회에서 행하는 일에 의미하는 바가 있다. 창조 질서, 성경 진리에 담긴 모든 계획과 우리의 삶은 그리스도 안에서 결합되어 있다. 통합된 삶의 본질은 그리스도 안에서 우리가 "살며 기동하며 존재하느니라"(행 17:28)는 것이다. 그러한 삶과 기동함과 존재함은 서로 독립적으로 살아가는 몇 개의 작은 삶들이 아니라, 하나의 통합된 삶이다(3장을 보라). 마찬가지로, 믿음은 행동과 직접 관련이 있으며 예배는 참 신에 대한 예배든 거짓 신에 대한 예배든 우리의 우선순위와 바람을 결정한다. 우리가 예배하는 것과 우리가 믿는 것―믿는다고 **말하는 것**이 아니라 **실제로 믿는 것**―은 통합된 삶의 중심이다. 우리의 말과 행동이 일관

> **통일성을 지닌 사람**
>
> 많은 일반인과 일부 법률가들은, 믿음을 가졌다고 말하면서 그 믿음의 전통이 지닌 가치관 및 원리와 완전히 상충되는 수단이나 목적을 위해 법률 서비스를 제공하는 법률가들을 계속 만날 때, 당혹스러워한다. 이처럼 어떤 사람의 믿음이 그 사람의 직업생활과 분리될 수도 있고 분리되어야 한다는 개념은 인간의 통일성과 믿음의 포괄성을 무너뜨린다.
>
> Robert K. Vischer, *Catholic Social Thought and the Ethical Formation of Lawyers*

되지 못하거나, 합당하지 않은 어떤 것을 예배한다면, 우리는 나누어지고 분해되고 일관성이 없게 될 것이다. 또한 삶을 여러 구획들로 나누는 경향을 갖게 될 것이다. 구획화하는 것은, 우리의 삶의 부분이 서로 어울리지 않는다는 명백한 결론을 끝까지 미루기 위해서다. 구획화하는 행동에는 어느 정도의 헌신과 의지력이 뒤따르기 때문에, 결국 이러한 분열은 앞에서 말한 '배신하는 행동'으로 우리를 이끌 수도 있다.

하나된 삶

삶의 통일성에 관한 헌신에는 **일관된** 삶이 포함된다. '일관된'(consistent)이라는 말보다 더 나은 용어를 찾을 수 없다. 이것은 통합에 대한 가장 일반적인 이해일 것이다. 즉, 매일의 생활과 일에서 위선을 피한다는 것이다. 우리는 종종 그것을 행함과 말의 조화, 혹은 '설교대로 실천하는 것'이라고 말한다. 통합을 이루는 데 필수적인 요소인 하나된 삶은 실제로 다음과 같은 특징을 띤다.

장소마다 부르심마다

통합은 소명과 밀접한 협력 관계에 있으므로, 참된 통합을 이루려면 다양한 소명들이 일관성을 지녀야 한다. 우리는 다양한 처소에 놓인다. 하지만 우리는 부르심마다, 장소마다 통합된 한 사람이다. 예를 들어, 어떤 그리스도인 법률가는 다른 법률가의 동료이자 아내이지만, 분열된 존재가 아니다. 두 역할 모두 그녀의 가정과 로펌에서 일하시는 한 분 하나님께 복종하여, 한 사람의 인간으로서 사는 것이다. 마찬가지로, 통합된 사람이란 교회에서는 장로나 집사로 부름 받은 그리스도인이면서 클럽에 가면 저속한 술주정뱅이가 되는 사람이 아니다. 우리는 욥처럼 번영할 때나 시련이 왔을 때나, 집에서나 직장에서나, 사촌들과 함께 식사할 때나 교회 목사님과 함께 기도할 때나, 우리의 통합성을 굳게 붙잡는 전인격적인 존재들이다. 때와 장소, 역할을 막론하고 일관성을 유지하는 것은 통합하는 삶의 기본적 특징 중 하나다. 물론 통합하는 삶을 이처럼 말하기는 쉽다. 하지만 로스쿨이나 로펌에서 이대로 사는 것은 전혀 다른 문제다.

행함과 말

게다가 통합하는 삶이란 믿음과 실천이 하나가 된다는 의미다. 우리의 행동이 우리가 믿는다고 말하는 것과 조화를 이루는 것이다. 분명 위선은 악덕이 미덕에게 바치는 찬사일 뿐이라는 말은 맞는 말이다.[5) 하지만 그런 찬사를 너무 많이 받는 것, 즉 미덕을 아는 사람 안에서 악덕이 작용하는 것은 붕괴의 분명한 표시다. 우리가 "[우리의] 마음을 새롭게 함으로"(롬 12:2) 변화를 받는 것이 사실이라면, 위선은 단순히 그릇된 행실의 문제 이상이다. 그것은 심각하게 그릇된 믿음이다. 우리의 행함이 우리의 말과 조화를 이루지 못할 때, 우리는 어쩌면 믿는다고 말하는 것을 실제 믿지 않을 수도 있다. 더 심각한 상황을 말하자면, 어쩌면 우리는 우리가 뭘 말하고 있는지 알지 못하는 것일 수도 있다! 피터 크리프트(Peter Kreeft)는, 사실상 현대인들은 미덕에 대한 **개념** 자체를 잃어버렸을지도 모른다고 지적했다. "그리스도인들은 다른 죄인들과 마찬가지로, 언제나 악덕에 영향을 받기 쉬웠다. 하지만 오늘날 우리는 더 이상 악덕과 미덕이 무엇인지 알지 못하는 듯하다."[6) 일관되지 못한 삶에 수반되는 분열을 피하려면, '그리스도인으로 산다는 것'이 무엇인지 알아야 한다. 전문 직업인으로서 우리가 고백하는 것은 무엇인가? 우리는 덕망 있는 법률가의 모습이 어떠한 것인지 아는가? 미덕이 무엇인지 알고 미덕에 대항해 죄를 짓고 그다음에 회개할 수는 있다. 하지만 법에서의 미덕의 의미를 잃어버려 '나는 그리스도인 법률가입니다'라는 말의 의미를 더 이상 알지 못한다면, 그것은 다른 문제다. 심지어 우리는 이 말에 걸맞은 행함이 무엇인지 알기나 하는가? 미덕에 맞는 행함을 아는 것은 분명 통합하는 삶에서 매우 기초적인 단계에 해당된다.

사도 바울은 에베소서 4장을 시작하며 "너희가 부르심을 받은 일에 합당하게 행하여"라고 말한다(엡 4:1). 그런데 그는 처음 세 장에서 이 명령에 대한 근거로서, 우리가 합당하게 행해야 하는 부르심에 관해 충분히 규정한다. 부르심 안에서 행할 수 있으려면, 먼저 그 부르심이 무엇인지 알아야 한다는 것이다! 일상 업무에서 그리스도를 섬기는 데 실패하는 그리스도인 법률가들은 주일과 주중의 관계에 대해 한 번도 진지하게 생각해 보지 않은 경우가 많다. 통합하는 삶은 최소한 우리가 이러한 사실에 대해 책임질 것을 요구한다.

성과 속: 잘못된 분리와 구획화

내 친구 하나는 "우리가 정말 알아야 할 것은 요한복음 3장 16절뿐이다"라고 말하곤 한다. 물론 어떤 의미에서 이 말은 사실이다. 그리스도께서 죄인을 구속하심으로 나타난 하나님의 사랑을 아는 것은, 우리의 일상생활과 결정을 다 포괄한다. 하지만 어떤 의미에서 이런 주장은 위험하다. 이 땅에서 우리가 이행해야 할 특정한 의무들은 어떻게 되는가? 일, 결혼 그리고 창조세계는 어떻게 되는가? 자신의 피조세계를 구속하시려는 하나님의 계획에서 우리는 어떤 위치이며, 하나님 나라와 관련해 우리는 어떤 역할을 담당하는가?

내 친구의 이런 생각은 어떤 의미에서는 미국 기독교를 상징한다. 신앙 부흥 운동에서 시작된 복음주의는 개인 구원을 최우선으로 두는 경향이 있다. 우리가 날마다 접하는 문화적·사회적 제도에 참여하는 것과 심지어 거짓말이라고 생각하겠지만 일상적인 법률 업무를 제쳐둘 정도로 개인 구원의 문제를 우선시하는 것이다.[7]

이처럼 미국 기독교는 잘못된 분리에 시달린다. 우리는 이 땅에서 사는 육체적 삶을 희생하여 영원한 생명에 대한 소망을 받아들이는 경향이 있다. 우리는 '신앙적'이라고 부를 수 있는 일을 포함한 '영적인' 것들을, 세상적 추구와 '세속적인' 일자리보다 더 높이 여긴다. 우리는 믿음이 이성을 이긴다고, 영혼이 지성보다 더 중요하다고 믿는다. 그렇기 때문에 경건한 신앙심은 존중하지만 지성의 삶에 대해서는 회의적이다. 우리는 '선교'에 대한 부르심은 경청한다. 하지만 미국이라는 정글에 살고 있는 미전도 종족 집단에 대한 부르심에는 신경 쓰지 않는다.

그러나 마크 놀이 지적하듯 통합하는 삶에 대한 함의는 분명하다.

> 복음에는 당연히 전인이 반응해야 한다. 물론 몸의 여러 지체에게 다양한 과업이 주어진다는 성경의 가르침에 맞게, 우리는 자연히 다른 시대, 다른 장소의 그리스도인들이 특정 과업을 강조하리라고 예상할 수 있다. 그런데 문제는 서로 보완해야 하는 몸의 지체들— 이 경우에는 경건과 지성의 삶—이 서로를 공격할 때다.[8]

구획화된 삶을 거부하고 하나님의 창조 및 구속 사역이라는 더 큰 맥락을 받아들이면, 그리스도를 추구하는 일에 생기가 돈다. 사고와 행동의 하나됨에 헌신하는 것에는 잘못된 분열을 의식적으로 거부하는 것도 포함된다. 첫 단계로, 통합을 이루려면 물리적 세계와 영적 세계가 하나임을 인식하고 경건한 신앙심과 지적 발전 둘 다를 포용하며, 성과 속의 '근거 없는 분리'를 거부해야 한다. 이것은 이성과 믿음, 사실과 가치, 진리와 도덕적 상상력 간의 잘못된 분리를 거부하는 것이다.

어떤 점에서 이것은 주변 세계 자체를 거부할 것을 요구한다. 우리는 개인의 자율성을 숭배하며 현실을 분열과 소외로 이해하는 현대의 관점에 푹 빠져 있다. 현대성은 육체적 세계와 영적 세계라는 두 개의 분리된 세계가 있다고 보며, 그 둘 간에 아무 관련이 없다고 주장한다.[9] 만물의 통일성에서의 초점은 더 이상 하나님이 아니며, 그 어떤 것도 우리를 하나의 '전체'로 결합할 수 없다. 현대성의 많은 영향을 받고 있는 교회가 나름의 이원론을 제시하는 것은, 이렇듯 잘못된 구획화를 바로잡는 데 조금도 도움이 안 된다. 낸시 피어시는 프랜시스 쉐퍼의 말을 빌려, 이것을 '2층 진리'(two-story truth)[10]라 부른다. 우리는 공적인 것과 사적인 것이 분리된 세계에 산다. 그 세계에서는 국가, 학교, 회사처럼 크고 공적인 제도들을 '가치에서 자유로운' 혹은 '과학적인' 것이라고 추정한다. 가치관은 각 개인의 사사로운 선택이다.[11] 피어시는 사적 영역을 2층으로, 공적 영역을 1층으로 부른다. 가치는 위층에, 사실은 아래층에 산다. 사실은 "모든 사람에게 구속력이 있는" 것이며, 가치는 '개인의 선택'이다. 이 공사 간의 구분은 '가치'—우리가 모두 자유롭게 선택할 수 있는 것—를 '사실'—참되거나 거짓되거나 둘 중 하나인—과 부당하게 구분하는 것이라고 레슬리 뉴비긴은 말한다.[12]

현대인들의 사고방식 때문에, 그리스도인의 삶의 기본에 통일된 접근을 하는 것이 더욱 중요하다. 이것은 그리스도의 주권과 그리스도 안에 있는 하나님의 창조와 구속의 목적을 중심으로 생각과 행동을 통합하는 것이다. 이러한 통합적 이해가 실제로 함축하는 중요한 내용은 로스쿨, 지역 교회, 지성의 삶에서 생겨나는 걸림돌들을 상기시킨다.

하지만 이러한 함축으로 넘어가기 전에, 하나님 나라에 대한 관점이 통일성에 대한 헌신에도 영향을 끼친다는 사실을 말하고 싶다.

하나님 나라

예수님은 잃어버린 자를 찾아 구원하러 오셨다(눅 19:10). 예수님은 우리가 하늘나라에서 그분과 함께 영원히 지내도록 하기 위해 죽으셨다. 또한 그분의 죽음은 타락으로 부패된 모든 것을 구속하는 데 효과가 있다. 예수님은 **모든 피조물을 다스리시는 하나님의 통치를 회복하시기 위해** 죽으셨다. 그리고 예수님이 최후에 다시 오실 때까지 피조물의 회복이 완전히 이루어지지는 않겠지만, 그분의 나라는 그분이 왕으로 다스리시는 곳마다 임한다.[13] 예수님은, 하나님이 상한 모든 것을 고치실 하나님 나라를 시작하러 오셨다. 이것은 하나님이 만물을 자신의 왕권하에 두시기 위해 바로 지금 일하신다는 의미다. 하나님 나라에 대한 이런 견해는 사역에서 성과 속을 구분하는 모든 이원론을 거부한다. 실로 우리는, 하나님이 문화를 구속하시는 것을 통해 그분과 함께 일하도록 부름받는다. "예수님이 선포하신 복된 소식이, 하나님이 잃어버린 피조세계를 되찾고 창조 목적을 회복하기를 시작하셨다는 것이라면, **우리가 사는 세상에서 복음이 어떤 식으로 도전을 받든지** 우리는 하나님의 사랑과 진리와 정의를 위해 살고 그것을 추구하라는 부르심이 아닌가?"[14] 우리의 경건 활동과 신앙적 의무들은 복음의 더 큰 부르심 중 일부에 불과하다. 그 부르심이란 직장, 가정, 교회, 골프장에서 그리스도께 신실하라는 것이다.

어떤 사람들은 하나님 나라를 교회나 종교 활동, 심지어는 어쩌면 내세에서의 삶과 시공간적으로 같은 것이라고 본다. 하지만 하나님 나라는 바로 가까이에 있다. 바로 우리 가운데 있는 것이다(눅 11:20; 17:21). 하나님은 우리를 어둠의 나라에서 구해 내셔서 그분이 사랑하시는 아들의 나라로 옮기셨다(골 1:13). 그리고 피조세계를 놓고 싸움이 벌어지는데, 그곳은 결코 중립적이지 않다.

주인공은 두 왕이다. 하나는 합법적인 왕이고, 다른 하나는 왕위 찬탈자다. 각자 자신의 주권과 군대를 갖고 있으며, 각자 같은 영토를 소유하기 위해 싸운다. 적법한 주권자의 왕권은 성경이 '하나님 나라'라고 부르는 것이며, 그의 경쟁자의 왕권은 '세상' 혹은 어둠의 나라라고 불린다. 성경은 전자의 군대를 '하나님의 백성'(신약에서는 '교회')이라고, 다른 하나를 '밖에 있는 자'라고 부른다. 즉, 그리스도 밖에 있으며 사탄에게 속박되어 있는 모든 인류라는 것이다.[15]

우리는 '이미 여기' 있지만 '아직 완성되지 않은' 나라의 긴장 속에서 산다. 우리는 옛 시대에 살고 있으나 앞으로 올 시대—아직 완전히 오지 않은—에 이미 참여하고 있다. 통일성, 곧 하나의 세상이라는 실재에 대한 헌신은, 하나님 나라와 이 세상 나라가 동시에 여기 있지만 경합이 벌어지고 있는 땅의 한 부분에는 한 번에 하나의 통치자밖에 있을 수 없음을 인식한다. 법률직에서 통합성을 지니라는 우리의 부르심에 관한 함의는 매우 포괄적이다.

우리가 열방의 모든 사람을 구원하도록 애써야 하는 것은 사실이다. 하지만 그것이 가난한 자를 먹이거나, 억눌린 자를 위해 정의를 추구하거나, 인종차별주의와 사회적 부패를 폐지하는 것보다 반드시 우선되지는 않는다. 우리 개개인들이 세상과 서로 영향을 주고받을 때 어떻게 하면, 우리의 모든 만남과 관계에서 하나님의 통치가 나타날 것인지를 생각할 필요가 있다.[16]

우리 법률가들은 하나님의 진리, 아름다움, 선, 정의, 자비, 긍휼 등을 그것이 없는 곳—우리가 일하는 법률 사무실이건, 우리가 다니는 로스쿨이건, 법정이건, 당사자주의 제도건, 의뢰인의 가정이건, 로펌 파트너의 삶이건, 혹은 커피숍이건—에 전해 주도록 부름받는다.

낸시 피어시는 이 문제를 매우 잘 포착한 어떤 그리스도인 법률가의 이야기를 해준다. 그 법률가는 워싱턴 D.C. 지역에서 일자리를 찾을까 생각 중이었다.

그래서 그는 그 지역에서 사역하는 목회자 리더에게 의논을 했고, 그 지도자는 "지금 있는 곳에 있으면서 계속 법률 실무에 종사할 수도 있고, 아니면 워싱턴으로 와서 **문화를 변화시킬 수도 있습니다**"라고 말했다.[17] 그 말이 함축하는 의미를 생각해 보라. 법률 실무에 종사하는 것은 '문화를 변화시키는 것'이 아니며 정치만이 그런 변화를 이룬다는 말이다.

현대 사회와 현대 교회에서 우리는 전면적으로 문화에 참여한다. 어떤 복음주의자들은 여전히 분리주의적인 사고방식에 빠져 있다. 그들은 상황이 '너무 나빠지기 전에' 주님이 재림하시기를 바라고, 그때까지는 전도를 위한 경우 말고는 주변 문화와 가능한 한 접촉하지 않으려 한다. 또 문화 변혁의 필요를 느낀 어떤 사람들을 낸시 피어시가 말한 목회자처럼 문화 참여란 곧 정치적 행동주의라고 생각한다. 피어시가 말하듯, 이것은 거꾸로 가는 것이다. **문화적 변화로부터** 정치적 변화가 오는 것이지, 그 반대가 아니다. 교회가 정치적 행동을 통해 문화를 바꾸려 하면 대개 불발로 끝나고 만다.

문화적 고립주의를 피하고 법적 도구주의 및 상의하달 방식의 도덕주의에 저항하면서도, 그리스도께서 자기 백성을 통해 지금 여기에서 문화를 변혁시키시도록 마음을 여는 중간 입장이 있어야 한다. 아마 하나님 나라 관점이 그 문제를 해결할 것이다. 우리는 피조세계 구석구석에서 다툼이 일어나고 있음을 인식한다. 하지만 우리는 단지, 우리가 부름받은 그곳에 참여함으로써 우리 이웃을 사랑하도록 부르심 받았다.

통합된 관점

그렇다면 통일성에 헌신하는 것은 법률 분야에서 통합을 추구하는 데 어떻게 도움이 될까?

구획화, 이원주의, 불일치 같은 것보다 통일성을 보여 주는 삶은 1부에서 논의한 걸림돌들을 극복할 토대를 제공한다. 최소한 통합된 삶을 점점 더 잘 이해함에 따라, 법의 영역에서 마주치는 개념·제도·관행에 대한 관점도 달라질 것이다.

통일성과 로스쿨 강의실

통합된 삶에 대한 헌신은 미국 법학 교육에서 드러난 결과와 싸우는 데 큰 역할을 할 것이다. 최소한 본질적인 문제를 더 잘 인식하게 되고 그 문제를 더 대담하게 다룰 수 있게 될 것이다.

인식. 먼저 통합된 삶에 대한 헌신은 도덕적 지식과 행동 간의 근본적 연관을 인식하지 못하는 데 따르는 위험을 깨닫게 해준다. 간단한 **인식**이 멀리는 법학도들과 법률가들을 도구주의적이고 물질주의적인 법철학에서 보호해 줄 것이다. 법은 단순히 인간이 만들어 낸 것이 아니라는 간단한 인식은, 법률직에 대한 기독교적 관점에 이르는 탁월한 첫걸음이다.

또한 역사적·도덕적·영적 중심이 결여되면, 로스쿨은 '분열되는' 경험이 되고 만다(2장을 보라). 도덕적 진리를 중심에 두기를 고의로 거부하면 학생들은 날마다 남편으로서, 이웃으로서, 지하철 승객으로서 살아야 하는 도덕적 현실에서 멀어지게 된다. 누가 됐든지 간에 현실 세계에 사는 사람이 도덕과 관계없이 초연하게 산다는 것은 매우 비현실적이다. 이런 의미에서 무엇보다 통일성은 하나의 관점 혹은 태도이기 때문에, 미국 로스쿨의 도덕적 진공에 대한 탁월한 해독제다. 삶과 지식이 하나라고 생각하는 법학도들은, 로스쿨이라는 환경에서 진리를 추구하면서도 현실에 굳게 발을 딛고 서 있을 것이다. 그들은 법이 '어떻다'는 것뿐만 아니라 '어떠해야 한다'는 것을 추구할 것이다.

마찬가지로, 일관되고 통일성 있는 실재가 있다고 믿는 학생들은 로스쿨 강의실의 통상적 신조가 지니고 있는 무언의 전제들을 인식할 것이며, 도덕적 규범에 초연함으로써 생겨나는 냉소주의에 저항할 것이다. 이 학생들은 집에서,

교회에서, 학교에서 그리고 정신 세계에서 일관된 삶을 추구할 것이며 자연히 회의주의, 물질주의, 도구주의 등 법률 영역에서 분열된 삶을 보여 주는 것에 눈 뜨게 될 것이다. 교회에서 부르는 찬양과, 불법 행위를 배우는 강의실이 서로 연관되어 있음을 인식하는 학생들은, 자연히 삶에서 기본적 통일성을 강화하도록 행동할 것이다.

담대함. 둘째로, 통일성에 대한 헌신은 우리를 **담대하게** 해, 형이상학이라는 재목을 훔쳐 다시 초벌칠을 하고 다시 페인트를 칠한 후 물질주의라는 대저택을 짓는 사람들의 도전에 저항할 수 있게 해줄 것이다. 간단히 말하면, 누군가가 보편 진리는 없다고 주장하면서 몇 가지 보편 진리에 의거해 논증할 때, 우리는 일어나 외칠 것이다. 붓지즈지스키(J. Budziszewski)는 이렇게 말했다. "요즘 같은 시대에 이렇게 말하는 것이 무례하게 보이겠지만, 우리 모두가 정말로 잘 아는 몇 가지 도덕적 진리들은 반드시 있게 마련이다. 이 진리는 정상적인 인간이라면 **알 수밖에 없는** 진리들이다."[18] 임금님이 벌거벗었다는 것을 알고 그 사실을 말한 어린아이처럼, 우리는 설사 무례하게 보일지라도 진리를 말해야 한다.

중요한 것들에 관한 영적 냉담함—영적 나태함—은 이런 영역에서 그리스도인 법률가들의 적이다(2장을 보라). 법과 법 제도의 핵심에 있는 종교적 진리를 단순히 의식하거나 '신경 쓰는' 것은 그리스도인 법률가들을 소생시키기 위해 필요한 첫 번째 반응이다. 잘못된 것들이긴 하지만 어떤 종교적인 가정들이 이미 법과대학과 법원을 지배하고 있다는 사실에 눈을 뜨면, 우리의 법학 교육 내용과 법학 그리고 법률 실무는 좀더 분명히 종교적 진리에 관심을 두게 될 것이다. 최소한 우리는 법 도구주의와 형이상학적 실재가 법률가의 일과는 아무 상관없는 사람들이 당당하게 행군하는 것을 볼 때, 임금님이 벌거벗었다는 것을 말할 수 있어야 한다. 우선 우리가 영혼을 가진 인간이라면 이와 같은 법학에 종사할 수 있어야 한다. 더불어 우리는 계몽주의의 교활한 손자인 세속 사회의 신화와 대결할 수 있을 정도로 담대해야 한다. 그 신화는 오늘날 법학계를 지배하는 근대 물질주의의 가정에서 나온 것이다.

또한 인간의 본성과 세계에서 그 본성이 차지하는 위치, 법의 본질, 국가의 의무에 대한 근본 개념들은 모두 도덕적·종교적 확신에서 나온다. 예를 들어, 철학적 실용주의가 법 이론의 가장 좋은 토대라는 포스너 판사의 말은 인간의 본성, 인간 지식의 목적과 한계, 존재의 핵심에 있는 신비를 추구하는 것이 지닌 가치에 대한 그의 종교적 견해에 근거하고 있다(2장을 보라). 우리는 포스너 판사의 접근 방식을 보면서 기운을 내야 한다. 법 이론의 토대로 도덕 인류학, 인식론, 신학이 중요하다는 것을 솔직하게 명료한 어조로 말하는 것을 읽으면 기분이 상쾌해진다! 이것은 법의 참된 목적에 대한 탐구가 형이상학적 성격을 지닌다는 것을 얼마나 강력히 증거하는가. 인간의 본성에 대해서 그리고 우리가 형이상학적 문제들을 파악하고, 법에 이성과 믿음을 도입할 수 있는 능력이 있음에 대해 논하라는 얼마나 위대한 초대인가. 법 연구에 신앙적 헌신이 필요하다는 것에 대해 이보다 더 좋은 예가 어디 있는가? 이러한 법 학문은, 우리로 하여금 대담한 자세로 학문을 하도록 하여 우리가 하는 일이 형이상학적 토대를 갖고 있음을 진술하고 탐구하도록 해야 한다. 우리의 연구를 대담하게 하여, 불법행위와 계약 혹은 법인 문제에 담겨 있는 성경적 함의를 더 깊이 파고들도록 해야 한다. 그리고 실무를 대담하게 이행하여, 의뢰인을 일시적 결핍을 지닌 영원한 존재로서 사랑하도록 격려해야 한다.

하지만 내가 만난 많은 그리스도인 법학도들은 법과 정치를 공개적으로 논할 때 종교적 언어와 신념에 대해 말하는 것은 삼가야 한다고 확신하고 있었다. 심지어 그리스도인들조차 종교와 정치는 결부되지 않는다고 말하는 것을 우리는 얼마나 많이 들었던가? 결국 우리는 다원주의 사회에 산다. 그들의 오류는 **다원론**이 곧 **세속** 사회는 아니라는 것을 간과하는 데 있다. 세속 사회는 종교적 중립성이 지배하는 곳이다. 레슬리 뉴비긴이 1989년에 쓴 고전 「다원주의 사회에서의 복음」(*The Gospel in a Pluralistic Society*, 한국 IVP)에서 설득력 있게 표현한 것처럼, 세속 사회라는 개념은 하나의 신화이며 다원주의의 이상은 잘못 이해되고 있다. 우선 사회의 본질 자체가 인간을 사적 인간과 공적 인간으로 구분하는 것을 무의미하게 한다(4장을 보라). 뉴비긴의 주장에 따르면, 어떤 특정한 사회에서 받아들여지는 공공 정책은 "사회 구성원들이 갖고 있는 헌신, 그들이 품고 있는 가치관, 그리고 궁극적으로는 그들이 세상과 그 안에서 그들의 위치에 대해 지니고 있는 신념들이 작용하여 나타난 것"[19]이다.

법률직에서 신실한 삶은, 미덕과 믿음의 헌신을 사적인 것으로 만들고자 하는 세속화의 충동을 인식하고 거부하는 것에서 시작된다. 예수 그리스도의 제자가 되라는 부르심은 "그리스도의 주권이 개인의 가정 생활과 교회 생활을 지배하는 것으로 받아들이는 한편, 사회의 공적 생활에 관해서는 다른 주권을 인정한다"[20]라는 의미일 리는 없다.

세속 사회의 신화를 거부하는 것은 공적인 법률가와 사적인 사람을 구획화하는 것을 단호히 거부하는 것이다. 그러기 위해 우리는 종교적 믿음을 갖고 있지 않은 세속 사회에 사는 것이 아니라 다른 것들, 곧 "하나님 아닌 신들"[21]에 대한 믿음을 갖고 있는 종교적 사회에 살고 있다는 사실에 눈을 떠야 한다.

법률 사무소에서 이러한 세속화의 신화를 거부하면, 의뢰인을 영혼을 가진 존재로 다루게 되고 의뢰인의 문제를 단순히 풀어야 할 법적 퍼즐이 아닌, 공동체에서 다뤄야 하는 도덕적·영적 문제로 다루는 담대함을 소유하게 된다. 그것은 우리가 재정적으로 어느 정도의 한계를 감수하거나, 법률 실무를 특정한 방식으로 수행한다는 의미다. 그것은 의뢰인들 및 직원들과 함께 기도한다거나, 어느 정도 전문 지식을 갖고 있는 법적·정치적 문제들에 관해 공식 입장을 취한다는 의미일 수도 있다.

학생들에게 로스쿨은 분명 구획화를 피하기에 가장 어려운 환경 중 하나다. 우리는 실제로 구획화하라는 명령을 받지 않는가? 모든 문제에서 양쪽 입장을 다 논하고 우리가 동의하지 않는 견해들을 대리할 때, 분명 두 갈래 길이 암시되어 있다. 하지만 논증이나 옹호를 한다 해서 꼭 분열이 되지는 않는다고 생각한다. 오히려 가장하는 것, 즉 잘못된 역할들을 택하는 것이야말로 직업과 개인적 삶에서 구획화를 조장한다. 히포크리테스(hypokrites)는 헬라어로 '배우'라는 말이다. 이 말에서 영어의 위선자(hypocrite)라는 단어가 나왔다. 위선자는 연기하는 사람, 어떤 역할을 하는 사람, 실재하지 않는 사람을 말한다. 실재의 통일성에 대해 통합된 관점을 가지면 의뢰인을 위해 총잡이나 상어 같은 위선적 역할을 맡기는 매우 어렵다. 주중에는 허랑방탕하다가 일요일에는 교회 집사 노릇을 하는 삶이 불가능하단 말이다. 그런 일들이 실제로 일어나지 않는다는 게 아니라, 구획화를 허용하지 않기 시작하면 우리 삶이 얼마나 일관성이 없는지를 발견하게 된다는 것이다.

통일성과 소명

통일성에 헌신하면, 가짜 역할을 하려는 태도 대신 하나님 앞에서 성경적 소명을 추구하게 된다. 그러므로 이러한 맥락에서 우리가 목회자와 동역하여 하나님 나라의 다양한 사역을 할 수 있게 되는 것이다.

소명 교리의 회복. 법률 분야에서 신실한 그리스도인으로 살고자 하는 법률가와 법학도가 취할 첫 번째 단계는 소명에 대한 올바른 관점을 회복하는 것이다. 먼저 3장에서 논한 것처럼 일상 업무가 지닌 신성함을 회복하는 것이 가장 좋다. 한번 복습해 보자.

- 하나님의 것이 되라는 부르심에 복종하는 것은 삶의 모든 영역에서 전임 사역을 하겠다는 의미다. 여기에는 우리의 공부, 학문, 법률 실무 등이 모두 포함된다. 법률 업무조차 하나님과 이웃을 섬기는 수단으로서 신앙적으로 의미 있는 일이 된다.

- 우리가 하도록 부름받는 모든 일을 '네 이웃을 네 몸과 같이 사랑하라'는 두 번째 대계명에 비추어 평가한다. 의뢰인의 선과 유익을 추구하는 것은 대

다수 법률가들이 채택하는 총잡이 모델과는 확실히 대조된다.

• 하나님이 우리 일을 필요로 하지 않으신다는 것은 인정한다. 하지만 하나님은 화목시키고 회복시키고 우리 삶과 의뢰인의 삶에서 그분의 목적을 행하실 때, 우리에게 그분의 '가면'이 되어 섬기는 특권을 주실 것이다.

• 소명은 법률가로서의 삶에 목적과 방향을 부여한다. 한꺼번에 좋은 일을 다 하려고 애쓰는 대신, 해당 의뢰인, 해당 사건, 해당 법률 영역에 집중할 수 있다. 또한 검토하도록 위임받지 않은 문제들에는 간섭하지 않을 수 있다.

• 소명 교리는 부르심을 가정, 교회, 일터, 나라 등 다양한 영역에서 바라보아야 함을 상기시킨다. 우리는 우리가 처한 곳에서 부르시는 분께 신실하게 반응하도록 부름받는다. 우리의 법률 실무는 이웃을 사랑하는 여러 현장 중 하나일 뿐이다.

소명과 하나님의 주권. 소명과 관련해 하나된 삶을 또 다른 식으로 적용해 보면, 진 에드워드 베이스(Gene Edward Veith)의 말처럼, "우리는 소명을 **선택하지 않았다.** 우리는 그 소명으로 **부름받았다.** 거기엔 큰 차이가 있다"[22]는 것이다. 이것은 우리의 일차적 소명인 가정에서 가장 확연히 나타난다. "우리는 우리 부모를 선택하지 않았다. 우리 형제와 자매를 고르지 않았다." 결혼의 경우에는 덜 분명하기는 하지만 비슷하다. 우리는 그저 수많은 선택 중에서 배우자를 '선택하지' 않았다. 우리는 관계를 맺도록 부름받았다. 우리가 태어난 나라를 선택한 것이 아니라 그 나라의 시민으로 섬기도록 부름받았다.

하지만 우리의 소송 실무, 전문분야 인증제도, 선출직 판사의 선거유세는 어떻게 봐야 하는가? 분명 우리는 선택을 하고 은사를 계발했고, 전공을 택하고 LSAT(Law School Admission Test, 미국 법과대학원 입학시험)를 보기로 선택했다. 그러나 "우리 삶에 이 모든 선택권이 있었음에도 우리가 직접 생업을 택한다는 것은, 궁극적 의미에서는 전혀 사실이 아니다"라고 베이스는 말한다.

당신의 가족과 당신이 속한 문화를 사용하시는 하나님은 당신을 지금의 모습으로 만드셨다. 소명 교리는 개인적 특성이라는 신비와 관련이 있다. 즉, 소명은 '하나님이 각 사람을 어떻게 다른 모든 사람과 다르게 만드시고 각자에게 삶의 모든 단계에서 독특한 부르심을 주시는가' 하는 것이다. 그래서 당신은 특정한 달란트를 가지고 있다. 당신은 그것을 하나님의 선물로 이해해야 한다.[23]

어느 날 내 사무실에서 한 젊은 법학도와 상담을 한 적이 있다. 그녀는 내게 로스쿨 재입학을 요청하는 서류에 보증인이 되어 달라고 부탁했다. 그녀는 평균 학점이 2.0 이하로 떨어진 후 한 학기 동안 학사 경고 상태에 있었다. 그 기간이 끝난 후, 그녀의 평점은 4.0 만점에 1.2였다. 나는 그렇게 낮은 평점을 한 번도 본 적이 없었다. 하지만 그녀는 자신이 로스쿨로 부름받았다고 확신하고 있었으며, 한 번만 더 기회를 갖기 원했다. 그녀는 열심히 공부했지만 강의 자료를 따라잡을 수 없었으며, 분석 추론에 대한 재능도 없었다. 그녀가 법을 자신의 부르심으로 선택하기를 얼마나 간절히 원하든, 하나님은 그녀가 로스쿨에서 '공부하도록' 창조하지 않으셨다. "사람이 마음으로 자기의 길을 계획할지라도 그의 걸음을 인도하시는 이는 여호와시니라"(잠 16:9).[24] 부르심은 당연히 우리 외부에서 온다.

그렇다면 우리는 학생 때에는 재정이 채워지는 것을 통해, 혹은 채워지지 않는 것을 통해, 우리의 지리적 한계와 욕구를 통해, 그리고 최종 등수와 학업 순위에서 하나님의 손길을 인식한다. 문이 닫혀 있으면 닫힌 것이다. 하나님이 주관하신다. 변호사로 개업했을 때 하나님의 주권을 인식한다면, 양심에 어긋나는 사건들을 담대히 거절하고 우리의 은사에 맞는 실무를 맡으며 문 앞에 나타난 사람들의 모든 이야기에 주의를 기울여야 한다.

내가 자랐을 때

우리는 누구나 삶을 미루는 경향이 있다. 죽는 날까지 대부분의 사람들은 자신이 자라서 뭐가 될지 궁금해한다. 우리는 큰 분기점이 올 그날, 평생의 과업이 완수될 그날, "삶을 정말 한번 제대로 살아 보겠다"며 그날을 꿈꾼다. 초등학교 때는 고등학교에 들어가기만 하면 인생이 시작되리라 믿는다. 고등학교에 다닐 때는 운전면허를 따기만 하면 인생이 시작되리라 믿는다. 운전을 하게 된 후에는 대학에 들어가 집에서 떠날 때가 되면 인생이 정말로 시작되리라고 확신한다. 대학에 들어가면 배우자를 만나거나 일자리를 얻거나 학위를 따기만 하면, 분명 **그때**는 인생이 시작되리라 믿는다. 남은 인생의 대부분을 계속 그런 식으로 생각한다. 이런 경향은 처음에는 지혜와 분별력을 위해 하나님이 주신 의도적인 장치다. 미래, 비전, 목표를 위한 계획을 세우고, 탁월하고자 애쓰는 것이다. 이 모든 것은 그다음 단계에 대한 내적 갈망이 없이는 불가능한 것이다. 하지만 우리는 앞에 무엇이 놓여 있을까 궁금해하면서 삶의 창을 응시하느라 실제 자신의 삶은 잊어버린다.

아마도 야고보는 다음의 유명한 본문에서 이 사실을 염두에 두고 있었던 것 같다.

> 들으라. 너희 중에 말하기를 오늘이나 내일이나 우리가 어떤 도시에 가서 거기서 1년을 머물며 장사하여 이익을 보리라 하는 자들아, 내일 일을 너희가 알지 못하는도다. 너희 생명이 무엇이냐, 너희는 잠깐 보이다가 없어지는 안개니라. 너희가 도리어 말하기를 주의 뜻이면 우리가 살기도 하고 이것이나 저것을 하리라 할 것이거늘, 이제도 너희가 허탄한 자랑을 하니 그러한 자랑은 다 악한 것이라. 그러므로 사람이 선을 행할 줄 알고도 행하지 아니하면 죄니라(약 4:13-17).

나는 언제나 이 본문을 앞으로의 일을 추정하는 교만한 태도에 관한 경고라고 보았다. 그리고 그 경고가 본문의 주된 요점이다. 하지만 마지막 구절은 내일에 대한 추정을 뭔가와 대비한다. 그것은 오늘 하라고 부름받은 일을 하지 않는 것이다. "그러므로 사람이 선을 행할 줄 알고도 행하지 아니하면 죄니라"(17절). 상투적인 표현을 사용하는 것이 좀 아쉽긴 하지만, 소명은 우리에게 '하나님이 우리를 심으신 곳에서 꽃을 피우라'고 상기시킨다. 다른 땅을 찾느라 꽃을 피우지 못하는 것은 죄라는 말이다.

당신은 법률 사무소에 앉아서 자신의 삶을 향한 하나님의 계획이 무엇인지 궁금해하는가? 당신은 '지금보다 좀더 자라나 인생이 정말로 시작될 때 나는 무엇이 될까'를 생각하며 날마다 몇 시간씩을 보내는가? 당신은 날마다 해야 하는 고역스러운 일에서 벗어나 삶에 의미를 더하기 위해 판타지 풋볼 게임(fantasy football: 온라인상에서 실제 축구 선수를 택해 가상의 팀을 만들고 득점하는 게임—역주), 교회 자원 봉사, 혹은 변호사 협회 일로 시간을 때우는가? 그러나 대부분의 경우, 날마다 하는 고역스러운 일에 진정한 의미가 있다. 내일에 대해 잊어버리고 오늘 만나는 의뢰인들, 오늘의 기회, 오늘의 신청, 오늘의 증언 녹취서에서 하나님의 손길을 기대한다면 말이다.

제임스 조이스의 명작 단편소설 "애러비"[*Araby*, 단편집 「더블린 사람들」(*Dubliner*)에 수록, 창작과비평사]에서, 해설자인 사춘기 소년은 친구의 누나에게 홀딱 반했다. 이 소년은 자기 집에서 멀리 떨어진 시장 '아라비아'에서 뭔가 이국적인 선물을 그녀에게 사줄 수 있으리라 생각하며 매우 기뻐한다. 그러나 자신의 꿈이 실현되리라는 기대로 소년의 일상적인 일은 엉망이 되고 만다.

나는 그때까지 기다리기가 지루해 견딜 수가 없었다. 학교 공부가 하기 싫어 안달이 났다. 밤에는 침실에서, 낮에는 교실에서, 그녀의 모습이 나에게 그리고 내가 읽으려 애쓰는 책갈피마다 나타났다. **아라비아**라는 단어의 음절들은 나의 영혼이 탐닉하던 침묵 속에서 내게 들렸으며, 동방의 황홀함을 느끼게 해주었다.···나는 종잡을 수 없이 헤매는 생각들을 긁어모을 수가 없었다. 나는 인생의 심각한 문제들에 도저히 참을성을 발휘할 수가 없었다. 지금 나의 욕구에 비할 때 내 인생의 일들은 추하고 단조로운 어린아이 장난처럼 보였다.[25]

그러나 그의 기대는, '아라비아' 시장이 동방의 황홀함은커녕 매우 영국적인 모습을 지닌 것을 보게 되면서 결국 좌절되고야 말았다. 그리고 소년은 그녀가 자신의 사랑에 절대 응하지 않으리라는 현실을 파악하게 된다. 돌연 그는 울적하게도 현실로 돌아오고 말았다.

우리는 조이스의 소설에 나오는 인물처럼 행동하는 경우가 매우 많다! 우리는 내일의 환상을 꿈꾸면서 오늘을 보낸다. 그 환상은 보통 우리의 상상 속 산물이다. 우리는 힘든 일상의 일을 하나님의 계획과 그분이 현재 우리를 통해 하시는 일이라는 견지에서 이해해야 한다. 지금 여기서 현실에 충실하며 기쁨을 얻도록 하기 위해서 말이다.

삶의 통일성에 대한 헌신은, 소명 교리를 그리스도인의 행함의 중심에 두고 존중한다. 하나님이 아주 구체적인 방식으로 우리 이웃을 사랑하도록 우리를 부르셨음을 이해해야 한다. 그 이웃들은 칼뱅이 말한 것처럼 우리를 "여기저기 사방팔방에서 태어나지"[26] 않도록 하신 특별한 부르심에 따라 우리를 둘러싸고 있다. 하나님은 우리가 다른 사람들을 섬기도록 우리를 인도하시기 위해 우리에게 소명을 주신다. 우리의 의무와 책임은 소명에 이끌린다. 하지만 우리는 모든 일에서 하나님과 이웃을 섬긴다. 우리는 교회에서와 마찬가지로 결혼생활에서도 그리스도인의 소명을 인식한다. 우리는 찬양을 부를 때와 마찬가지로 휴양을 즐길 때도 하나님을 섬긴다. 제빵업자, 기업 최고 경영자, 목사, 장로는 모두 사역을 한다. 서로 다른 방식으로, 그들의 다양한 은사와 의무에 따라 하는 것이다.

법률 영역에서 우리는 하나님이 치유하고, 보호하고, 화해시키고, 먹이고, 격려하시기 위해 인간의 손을 통해 역사하시는 것을 본다. 하나님은 우리의 법률 실무를 통해 우리 이웃을 사랑하심으로써 일하신다. 그분은 우리를 통해 우리 의뢰인들의 필요를 채우신다. 의뢰인들에게 하나님의 자비가 필요한가? 아니면 그분의 긍휼? 혹은 그분의 지혜가 필요한가? 의뢰인들은 벌을 받거나, 변호를 받거나, 서로 화해해야 하는가? 의뢰인들은 자기 자녀들을 위해 유산을 남기는 일에, 혹은 하나님이 그들에게 맡기신 것들을 다스리는 일에서 도움이 필요한가?

하나님 앞에 예배드리며 하나님과 함께 일하려 할 때, 우리는 자아성취를 하거나, '여호와를 위해 성전을 건축하거나', 소리쳐 외칠 연단을 발견하려는 것이 아니다. 우리는 매일 우리가 하는 모든 일에서 그분을 예배한다. 삶은 부분들로 이루어져 있고 전체는 우리의 창조주이자 우리를 부르시는 분에 대한 예배와 순종을 중심으로 하고 있다.

통일성이 소명에 대해 어떤 함의를 지니는지에 대한 이야기를 마무리하기 위해, 슈르만 교수가 소명과 통일성 그리고 다음에 다룰 주제인 신학적 사고 간의 밀접한 관계를 어떻게 보여 주는지 살펴보자.

> 기독교 신학이 주로 노력하는 점은…그리스도인들이 세상을 해석할 때, 모든 피조물을 새롭게 하시는 분인 예수 그리스도 안에 나타난 하나님에 대한 믿음에 비추어 해석하도록 돕는 것이다.…그리스도인들이 창조와 구속의 목적과 과정에 신실하게 참여하려 한다면, 경험의 '신성한' 측면과 '세속적인' 측면, '종교적인' 측면과 '비종교적인' 측면을 결합하고, 각각의 중요성과 통합성을 단언해야 한다. 하나님의 통치 아래 삶이 하나가 되는 것은 삶을 소명으로 여기는 중대한 자각을 통해 이루어진다.[27]

그러므로 이제 그 신학의 내용을 살펴보도록 하자. 그것은 "하나님 안에서의 삶의 하나됨"에 대한 기독교적 해석이다.

통일성과 지성의 삶

1부에서 나는, 무엇보다 법률직과 우리가 받은 로스쿨 훈련이 제시하는 가짜 역할들을 거부하고, 우리의 법률 실무와 관련된 영원한 아름다움이나 진리나 선이 없는 체하는 영적 나태함을 극복할 때, 법에 대

> **직업 정신과 성품**
>
> 우리의 직업상 긴장은 이상을 추구함으로써 해결할 수 있는 것이 아니라, 옳은 것을 추구함으로써 해결할 수 있다. 옳은 것을 추구할 때 원칙을 통해 어떻게 추구할지 알게 되지만, 그 추구함을 이루는 것은 우리의 성품이다.
>
> Jack L. Sammons Jr., *Lawyer Professionalism*

해 기독교적으로 사고할 수 있다고 말했다. 통일성에 대한 헌신은 역할 중심적 사고방식에 저항하고 아케디아, 즉 앞에서 여러 번 언급했던 영적 나태함이라는 치명적인 죄를 해결하도록 돕는다.

통합된 삶이라는 비전을 가질 때, 우리는 그 삶이 온전한 전체임을 알아차리기 시작한다. 우리는 일관되지 못하고 모순된 것들을 찾아내어 그것들을 뿌리뽑는다. 우리는 선하고 참되고 아름다운 것을 추구한다. 우리가 그런 것들을 추구하도록 지음받았음을 알기 때문이다. 간단히 말해, 우리는 돌본다. 그리고 일단 영적 냉담함이 제거되면 완전한 세계가 열린다. 우리는 부르심의 핵심인 진리와 아름다움을 알기 위해, 신학적 지식을 갖기 원한다. 그리고 문제를 해결하고, 다루기 힘든 일들을 다루는 법을 계발하고, 믿음의 관점에서 법의 세계를 이해하기 위해 지역 교회, 역사적 교회, 같은 직종에 종사하는 형제자매의 도움을 받는다.

통일성에 대한 헌신이 법률 실무와 법률 공부에 관해 함축하는 것 중 하나는, 다양한 부르심과 활동 간의 **연관성**을 알아차리기 시작한다는 것이다. 법적인 일과 공부는 경건 생활과 관련 있다. 우리가 부모로 부름받은 것은, 로펌 동료들 및 강의실에서 함께 공부하는 동료들과의 관계에 대해 시사하는 바가 있다. 교회에서 섬기는 것은, 법 공부나 중역 회의를 할 때 도움이 된다. 골프 경기조차

도 우리의 성품을 반영하고 덕을 세운다. 광대한 하나님 나라는 내 이웃에게 무엇인가 의미가 있으며, 과거의 성도들은 오늘날 우리의 의뢰인에게 뭔가를 말해 준다. 우리가 정신적으로 '한 세계에 사는 사람들'(one-worlders)이라면 이러한 연관들은 실재에 근거한 것이 된다.

게다가 내가 주장한 것처럼 믿음이 행동으로 표현되는 것이 사실이라면, 우리가 법률가와 법률가의 세계에 대한 우리의 신념을 조정하는 데 시간을 들일 때, 우리의 법률 실무나 법 공부는 변화될 것이다. 우리의 소명에 대해 기도하고 생각할 때, 우리를 통한 하나님의 사역이 강화된다.

결론

통합의 핵심부에 있는 첫 번째 헌신은, 사역을 구획화하고 이원론적으로 생각하는 것을 경고하는 광범위한 것이다. 나는 여기서 통합에 대한 첫 번째 헌신으로 인해, 로스쿨의 해로운 도구주의에 대한 대담한 인식, 삶의 전 영역에 대한 소명 중심의 사고 회복, 그리고 법률가로서 우리가 누구인지에 대한 변화된 마음이 뒤따른다는 것에 대해 논했다. 7장과 8장에서 통합의 두 번째와 세 번째 특징인 공동체와 진리에 대해 다루고 나서, 이러한 연관들이 암시하는 실제적 반응들을 제시해 보겠다.

■ 더 깊은 생각을 위해

1. 당신의 법 실무·법학 교육·판사의 역할은 어떤 의미에서 진정 '하나님 나라의 일'인가? 당신은 **하나님 나라**라는 말을 어떤 의미로 사용하고 있는지, 심사숙고하여 목록을 만들어 보라.

2. 당신이 배우자, 부모 혹은 자녀로 부름받은 것이 법률 분야에서 당신이 할 일에 대해 알려 주고, 법률가로서의 일을 강화하거나 약화시킬 수 있는가? 자신의 경험에 미루어 과연 그러한지 생각해 보라. 그리고 그러한 개념이 당신의 법률 실무나 법학 공부 그리고 당신이 맺고 있는 관계성에서 어떻게 도움이 될지 살펴보라.

3. 당신은 현대인들이 말하는 '참된 가치나 거짓된 가치란 없고 단지 선택만이 있을 뿐'이라는 '사실과 가치 간의 분리'를 받아들였는가? 이것은 당신의 법률 실무나 법학 공부에 어떤 해로운 영향을 주는가?

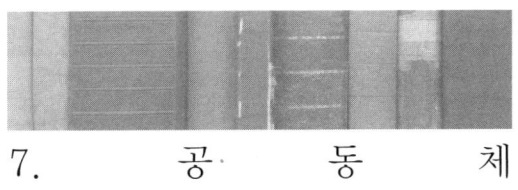

7. 공 동 체

성삼위일체와 공동체 · 공동체의 특성
법률가들과 공동체 · 걸림돌 뛰어넘기

2006년 1월에 바나 그룹이 시행한 설문조사에서, 응답자들은 '영적 성숙'을 이루려면 '신앙 공동체에 참여해야 하는가'라는 질문을 받았다. 겨우 18퍼센트의 성인만이 그 개념을 '확고히 받아들였다.' 심지어 '성경적 가치관'을 가진 성인들, 곧 기독교의 핵심 교리를 신봉하는 사람들 중에서도, 단 3분의 1만 영적 성장에 신자들의 공동체가 필요하다고 생각했다. 과연 독불장군 그리스도인이라는 것이 정말 있을 수 있는가? 이번 장의 전제는 분명 대부분의 독자들을 실망시킬 것이다. 그 전제가 '외톨이 그리스도인이란 없다'이기 때문이다.[1] 그리스도인의 통합적 삶에서 두 번째로 필수적인 것은 '공동체의 삶에 헌신하는 것'이다.

우리는 그리스도의 몸 안에서 **코이노니아**를 나누며 우리의 소명을 이루도록 부름받았다. 우리는 서로 유익이 되는 영적 은사를 주고받고 서로 죄를 고백하며 사랑으로 서로 책임을 진다. 우리의 공동체는 또한 역사적인 '성도의 교제'를 인정한다. 우리는 성도의 교제에 속해 있으며, 그것은 특이한 교의(dogma)의 편견과 시대의 편견에 맞서 우리를 보호해 준다. 하나님과 공동체를 이룬다는 것, 그리고 그분 스스로가 거룩한 공동체이신 하나님과 친밀하게 교제를 나누는 가운데 오직 그 교제를 통해 그 교제로부터만 우리가 서로 교제를 나눌 수 있다고 인정하는 것은 가장 중요하다. "친교와 소통은 본래 그분의 존재 안에 있는 고유한 것이다."[2]

성삼위일체와 공동체

우리가 공동체 안에서 사는 것은 우리 하나님이 한 분이면서 또한 공동체이시기 때문이다.[3] 폴 스티븐스가 말하듯, "우리의 존재와 행동", 즉 우리의 정체성과 소명은 삼위일체에서 나온다. 하나님의 백성은 "하나님의 '들어오는' 사역(성부 하나님, 성자 하나님, 성령 하나님 간의 관계에서 이루어지는)에 참여한다. 그리고 동시에…하나님의 '나가는'(보내는) 사역에" 참여한다.[4] 하나님의 사역에 참여하는 데 필요한, 이와 같은 삼위일체적 기초는 공동체의 중요성을 강조하고 있다.

라오스[laos, 하나님의 백성]가 된다는 것은, 하나님의 백성에 속한 자들이 하나님이나 다른 사람들과 혼합돼 뒤섞이지 않고 하나님과 그리고 서로간에 친교를 나눈다는 의미다.…마찬가지로, 하나님의 백성은 그리스도에 의해 생기를 얻고 활력을 얻지만, 그리스도 안에서 소멸돼 버리는 존재는 아니다. 우리는 그리스도 안에 있다. 그리스도는 우리 안에 계시다. 하지만 우리가 그리스도는 아니다. 교회는 그리스도의 몸이지만 그리스도는 아니다. 더욱이 몸의 지체들은 서로 친교를 나누지만, 일체화되지는 않는다(상호 흡수된다는 의미에서). 우리는 서로 '안에' 있다. 하지만 서로인 것은 아니다.[5]

우리는 다양한 공동체의 일부로 서로 연합되어 있기 때문에 더 완전하다. 우리는 머리이신 그리스도 안에서 그리스도를 통해 구속받고 그분과 하나되었으며,

성부 하나님께 부름받아 보냄받았고, 성령께 권능을 받았다.

통합성에 해당되는 온전함(wholeness)이라는 말이 함축하는 바는 무궁무진하다. 첫째로, 우리가 하나님의 형상을 입고 부름받은 것의 유일한 토대는 서로서로 그리고 하나님과 관계를 맺고서 들어오고 나가는 사역을 하는 것이다.[6] 보통 그리스도인의 행함은 숲에서 홀로 하이킹을 하는 것과는 다르다. 그리스도인의 행함은 팀 경기다. 물론 때때로 하나님은, 우리가 정기적으로 고독한 시간을 갖도록 부르신다. 그리고 어떤 사람들은 오랜 침묵의 시간을 갖고 사람들과 접촉을 끊도록 부름받을 수도 있다. 하지만 많은 그리스도인 은자들조차 **독거 수도원**(lauras)이라는 공동체 안에 산다.[7]

둘째로, 공동체 내의 역할은 다양하지만 어느 역할도 다른 역할에 종속되지 않는다. 다시 말하지만, 하나님 앞에서 믿음으로 행한다면 일상의 모든 일은 신성한 사역이 될 수 있다(4장을 보라). 이웃을 사랑하는 것은 매우 다양한 방식으로 수행될 수 있는 고귀한 소명이다. 그렇기 때문에 성례 집행 외의 삶에 관해, '단지 평신도'라는 말을 해서는 결코 안 된다.[8] 우리 모두는 다 함께 하나님의 백성이다. 그 백성 중에 '다른 사람들이 계속해서 대내외적 사역을 할 수 있도록 구비시키라'는 부르심을 받은 어떤 이들이 일어서서 나오는 것이다.[9] 사역은 하나님의 것이다. 우리를 통한 그분의 사역은 우리가 교회 프로그램을 사수할 때 시작되는 것이 아니다. 그것은 "우리가 하나님과 하나될 때"[10] 시작된다.

공동체의 특성

다양성을 통한 하나됨

삼위일체의 영원한 사역 자체가 우리 공동체 삶의 기본 특징들을 제시해 주고 있는데, 첫째는 그리스도인의 삶은 계속 주고받는 것이란 사실이다. 그리스도의 몸 안에서, 몸 사이에서 그리고 몸 밖에서 그렇게 하는 것이다. 이와 같이 상호간에 능력을 부여하는 것을 초대교회 교부들은 '페리코레시스'(perichoresis, 삼위의 상호 침투와 내재를 나타내는 신학 용어-역주)라 불렀고, 그것은 다양성 속의 하나됨을 상징한다.[11] 이 개념은 신학자 콜린 군톤(Colin Gunton)의 말을 빌리면, "역동적인 상호 관계 속에서 하나와 여럿"을 다 보존한다.[12]

다각적인 사역

둘째로, 그리스도의 몸 안에 있는 매우 다양한 은사들은 하나님의 안으로 향하는 사역과 밖으로 향하는 사역의 충만함을 반영한다. 폴 스티븐스가 우리에게 상기시키듯, 창세 전에 그리고 타락 전에는 삼위 간에 사역이 있었다. 그렇기 때문에 하나님의 전체 사역은 구속 사역 그 이상이다.

> 하나님의 사역은 치유적이고 구속적일 뿐만 아니라, 창조적이고 통일성 있다(요 17:21-23). 그래서 보통 사람들이 '사역'이라는 말에 대해 생각하는 것보다 더 광범위하게, 섬김과 관계에 대한 정의를 내려야 한다. 하나님의 백성은 그들의 하나님과 마찬가지로, 창조적이고(만드는) 회복하는(고치는) 사역, 통일하면서(연결하는) 치유하는(바로잡는) 사역을 한다. 그래서 지상명령(마 28:18-20)이 중요하긴 하지만, 그것만을 사역의 정의라고 보는 일반적인 복음주의적 선입관에 도전을 가하게 된다.[13]

그러므로 우리는 몸 안에서 다양한 방식으로 사역을 서로 주고받아, 지역 교회 안팎에서 섬겨야 한다.

과거 그리스도인들의 공동체

셋째로, 하나님의 사역은 영원하다. 또한 '하나님 사역의 영원성'이라는 진리로 인해, 초대교회 성도들 안에서 그들을 통해 하나님이 하신 사역을 오늘날에도 적용할 수 있다. 더욱이 니케아 신경에서 말하는 성도의 교제는 시간을 초월하는 공동체다. 이러한 공동체 안에서 우리가 나누는 교제, 즉 전통, 형상, 그리고 형제자매들의 기록된 말을 통해 나누는 교제는 오늘날 가시적 교회에서 우리가 나누는 교제와 형태는 다르지만 그 못지않게 중요하다. 우리 시대의 편견들과 싸우기 위해 '옛날 책들'을 읽으라는 루이스의 권고는 이런 맥락에서 적절하다.

덧붙여 이런 광대한 공동체가 있다는 사실은, 그저 성령의 인도를 받아 혼자 성경을 읽으면 충분히 구비될 수 있다고 생각하는 경향에 도전을 가한다. 믿음으로 행하는 것의 중심 요소인 성경 읽기가 하찮다는 것은 아니다. 하지만 분명 뭔가가 더 있다. 우선, 우리는 기독교의 진리를 '전해 내려온 것', 인간의 전통에 깊이 새겨진 어떤 것의 일부로 받아들인다.[14] 그래서 기독교 교리를 이해할 때 과거 기독교의 전통을 벗어나서는 도저히 제대로 이해할 수 없다. 그것은 어떠한 전통이 현재와 미래를 지배해야 한다는 의미가 아니다. 단지 인간의 전통은, 하나님이 그리스도 안에 나타난 하나님의 계시를 전달하기 위해 택하신 수단이라는 의미다.[15] 우리 대부분이 신뢰하는 성경 번역 자체, 기독교 초기의 가르침을 형성하는 신조들, 그리고 정경 선택 자체가 모두 과거의 인류를 통해 이루어진 일이다. 스티븐 홈즈는 기독교 전통에서 벗어나려 애쓰기보다는 우리가 그 전통 안에 '깊이 잠긴 것'을 축하해야 한다고 권고한다.[16]

진리를 분별하는 것은 어려운 과정이다. 그리고 우리는 우리의 질문이 신학적인 것이든 실제적인 것이든, 대부분의 경우 그 해답을 찾을 때 다양한 보조 수단에 의지해야 함을 일반적으로 인정한다. 보조 수단을 거부하는 것은 아무리 잘 보아야 교만한 것이며, 하나님이 우리에게 주신 공동체를 단호히 거절하는 것이다. "전통에서 배우기를 거부하는 것은… '당신은 도움의 손길이 못 되니 내게는 당신이 필요 없소'라고 말하는 교만에 굴복하는 것이다."[17] 우리는 성령께서 2000년간 교회를 통해 역사해 오셨다는 것을 알기에, 거두절미하고 다른 사람들이 깨닫지 못했거나 오랜 세월 왜곡해 온 것과는 다른 '새로운' 진리를 발견했다는 생각은 하지 않는 게 좋겠다. 특히 오랜 기간의 역사에 걸쳐 그리고 신학적 관점들을 망라해서 일반적인 합의가 있는 경우라면 더욱 그렇다.[18] 간단히 말해 우리는 모든 시대의 기독교 공동체로부터 배울 것이 많다.

데이비드 웰즈는 신학에는 세 가지 '필수적 부분'이 있다고 말했다. 첫 번째 측면은 '고백적' 측면으로서 역사에 나타난 교회의 핵심 고백, 즉 진리가 하나님의 말씀에서 나온다는 것 그리고, 일상의 삶과 실천의 척도가 되는 그 말씀의 권위 아래 사는 것이 기독교의 핵심이라는 고백이다.[19] 두 번째 측면인 '성찰'의 핵심은 하나님의 계시 전체에 대한 포괄적 접근, 즉 성경의 다양한 본문 안에서 각 부분들을 사려 깊게 연결하여 성경을 하나의 완전한 책으로 이해하는 것이다. 우리는 또한 역사적 맥락에서 우리 자신이 이해한 바를 성찰한다. 현재에 대한 우리의 관점에 '안정감'을 더하기 위해 '과거의 영적 풍성함을 모으려 애쓰는' 것이다.[20] 신학의 이 두 측면 모두 과거 기독교의 풍성함과 현시대 교회의 협력에 의지하지 않고는 불가능하다. 요컨대 신학을 하려면 우리는 공동체 안에서 살아야 한다.

웰즈가 말하는 신학의 세 번째 측면 역시 공동체와 관련되어 있다. 그는 우리가 신앙고백과 성찰에 기초해 덕을 계발해야 한다고 말한다. 하나님의 진리에 기초해서 도덕적인 지혜의 삶을 살아야 한다는 것이다.[21] 분명 이러한 덕은 무엇보다 성도들의 공동체 안에서 계발돼야 한다. 성경은 이웃 사랑, 다른 사람을 섬기는 것, 성령의 은사를 상호 보완적으로 사용하는 것 등을 가르친다. 사실상 하나님이 우리에게 하라고 부르신 일을 통해 역사 속에서 일하신다는 주장이 없다면, 소명 교리는 아무것도 아니다. "하나님은 인간을 통해 일하기로 하셨다. 그들은 서로 다른 능력을 갖고, 서로 다른 달란트를 따라, 서로를 섬긴다. 이것이 소명 교리다."[22]

필수불가결한 다른 사람들

하나님이 자기 형상
곧 하나님의 형상대로 사람을 창조하시되
남자와 여자를 창조하시고(창 1:27).

우리의 참 '존재'는 다른 피조물들과의 교제 속에서 발견된다. 군톤은 창세기는 인간이 된다는 것이 무슨 의미인지를 긍정적이고도 부정적인 측면에서 말하는 메시지라고 정의한다. 긍정적인 측면을 보면, 창세기는 "인류가 사회적 존재다"[23]라고 정의한다. 아담은 동물들과는 교제를 나눌 수 없으며, 다른 인간과의 교제로 완전하게 된다. 부정적인 측면에서, '타락으로 인해 교제는 더욱더 비참한 단절을 맞는다. 그것은 하나님의 형상에 대한 가장 심각한 죄인 살인에서 절정에 이른다."[24] 바벨탑 사건은 하나님과의 교제가 깨어짐으로써, 인류의 의사소통 수단인 언어가 와해됨으로써 인류가 분열됨을 상징한다. 군톤은 "친교를 주시는 분이신 성령님의 가장 중요한 사역 중 하나가, 세상의 분열된 나라들 간에 의사소통을 가능하게 하여 친교를 회복시킴으로써 바벨탑 사건을 상징적으로 뒤집는 것"[25]이라는 사실은 우연이 아니라고 말한다.

우리는 하나님과의 관계, 다른 사람들과의 관계, 그분의 피조물과의 관계 속에서 진정한 우리가 된다. 이 사실은 법학 공부와 법률 실무에 의미를 부여한다. 우리는 법적으로나 종교적으로나 오랜 전통 속에 '깊이 묻혀' 있다. 즉, 우리는 다른 사람들을 위한 변호자, 상담가, 입안자로서 법을 시행하는데, 이러한 우리의 일은 우리가 속해 있는 문화와 더 넓은 피조세계 안에서 그 결과물을 얻게 된다.

공동체의 반근대적 성격

마지막으로 우리는 공동체가 근대성 및 객관주의와 대립됨을 알아야 한다. 그리고 이러한 대립은 법에 특별히 적용된다. 법과대학과 법률직에 널리 퍼져 있는 법에 대한 도구주의와 객관주의적 접근은 전형적인 근대의 접근법이다. 그리고 이 접근법은 인간을 조종할 '대상'으로 보는 전형적인 근대적 견해에서 나온다. 법에서 도구주의는 세상에 대한 근대적 태도를 나타내는 한 증상에 불과하다. 즉, 다른 인간들을 포함해 창조계 전체가 나의 개인적 욕구를 실현하는 데 쓰이도록 존재하는 것이다. 군톤은 "우리가 내적으로 세상과 관계 맺는 방식에 직면하지 않는다면, 세상에서 우리가 어떤 위치에 있는지 이해하지 못할 것이다"[26]라고 통찰력 있게 말한다. 법률가로서의 우리 삶은 우리의 창조주, 이웃, 피조세계와 관련해 우리 자신이 누구인지 이해할 때 반드시 변화될 것이다.

요약하면 관계적 공동체에서 살고 일하는 것에 대한 헌신은, 통합하는 삶의 중심이다. 그 이유는 우리가 믿는 삼위 하나님의 본질 때문이다. 공동체에 대한 헌신이 법률 분야에서 그리스도를 따르지 못하게 막는 장애물을 어떻게 극복하게 하는지 간단히 살펴본 후 이번 장을 마치겠다. 먼저, 법률직에서 실제로 공동체를 추구하는 방식들을 제안해 보고자 한다.

법률가들과 공동체

코이노니아 교제라는 말은, 그리스도인 법률가들이 법률직에서의 삶의 일부로서 그리스도의 몸 안에서 공동체를 추구해야 할 특정한 방식이 있음을 암시한다.

법률가 공동체

먼저, 우리 법률가들은 그리스도인 법률가로 구성된 공동체에서 교제를 나누어야 한다. 최근에는 대형 로펌으로 가는 경향이 있지만, 대부분의 법률가들은 작은 로펌이나 단독 사무소를 개업해 일한다. 하지만 로펌에서조차 법률 업무는 연구 조사, 입안, 고쳐 쓰기 등 혼자서 수행하는 세세한 일들이다. 업적을 중시하는 경향이 있는 집단 활동은, 법률가를 지지해 주는 어떤 공동체로 끌어들이기보다는 고립하게 만든다.[27] 문제를 악화시키는 것은 법률가들이 흔히 주도권을 장악하려는 특성을 가졌다는 점이다. 그러므로 많은 법률가들은 법 이외의 영역에서는 소외된다. 우리는 광범위한 그리스도의 몸에 함께 헌신하고 있는 동료 법률가들과 함께 관계 맺을 필요가 있다.

게다가 법률가들이 직면하는 도덕적 갈등은 보통의 공동체에서 논의할 만한 사항이 아니다. 변호사 협회는 때로 토론을 주최할 것이다. 그러나 보통 법학 교육의 연장 과정이거나 비공식적인 패널 토의다. 법률가들이 도덕적·종교적 갈등을 처리할 수 있는 비공식이고 안전한 공동체는 별로 없다. 법률가들은 대부분 그리스도인 법률가가 된다는 것이 무슨 의미인지 스스로 알아서 이해한다. 미국 문화의 자율적 개인주의가 다시 머리를 쳐든다.

로버트 비셔(Robert Vischer) 교수는 공동체가 그리스도인 법률가로서의 정체성에 중심이 된다고 주장했다. "오늘날 미국 법률가들은 법률 실무의 도덕적 결과를 혼자 힘으로 탐구해야 한다"는 문제에 주목하면서, 그는 "법률가들의 신앙 공동체가 신앙을 가진 법률가들의 직업적 정체성을 형성하는 데 도움을 주면 어떨까?"[28] 하고 묻는다.

비셔 교수는 그리스도인 법률가 공동체는 법률가들의 도덕적 삶의 틀을 이루는 오늘날의 윤리적 규칙과 관행들에 반응을 보이고, 또한 그리스도인 법률가가 되는 것이 '무엇을 의미하는지에 대해 더 광범위하고 긍정적인 비전'을 제시해야 한다고 주장한다. 예를 들어, 법률가 공동체는 법적 문제들에 대해 서로 비공식적 자문을 하고, 변호사 윤리 규칙들을 보완하기 위해 윤리 규칙들을 공표하고, 공동체 회원들에게 자문을 해주기 위한 토론단을 구성해 회원들에게 행동 지침을 제시해 줄 수도 있다.²⁹⁾ 그런데 법률가 공동체의 목적에는 이보다 더 광범위한 것도 있다. 그것은 그리스도인의 공동체에서 함께 모이고 다른 사람들을 그 공동체에 관여하도록 이끄는 것 자체가 훌륭한 목적이라는 점이다.

> 가톨릭 법률가들은 가톨릭 법률가가 되는 것이 무슨 의미인지 연구하는 데 공동체로서 관여한다는 바로 그 사실로 덕을 실천한다.…가톨릭 법률가들은 그들의 믿음과 그들이 선택한 직업의 목적을 이야기하기 위해 모임으로써 이미 덕의 길에 들어섰다.³⁰⁾

비셔 교수는 법률 실무에서는 '법률가 개개인이 중심'이라는 것에 주목한다. 따라서 인생은 그리고 법률 실무는 매우 관계적인 것이다. 그 관계는 하나님과의 관계, 이웃과의 관계다. 이것은 앞에서 말한 법의 객관주의적 접근에 도전하는 진리다. 다른 법률가들과의 관계 및 의뢰인들과의 관계는, 목적을 위한 수단이 아니며 그 자체가 목적이기 때문이다.³¹⁾

이러한 관계를 맺게 되면 확실한 유익 몇 가지를 얻게 된다. 가장 주된 것은 책임성이다. 게다가 공동 기도, 지혜로운 조언, 격려는 이런 집단에서 더욱 효과적이다. 3부에서는 공동체에서의 만남을 위한 제안들을 더 상세히 다루도록 하겠다.

성도들의 역사적 공동체

둘째로, 역사를 통틀어 성령의 인도를 받아 법 영역에서 진리를 추구했던 사람들의 풍성한 유산을 잘 활용해야 한다. 내가 속한 공동체에는 구름같이 허다한 증인들이 있다. 그들은 법률 업무를 수행하며 성령의 인도를 받은 것에 대해 기록을 남김으로써 하나님의 진리를 증거하는 한편, 계속 우리를 응원하고 있다. 예를 들어, 법 윤리는 과거 비슷한 상황에서 옳은 일을 하려 했던 사람들의 지혜를 나누어 주고자 한다. 그래서 우리는 일상적인 법률 업무에 대해 그런 지혜로부터 도움을 받을 수 있다. 하지만 우리는 신학적 진리, 그리스도인의 소명에 대한 지혜, 일상적인 법률 업무에서 하나님의 인도를 구하면서도, 교회의 위대한 성도들의 생각은 종종 무시하곤 한다. 그러므로 반드시 기억해야 할 점은 교회 역사 속의 성도들은 법과 법률가의 일에 관해 많은 것을 말해 줄 수 있는 사람들이란 것이다.

공동체로서의 지역 교회 교인들

셋째로, 법률가는 아니지만 공동체에서 건강하게 직분을 다하는 사람들, 하나님 나라의 관점에서 법률가이면서 그리스도인이 된다는 것이 무슨 의미인지 훈련하고 조언하고 격려하고 가르칠 수 있는 사람들의 관점이 필요하다. 믿음으로 사는 신학자, 목사, 철학자, 육체 노동자, 주부, 의사, 회사 중역 등 다양한 직업을 가진 성도들은 믿음과 실천의 통합에 대해 많은 것을 가르쳐 줄 수 있다. 게다가 성도들끼리 하나님의 다양한 사역을 이해하고 상호 영향을 줄 때 그리스도의 몸은 강화될 것이다.

실로 믿음의 위대한 고전 중 하나는, 법률가들이 자신들과는 별 공통점이 없다고 생각할 만한 사람이 쓴 것이다. 17세기 초에 태어난 니콜라 에르망(Nicholas Herman)이라는 사람은 생애 대부분을 부엌 도우미로 보냈다. 그는 죽을 때까지 그릇을 닦고, 물을 나르고, 허드렛일을 했다. 하지만 그의 기도와 묵상 모음은 하나님께 온전히 집중한 마음을 드러낸다. 「하나님의 임재 연습」(*The Practice of the Presence of God*, 좋은씨앗)이라는 제목으로 출간된 로렌스 형제(Brother Lawrence, 니콜라 에르망)의 습관과 기도는, 수많은 사람들이 위에 있는 것에 생각을 고정하도록 해주었고, 순전하지만 실제적인 묵상을 통해 하나님을 추구함이 무엇인지 더 깊이 이해하게 해주었다. 우리는 그리스도의 몸 안에서 법률직으로 부름받지 않은 사람들에게서 매우 많은 것을 배울 수 있다.

내 친구 패트릭 쿼크(Patrick Quirk)는 지역 교회 교구(parish)이면서 실제적 공동체 역할을 충실히 감당하는 기독교 공동체를 계획하고 있다. 이 공동체에서는 법률가, 의사, 배관공, 건축가, 회계사, 간호사, 전기 기사, 교사, 주부들이 공동체 안에서 자신의 은사를 사용하며 그리스도의 몸 안으로 향하는 사역과 밖으로 향하는 사역을 서로 감당한다. 이것은 네트워킹에 대한 위대한 비전이 아니다. 이것은, 법률 실무는 전문적 조언 이상이고 의술은 처방전을 쓰는 것 이상이라고 말하는 쿼크 교수의 인식이다. 이러한 비전은, 모든 방면의 다양한 일꾼을 그리스도의 몸 안팎의 필요를 채우기 위한 그리스도의 몸의 한 단위라고 본다. 모든 사람이 그들의 필요를 채우도록 부름받고 훈련받은 사람들에게 사랑을 받을 수 있다면 어떨까? 재정적 어려움으로 정서적 문제가 악화되고 그로 인해 생긴 법적 문제를, 한 팀으로 일하는 지역 교회라는 성도의 공동체 안에서 해결할 수 있다면 어떨까? 서비스의 가격이 그리스도의 사랑을 반영하고, 전문 직업인들이 공언하는 관점들이 하나님께 영광을 돌린다면 어떨까?

걸림돌 뛰어넘기

공동체의 삶은 법률 분야에서 그리스도를 섬기는 데 방해가 되는 걸림돌을 넘어뜨릴 수 있어야 한다.

공동체와 통상적 종교

로스쿨에 자리를 두고 있는 그리스도인 공동체는 세상에 큰 변화를 가져올 수 있다. 동료들과 함께 받는 로스쿨 교육은 비록 도전적이긴 하지만 좋은 추억으로 되돌아볼 수 있는 즐거운 것이다. 다른 한편으로, 로스쿨 그 자체만으로는 아무 도움도 없이 절체절명의 임무를 완수하기 위해 운명의 산을 터벅터벅 오르는 것과 같다. 기독 법조회 모임에 참가하지 않았다면, 로스쿨을 절대 마치지 못했을 것이라고 말한 학생들을 알고 있다. 로스쿨 안에 있는 소그룹들은 법과 책임에 대한 온전한 관점을 제공하며, 임금님이 벌거벗었다는 사실을 상기해 준다.

게다가 로스쿨은 시간상으로나 관심사로 볼 때 호프만, 토크빌, 버만, 교황의 회칙, 아퀴나스, 후커 및 다른 통상적 요주의 인물들을 파고들기에 가장 좋은 때다(학생들이여, 내

> **귀한 특권**
>
> 당신은 다행히 '소명'에 대해 말하는 교회에 출석하고 있을지도 모른다. 하지만 당신이나 당신 동료가 그런 교회에 출석을 하든 안하든, 서로의 세계를 알고 서로의 가치관을 공유하며 성경의 원리를 직장 문제에 적용하도록 서로 도와줄 또래 그룹에 참여하는 것은 귀한 특권이다.
>
> Doug Sherman and William Hendricks, *Your Work Matters to God*

말을 믿으라. 법률가들이여, 내 말이 무슨 뜻인지 알 것이다). 로스쿨에서 우리는 학문 탐구 상태이며, 총괄적 교육을 받는 중이다. 곁들여 다른 공부에 시간을 할애하는 것은 굉장히 큰 희생을 요하겠지만, 개업을 하고 인기를 얻어 의뢰인들이 계속 전화를 걸어 대고, 배우자와 자녀들까지 돌봐야 하는 때보다야 훨씬 쉽다. 또한 로스쿨은 책임을 가지고 공부한다는 측면에서 이와 같은 보충적 연구를 할 수 있는 좋은 기회이며 지역 교회 안에서 신학자, 목사, 그 밖에 여러 자료를 갖고 우리를 도울 수 있는 지식이 많은 사람들과 함께한다면 더욱 유익할 것이다. (9장에서는 이러한 그룹들에 대해 몇 가지 실질적인 논의를 할 것이다.)

많은 법학도들은 로스쿨에 다니는 동안에는 지역 교회 모임이 그리 중요하지 않다고 생각한다. 이것은 큰 거짓말에서 나오는 많은 작은 거짓말 중 하나일 뿐이다. 큰 거짓말이란, **로스쿨에 다니는 지금보다 더 바쁜 때는 절대 없으리라**는 것이다. 로스쿨 시절은 스트레스가 많고 분주한 때지만, 법률 실무와 인생 역시 마찬가지다. 우리는 어쩔 수 없는 분주함에 익숙해져야 한다. 공식 교육을 받는 동안 우선순위를 잘 정해서 졸업 후에도 지킬 만한 습관을 만들어야 하는 것이다. 교회 지도자들과 관계를 맺는 것은 우리에게 큰 자원이며 그들에게도 큰 도움이 된다(3장을 보라). 지도자들과 교류하라. 당신이 소명과 학문에 대해 어떻게

생각하는지 그들에게 알려 주라. 법학도들은 의지적으로 어느 한 교회에 속해야 한다. 무명으로 출석만 해서는 안 된다. 로스쿨 학생들은 교회의 내부 사역(성가대, 주일학교 교사, 청년부 프로그램 돕기)과 외부 사역(환우 심방, 보호소 및 무료 급식소 봉사, 기독교 법률 구조 단체 봉사)에 참여해야 한다.

공동체, 지역 교회, 소명

그리스도의 몸에 속한 우리가 '일요일 공동체'를 월요일부터 토요일까지의 삶과 연관할 수 있는 방법을 서로 생각해 보도록 돕는다면, 분명 세상을 바꿀 수 있으리라.

미니애폴리스에 있는 우드데일 교회(Wooddale Church)는 미국 전역의 몇몇 교회와 마찬가지로 '일터 교회'(HCAW: His Church at Work)라는 사역의 회원 교회가 되었다. 교인들이 그리스도인의 소명과 일상 업무가 지닌 광대한 의미를 깨달을 수 있도록 돕기 위해서다. 담임목사 리스 앤더슨(Leith Anderson)은 최근 오로지 이 문제에만 집중하는 설교 시리즈를 준비하면서, 일상 업무에 관해 교인들이 느끼는 일반적인 갈등과 바람을 묻는 설문지를 보냈다. 그는 교인들 대부분이 자신의 신앙과 직업을 통합하고자 하지만, 과연 자신들이 그렇게 할 수 있을지 확신하지 못하고 있음을 알게 되었다.

목사와 교인 간에 이러한 의견 교환을 하는 것은 두 번째 걸림돌(소명을 가르치거나 법률직에서 그리스도인답게 섬기도록 촉진하는 공동체를 세우지 못하는 지역 교회)을 극복하는 주요 단계다. 앤더슨 목사는 교인들의 문제를 듣고 나서, 강단에서 그의 양떼를 교훈했다. 하지만 우드데일 모델은 한걸음 더 나아간다. 그들은 일과 관련된 문제만을 다루는 웹사이트 '우드데일 직장 사역'(Wooddale at Work)을 운영하고 있다. 웹사이트에는 자료 목록, 토론란, 소그룹 목록이 있으며, 가장 중요한 것은 '이 교회는 일상 업무가 그리스도인의 행함에 있어 의미 있는 것임을 알고 있다'는 분명한 표현이 담겨 있다는 사실이다. 우드데일 직장생활 사역

(WorkLife Ministry)을 맡고 있는 한 목사와 이야기를 나눌 때, 그는 내게 이렇게 말했다. "우리는 사람들에게 그들의 **삶에서 탈출해** '사역을 하라고' 부르지 않습니다. 우리는 당신의 **삶 속에서** 당신을 훈련시키고자 합니다. 그 훈련은 당신이 해야만 하는 일을 하고 있는 바로 그 현장에서 사역을 하는 것입니다." 이것이 바로 진정한 소명적 사고다. 여기 미국 교회에 꼭 필요한!32)

우드데일의 '일터 교회'는 직장생활 사역의 전문적 요소들을 많이 따왔는데, 그 교회의 특징 중 하나가 날마다 보내는 '직장생활 교훈'이라는 이메일이다. 그 이메일에는 일상적인 직장생활의 한 측면에 대한 짧은 묵상, 몇 가지 토론 문제 그리고 기도문이 들어 있다. 교인들과 웹사이트 방문자들은 무료로 제공되는 그 서비스를 신청할 수 있다. 우드데일 교회의 성도인 한 젊은 아버지는, 자신은 바빠서 일과 관련된 주제에 대한 주말 수련회에 참석하거나 신앙과 업무를 통합하는 것에 대한 글을 많이 읽을 수는 없지만, 그 이메일이 도착하면 몇 분간 일손을 멈추고 잠시 기도하며 당면한 주제를 살펴보았다고 말했다. 이렇게 그는 자신이 그리스도의 몸과 관계 맺고서 소명에 따라 살기 위해 애쓰고 있다고 느낀다.

이같이 지역 교회가 주축이 된 사역은, 지역 교회에서 소명적 사고를 회복할 필요성을 분명히 말한다. 지역 교회라는 공동체는 실제로 소명에 관해 뭔가 할 수 있다.

설사 교회가 소명 문제를 별로 심각하지 않게 생각한다 해도, 우리는 법률가들과 다른 전문 직업인들의 필요에 대해 목사를 교육시킬 기회를 찾아야 한다. 어떠한 교리적 가르침이 유용할까? 교회는 우리가 하는 일에 대해 어떤 도움을 제공해 줄 수 있을까? 그리고 우리는 교회가 전임 사역으로 이웃을 섬기고 사랑하는 것에 대해 생각할 때 어떤 도움을 줄 수 있을까?

마지막으로, 부르심, 일, 교회에 대해 법률가가 아닌 그리스도의 지체들과 의도적으로 대화를 나누려 할 때, 어떤 축복을 얻을 수 있는가 하는 것은 실제로 대화를 시도해 보면 비로소 알 수 있는 부분이다. 의사, 건축가, 교사, 배관공, 주부, 농부 등 다른 사람들이 법률가들에게 법률가의 직무에 대해 가르칠 수 있다. 특히 목사들은 우리 법률가들이 혼자서는 얻기 어려운 성경의 영적 통찰에 대해 알려 주고, 우리가 잘 알지 못하는 자료들을 소개해 줄 것이다. 그리고 우리는 종종 법률 실무 영역 밖에도 사람들이 있다는 것을 잊어버리고 뜬구름 속에서 살기 때문에, 우리의 의뢰인이나 동료가 될 가능성이 희박한 사람들과 교제를 나누는 것이 도움이 된다. 아마도 형사 사건 변호사가 최고 경영자와 기도를 하거나, 회사 법률 고문으로 일하는 사람이 교회에서 자신의 앞줄에 앉았던 육체노동자와 예배 후 점심을 함께하는 것도 그리 나쁘지 않을 것이다.

간단히 말해, 지역 교회는 진정 교회 안에서 교회를 통해 법률가로서 하나님을 사랑하는 법을 배우는 공동체가 될 수 있다.

공동체와 법률가의 지성 생활

공동체가 신실한 사색가를 낳는 일차 기폭제임은 말할 필요도 없다. 우리는 제자로서 다른 제자와 함께 배운다. 우리는 함께 배워 나가는 제자 집단의 안전한 경계선 안에서 들은 것을 실천한다. 우리는 서로 (그리고 선생과 함께) 질문과 문제를 주고받는다. 그러면서 우리의 분석력과 기술을 갈고닦는다. 그럴 때 그리스도의 몸에 속한 지체들의 다양성이 중심에 있다는 사실은 종종 잊혀진다. 누군가가 전파하지 않는다면 우리가 어떻게 들을 수 있는가? 형제자매가 성경을 번역하고 우리에게 헬라어와 히브리어를 가르쳐 주지 않는다면 우리가 어떻게 성경을 읽는가? 성경을 보존하는 사람, 필사하는 사람, 고고학자, 교리의 수호자들이 없으면 성경이 어떻게 알려질 수 있는가? 광범위한 범위에 걸쳐 다양하고, 연대적으로도 차이가 있으며, 놀라울 정도로 사방에 흩어져 있는 그리스도의 몸된 지체들과 함께하는 것은 신앙의 가장 기초적인 입문 단계에서도 필수적인 것이다.

이 모든 것이 사실이라면, 소명, 교회와 국가의 관계, 인간의 본성, 사회의 정치 제도 등 더 복잡한 문제들의 경우는 어떤가? 우리는 공동체 안에서 공동체로부터 이러한 문제를 추구한다. 우리는 **자신도 모르게** 바울, 이레나이우스, 아우구스티누스, 아퀴나스, 루터가 이루어 놓은 과업에 의존하고 있으며, 지금 여기에서 어떻게 해야 하는지를 다른 사람들로부터 배운다.

성경 진리를 법률 실무를 통해 접하게 되는 많은 사상과 제도와 사람들에게 적용하려 할 때, 우리는 신학자, 철학자, 임금 노동자, 회사 중역, 선교사, 법률가, 목사들로부터 배울 필요가 있다.

결론

이번 장을 맺으며 공동체와 관련된 한 가지 최종 문제를 제기하고자 한다. 중년쯤 되면 법률가로서의 경험과 지혜도 쌓이고 재정적으로도 안정되며 성숙해지기 때문에, 법률가라는 직업이 지니는 더 중대하고 더 곤란한 문제들을 성찰하고 다른 사람들에게 가르치는 입장에 놓이게 된다. 간단히 말해, 가르치는 입장에 놓이게 될 그 사람은 공동체에 투자할 그리고 신실한 법률가의 유산에 기여할 경험과 자원을 소유해야 한다.[33] 신실한 법률가들은 어디에 있는가? 자신의 의무를 다해 왔으며, 다른 사람들이 법률직의 삶을 신실하게 살도록 가르칠 준비가 되어 있는 그리스도인은 어디에 있는가?

공동체에 대한 헌신은 중요하다. 우리는 공동체에 대한 헌신이 통일성에 대한 헌신과 걸림돌의 핵심에 있는 문제들을 관통하는 끈이라는 것을 보았다. 통합의 핵심에 있는 세 번째이자 마지막 헌신을 논할 때, 통일성과 공동체를 묶는 끈을 덧붙여 보게 될 것이다.

■ 더 깊은 생각을 위해

1. 당신이 갈등하는 문제를 다른 그리스도인 법률가들과 나누는 것은 어떻게 도움이 될까? 이번 주에 신앙에 대해 나눌 만한 다른 그리스도인 법률가와 점심을 함께 할 계획을 세워 보라.

2. 당신의 삶에서 지역 교회의 역할은 무엇인가? 하나님은 당신이 지닌 법과 관련된 은사와 재능을 다른 신자들을 섬기는 일에 어떻게 사용하고 계시는가?

3. 당신은 날마다 하는 일에서 자신이 외톨이라고 느낀 적이 있는가? 이러한 느낌은 보통 좋은 것인가, 나쁜 것인가? 기독교 공동체에 좀더 정기적으로 참석할 수 있을 만한 방법들을 생각해 보라. 그리고 기독교 공동체에 참여하는 일이 당신의 일에 어떤 영향을 끼칠지 한번 생각해 보라.

4. 당신은 멘토, 격려자 혹은 친구로서, 다른 사람들이 일상 업무에서 하나님을 추구하도록 적극적으로 돕고 있는가? 더 의식적으로 그 일을 할 수 있는 방법을 몇 가지 생각해 보고, 그것에 대해 당신의 교회 목사와 한번 이야기해 보라.

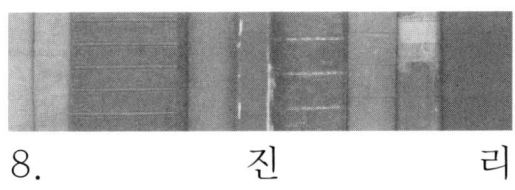

8. 진 리

제자도
진리: 분별할 수 있고, 밖으로부터 오며, 기준이 되는
걸림돌을 뛰어넘음

역사상 가장 유명한 재판이 거의 절정에 이르렀을 때, 판사가 피고인에게 질문을 던졌다. "진리가 무엇인가?" 대답은 듣지 못했지만 예수님이 결백하다는 것을 알고서도, 본디오 빌라도는 어쨌든 예수님을 죽이는 것을 허용했다. 정치적으로 자신을 구원하기 위해서였다. '진리가 무엇인가?'라는 이 질문에서 질문자가 피고인에게 보여 주는 심각한 아이러니를 생각해 보라. 진리 자체이신 분이 빌라도 앞에 서 있다. 그리고 진리는 그가 결백하다는 것이었다. 하지만 빌라도는 자신의 권세를 보존하기 위해 진리를 알면서도 무시했다. 동시에 그리스도를 고소한 자들은 자신들의 권력을 행사하기 위해 진리를 왜곡했다. 진리 자체이신 분이 현실적인 권력을 넘어서는 진리 같은 건 없다는 듯 행동한 사람들에게 처형당하신 것이다.[1]

이 장면은 진리에 대한 헌신의 범위와 필연성, 둘 다를 보여 준다. 어떤 의미에서 진리에 대한 충성은 본질적으로 진리이신 예수 그리스도에 대한 충성이다. 하나님은 진리이시며, 그분을 떠나서는 진리가 있을 수 없다. 이런 의미에서, 다

른 모든 '진리들'(truths)은 유일한 진리(the one Truth)이신 분과 결합되어 있다. 하지만 이 사실에서 알 수 있는 것은, 어떤 의미에서 진리에 대한 헌신은 우리 자신 바깥에 어떤 실재가 존재함을 인식하는 것 그리고 그 실재를 발견하고 거기에 부합해 살려고 애쓰는 것이다. 우리는 존재하지도 않는 어떤 것보다 실재와 조화를 이루어 살고 믿고 생각하고 행동하고 싶어한다.[2] 유죄나 무죄, 인간의 본성, 우주의 기원, 보편적인 도덕법의 존재에 대한 참 명제와 거짓 명제들이 있다. 또한 참되고 거짓된 이야기들과 참되거나 거짓된 형상들이 있다.

진리의 두 의미―한 인격으로서의 진리와 실재에 부합하는 것으로서의 진리―모두에서 진리에 충성하는 것은 통합된 삶의 중심이다. 우리를 부르시는 분께 소명을 받는 것 그리고 무엇보다 그분께 헌신하는 것은 신실한 행위의 핵심이며, 가장 넓은 의미에서 그분의 뜻―실재를 규정하는 기준―에 충성하는 것은 신실한 삶에 절대적으로 필요한 규칙이다. 통합된 삶은 진리에 대한 이런 다각적인 헌신에서 나온다. 우리는 진리이신 분 안에서 진리를 추구하며, 우리와 세상을 다스리는 기준이 될 진리를 추구한다. 여기서 진리란 하나님의 뜻, 즉 인간 역사에 나타난 그분의 계획이라는 진리다. 우리의 충성, 즉 헌신은 중요하다. 그리고 이 헌신의 여부에 따라 통합된 삶 혹은 통합되지 않는 삶이 나온다.

이번 장에서는 진리에 대한 헌신에 무엇이 수반되는지 살펴보겠다. 먼저 제자도, 곧 진리이신 분에 대한 헌신이 통합된 삶을 추구하는 데 핵심임을 말하고자 한다. 제자도의 핵심은 내가 투명성이라고 부를 진실한 자기반성 혹은 '속사람의 진실함'이다. 둘째로, 통합성을 지니려면 실재(reality)를 측정하는 포괄적인 기준을 인식해야 한다. 기독교적 세계관의 전통적 틀이 통합성을 추구하는 데 법률가들에게 도움이 됨을 이야기하고자 한다. 제자도와 세계관 둘 다를 논한 후에는, 법률가들이 걸림돌을 극복하는 데 이 두 가지가 구체적으로 어떻게 도움이 되는지 강조하도록 하겠다.

제자도

통합된 삶은 "만물이 그 안에 함께 선"(골 1:17) 분의 제자가 되는 것을 의미한다. 우주 자체는 그리스도가 없으면 안에서부터 파괴될 것이며 우리의 모든 호흡, 우리의 존재 자체가 그분께 달려 있다. 그리스도가 없으면 해체될 수밖에 없는 우리 삶이 "그리스도와 함께 서도록" 하려면, 얼마나 더 그리스도께 매달려야 하겠는가? 그리스도는 자신을 "길이요 진리요 생명"(요 14:6)이라고 부르셨다. 그분을 아는 것은 아버지를 아는 것이며, 그분 안에는 아버지께로 갈 수 있는 길이 있고, 그분을 통해 진리를 알고 경험하게 된다. 그리스도께 대한 충성은 다른 모든 헌신을 규정하는 헌신이다.

진리에 헌신한 삶의 토대는 성육신하신 하나님의 말씀과 그분을 계시하는 기록된 말씀인 성경에 순종하는 것이다. "너희가 내 말에 거하면 참으로 내 제자가 되고 진리를 알지니 진리가 너희를 자유롭게 하리라"(요 8:31-32). 그러므로 진리에 대한 헌신은 하나의 삶의 방식이며, 그 삶의 방식을 제자도라 말할 수 있다.

제자란 학생, 배우는 자, 선생의 생도다. 그러므로 통합된 삶은 선생이신 그리스도 앞에 학생으로 사는 삶이다. 학생들은 무엇을 하는가? 우선 그들은 부지런히 교사의 말을 듣는다. "너희가 내 말에 거하면 참으로 내 제자가 되고." 제자는 들은 후에 행한다. 순종하는 것이다. 반석 위에 집을 짓는 사람은 그리스도의 말을 듣고 **"행하는 자"**(마 7:24, 저자 강조)이다. 역으로, 모래 위에 집을 짓는 사람, 곧 결국 집이 붕괴되고 마는 사람은, 듣지만 "행하지 아니하는"(마 7:26) 자다. 통합은 그리스도께 대한 순종 없이는 불가능하다.

학생은 다른 학생들과 공동체를 이룬다. 예수님이 한 명의 학생을 택하지 않고 열두 명의 집단, 곧 한 교실을 가득 채울 사람들을 택한 것은 우연이 아니다. 몇 명만 따로 놓고 고급반 강좌를 할 때도 토론은 할 수 있을 정도였다. 학생이 세 명(베드로, 야고보, 요한—역주)은 되었던 것이다. 이 '강의실'이 그리스도의 몸 구조의 일부다.

마지막으로, 학생들은 선생을 따라한다. 도를 배우기 위해 그 선생이 하는 대로 하는 것이다. 그리스도인 학생들은 선생이신 예수님의 가르침을 이해하기 위해 실천한다.

간단히 말해 제자도, 즉 선생이신 그리스도께 대한 이론적·실제적 순종은 세상에서의 경건 생활과 순종을 잘 혼합한 것이다. 나는 경건주의와 경건한 습관을 지성의 삶 혹은 매일의 삶에서 믿음으로 행하는 것보다 더 중요하게 여기는 것을 적극 반대했지만, 그럼에도 그리스도께 헌신하는 경건 생활은 통합된 삶과 성장에 필수적이다. 진리에 대한 헌신은 진리이신 분의 임재 안에 **존재하는 것**과 **행하는 것** 둘 다를 포함한다.

나는 계속해서 기본적인 제자도를 논할 수 있지만, 제자도라는 주제에 대해 많은 탁월한 책들이 이미 나와 있다. 사실상 본서는 법률가 제자에 대한 묵상이라고 볼 수도 있다. 하지만 요점은 제자도의 일반적인 내용을 충분히 개진하려는 것이 아니라, 단지 제자도가 헌신의 중심이라는 기본 진리를 반복하려는 것이다. 제자도 없이 법에서의 통합은 불가능하다.

하지만 제자의 삶에서 종종 무시되는 한 가지 문제가 있다. 나는 그것이 법률가와 로스쿨 학생들에게 대단히 중대한 문제라 믿는다. 그것은 자기기만이라는 문제다. 내 경험에 따르면, 우리가 법률 분야에서 진리를 추구할 때 가장 어려운 점은, 우리 자신에게 진실하고자 하는 격렬한 싸움을 해 나가는 것이다.

투명성

어떤 면에서 개인의 투명성(transparency)은, 다른 헌신들을 제대로 하게 하는 특성이다. 다시 말해 통합되지 않도록 하는 가장 쉬운 방법은, 우리 자신에 대한 진실을 우리 자신에게 말하지 않는 것이다. 성경이 창세기에서 요한계시록까지

줄곧 보여 주듯이, 인간이 자신을 기만하는 능력은 무한하다. 통합된 삶을 살려면, 진리를 속사람에게 적용함으로써 진리의 터 위에 서야 한다. 시편 기자는 문제의 본질과 그 해결책을 파악했다.

> 무릇 나는 내 죄과를 아오니
>   내 죄가 항상 내 앞에 있나이다.
> 내가 주께만 범죄하여
>   주의 목전에 악을 행하였사오니
> 주께서 말씀하실 때에 의로우시다 하고
>   주께서 심판하실 때 순전하시다 하리이다.
> 내가 죄악 중에서 출생하였음이여
>   어머니가 죄 중에서 나를 잉태하였나이다.
> 보소서 주께서는 중심이 진실함을 원하시오니
>   내게 지혜를 은밀히 가르치시리이다(시 51:3-6).

자신이 걷는 길에 대해 정직하고 자기 죄를 깨닫는 그리스도인들은, 그 죄들을 하나님의 진리와 은혜의 빛에 드러내어 놓고 고백할 수 있다.

스크루테이프와 '고백하지 않은 죄'에 대한 희미한 불편함

멘토 악마 스크루테이프가 조카인 신참 악마 웜우드에게 보낸 편지의 '기록'인 「스크루테이프의 편지」(*The Screwtape Letters*, 홍성사)에서 저자 C. S. 루이스는 '우리의 범죄를 알고' 우리 죄를 '언제나 우리 앞에 두는' 것으로 인한 괴로움을 설명한다. 스크루테이프는 웜우드에게 하는 조언을 통해서, 인간이 하나님 앞에서 정기적으로 기도하며 솔직하게 회개하지 않고는 하나님께 스스로 마음을 열고 싶지 않을 것이라는 점을 상기시킨다. 스크루테이프는 그리스도인이 '죄를 충분히 인정하는 솔직한 회개'를 하려 애쓰기보다, '요즘 별로 잘하지 못하고 있다는 막연한 느낌'을 갖게 하는 것이 훨씬 낫다는(선임 악마의 관점에서 볼 때!) 것을 안다. 스크루테이프는 이러한 죄책에 대한 '막연한 느낌'이 주는 유익(우리를 시험하는 자들에게 주는 유익)을 논한다.

> 이러한 희미한 불편함은 주의 깊게 다뤄야 한다. 그런 느낌이 너무 강해지면 그를 일깨워 게임 전체를 망쳐 버리지. 한편, 그 느낌을 완전히 눌러 버리면—그런데 아마 적[하나님]은 너희가 그렇게 하도록 놔두지 않을 거다—우리에게 유리하게 이용할 만한 요소를 잃어버린다. 그런 느낌이 살아나게 하되 걷잡을 수 없이 되어 진정한 회개를 하게만 하지 않는다면, 한 가지 매우 중요한 특성을 갖게 된단다. 그 사람이 우리의 적인 하나님에 대해 별로 생각하고 싶지 않은 마음이 커지게 만들지. 모든 인간은 거의 언제나, 어느 정도, 그런 마음을 갖고 있단다. 하지만 하나님을 생각할 때 거의 무의식적이고도 막연한 죄책감의 구름에 직면하고 그 구름이 커지게 된다면, 하나님을 생각하고 싶지 않은 마음이 열 배는 더 커질 게다.[3)]

한편 우리는, 하나님께 우리의 죄를 솔직하게 고백하지 못하는 것의 어리석음을 인정해야 한다. 다른 한편으로 우리는, '은밀한' 죄를 숨기는 습관을 갖고 있다. 하나님 앞에 은밀한 죄를 지을 수 있다고 생각하는 것 자체가 우스꽝스러운 일이다. 마치 우리가 말하지 않으면 하나님이 모르실 것이라고 생각하려 한다! 이것이 우리의 습관이다. 사도 요한은 이것에 대해 말한다. "만일 우리가 죄가 없다고 말하면 스스로 속이고 또 진리가 우리 속에 있지 아니할 것이요. 만일 우리가 우리 죄를 자백하면 그는 미쁘시고 의로우사 우리 죄를 사하시며 우리를 모든 불의에서 깨끗하게 하실 것이요"(요일 1:8-9).

고백(confession)이란 모든 것을 똑똑히 보이게 하고, 모든 것을 빛 가운데 드러내어 하나님이—그리고 우리가—그것을 보도록 하는 것이다. 하나님은 그것을 죄라고 부르신다. 우리는 그것을 죄라고 부른다. 죄가 있는 그대로 빛 가운데 드러나면 그것은 사라진다. 그런데 우리는 종종 죄를 붙잡고 그것을 어둠 속, 잘 보이지 않는 곳에 놓고는 그것을 있는 그대로 부르기를 거부한다. 그리고 우리의 문제는 거기서 시작된다. 우리는 죄를 고백하기보다는 거짓말을 하고, 죄가 거기 없다고 스스로에게 말한다. 우리는 깨달은 죄를 고백하는 대신, 스크루테이프가 조장하는 대로 '요즘은 별로 잘하지 못했다'는 막연한 불편함만 느끼게 된다.

나는 내 삶 속에서도 이러한 경향을 매우 분명히 인식한다. 또한 이로 유추해 볼 때 법률가의 일에서도 이러한 경향을 적용할 수 있을 것이다. '막연한 죄책'을 통해 하나님과 멀어지게 만드는 이러한 유혹은, 법률 실무와 깊은 관계가 있다. 나는 우리 법률가들이 법에 관하여, 우리가 품고 있는 다양한 불안에 대해, 자신을 매우 능숙하게 속인다는 사실을 발견했다. 그 불안은 법률직 안에서의 우리의 삶이 하나님 앞에 '바로 서 있지 않다'고 거의 누구나 느끼도록 한다. 스크루테이프가 말하듯, 이것은 우리의 직업적 삶을 하나님의 빛 앞에 드러내지 못하게 하고, 우리가 법률직의 삶에 관해 하나님의 교훈을 생각하는 것을 막연히 꺼리게 한다. 스크루테이프는 아마 이렇게 요약할 것이다. 법률가가 법률 실무에서 하나님의 임재와 목적을 묵상할 때 거의 무의식적인 죄책감의 막연한 구름에 직면하게 된다면, 법률가는 그런 묵상을 피하리라고.

내 경험에서 보자면 이러한 무의식적인 죄책감이 생겨나는 영역들이 상당히 많이 있다.

의뢰인 대리. 법률가는 어떤 종류의 사건을 맡거나 의뢰인을 대리하는 것이 의(義), 곧 진리임을 확신하지 못하는 가운데 자신의 의뢰인을 대리하거나 사건을 맡는 경우가 많다. 우리는 이 영역에서 허용되는 것과 허용되지 않는 것이 무엇인지에 대해 분별력과 성경의 권고, 지혜로운 조언과 기도로써 결정하기보다는 기도하기 전에 서둘러 결론을 내린다. 그리고 하나님 앞에서는 우리가 그런 의뢰인을 대리하려 한 것이 아니었던 것처럼 가장한다. 이렇게 되면 당연히 사건의 세부적인 것들을 놓고 기도하거나, 적어도 그 사건에서의 성공이나 실패를 하나님께 맡기는 일은 상당히 어려워진다. 우리가 반드시 그 사건을 맡지 말았어야 한다는 것은 아니다. 문제는 우리의 염려를 밝히 드러내지 못한다는 것이다. 이런 경우는 대부분, 우리가 일반적으로 다루는 영역에 관한 것이 아니다. 보통 문제를 일으키는 것은 얼떨결에 주어지는 요청, 우리의 전문 분야 외의 사건들, 혹은 문제를 일으킬 수 있는 윤리적으로 '특이한'(different) 사건들이다. 요점은 더 많은 의뢰인을 거절해야 한다는 것이 아니라, 하나님 앞에서 거짓말을 하지 않고 가장하지도 않기로 다짐해야 한다는 것이다. 이렇게 하려면 처음부터 우리의 불안을 하나님과 자신에게 말하고 올바른 일을 하여, 의뢰인을 대리하는 일 전체가 빛 가운데서 이루어지도록 해야 한다.

윤리적 결정들. 때로 우리는, 우리가 잘못된 일을 하고 있음이 밝혀질까 우려하는 마음에, 어떤 행동이 윤리적인 것인지 조사해 보는 것조차 두려워한다. 우리는 마음속에 '묻지도 말고 말하지도 말자'는 정책을 갖고 있다. 우리는 아무런 저지도 받지 않고 서서히 전진해 나가며, 그러고 나서는 옳은 일을 하는 체하느라 많은 시간과 에너지를 들인다. 물론 그렇게 가장하고 있기 때문에, 우리는 하나님이 관여하는 것을 원치 않는다. 또한 우리 행동이 반드시 비윤리적인 것도 아니다. 단지 '그것을 감춰 놓기를' 더 좋아하는 것뿐이다.

'제도' 뒤에 숨기. 나는 하나님 앞에서 자신들의 직업 자체에 대해 '막연한 불편함'을 느끼는 **수많은** 그리스도인 법률가들이 있다고 생각한다. 이것은 앞에서 어느 정도 상세히 논한 바 있다. 하지만 그것을 여기에서 다시 반복할 수 있을 것이다. 그들은 '굳어진 제도'라는 말로 의뢰인들이 요구하는 모든 것을 정당화하며, '제도'보다 더 심오한 어떤 것도 깊이 생각하지 않는다. 물론 믿을 만한 제도를 신뢰할 필요가 있다는 것은, 어느 정도 사실이다(10장을 보라). 하지만 하나님 앞에서 평생 하는 일을 그 말로 완전히 정당화하는 것은 일종의 도피다. 제도에 도덕적 권위를 전부 부여해 버린 결과, 많은 법률가들은 그들의 일에 대해 죄책감과 불편함을 느낀다. 그러나 법률직을 수행하며 겪는 위와 같은 번민을 꺼내 놓지 않은 채 하나님께 나아갈 수 있게 해주는 방법은 있을 수가 없다.

시간과 청구서를 속임. 다른 사람들이 다 그렇게 한다는 이유로 상담 시간을 과장해 말하거나 청구서를 부풀려 작성한다면, 청구서 문제를 하나님 앞에 가져가기를 꺼리게 되는 것이 당연하다. 이와 비슷한 변명은 당장 '지불해야 할 것을 지불하기 위해' 사건을 맡는다는 자기기만이다. 즉, 나중에 사건을 골라가며 맡을 수 있을 정도로 재정이 안정될 때까지만 그렇게 한다는 것이다.

요점은, 우리의 행동을 하나님께 맡김으로써 법률 관련 활동을 진리에 비추어 검토하는 데 번번이 실패한다는 것이다. 기이한 것은, 심지어 우리의 행동이 도덕적으로 정당화될 때도 종종 그렇다는 것이다. 우리는 그저 주님께 우리의 불안을 표현하는 것을 두려워한다. 스크루테이프라면 우리가 그것을 내키지 않아 한다고 말할 것이다. 우리는 아무런 불안감이 없는 척하거나, 직업상의 일을 진리의 빛에 내어 놓을 필요가 없는 척함으로써, 계속 자기기만의 분위기를 이어 간다. 그런 분위기는 또한 막연한 죄책감의 구름 속으로 우리를 이끈다. 이러한 희미한 불편함은, 하나님을 법과 법률 실무에 대한 우리의 생각에서 더 배제하기에 스크루테이프가 기뻐할 만한 일이다.

죄책감으로 인한 불편함과 자기기만에 대한 해결책은 일상에서 법률에 관한 모든 결정을 내릴 때마다 제자로서 행하는 것이다. 우리가 대리하는 의뢰인들, 우리가 행하는 실무 분야의 성경적 기초, 우리 논지의 요지, 청구서를 보내는 방식 이 모든 것이 진리의 빛에 드러나야 한다. 통합된 삶을 살려면, 우리 자신과 법률 실무에 대한 진실을 스스로에게 말하고, 그리하여 내부의 어둠을 빛에 드러나게 해야 한다.

진실됨과 비극. 스탠리 하우어워스(Stanley Hauerwas)는 알버트 스피어(Albert Speer)의 자서전, 「독일 제3제국 내에서」(*Inside the Third Reich*)에 대한 논의에서 자

> **자기를 기만하는 핍**(Pip; 소설 『위대한 유산』의 등장 인물 – 편집자 주)
>
> 다른 모든 사기꾼은 자신을 속이는 사기꾼에 비하면 아무것도 아니다. 그리고 나는 그런 거짓으로 자신을 속였다. 분명 이상한 일이다. 내가 잘 모르고서 다른 누군가가 만든 불량 은화를 취하는 건 충분히 있을 수 있다. 하지만 내가 만든 가짜 동전임을 알면서도 우량한 돈으로 여기는 건! 예의 바른 한 이방인이 안전을 위해 나의 지폐를 작게 접는다는 평계로, 지폐를 빼내고 내게 껍데기만 준다. 하지만 그의 재빠른 손놀림은 나에 비하면 아무것도 아니다. 난 내 껍데기를 접어서 지폐처럼 나에게 건넨다!
>
> 찰스 디킨스, 『위대한 유산』(Great Expectations, 혜원출판사)

기기만, 소명, 직업적 정체성이라는 주제를 결합한다.[4] '히틀러의 설계자'로 알려진 스피어는 한때 나치 독일에서 2인자의 위치에 올랐던 행정의 달인이었다. 그는 군비 장관으로서 히틀러의 군대를 위한 하드웨어를 제공했다. 스피어는 정치를 싫어했으며 국가 사회주의 애호가도 아니었다. 스피어의 자서전과 다른 역사적 기록들을 보면, 그가 나치즘의 악에 말려든 것은 직업적 정체성 때문이었다. 스피어가 수백만 명을 살해하는 일에 관여하면서도 도덕적 불감증을 갖도록 촉매 역할을 한 것은 설계자로서의 야심이었다. "스피어가 '자신은 정치에 무관심한, 히틀러의 설계자일 뿐'이라는 꾸며낸 말에 집착할 때, 그의 자기기만은 자신의 정체성과 상호관계가 있었다."[5]

하우어워스는 스피어에게 진지함도, 통합성도 없었다고 결론내린다. 그리고 존재하지 않았던 것은 바로 그의 실체였다. 스피어는 자신이 누구이며, 자신이 다스렸던 정치 영역에서 무슨 일이 일어나고 있었는지에 대한 진실을 스스로에게 말하기를 거부했다. 흥미롭게도, 스피어는 '제도'라는 말을 법률가들이 사용하듯 사용한다. 즉, "제도밖에는 도덕적 근거가 없었다"는 것이다. 그래서 스피어를 스피어 자신이 스스로 부과한 기만에서 구해 줄 외부의 나침반이 없었다. 기만이 소명에 대한 것일 때, 기만에 빠질 기회는 더 커진다고 하우어워스는 주장한다. 자신의 소명에 대한 기만에 통합된 사람들은 잘못이 더 큰 선을 위한 것이었다고, 스스로를 기꺼이 합리화하고 싶어하거나, 그들이 더욱 큰 위험을 감수했기에 잘못을 합리화할 수 있다는 유혹을 받을 수 있기 때문이다. 우리는 우리의 정체성에 통일성, 곧 일관성을 확립할 필요가 있고, 그러므로 우리가 누구인지에 대해 '꾸며낸 이야기'를 사실로 만들기 위해 우리 자신을 기만할 수도 있을 것이다.

알버트 스피어의 끔찍한 삶에는 우리가 다뤄 온 주제들이 결합되어 있다. 그는 초월적 규범이나 창조의 하나님 안에서 인격의 통일성을 발견할 수 없었다. 그래서 그를 통합한 거짓말은 바로 그가 속한 제도였다. 그는 거기에서 도덕적 중심부를 찾을 수가 없었기 때문에, 자신의 일에 몰두했다. 그러면서 스피어는 자신의 마음속 불편한 느낌을 매우 다루기 어려운 것, 그가 가장하고 있던 거짓으로 통합된 자아와 매우 조화되지 않는 것으로 무시했다. 그는 주위의 악에 눈을 감음으로써 현실을 회피했다.

어디서 많이 듣던 말처럼 느껴지지 않기를 바란다. 하지만 많은 법률가들이 스피어와 마찬가지로 '제도'에 기초한 정체성, 즉 현실이라는 틀 안에 들어가 있다고 감히 추측해 본다. 그것이 우리의 경향이고, 우리는 모두 인간이다. 하우어워스는 이것을 다음과 같이 표현한다. "존재한다는 것은 자기기만에 뿌리를 내리는 것이다. 도덕적 과업에는 끊임없이 예의주시하는 것이 포함된다. 그런 경향이 어느 영역에 뿌리를 내리고 있는지 주의하는 것이다."[6] 이것은 진리에 대한 헌신을 아주 잘 요약한 말이다. 진리에 대한 헌신은 여러 면에서 그 밖의 우리의 모든 헌신을 결합한다.

진리: 분별할 수 있고, 밖으로부터 오며, 기준이 되는

우리는 진리에 대한 헌신이 고유하게 갖고 있는 질문을 아직 충분히 다루지 않았다. 우리가 맡은 사건들에 대한 진실, 우리의 법률 실무의 성경적 기초에 대한 진리, 혹은 윤리적 딜레마를 해결하는 올바른 방식에 대한 진리를 어떻게 아는가? 대답은 두 가지다. 하나는 앞 장에서 상세히 논의한 신자들의 공동체에서 볼 수 있다. 우리는 예배, 의례, 책임, 고백, 멘토링 관계, 토론, 과거의 지혜에 의존하는 것 등을 통해 날마다 법률 실무와 연구에서 마주치는 문제들에 대한 참된 해결책을 분별할 수 있다. 하지만 이러한 관계들을 맺을 때 몇 가지 기준을 따라야 하며, 법과 법률 실무에 대한 우리의 타락한 의견과 성향을 점검해야 한다. 우리는 외적 기준, 곧 분별할 수 있는 적절한 진리의 원천에 헌신해야 한다. 법률직에서 통합하는 삶을 살아갈 때 진리에 헌신해야 한다는 말은 또한 그런 의미다. 그리고 그것은 그리스도에 대한 충성과, 실재에 대한 일관된 이해에서 온다.

그리스도는 만물의 중심이시며 하나님의 계획은 역사를 하나로 통합하는 참된 이야기이므로, 우리는 모든 만물이 그렇듯, 우리 밖으로부터 와서, 우리의 믿음과 행동을 지도하는 진리에 지배를 받는다는 사실을 알고 있다. 우리는 이 기준을 그저 '진리' 혹은 하나님의 자기계시로 간단하게 설명할 수도 있을 것이다. 하지만 그것을 '세계관'이라고 부르는 것이 더 도움이 될 것이다. 우리가 처한 타락한 상태에서도 궁극적 진리를 알고 이해하며 그 진리를 삶의 모든 영역에 적용하려는 헌신을 나타내는 용어가 필요하기 때문이다. **세계관**이라는 용어는 이 점에서 유용하다. 작가 낸시 피어시가 말하듯, 건전한 세계관은 "세계를 효과적으로 항행(航行)하는 법을 알려 주는 정신적 지도다. 그것은 우리의 내적 삶에 하나님의 객관적 진리가 새겨지는 것"[7]이기 때문이다.

세계관

세계관은 "대략 실재에 대한 어떤 사람의 해석이며, 삶에 대한 기본적인 견해를 말한다."[8] 그것은 "의식적으로건 무의식적으로건, 우리가 믿는 모든 것을 배치하거나 끼워 넣는 그리고 그것으로 실재를 해석하고 평가하는 개념적 개요다."⁹⁾ 하지만 데이비드 너글(David Naugle)은 그리스도인들에게 그 용어가 지닌 "상대주의적이고 개인화된 함의"를 조심하라며 주의를 준다. 그는 특히 포스트모던 문화에서 **세계관**은 "개인적 이야기로 전락"할 수 있다고 경고한다. '**나의** 실재에 대한 **나의** 해석'과 같은 방식으로 상대주의적인 함의를 지닌다는 것이다. 반면에 철저한 기독교적 세계관은 본질적으로 순전히 개인적인 것이기보다는 성경적인 것이다.

> [성경에 기초한 기독교] '세계관'은 사람들의 마음을 우상숭배에서, 그리고 사탄적 기만과 죄로 인한 무지함에서 생겨난 거짓된 인생관에서 해방시키는 하나님의 은혜로운 구속을 포함한다. 그리고 예수 그리스도를 믿는 믿음으로써 하나님을 아는 지식에 이르게 하고 그분의 피조물 그리고 현실의 모든 측면에 대한 진실을 알 수 있게 해준다.¹⁰⁾

그렇다면 참된 기준에 대한 헌신에는 실재를 역사에 나타난 하나님의 행하심에 비추어 보는 것이 포함된다. 모든 이야기를 설명해 주는 이야기에 헌신하는 것이다.

창조, 타락, 구속

통합된 삶은 실재에 대한 일관된 이해를 전제한다. 그리고 그 실재는 하나님, 그리고 "그 기원과 계속 존재하고 있다는 면에서 하나님께 의지하고 있는 다른 모든 것"¹¹⁾이다. 세상은 "만물이 그 안에 함께 선"(골 1:17) 분이신 그리스도의 주권에 중심을 둔, 광범위한 성경 이야기 속에서만 의미를 지닌다. 태초에 그리스도에 의해 만물이 창조되었으며(골 1:16), 하나님은 그리스도를 통해 우리가 하나님과 화목하게 되는 것을 기뻐하셨다(골 1:20-23). 그렇다면 실재(reality)는 하나님의 창조, 인간의 타락, 모든 피조물의 구속, 그리스도의 명령의 성취 등에서 나오는 모든 것이다.[12] 화란의 법학 교수이며 신학자인 헤르만 도예베르트(Hermann Dooyeweerd)는 창조-타락-구속을 성령의 '기초 주제'(ground motif), 즉 실재를 일관성 있게 기독교적인 방식으로 이해하기 위한 근본 틀이라고 불렀다.[13] 그것은 단지 우리의 이론을 결정할 뿐만 아니라, 우리가 세상을 향해 실질적으로 어떻게 반응할지도 결정한다. 그것은 세상 역사에 나타난 하나님 자신에 대한 내러티브 계시, 곧 하나님의 궁극적 계획과 인간이 존재하는 목적 자체에 대한 전개다.

창조-타락-구속이라는 기초 주제를 법률가로서의 삶에서 그리스도의 주권을 이해하는 과업과 관련시키면, 이 기초 주제는 몇 가지 중대한 출발점을 암시해 준다.

창조. 첫째, 무엇보다 우리는 창조주께 전적으로 의존하고 있는 피조물이다. 하나님이 만물을 만드셨으며, 그분의 창조 사역을 벗어난 선한 것은 있을 수 없다.

둘째, 하나님의 창조 활동은 계속된다. "창조는 세상에서 일어나는 발전을 배제하지 않는다. 그것을 포함한다. 이처럼 하나님의 계획은 인간 최상의 기술과 지식을 포함하고 활용해서 창조세계를 유전학적으로 발달시킨다."[14] 그러므로 진정한 의미에서, 우리는 하나님이 세상에서 창조 역사를 계속해 나가시는 통로다. 루터는 또한 하나님의 계속되는 창조의 일을, 하나님의 백성이 다른 사람들을 사랑할 때 신실하게 이루는 일과 결합시키고 있다.

> 하나님의 일인 창조는, 자신의 소명에 충실함으로써 사탄에 대항하는 동역자인 사람을 통해 수행된다.···소명과 그 소명을 이루는 사람은 하나님의 지속되는 창조의 도구이자 통로다.···하나님은 이 땅에서 소명에 따라 살아가는 사람이 있는 곳이라면 어디든, 자신의 창조 사역을 지속하신다.[15]

마찬가지로, 교황 요한 바오로 2세는 하나님의 계속되는 창조 활동에서 우리가 하나님과 협력하는 것에 관해 말한다.

> 하나님의 계시의 말씀이 지닌 심오한 특징은, 하나님의 형상으로 지음받은 인간이 자신의 일로 창조주의 활동에 참여하며, 자신의 인간적 능력의 한계 안에서 피조세계 전체에 포함된 자원과 가치를 점점 더 진척하는 가운데 창조 활동을 계속 발전시키고 완성한다는 근본적 진리다.…공회의가 가르치는 것처럼, 사람의 일이 하나님의 활동에 참여하는 것이라는 인식은 '가장 평범한 우리의 일상 활동'에까지 스며들어야 한다.[16]

셋째, 하나님의 선한 창조 교리는 물질 세계를 악하고 피해야 하는 것으로 보는 근대의 모든 영지주의적 경향을 반박한다. 하나님은 자신이 만드신 것을 보시고 "매우 좋았더라"[17]고 말씀하셨다. 우리는 피조물, 즉 좋으신 창조주의 백성이다. 이러한 이해는 매일의 삶에 큰 차이를 가져온다.

그리스도인 법률가에게 특별히 인상적인 것은 창조의 선함이 법의 '선함'을 나타낸다는 것이다. 법은 하나님이 제정하신 모든 것과 연관되어 있기 때문이다. 창조세계는 세상에 하나님의 지혜가 내리는 명령, 곧 하나님의 '율법'에 의해 '그 근간이 구성되었다' 혹은 '규정되었다.' 따라서 "법에 복종하는 것은 하나님의 피조물, 특히 사람에게 부과된 제한 속에 갇히는 것이 아니라, 오히려 그들이 자유롭고 건강하게 살아갈 수 있도록 해주는 것이다." "인본주의는 법이 자유와 **모순된다고**(contradiction) 생각한다. 그러나 성경은 법이 자유의 **조건이라고**(condition) 생각한다."[18] 여기에서 창조라는 주제가 법 자체의 가장 기초적인 사항들 및 블랙스톤, 코크, 아퀴나스의 견해로 돌아가게 만드는 것을 주목하면 흥미롭다.

타락. 창조와 마찬가지로, 타락도 모든 것을 포함한다. 타락은 창조세계 자체를 부패시켰으며, 여기에는 인간들도 포함된다. 인간의 손이 닿는 것은 무엇이든 타락의 영향을 받으며 그래서 모든 종류의 인간적 제도들은 더럽혀졌다. 그래서 하나님이 축복하신 일 자체가 힘든 노고가 되었다. 일은 때로는 일하는 사람을 혹사하며, 종종 일 자체가 다른 사람들을 혹사하는 데 사용되기도 한다. 그것은 육체적 고통, 정신적 좌절, 영적 혼란의 원천이다. 죄는 다른 모든 것을 변화시키는 것처럼 일을 변화시켰다. 마찬가지로, 인간들이 시도하는 정의는 타락으로 인해 더럽혀졌다. 부패, 실수, 악습 등이 제도 자체 안에 잠복해 있으며, 제도는 그러한 가능성들과 싸우려 애쓴다. 우리는 타락한 세상에 사는 타락한 피조물이다.

하지만 타락을 창조 자체와 혼동하면 안 된다. 월터스가 말하듯, "죄는 창조를 폐하지도 창조와 동일시되지도 않는다."[19] 이 점에 대해 월터스는 창조와 타락 간의 관계를 보여 주는 이중적 틀로서 **구조**와 **방향**이라는 개념을 전개한다. 구조란 "창조의 질서, 어떤 것을 계속 창조적 체질로 만드는 것, 그것을 있는 그대로의 실재로 만드는 것이다." 한편, 방향은 "죄와 구속의 질서, 한편으로는 타락을 통해 피조물이 왜곡되거나 곡해되는 것, 그리고 다른 한편으로는 그리스도 안에서 피조물이 구속되고 회복되는 것을 지칭한다. 피조세계 안에 있는 모든 것은 하나님을 향하거나 하나님에게서 멀어질 수 있다. 즉, 그분의 법에 순종 혹은 불순종할 수 있다."[20] 이러한 '이중 방향성'은 인간뿐 아니라 문화 현상과 법률 제도, 정부, 법률 실무 등과 같은 사회 제도에도 적용될 수 있기 때문에, 월터스가 말하는 '구조와 방향'이라는 틀은, 이후에 이 원리들을 법률 분야에서의 우리의 생활에 적용할 때도 도움이 될 것이다.

물론 타락이 이야기의 끝은 아니다.

구속. 그리스도는 하나님의 구속 계획의 중심이시다. 그분은 세상을 구속하셨다. 그리스도로 인해 피조물 자체도 새롭게 되었고, 우리는 영원한 새 하늘과 새 땅을 고대하며 기다린다. 마찬가지로, 우리도 구속되었으며, 구속되고 있고,

구속될 것이다. 같은 의미에서, 그리스도 때문에 타락한 세상 속에서도 일과 인간 제도들은 부분적으로 구속될 수 있다. 그뿐만이 아니다. 법률 제도, 법률 실무, 법학, 정부, 법원은 모두 바로 지금 여기서 그리스도의 구속이 작용할 수 있는 타락한 구조들이다. 하나님은 지금 법을 구속하고 계신다. 그리고 우리는 하나님의 창조와 구속 역사에 관여하고 있다. 하지만 우리의 역할을 너무 대단한 것으로 생각하지 않도록 주의해야 한다. 우리 자신이 구속의 주체라고 믿거나 구속이 우리의 일에 의해 지금 여기에서 완성된다고 생각해서는 안 된다. 우리는 보통 교회 안에서 고립주의에 빠지거나 아니면 완전히 정치적 행동주의에 빠지는 경향이 있다(6장을 보라). 둘 다 하나님의 일이 지속되는 방식이 아니다. 정치 제도가 복음과 맞물려 돌아가야 하는 것은 사실이다. 그러나 모든 제도, 모든 사람이 그렇게 되어야 한다. 우리의 일은 광범위한 것으로, 우리의 소명을 통해 간접적으로 활동하는 것을 포함한다.[21] 에릭 보글린(Eric Vougelin)의 말을 빌리면, 우리의 목표는 "종말을 내재화하는" 것이 아니라, 삶의 모든 영역에서 이웃을 사랑하는 것이다.

다른 한편, 오늘날 우리의 일 중 많은 것은 활기가 없다. 회복이 내세에서만 혹은 인간의 영혼에서만 일어난다고 믿기 때문이다. 하나님이 그분의 백성을 통해 계속 창조의 일을 하시는 것과, 구속을 향한 하나님 나라의 일에도 불구하고, 여전히 긴장은 있다. 그분의 일은 이루어졌지만 여전히 완성되어야 한다. 하나님 나라의 일은 '이미 그러나 아직 아닌' 것이다.[22] 이것이 구속에 대한 논의의 출발점이다. 구속은 창조 질서가 지니고 있던 원래의 선함이 회복되리라는 것을 의미한다는 것, 그리고 이 회복에는 피조계의 일부뿐 아니라 모든 피조계가 포함되리라는 것이다.[23]

구속을 위한 이러한 전투는 계속 거세게 벌어지고 있다. 루이스가 말하듯, "세상에는 중립 지대가 없다. 하나님은 땅 한 뙈기마다 모든 순간순간을 자신의 것이라고 주장하시고, 사탄은 그것이 자기 것이라고 반박한다."[24] 이런 전투는 실제로 영적 전투이긴 하지만 하늘에서 일어나는 것이 아니다. 피조세계 자체가 싸움터다. 법률 제도, 법원, 가정, 회사, 인간의 영혼, 과학, 기술, 성욕 등에서 다툼이 일어나고 있다. 이러한 창조된 제도들, 사람, 실재들의 '방향'(월터스의 틀로 돌아가자면)은 구속 과정 중에 계시는 참된 왕을 향할 수도 있고, 타락 때 시작된 불순종에 계속 거하면서 참된 왕을 반대하는 세력을 향할 수도 있다. 우리의 문화적 과업은 구속적인 것으로서, 사람들과 제도와 실재들이 왕이신 하나님을 향하도록 일하는 것이다.

> 우리는 소명으로 인하여, 하나님의 세상 어느 곳에 처하든지 구속적 과업을 갖고 있다. 피조세계의 어떤 보이지 않는 분할선(dividing line)도 화목, 구속, 구원, 성화, 새롭게 됨, 하나님 나라 등의 기본적인 성경의 개념이 적용되지 못하도록 제한하지 않는다. 우리는 그리스도의 이름으로, **모든 곳에서** — 부엌과 침실에서, 시의회와 회사 회의실에서, 무대와 방송에서, 강의실과 일터에서 — 왜곡되게 행해지는 것을 반대해야 한다.[25]

법률 분야에서 통합을 추구하려 애쓰는 것은, 우주의 중심에서 그리스도께 초점을 맞추어 벌어지는 하나님의 진행중인 드라마를 반영하는 것이다. 우리는 그리스도의 구속 능력과 구속 역사의 동역자가 되어 타락에 대항하는 그분의 계속적인 창조 사역에 동참한다. 루터가 말하듯, 우리는 우리가 하는 모든 일에서 '사탄에 대항하는' 하나님의 동역자다. 그리스도의 주되심이란 바로 그런 뜻이다. 그리스도는 타락한 세상을 구속하시면서 피조세계 구석구석에서 일하신다. 우리는 원하면 피조세계에서 계속되고 있는 그분의 창조와 구속의 일에 참여할 수 있다. '통합된 삶'을 살리면, 적어도 창조주의 웅대한 계획의 일부로 문화와 법의 영역에서 이루어지는 지속적인 창조-구속이라는 하나님 나라의 일이 어떤 것인지 그 실체를 인식해야 한다.

요약하자면, 통합된 삶을 살기 위해서는 첫째, 그리스도와 그분의 가르침을 따르는 제자가 되어야 하고 둘째, 만물이 그리스도 안에서만 함께 결합되어 있다는 것을 알기에 그 관계를 통해 현실을 보고 이해하고 해석하려고 애써야 한다. 우리는 스스로에게 자신에 대한 진실을 말하고, 하나님께 죄를 고백해야 한다. 우리는 자신의 내적 어둠을 빛 가운데 드러내야 한다. 이러한 진리에 대한 헌신은 모든 그리스도인의 의무다. 의사나 배관공이나 목회자나, 우리 모두가 죄사함을 경험하기 위해서는 죄를 고백하여 우리의 내적 어둠을 빛에 드러내야 한다. 이것은 경건한 믿음의 문제일 뿐 아니라, 통합된 사람이 통합을 유지하는 유일한 길이기도 하다. 우리는 참된 포도나무이신 그분 안에 거해야 한다.

게다가 우리는 법률 업무를 기독교 세계관이라는 정신적 지도를 통해 이해해야 한다. 우리는 법과 우리가 참여하는 제도들에 형성되어 있는 구조와 방향을 분별해 내야 한다. 날마다 행하는 실무나 공부를, 성경의 영원한 진리와 그리스도의 역사에 비추어 이해해야 한다. 부르심에 따라 그 과업의 깊이와 복잡성은 달라지겠지만 이것 역시 모든 그리스도인의 의무다. 작곡가가 하나님 앞에서 음악의 용도와 본질을 이해하고, 음악가로서의 삶으로 부름받은 것에 대해 성경과 교회의 가르침을 찾아보아야 하는 의무가 있는 것처럼, 우리 역시 법학과 특별히 우리가 매일 처리하는 법률 실무에 관해 성경에 기초하여 이해하려고 애쓸 의무가 있다.

걸림돌을 뛰어넘음

그러면 진리에 대한 헌신은 법학 교육, 지역 교회, 법률적 사고방식이라는 근본 문제를 다루는 데 어떻게 도움이 될까?

제자도와 로스쿨
미국 로스쿨의 통상적 신조를 뛰어넘는 과업은, 법이라는 교리문답을 배우

> **로스쿨에서 형성된 습관**
>
> 그리스도와의 동행을 깊어지게 만드는 방법은,… 하나님을 우선순위에 두는 것을 '협상할 수 없는' 것으로 여기는 것이다. 내가 로스쿨 입학을 준비하는 학생들 및 로스쿨 학생들과 함께 일해 본 경험에 따르면, 가장 해로운 생각 중 하나는 '법학 교육이 지닌 독특한 강조점과 절차 때문에 훈련된 적극적인 영적 활동과는 별 상관이 없다'는 가정이다. 그러나 정반대다. 로스쿨은 앞으로 법률직에 종사할 때 어떤 식으로 일할지 정하는 곳이므로, 하나님을 삶의 최우선에 둠으로써 하나님에게 영광을 돌리는 일이 법학도들에게는 특히 중요하다.
>
> Charles J. Emmerich, "Knowing God in the Lion's Den: The Christian in Law School", *CLS Quarterly*

는 3년간의 강도 높은 세월보다 훨씬 더 많은 세월을 요한다. 하지만 로스쿨 입학 전에 제자의 삶에 헌신하면 가장 많이 도움이 된다. 평생에 걸친 우리의 법률적 습관이 길러지는 곳이 로스쿨이기 때문이다.

나는 로스쿨 학생이었을 때 앞으로 더 이상 바쁠 수 없을 만큼 바쁘다고 생각했다. 계속 과제물을 읽고 수업에 참석하면서 삶의 다른 영역들에서도 균형을 유지하려 애쓰는 이 삶보다 더 시간을 빼앗고 스트레스가 많은 때가 어디 있겠는가? 물론, 내 생각은 잘못된 것이었다. 현실의 삶은 어느 모로 보나 학교 시절보다 더 시간을 빼앗고 스트레스가 많다. 의뢰인의 요구, 로펌 상사, 인신공격, 작업 스케줄, 그리고— 나에게는 무엇보다도—다른 사람들의 돈이 걸려 있는 것, 이 모든 것이 법률가의 삶에 점점 더 스트레스를 주고 시간을 빼앗는다. 게다가 우리 대부분은 로스쿨에 있는 동안에는 가정을 이루지 않았으며, 가족에 대한 헌신은 더 많은 시간과 실생활 특유의 스트레스를 증가시킨다. 로스쿨은 정말로 훈련의 장이다. 그것이 법을 훈련하는 장인 것은 맞다. 하지만 하나님은 로스쿨을 가장 완전한 의미에서 법률직에서의 **삶**을 위한 훈련의 장으로 사용하신다.

로스쿨을 졸업한 후에는 매일의 습관과 일정이 완전히 바뀔 것이므로, 로스쿨에서 제자로 헌신하면 '현실 생활'로 이행하는 데 큰 도움이 된다. 학생 때 계발한 습관은, 법률 사무실 안팎에서 법률가로서의 습관을 형성하는 기초가 될 것이다. 이 점 역시 주로 로스쿨 학생들에게만 해당되는 것은 아니다. 하지만 로스쿨 학생들은 법률직에 발을 들여놓았을 때, 그들에게 좋은 혹은 나쁜 습관들을 계발하는 중대한 단계에 있게 된다. 내가 제자의 특성에 대해 말한 것이 옳다면, 로스쿨에서의 제자로서의 삶에는 적어도 세 가지 중심 요소가 포함되어야 한다.

연구. 학생은 법을 연구하고 성경을 연구하는 사람이어야 한다. 로스쿨 학생은 성경 연구 없이 법만 연구해서는 안 된다. 법과 그 요소의 구조와 방향을 분별하기 위해 애쓰지 않는다면 잘 쓰임받을 수 있는 제자가 될 수 없다. 게다가 다른 부르심은 우리가 로스쿨에 있는 동안에도 중단되지 않는다. 우리는 가족, 여가 생활 및 갖가지 부르심에 대한 하나님의 뜻을 알기 위해 하나님의 말씀을 연구하고 묵상해야 한다.

헌신. 학생들은 주님과의 개인적이고 공동체적인 경건의 시간을 소홀히 하면 안 된다. 기도는, 그리스도께 배우고 그분의 방식과 목적들을 분별하는 데 대단히 중대한 요소다. 찬양, 경배, 고백이 없으면 우리는 참 포도나무에서 떨어져 메마르게 될 것이다. 하나님이 우리를 공동체로 부르셨으므로, 우리는 찬양과 고백과 기도를 기도실에서만 드려서는 안 된다. 함께 모여 왕이신 하나님을 찬미하고 경배하는 신자들의 힘찬 공동체에서도 찬양과 고백과 기도가 흘러나와야 한다.

관계. 제자들은 공동체에서 배운다. 그리고 로스쿨 학생들은 직업과 학교 생활에서 그들을 갈고닦아 줄 멘토가 필요하다. 내가 로스쿨 학생이었을 때, 같은 마음을 지닌 동료들과 거의 매일 함께 점심을 먹었으며, 함께 앉아서 그날의 강의를 평가했다. 모두가 그리스도인은 아니었지만 대부분은 신자였다. 그 결과 나는 계속해서 진리를 염두에 두었고, 그것을 공부에 적용할 수 있었다. 로스쿨 강의실에서 통용되는 일반적인 신조 한복판에서 우리 삶이 참된 믿음으로 향하도록 하기 위해서는 멘토, 또래, 제자가 필요하다.

게다가 제자들은 솔직하고 투명한 자세가 몸에 배어 있어야 한다. 기도를 할 때는 우리의 소명과 법률 실무에서 제기될 만한 솔직한 질문들을 던져야 한다. 멘토 법률가들과 토론을 할 때는 법률 실무를 고려하여 그리스도인답게 행함에 대한 어려운 문제를 나누어야 한다. 우리는 우리의 은밀한 죄를 고백하고, '법률 분야에서 하나님께 부름받을 수 있는가' 하는 의심을 하나님과 동료들에게 털어놓아야 한다. 언제 시작하든지 결코 늦은 법은 없다. 하지만 로스쿨이야말로 이런 습관을 시작하는 데 가장 좋은 때다.

세계관과 통상적 신조

진리에 대한 헌신은 법률가의 삶을 단련해 줄 뿐 아니라, 진리를 추구하게 해주고 로스쿨의 실용주의와 노골적 도구주의에 거리를 두게 해준다. 기독교 세계관은 우리가 모든 생각을 사로잡아 그리스도 예수께 복종함으로써 법 전체를 평가할 수 있는 틀을 갖게 된다는 것을 상기시켜 준다. 로스쿨 학생들이 학습 과정과 강의실에서의 토론을 생각할 때 그리고 법률가들이 맡은 사건과 의뢰인에 대해 깊이 생각할 때, 하나님의 회복 사역이 진행되고 있는 것이며, 또한 우리가 그 회복 사역에 참여할 수 있다는 소망을 갖게 된다. 게다가 창조-타락-구속이라는 틀을 통해 법을 추구할 때, 우리가 하는 공부에서 진리를 추구하는 판단 기준을 갖게 되는 셈이다. 우리는 그저 로스쿨에서 배우는 과목들의 배후에 존재하는 잘못된 전제들을 인식하는 것 이상으로 깊게 파고드는 틀을 지니고 있다. 우리의 인식과 담대함은 이제 실질적인 내용으로 뒷받침된다. 그래서 우리는 잘못된 개념에 반발하는 것에만 그치지 않고, 우리가 보고 듣는 것에서 진리를 인식하고 발전하도록 노력할 수 있다.

이것은 그리스도를 따르고자 하는 로스쿨 학생들과 법률가들에게 두 가지 중대한 결과를 가져온다. 첫째, **우리는 영미의 법학을 내버리지 않는다**. 물론 그렇다. 하지만 때로 우리는 아기를 목욕물과 함께 버림으로써 항거할 준비가 되어 있는 듯 행동한다. 하나님의 구속 계획에서 우리의 역할은, 타락이 법과 미국의 법률 제도에 미친 영향을 분별하는 것뿐만 아니라, 법과 법률 제도라는 창조물에 담겨진 선한 구조(the good creational structure)를 분별하는 것도 포함된다. 12장에서 이런 개념에 관해 좀더 자세히 설명하겠다. 하지만 여기에서 보통법 체계의 발전은, 법이 창조되었을 때는 선한 것이었다는 사실(조물주의 뜻에서 나온), 타락이 인간에게 미친 영향 그리고 그에 비추어 우리의 책임이 크다는 사실에 달려있었다는 것을 언급할 가치가 있다. 우리의 과제는 창조의 구조 **그리고** 법과 법률 제도의 방향 둘 다를 분별하는 것이다. 우리는 하나님이 그분의 피조물을 점진적으로 개혁하는 데 협력할 과업이 있다. 이 일에서 우리는 격렬한 타도나 상상 속의 에덴으로 되돌아가는 것을 피한다.[26]

실재적 내용의 세계관(a substantive worldview)을 소유함으로써 나타나는 그다음 결과는, 법이 '**나쁜**' 것이 아니라는 것과, **법과 싸우기 위해 법률 실무에서 뭔가 '선한' 것을 해야 하는 것은 아님을 아는 것**이다. 오늘날 법률가의 삶을 기술한 많은 글은, 우리의 과업이 법률 실무의 과오 혹은 법의 해악을 은혜, 진리 혹은 덕스러운 삶으로 극복하는 것임을 암시한다. 만일 그렇다면, 도대체 우리는 이 직업에서 무엇을 하고 있는 것인가?

진리, 소명, 교회

진리에 대한 우리의 헌신은 또한, 두 번째 걸림돌, 즉 교회에서 소명을 중시하는 제자도가 부족한 현상(3장을 보라)을 극복하는 데 필요한 몇 가지 도구를 제공한다. 만일 월터스가 말하듯, "우리의 소명으로 인해 세상 어디에 처하게 되든지, 우리는 구속적 과업을 가지고 있다"는 것이 사실이라면, 구조와 방향을 분별할 때 소명적 사고가 필요하다. 우리가 하나님에 의해 아버지로 가정에 있게 된다면, 아버지로서의 책임을 다해야 한다. 그것은 가정의 선한 구조를 찾고 하나님이 아버지들이 하도록 부르신 일을 함으로써 가정 내에서 행하시는 하나님의 일에 참여하는 것이다. 마찬가지로, 우리 법률가들은 죄로 인한 부패를 반영할 뿐 아니라 사회 내에서 하나님의 선하신 목적을 반영하는 법률 제도 한가운데 처하게 된다. 우리의 과업이 구속적이라고 말하는 것은 우리가 법률직에서 만나는 체제, 관행, 사람, 제도들이 완전하지 않으며, 이것들이 세상에서 하나님의 점진적인 왕적 통치에 복종하는 방향으로 나아갈 수 있음을 인지하는 것이다. 그러므로 우리의 과업은 하나님이 우리를 통하여 일하심으로써 이러한 제도, 관습, 체제의 사역이 더욱더 화목적이고 치유적이고 사랑을 베풀고 의롭고 공정하고 자비롭게 되도록 하는 것이다.

진리와 법률가의 지성 생활

마지막으로, 제자도와 세계관에 헌신하면 지성을 그리스도께 복종시키고 그분이 명하시는 대로 우리의 지성을 다해 그분을 섬기려 애써야 한다. 찰스 말릭(Charles Malik)은 이런 유명한 말을 했다. "서구 문명이 맞은 위기의 핵심은 대학들의 지성과 정신의 상태다." 그러므로 "우리의 이성을 최대한 훈련하고 계발하는 것은 수치도 죄도 아니다. 그것은 필수적인 것이며 의무이자 영광이다."[27] 우리가 기독교적으로 생각하지 못하면 법률 분야에서 그리스도를 섬기는 일에 중대한 장애물이 생겨난다(4장을 보라). 불법행위, 계약, 정치, 정부 혹은 우리가 법률가로서 업무를 수행하는 다른 많은 영역과 관련된 하나님의 목적에 관해 어떻게 생각해야 하는지 잘 모르면서, 법률 영역에서 하나님의 구속적 목적을 향하는지 아니면 거기에서 멀어지는지를 어찌 분별할 수 있단 말인가?

'법률가들이 법에 관해, 즉 법의 본질, 목적, 토대에 관해 어떻게 생각하는가' 하는 것은 그들의 실무와 학문에 큰 차이를 가져온다. '젊은 법률가가 의뢰인과의 관계를 어떻게 규정하는가' 하는 것은 그 사람의 법률 서비스의 범위와 내용을 결정한다. 마찬가지로 인간, 하나님, 가족 혹은 국가의 본질에 대해 우리가 갖고 있는 광범위한 가정들은 판사석에서, 의뢰인들과의 관계에서, 강의실에서 혹은 도서관에서, 우리가 행하는 일을 어떻게 왜 행하는지를 결정한다.

하나님은 자비롭게도 우리에게 삶과 실무에 필요한 모든 것을 보여 주셨다. 거기에는 그분의 백성들에게 주시는 특별 계시(성경)도 포함된다. 그것은 우리가 창조, 전통, 역사 혹은 양심으로부터 배우는 모든 것을 시험하는 기준이다. 그렇다면 신앙과 실천을 통합하는 주된 도구는 하나님의 계시다. 바울은 우리가 "[우리의] 마음을 새롭게 함으로 변화를 받을" 때 "하나님의 뜻이 무엇인지 분별"할 것이라고 가르친다(롬 12:1-2). 우리는 일관되지 않은 기준을 따르기—필립스(J. B. Phillips)가 번역한 것처럼 "세상의 틀에 밀어 넣어지기"—보다는 하나님의 뜻을 따라야 한다. 그렇게 하려면 성령께서 우리가 생각하는 방식을 바꾸시도록 해야 한다.

상업적 관행이 문화(정복) 명령 및 기독교적 청지기직과 분리되면, 요점을 벗어난 쓸모없는 것이 되어 버린다. 소송 관행이 화목과 성경적 사법권을 잊어버리면 고용된 총잡이의 열광적 행위로 향할 것이다. 형사법 실무에 재판권 혹은 정당한 응분의 상벌에 대한 합당한 존중이 결여되어 있으면 좌절하고 냉소하게 된다(피고인의 관점에서나 검찰의 관점에서나). 간단히 말해 통합하는 삶을 살려면, 매일 하는 일에 대해 진실하게 신학적으로 생각해야 한다.

결론

앞의 세 장에서 나는 통합을, 법률가의 다양한 역할과 의무와는 상관없이 법률가의 통합을 향한 '일련의 헌신'이라고 규정했다. 또한 하나님 안에서의 삶의 통일성과 공동체와 진리에 대한 이 헌신들이, 법률 분야에서 그리스도를 섬기는 것을 방해하는 근본적인 걸림돌들을 어떻게 해결하는지 요약하려 했다. 그러면서 이러한 해결책들을 실제로 적용하는 부분은 신학, 책임성, 지역 교회, 의도성 그리고 예배를 중심으로 조금씩 반복되고 중복되었다. 다음 9장으로 2부를 마치면서, 그 모든 헌신을 실천하는 통합된 삶을 실제로 어떻게 적용할 수 있을지 제안하며 이 주제들을 결합해 보겠다.

■ 더 깊은 생각을 위해

1. 당신의 법률 실무에서 구속적 가치를 분별할 수 있는가? 대답하기 위해 먼저 의뢰인들에 대한 당신의 서비스를 폭넓게 생각해 봐야 할 것이다.
   - 당신은 의뢰인이 무엇을 하도록 돕고 있는가?
   - 의뢰인 혹은 의뢰인이 관리하는 것은 당신의 조언으로 인해 세상에서 하나님의 사역을 얼마나 더 잘 혹은 더 많이 반영하고 있는가?
   - 하나님이 어떻게 당신의 법률 실무를 사용하셔서, 당신이 다른 사람들—당신 주위에 있거나 당신이 섬기는 사람들의 주변 사람들—을 화해, 재정적·영적 온전함, 회복, 격려, 청지기직, 창의성, 공정함, 자비 등을 이루는 일에서 섬기도록 하셨는가?

2. 법률 제도에서 타락의 결과물을 볼 때, 당신은 어떤 반응을 보이는가? 움츠러들고 싶은 생각이 드는가? 아니면, 낙하산식 개혁을 강요하기 위해 정치적·사회적 권력을 이용하고 싶은 생각이 드는가?

3. 당신은 자신의 법률 실무 혹은 공부를, 하나님의 빛 가운데 드러내는 일을 어떻게 하고 있는가? 당신은 법률 분야의 삶에서 자신이 바로 서 있지 못하다는 '막연한 불편함'을 갖고 있는가? 이번 주에 시간을 내어 당신이 걱정하는 점들을 적어 보라. 하나님과의 기도 시간에 그것을 이야기하고, 이 주제에 대해 이야기할 다른 학생이나 법률가를 찾아보라.

9. 통합을 위한 영적 훈련

다니엘 · 외적 훈련 · 공동 훈련 · 내적 훈련

지금까지 그리스도인 법률가의 과업에 대해 평가한 것을 다시 한 번 정리해 보자. 이 책의 목표는 법률직에서 더 깊이 있고, 더 성취감 있는 삶을 원하는 그리스도인 법률가들과 법학도들을 격려하기 위한 것이다. 우리는 모두 하나님이 우리에게 예비하신 **선한** 일을 하고 있다는 확신을 원한다. 하지만 확신의 과정에는 걸림돌이 있다. 그리고 나는 법률 분야에서 소명 의식을 추구하는 데 필요한 틀을 제공하는 세 가지를 확인했다. 첫째, 전형적인 로스쿨 경험과 기본 학업에 도덕적 깊이가 결여되어 있다. 로스쿨 강의실에서 늘 통용되는 신조에는 도구주의 법학과 회의주의가 포함되어 있으며, 역사적 혹은 도덕적 중심은 결여되어 있다. 둘째, 지역 교회는 소명 교리를 잊어버렸으며 소명 교리를 공허한 자원봉사 활동, 새로운 성과 속의 이원론, 혹은 계몽주의적으로 왜곡한 직업 윤리로 대체해 버렸다. 셋째, 우리 법률가들은 사고하는 데 능한 사람들이지만, 법에 대해서는 신학적으로 지성을 사용하는 데 실패했다. 혹은 우리 자신과 법률 실무에 관한 진리를 무시했다. 우리는 성경을 일상생활과 문화에 적용하거나 우리가 누구이고 무엇을 하는지에 대해 신학적으로 사고하지 않기 때문에 무력하게 된다. 목사들이 법률가의 일상 업무에 대해 알도록 도와주지도 않고 그들에게 가르침을 받지도 않는다. 기독교적 법률 정신을 가지고 있다는 사람들은 의미 있게 활동하고 있지 않거나 기독교적이 아니다.

나는 이러한 장애물을 극복할 길이 있다고 주장했으며, 그 길은 인간 존재의 온전함 혹은 **통합**(integrity)이라는 숲 속에 숨겨져 있다. 나는 통합하는 삶에 필요한 세 가지 주된 헌신을 말했다. 지식·믿음·행동의 하나됨에 대한 헌신, 공동체 내의 삶에 대한 헌신, 진리에 대한 헌신이 그것이다. 그리고 각각의 헌신을 어느 정도 상세히 논했다. 그러면서 이러한 충성을 추구하는 것이 어떻게 로스쿨의 통상적 신조를 극복하고 소명적 관점을 회복하며 기독교적인 법률 정신을 강화할지에 대한 생각을 개략적으로 말했다.

나는 통합된 삶을 사는 법률가가 통합을 추구할 때 채택할 수 있는 여러 구체적인 습관들을 아직 말하지 않았다(그런 습관과 실천들에 대한 몇 가지 단서는 갖고 있지만 말이다). 5장 끝 부분에서는, 통합의 특징이 되는 헌신들을 논할 때 다섯 가지 주제가 반복될 것이라고 말했다. 그것은 신학, 책임성, 지역 교회, 의도적인 삶(적극적인 고의성) 그리고 예배다. 실제로 이 주제들은 우리가 살펴보는 각 논제들에 풍미를 더해 주었으며, 우리의 법률직 안에서의 삶에 더 실제적으로 접근하기 위한 아이디어들을 주었다. 이번 장에서는 그다음 단계로, 그리스도의 몸 안에서 그 몸을 통해 행동하는 법률가들의 핵심 관행들—핵심이 되는 의도적이고, 신학적이고, 책임 있는 관행들과 예배 관행들—을 밝혀 보겠다. 다시 말해, 그리스도인 법률가가 일상 업무와 행동에서 어떤 훈련을 할 수 있는지에 대해 제안함으로써 이 부분의 결론을 맺도록 하자. 이것을 **이론에 실천을 덧입히는 것**이라고 말할 수 있을 것이다.

다니엘

적대적 세상에 살던 신실한 법률가 중 가장 훌륭한 예는 다니엘이다. 다니엘은 법을 알았던 최고위 법률 고문이었다. 사실상 그가 처음 성경에 등장할 때, 그는 바벨론의 로스쿨에 있다. 그는 그의 신앙을 대체로 적대적으로 생각하는 사회에서 권좌에 올라 있었다. 그는 자신의 세계관과 헌신을 공유하지는 않는 사람들을 섬기고 그들과 함께 일했지만, 바로 그곳에서 하나님의 구별된 백성에 속해 있었다. 그는 실로 의식적으로 그리고 분명히 신학적인 사고를 하는 사람으로서, 여러 면에서 책임감이 있었으며 하나님을 예배하는 일을 온전히 중심에 두었다.[1] 다니엘, 그는 우리의 기준에 딱 들어맞는 인물이다.

다니엘의 '법률 실무'를 살펴보면, 먼저 다니엘이 전통적인 영적 훈련이라 할 만한 것을 모범적으로 행했음을 보게 된다. 우리는 금식, 기도, 연구와 같은 훈련을 '전통적인' 훈련이라 부른다. 그것들이 오래 되었기 때문이며, 경건한 기독교의 중심이기 때문이다.[2] 철학자 달라스 윌라드에 따르면, **훈련**(discipline)이라는 말은 "우리의 직접적인 노력으로는 할 수 없는 일을 할 수 있게 해주는 우리의 능력 범위 내의 모든 활동"이다. 이를테면 골프 연습장이나 음악 녹음실에서 연습하는 것 등이다.[3] 금식, 기도, 연구와 같은 훈련은 **영적** 훈련이다. 우리가 "순전히 인간적이거나 자연적인" 것보다 "궁극적 실재인 하나님과 하나님 나라"에 의지하도록 도와주기 때문이다.[4] 우리는 이러한 연습을 통해 우리의 사고, 느낌, 행동 가운데 옛 습관을 극복하고, 우리의 옛 습관을 "하나님 나라의 습관"[5]으로 대신한다. 리처드 포스터는 열두 가지 영적 훈련을 소개한다. 네 가지 '내적' 훈련(묵상, 기도, 금식, 연구), 네 가지 '외적' 훈련(단순함, 고독, 복종, 섬김), 네 가지 '공동' 훈련(고백, 예배, 인도, 경축)이다.[6] 또 윌라드는 열여섯 개의 '표준 목록'을 말한다. 여덟 가지 '절제' 훈련이고 그 밖의 여덟 가지는 '참여' 훈련이다.[7]

다니엘의 모범과 통합을 논의하면서 지금까지 보았던 주제를 이용해 우리의 논의에서 사용할 세 가지 영적 훈련을 강조하고자 한다. 이 훈련들이 마법처럼 우리를 '통합해' 주지는 않겠지만, 그리스도의 몸 안에서 그리고 법률 실무에서 하나님의 일을 하는 데 협력하도록 도와주기는 할 것이다. 이 세 가지 영적 훈련은 '전통적' 훈련들과 명확히 대응되지는 않지만, 내가 법률가의 영적 훈련이 될 만한 것으로 꼽은 것이다.

이 '법률가의 훈련'은 통합의 실제적 측면이다. 하지만 그것들은 분명 그리스도인의 삶의 공식은 아니다. 대신 그것들은 우리에게 필요한 헌신에서 나올 훈련의 유형이 무엇인지 제시하고, 우리가 법률가로서 바라는 내적 삶으로 이끈다. 법률가들이 다른 그리스도인들보다 영적 훈련을 덜 해도 된다는 말은 아니다. 나는 단지 법률가가 **법률가로** 부름받는 데 가장 중심이 되는 것에 초점을 맞추고 싶을 뿐이다. 법률가들의 경향, 생각하는 방식 그리고 그들이 필요로 하는 것을 알기에 지금까지 말한 대로 법률가가 통합을 추구하는 데 **가장 필요한** 훈련들을 골랐다.

그저 '행동을 잘 관리해 법률직에서 좀더 그리스도인처럼 느끼고 행동하게 하는 것'은 불충분하고 합당하지 못한 목표라는 것도 상기해야 한다. 윌라드는 교회 내의 이러한 경향을 비판했다. "오늘날 우리의 가르침과 지도력에서 가장 큰 약점 중 하나는, 사람들이 마음속으로 믿는 내용은 바꾸지 않은 채 착한 사람들이 할 만한 일을 하게 하는 데 너무 많은 시간을 보낸다는 것이다."[8] 우리는 하나님 나라에 대해, 그리고 그 나라와 법률 실무 및 법 연구와 학문과의 관련성에 대해 생각을 바꿀 필요가 있다. 훈련의 첫째 목표는, 하나님과 그분의 일을 향해 우리의 방향을 바꾸는 것이다. 우리 믿음이 변화될 때만 우리 행동이 변화될 것이다. 하지만 마음이 변화되었을 때에도 올바른 행동을 하기 위해서는 훈련이 필요하다. 이것은 그리스도의 영이 그들을 훈련시키셔서, 어떻게 하면 법률가들을 그분의 나라와 그분의 일에서 거룩하고 유용하도록 만드실지에 관한 하나의 제안일 뿐이다.

나는 (포스터의 말을 빌리면) 외적 훈련, 공동 훈련, 내적 훈련을 한 가지씩 찾아냈다.

외적 훈련

다니엘은 하나님의 말씀을 알았다. 그리고 그것을 자신의 삶과 일에 어떻게 적용할지 알았다. 다니엘서 1장에서는, 그를 소개한 후 다니엘이 왕이 내린 금지령에도 불구하고 하나님의 율법에 순종하기로 결심한 이야기가 나온다(그 후에도 그런 일은 또 있었다). 그는 왕의 음식으로 자신을 더럽히지 않았다(단 1:8). 그는 바벨론 왕을 기쁘게 하기보다는 음식에 대한 하나님의 율법을 따른다. 다니엘은 율법과 율법의 적용을 알았다. 그는 무엇보다도 말씀을 연구하는 사람이었기 때문이다. 하지만 그는 또한 그것이 실생활과 그의 환경에 어떻게 적용되는지도 알았다. 다시 말해, 그는 잘 발전된 세계관을 갖고 있었다. 다니엘과 그의 친구들은 "모든 지혜를 통찰하며 지식에 통달하며 학문에 익숙하여 왕궁에 설 만한"(단 1:4) 사람들이었다.

통합에서 실재(reality)에 관한 참된 인식(기독교적 세계관)이 꼭 필요하다면, 우리의 훈련은 실재에 대한 진리를 깨닫게 하는 것이어야 한다. 실재에 대한 진리를 알기 위해서는 하나님이 실재에 대해 계시하신 것을 알고 이해할 필요가 있다. 하나님의 계시를 의뢰인, 자녀, 배우자, 교회 등 우리를 둘러싸고 있는 현실에 적용하는 법을 알기 위해서는, 우리가 사는 시대와 문화를 이해할 필요가 있다. 즉, 우리는 배우자와 자녀를 '이해할' 필요가 있다. 의뢰인의 문제와 목표를 분별할 필요가 있다. 이 모든 것에는 지혜가 요구된다. 그리고 지혜를 얻으려면 연구를 해야 한다. "지혜에 대한 적용은 하나님의 기록된 말씀과 피조세계에 드러난 그분의 진리, 둘 다를 연구함으로써 얻을 수 있다. 지혜롭고 시대의 위기에 대처할 수 있는 신령한 사람이 되려면, 지성의 삶을 귀중히 여기는 공부하고 배우는 공동체가 되어야 한다."⁹⁾ 이런 공부는 단순히 성경을 읽는 것만이 아니다. 그것은 하나님의 피조세계 및 하나님이 자신에 대해 계시하신 것을 관찰하고 연구하는 습관이다.

이 점은 이미 충분히 분명해졌다. 법률가의 소명에는 연구를 통해 지성을 훈련하는 것이 요구된다는 것이다. 이것이 법률가의 외적 훈련이다. 네 가지 실제적인 제안을 해 보겠다.

1. 소파에서 일어나 행동을 취하라. 잠언 1장은 여호와를 경외하는 것이 지식의 근본이라고 말한다. 하나님의 능력으로 부지런히 구해야 우리가 추구하는 것을 달성하게 된다. 지식은 **적극적** 추구다. 잠언 2장 5절의 "여호와 경외하기"라는 말 앞에 나오는 2장 1-4절의 동사들을 생각해 보라. 나의 말을 **받으라**(1절), 나의 계명을 **간직하라**(1절), 네 귀를 **기울이라**(2절), 네 마음을 **두라**(2절), 지식을 **불러 구하라**(3절), 명철을 얻으려고 **소리를 높여라**(3절), 은을 구하는 것같이 그것을 **구하라**(4절), 감추어진 보배를 찾는 것같이 그것을 **찾으라**(4절) 등이다. 이 일을 이룰 때, "여호와 경외하기를 깨달으며 하나님을 알게 되리니"(5절). 진리를 찾는 것은 의도적인 과정이다. 우리 편에서 행동을 취해야 한다. 이것은 그냥 우연히 일어나지 않는다. 반드시 추구해야만 한다.

모어랜드는 소파에서 뒹굴거리며 텔레비전만 보는 사람은 지성의 제자도를 추구하는 데 좋지 않은 모델임을 상기시킨다. "우리는 다른 사람들이 우리 대신 살고 생각하게 한다. 목사는 우리 대신 성경을 연구한다. 뉴스 매체는 우리 대신 정치적으로 생각한다. 우리가 좋아하는 스포츠 팀이 우리 대신 훈련하고 겨루고 승리한다. 텔레비전 시청부터 설교 듣기에 이르기까지 일차적 관건은 재미와 즐거움을 누려야 하는 것이다."¹⁰⁾ 이러한 수동성은 모어랜드가 공허한 자아라고 부르는 것의 일곱 가지 특징 중 하나일 뿐이다. 그것은 "지성의 삶을 왜곡하고 제거하며, 그리스도의 도에서 성숙하는 것을 극도로 어렵게 만드는 일련의 가치관, 동기, 사고 습관, 느낌, 행동"¹¹⁾이다. 공허한 자아에 대한 그의 해결책

중 하나는 문제를 인식하고 다르게 되겠다고 결심하는 것뿐 아니라, 일상 업무를 바꾸는 것이다. 그는 우리의 일상적 일과를 "판에 박힌 수동적인 생활에서 벗어나도록" 바꿀 수 있으며, 그것을 육체적·지적 에너지를 창출해 내는 습관으로 대신할 수 있다고 말한다.[12] 다시 말해, 텔레비전과 인터넷을 끄라!

2. **성경을 연구하라.** 기독교적 세계관을 계발하려면 성경적 토대가 필요하다. 본문을 자세히 보는 것만으로는 법, 정치, 문화에서 그리스도의 정신을 계발하는 데 도움이 되지 않을 것이며, 특정 본문에 대한 주관적인 느낌은 위험할 수 있다. 기도하면서 진지하게 연구할 필요가 있다. 다시 말하지만, 다니엘은 용감하게 단호한 입장을 취하기 전에 하나님의 음식 율법을 알고 이해할 필요가 있었다.

경건을 위한 읽기와 연구를 위한 읽기는 다르다. 대부분의 그리스도인들은 경건을 위해 성경을 읽는다. 개별적 본문들을 개인적으로 적용하는 것이다. 즉, 말씀을 개인적 방식으로 경험하는 것이다. 경건을 위해 성경을 읽을 때는 정보를 얻기 위해서라기보다는 경험이나 개인적 적용을 위해서 보는 것이다.[13] 경건을 위한 읽기는 적절하고, 필요하다. 하지만 여기서 말하는 훈련에는 연구가 포함된다. 신학교 강좌, 개인적 묵상 혹은 주석을 보면서 길게 연구하는 것 등을 통해 진지한 연구를 할 수 있다.[14] 덧붙여, 특정한 성경 본문을 역사 속에 나타난 하나님의 계획으로 이해하게 해줄 만한 성경 신학과 조직 신학에 대한 강의 및 일반적인 신학 강의를 잊지 말고 살펴보라. 간단히 말해 "경험, 다른 책들 그리고 활발한 토론"이 효과적인 연구에 꼭 필요하다.[15]

3. **당신의 스터디 그룹에 존 제이**(John Jay: 미국 건국 초기의 저명한 변호사 출신 정치인 – 역주)**를 초청하라.** 활발한 토론과 여러 다른 책들이 효과적 연구에 필수적이라는 조언에 따라 필요한 분야에서 다른 사람들의 경험과 전문 지식을 활용할 필요가 있다. 먼저, 함께 일하고 사는 성도들을 우리의 연구에 관여시켜야 한다. 우리는 소명 문제로 그리고 하나님 나라에서 그 소명이 의미하는 것에 대해 씨

름하는 사람들, 하나님의 영광을 위해 법을 실천하려 애쓰는 사람들, 우리가 읽은 것을 이해하고 성찰할 때 우리를 세우고 갈고닦아 줄 준비가 되어 있는 사람들을 끌어들여야 한다.[16] 성경을 우리의 일과 부르심에 기본적으로 적용하는 것은, 본질적으로 대단히 어려운 일이다. 우리에게는 함께 갈 선생들, 멘토들, 친구들—법과 법률 영역에서의 삶을 이해하는 다른 사람들을 포함해서—이 필요하다.

우리는 오래전에 살았던 법률 전문가들을 의미 있는 토론에 비교적 쉽게 초대할 수 있는 시대에 살고 있다. 키케로, 아우구스티누스, 아퀴나스, 블랙스톤, 켄트, 코크 등을 언제라도 접할 수 있다. 법과 정치에 대한 하나님 나라의 관점을 주제로 연구한다면, 이레나이우스나 토마스 모어의 글을 통해 그들과 함께 테이블에 앉아 이야기를 나누는 것도 나쁘지 않다. 또한 성령의 능력이 수천 년간 하나님 백성의 삶에 역사해 왔다. 분명 우리는 법률 분야에서 구름같이 많은 증인들의 말을 경청할 수 있다. 성경을 법과 법률 제도에 적용하는 그들의 지혜는 지금까지 오랜 시간이 지났음에도 남아 있으며, 그들의 지혜가 21세기의 변호사, 검사, 혹은 로스쿨 학생의 문제에 무엇을 알려 주는지 **고찰해 볼 만한** 가치가 있다.

어떤 의미에서 보통 변호사들은 법률직에 종사하는 것이 무엇을 의미하는지 잊어버렸다. 우리는 역사에 대한 의식도 없고, 전문 직업인으로서 우리가 갖고 있는 유산이나 우리가 섬기고 있는 법률 분야의 발전에 대해서도 모른다. 주드 도거티(Jude Dougherty)는 '전문 직업인의 책임'이라는 매혹적인 글에서, 이러한 소명 의식은 전문 직업인들의 의무라고 주장한다. "[전문 직업인의] 일, 그 일과 삶 전체의 관계가 지닌 근본 특징과 관련된 진리들에 대한 인식은 전문 직업인에게 필요한 사색적이고 실제적인 지혜의 일부다."[17] 도거티의 말에 의하면, 실천은 이론에 근거하고 있으며 '규범적 원리들'은 거의 언제나 과거의 경험에서 온다. 직업은 "자연과 인간 행동을 지배하는 대대 불변의 특정한 법칙들을 인식하기" 위해 "과거로부터 축적된 경험"을 이용해야 한다.[18] 그렇다면 우리 법률가의 책임은, 우리의 과거를 아는 것 그리고 법 자체의 본질과 출처, 처벌의 목표, 사람의 본성, 판사의 역할, 윤리의 위치, 당사자주의 제도에 대한 규범적 정당화 등의 주제에 대해 선조들의 지혜를 아는 것이다. 분명 우리는 여전히 뭔가를 공부해야 한다. 다시 한 번 말하건대, 다니엘은 '모든 지혜를' 통찰한 자였다. 그는 왕의 고문이었다. 그는 하나님의 말씀에 따라, 그리고 바벨론의 문화적 규범에 비추어 철학·정치·외교·법을 이해하는 데 헌신해야 했다. 그는 성경을 경건 생활을 위한 지침서로만 보지 않았다. 성경은 그가 광대한 학문의 모든 가지를 이해하는 원천이었다.

우리는 교회가 역시 이러한 활동을 하도록 노력해야 한다. 공동체의 주된 목표 중 하나는 믿음의 삶에서 서로를 자극하고 격려하는 것이다. 여기에는 지성의 삶도 포함된다.

4. **시대를 연구하라. 심지어 "타임"**(*Times*) **지도 연구하라**. 성경, 법률직, 그리고 법의 기초를 연구하라는 것만 해도 이미 엄청난 명령이다. 하지만 우리가 살고 있는 문화에 대해서도 뭔가를 알아야 한다. 우리는 주위 세상에서 무슨 일이 일어나고 있는지 알아야 한다. 다시 말하지만, 법은 '문화를 만드는'(culture-making) 직업이다.[19] 법률가들은 우리의 직업을 통해 마음에 깊이 새겨진 사고방식, 유력한 제도들, 주위의 개인들에게 영향을 끼친다. 법률직에서의 일을 통해, 우리는 "종종 아무 맛이 없고 어두운"[20] 곳에서 소금과 빛이 되어야 한다. 만일 그렇다면, 우리의 소명이 주위에서 일어나는 하나님의 일 가운데 어느 것과 조화를 이루는지 분별하기 위해 시대를 이해해야 한다. 게다가 **법 자체**가 문화를 만든다. 서구가 서구인 것은 법의 지배, 마그나카르타, 배심원 재판 등과 같은 것들이 일상적 삶과 사고에 가져온 결과들 덕이다. 하나님은 이스라엘 자녀들이 구별되도록, 새롭고 다른 문화를 만들도록 부르셨으며, 하나님이 그들을 구별하기 위해 첫 번째로 하신 일은 율법을 주신 것이었다.[21] 그래서 심지어 대중문화

> **고린도후서 10:3-5**
>
> 우리가 육신으로 행하나 육신에 따라 싸우지 아니하노니 우리의 싸우는 무기는 육신에 속한 것이 아니요, 오직 어떤 견고한 진도 무너뜨리는 하나님의 능력이라. 모든 이론을 무너뜨리며 하나님 아는 것을 대적하여 높아진 것을 다 무너뜨리고 모든 생각을 사로잡아 그리스도에게 복종하게 하니.

에 대해서도 우리는 의도적이고 신학적으로 형성된 분명한 사고를 할 필요가 있다. 법이 문화에 미치는 영향, 곧 문화가 법을 몰고 가는 방식으로 인해 우리는 일반적인 사고와 의사소통 방식에 주의를 기울여야 한다. 뉴스 매체, 영화, 대중 소설, 토크쇼, 광고 등과 같은 것들은 우리의 사고방식 및 우리가 사상과 영성에 대해 어떻게 생각하는지에 크게 영향을 끼친다.[22] 법률가들도 주의를 기울일 필요가 있다.

법을 '학문적'(learned) 직업이라고 정의하는 것 자체가 연구하고 배워야 하는 직업적 의무를 함축하고 있음을 유의해서 보면 흥미롭다.[23] 연구는 쉽지 않으며 시간이 많이 드는 일이다. 나와 이야기를 나누었던 대부분의 로스쿨 학생들은 로스쿨 3년 동안 법 외에 다른 어떤 것을 연구하겠다고 기대하는 것 자체가 비현실적이라고 말했다. 그것이 사실이라면, 그들은 졸업을 해도 그들의 소명을 온전히 이해하지 못할 것이다. 도거티가 말하듯, "아담 스미스를 읽지 않고는 경제학자라고 주장할 수 없다."[24] 유감스럽게도 우리는 도덕 철학이나 법의 역사에 대한 지식 없이도 법률가라고 주장할 수 있다고 여긴다. 출애굽기, (아퀴나스의) "법에 대하여", 산상수훈 혹은 자연법을 연구하지 않고서도 우리가 에드워드 코크, 윌리엄 블랙스톤, 존 제이, 토마스 모어 등과 같은 그리스도인 법률가라고 주장한다.

최소한 로스쿨 학생 그리고 연구하는 훈련을 통해 법을 공부하는 학생이 되고자 하는 법률가들은, 그들의 소명과 관련된 많은 부분에서 의식적으로 지혜를 추구해야 한다고 생각한다. 이것은 우리가 법과 신학 혹은 계약법의 성경적 기초에 전문가가 될 정도로 시간이 있다는 말이 아니다. 하지만 적어도 우리는 소명에 대한 기독교의 기본적인 가르침을 잘 알아야 한다. 예를 들어, 다음은 우리가 기본적으로 알아야 할 것들이다.

- 우리의 실무 분야에 대한 역사적·성경적 접근
- 인정법의 본질과 목적 및 그것과 신법과의 관계
- 인간의 본성 및 그것과 인정법과의 관계
- 인간 정부에 대한 다양한 기독교적 견해
- 교회와 국가 간의 관계에 대한 성경적 접근
- 교회·국가·가정·개인을 포함한 다양한 제도에 주어진 사법권과 권위 및 그런 사법권들이 어떻게 중복되고 상호작용하는지에 관한 이해
- 구약의 민법과 현대의 민법 간의 관계

이 목록을 보고 낙심하지 말라! 다시 한 번 말하지만, 우리는 먼저 연구를 시작하고 기초적인 것들을 알아야 한다. 법에서 말하는 손해배상에 대한 하나님의 목적 전체를 설명하는 가장 작은 교리도 이해하려면 평생이 걸린다. 우리는 앞서 간 사람들을 기초 삼고, 뒤에 올 사람들이 계속 그 일을 이어 가도록, 작은 걸음을 뗄 뿐이다. 하지만 우리가 하는 일에 대해 생각하는 좋은 습관을 계발하는 일은 절대 늦지 않았다. 사실상 우리는 이미 어느 정도 토대를 갖고 있을 것이다. 우리는 대부분 로스쿨 시절부터 그리고 어쩌면 그 이전부터 이따금 이러한 것들을 생각하고 있었다. 지금은 단지 연구 목표를 공식화하고 더 의도적으로 과업을 수행할 때다. 먼저 성경으로 시작하고, 목표를 정하고, 소파에서 일어나, 집중하라!

변호사로 개업한 사람들은 실질적인 것부터 시작해야 한다. 즉 '내가 날마다 하는 활동을 더 잘 이해하도록 도와줄 만한 것은 무엇인가?' '성경의 진리를 나의 실무 분야에 어떻게 적용할 수 있을까?' 등을 생각하는 것이다. 실질적인 것에 초점을 맞출 때, 우리는 어떤 분야에서 더 많은 신학적 문제들을 추구해야

하는지 알게 될 것이다.

인간은, 특히 법률가들은 연구를 통해 우쭐대는 경향이 있다. 우리는 이것을 피해야 한다. 연구의 초점이 무엇인지 기억하면 그것을 피할 수 있다. 연구의 초점은 우리가 그리스도께 복종할 때 우리를 통해 그리스도께서 역사하신다는 것이다. 요한복음 5장에서 예수님은 영생을 위해 성경을 신뢰하면서도 성경이 증거하는 분은 거부하는 유대인을 꾸짖으셨다. 우리도 이런 오류를 피해야 한다! 연구의 목적은 몸과 마음을 하나님 나라의 일에 협력하도록 훈련시키는 것이다. 우리는 그리스도의 제자로서 훈련을 받기 위해 진리를 추구한다. 연구의 결과로 법을 통해 이웃 사랑을 하게 되는 것이 아니라면, 우리의 연구나 법률 실무는 뭔가 잘못된 것이다.

연구를 하는 것이 1부에서 말한 걸림돌들을 처리하는 데 어떻게 도움이 되는지 유의해서 보라. 한번 예를 들어 보자. 먼저, 이러한 훈련을 하는 학생들은 분명 로스쿨이라는 환경에서 오는 해로운 학문적 영향에 저항할 것이며, 연구하는 법률가들은 교육을 받고 실무를 행할 때 도구주의의 영향력을 역전시킬 것이다. 또한 성경적, 역사적, 신학적으로 사고하지 않으면 현재의 법률적 사고가 지닌 도구주의적 토대에 도저히 반격을 가할 수 없다. 둘째로, 연구는 일상 업무에 대한 우리의 불안정한 교리를 바꾸어 줄 것이다. 그런 불안정한 교리야말로 하나님 나라에서 우리의 법률 실무가 어떤 위치를 차지하는지에 대한 잘못된 믿음의 뿌리다. 연구를 해 나갈 때, 우리는 일을 '신앙' 생활과 나누는 잘못된 구분을 피하게 될 것이며, 법률가로서의 삶에 대해 올바른 믿음을 갖게 될 것이다. 올바른 믿음은 궁극적으로 행동의 변화를 일으킬 것이다. 성경을 연구하면 또한 다양한 역할 속에서 소명을 바탕으로 생각하게 될 것이다. 예를 들어 법률가로서의 부르심에 대해 배울 때, 우리는 또한 아버지, 어머니, 자녀, 교인 등으로서의 부르심에 대해서도 유념할 것이다.

마지막으로, 우리가 걸려 넘어지는 이유가 정말 우리가 누구이고 무엇을 하는지 신실하게 생각하지 않기 때문이라면, 연구는 그러한 장애물을 해결하는 중대한 해결책이다. 우리는 기도와 연구로써 직업적 정체성과 실무의 내용 면에서 우리 생각을 하나님께 복종시켜야 한다. 일단 영적인 훈련으로서 연구하는 법을 배우면 형법에 대한 성경적 기초, 기업 인수합병에 대한 하나님 나라의 접근 그리고 우리가 사무실에서 매일 하는 일들에 대해 어떻게 일관된 변호를 할지 분별하는 법을 알게 될 것이다.

공동 훈련

다니엘과 그의 유대인 친구들은 지혜와 지식뿐 아니라 또 하나의 귀중한 자산을 갖고 있었는데, 그것은 바로 '서로'였다. 그들은 혼자 떨어져서 영적 훈련을 한 것이 아니라, 공동체로서 훈련했다. 예를 들어, 왕의 음식으로 자신을 더럽히지 않겠다는 다니엘의 결심은 분명 그가 속한 집단의 결정 중 일부였다. 다니엘은 "당신의 종들을⋯채식을 주어 먹게 하고 물을 주어 마시게 한 후에"라고 왕궁 환관장에게 말한다(단 1:12). 그리고 그 이야기의 절정은 다니엘과 **그의 세 친구**가 왕실에서 가장 건강했다는 것이다. 그들은 함께 분명한 입장을 취했다. 후에 다니엘과 그의 친구들을 포함한 모든 현자들이 왕의 꿈을 알지 못했다는 이유로 처형당하게 되었을 때 이러한 역학을 더욱 분명히 보게 된다. 다니엘은 먼저 시간을 좀더 달라고 구한 다음, 즉시 그의 '소그룹'에게 알려 기도를 하게 한다. "이에 다니엘이 자기 집으로 돌아가서 그 친구⋯에게 그 일을 알리고 하늘에 계신 하나님이 이 은밀한 일에 대하여 불쌍히 여기사 다니엘과 친구들이 바벨론의 다른 지혜자들과 함께 죽임을 당하지 않게 하시기를 그들로 하여금 구하게 하니라"(단 2:17-18).

다시 한 번, 하나님의 성품 자체가 공동체적 삶을 암시한다. 하나님 나라의 일은 상당히 명확한 집단 개념이다(6장을 보라). 제자의 삶을 살라는 법률가의 부르심이 다른 사람들 없이는 절대 성취되지 않는다면, 법률 분야에서 사람 간의 관계는 실제로 통합하는 삶을 사는 것의 핵심이다. 전형적인 공동 훈련, 특히 교제, 고백, 인도 등이 여기에 포함된다.[25] 법률가들은 종종 오랜 시간 일하며, 일 외에는 다른 사람들과 거의 시간을 갖지 못하는 고독한 사람들이다. 하지만 통합된 삶을 살려면, 하나님이 제공하신 공동체 구조 내에서 살아야 한다.

교제는 그리스도의 몸 안에 있는 다른 사람들과 관계를 맺는다는 의미다. 그것은 제자의 삶을 추구하면서 함께 참여하는 공동의 행동들을 의미한다. 교제의 목표는 복음을 전파하고 하나님 나라를 진척시키는 것이다. 그런 교제에 대한 한 가지 묘사를 고린도전서 12장에서 볼 수 있다. 여기서 바울은 몸의 지체들이 지닌 은사에 대해 말한다. "각 사람에게 성령을 나타내심은 유익하게 하려 하심이라"(고전 12:7). 우리 모두는 은사들로 채울 수 있는 다양한 필요를 갖고 있다. 우리는 다양한 은사들을 통해 통일체로 기능을 하며, 한 개인으로는 이런 기능을 할 수 없다. 이렇게 해서 법률 분야에서의 삶은 공동체로나 개인으로나 참된 통합을 향해 나아간다.

통합의 핵심이 되는 헌신의 본질에 관한 고찰을 살펴보면, 그러한 상호 교제는 법률가의 소명에 필수불가결하다. 교제에 참여하기 위한 실질적 제안은 다음과 같다.

1. **지역 교회와 관계를 맺으라.** 지역 교회라는 공동체 구조는 우리가 부르심을 이행하도록 보냄받은 기지다. 우리는 지역 교회에 복종해야 하며, 우리와 그리스도의 몸인 교회와의 연관을 중심으로, 서로와 외부 세계를 섬기는 일에서 하나님 백성의 은사들을 주고받아야 한다. 이것 역시 삼위 하나님의 안으로 향하는 사역과 밖으로 향하는 사역을 반영한다. 오늘날 우리는 교회가 우리 삶의 어떤 필요를 채우는지를 평가하는 데 너무 많은 시간을 보내고, 성령의 뜻대로 아름다운 사역에서 섬기는 일에는 너무 적은 시간을 들이는 듯하다.

우리는, 법률가들이 그리스도의 몸 안에 있는 사람들에게서 배우고 동행하며, 교회의 영적 지도자들에게 직업 세계의 도전을 접하게 할 책임이 있다는 것에 관해 이미 논했다. 하지만 그리스도의 몸 안에서 법률가들은 매우 많은 역할로 섬길 수 있다. 법률가들은 종종 지역 교회에서 주일학교 교사로 일한다. 하지만 법률가들이 할 수 있는 더 많은 것들이 있다. 지역 교회가 후원하는 법률 구조 운동이 점점 커짐에 따라 가난한 사람들의 법적 필요를 채움으로써 그리스도의 복음을 전파할 수 있다. 게다가 법률가들은 상담과 조언을 해주고, 법인을 형성하고, 계약서를 입안해 주고, 그리스도의 몸과 지역 공동체 안에서 피스메이커로 섬길 수도 있다. 그리스도의 몸 안에서 법률가들은 법률 실무, 행정, 학문 혹은 법원에서 자신들이 행하는 사역을 위해 가르침을 받고 구비된다. 다니엘은 유대인 형제들과 이방인 법률가들을 포함한 더 큰 팀의 일원이었다. 그와 다른 유대인들과의 유대는 어려울 때에 힘이었으며, 결단의 찰나에 지혜의 원천이었다. 우리는 법률 영역에서 온전히 성공하기 위해 지역 교회가 필요하다.

2. **충실한 내용을 위해 만나라**. 우리가 얼굴을 맞대고 만날 때, 다른 의사소통 방식으로는 도저히 누릴 수 없는 기쁨과 충만함을 누린다. "내가 너희에게 쓸 것이 많으나 종이와 먹으로 쓰기를 원하지 아니하고 오히려 너희에게 가서 대면하여 말하려 하니 이는 너희 기쁨을 충만하게 하려 함이라"라고 사도 요한은 썼다(요이 12절). 여러분과 내가 커피 한 잔을 앞에 놓고 테이블에 마주 앉아 아이디어와 반응을 주고받으며 이야기와 감정과 생각과 반쯤 형성된 의견들을 주고받으면서 이 책의 내용을 논한다면 더 좋지 않을까? 분명 그럴 것이다! 우리는 그리스도 안의 형제자매들과 정기적으로 이러한 방식으로 관계를 가질 필요가 있다. 그리고 공동 예배에서만 이러한 관계가 필요한 것이 아니라(실제로 대단히 필요하긴 하지만), 우리가 지금까지 논한 통합하는 삶을 형성하기 위해 만든 소그룹에서도 필요하다.

그래서 우리의 관계에는 내용이 있어야 하고, 우리의 모임에는 충실한 알맹이가 있어야 한다. 지금까지의 논의가 일말의 진리라도 가지고 있다고 생각한다면, 우리는 교제 모임에서 일상 업무와 소명의 성경적·역사적 기초에 관한 논의를 의도적으로 포함할 필요가 있다. 물론 다른 법률가들과 함께 이러한 모임을 가지면 도움이 될 것이다. 그리스도인 법률가의 관심사와 고민을 그리스도인 법률가 외에 누가 더 잘 알 수 있겠는가? 우리가 법률 영역에서 느끼는 실제적인 윤리 문제와 세세한 고민들을 이해할 만한 다른 그룹은 없다. 내가 아는 한 법률가는, 어느 대도시의 변호사 그룹과 정기적으로 만난다. 그는 집과 교회를 포함해 자신이 날마다 법률 실무에 종사하면서 마주치는 세세한 고민을 함께 나눌 다른 사람들은 어디에도 없다고 말한다. 그의 가족은 그를 사랑하고 그는 좋은 교회에 다니지만, 법률직에서 비슷한 고민에 직면한 형제자매끼리 만날 때 서로 크게 공감하고 감정이입을 할 수 있다. 기독 법률가회의 한 위원은 이것을 다음과 같이 말했다.

> 그리스도인 변호사들과의 작은 연결은, 이 직업이 그저 돈벌이나 자기만족 이상의 일임을 계속 상기시켜 준다. 우리는 기도와 연구와 교제를 위해 모일 때, 자기 자신이 아니라 그분을 바라본다. 나는 우리 교회 사람들을 사랑한다. 하지만 어느 누구도 그리스도와 통합되는 법률 실무 수행이 도대체 뭔지 이해하지 못한다. 그러나 그리스도인 법률가들의 소그룹에서는 이해한다. 그들이 없다면 나는 내가 하는 일에서 외톨이라고 느낄 것이다.

이러한 내용은 분명 우리가 통합을 추구하는 것을 도와준다.

나는 로스쿨에서 CLS 모임에 참석하는 것에 대해 이따금 갈등을 겪었던 일을 기억한다. 어떤 때는 그 모임에서 토론에 참가하고 다른 사람들에게서 통찰을 얻는 것이 좋았다. 하지만 나는 종종 모임을 빼먹곤 했다. 시간을 다른 곳에 쓰면 더 효과적이라는 것을 알기 때문이었다. 이러한 차이는 다루는 주제 때문이었다. 함께 만나 법과 신앙의 교차점에 있는 주제들을 다룰 때는 모임이 덕이 되고 흥미로웠다. 갑자기 논쟁을 하게 되거나, 리더가 준비를 해 오지 않았거나, 음식이 도착하지 않았을 때도 그랬다. 그러나 그저 추상적으로 어떤 본문을 토론하려 할 때, 특히 서로 반대 신문을 하기 시작했을 때는 우리 노력이 낭비인 듯 보였다.

그후 오랫동안, 나는 학생모임에서 주제를 선정할 때 이와 비슷한 긴장을 겪는 것을 보았다. 그냥 '경건 생활을 위한 연구와 토론을 계속해야 하는가' 아니면 '우리가 강의실에서 직면하고 있으며 법률 실무에서 직면할 수 있는 문제들을 성경적 관점에서 붙잡고 씨름해야 하는가' 물론 성경 공부는 언제나 실제적이 될 수 있으며, 훌륭한 리더나 그룹은 매우 쉽게 그것을 법에 적용할 수 있다. 하지만 수단이야 어떠하든, 다른 법률가 및 법학도들과 있을 때 우리의 이차적 소명과 관련된 문제들을 논할 기회를 허비해서는 안 된다고 생각한다. 분명 '법에 대한 모든 이야기는 이제 그만' 하기를 원하는 사람들이 있을 것이다. 그러나 우리끼리 이런 주제들을 다루지 않는다면, 법률 영역에서 하나님의 부르심에 대해 반응하는 법을 어디에서 배울 것인가?

물론 일에 대해 다른 학문과의 교류를 통한 논의를 해 보는 것도 가치 있는 일이다. 내가 의뢰인에 대해 알게 된 가장 큰 교훈들 중 하나는, 의사들이 환자들을 '전인'(whole person)으로 다루는 것에 대해 이야기하는 것을 들으면서 배운 것이다. 어느 날 저녁 식사를 마친 후, 사람들이 삼삼오오 모여서 이야기를 나누고 있었다. 의사 두 명이 자신의 일에서 겪는 어려움들을 말하고 있었는데, 나는 그 대화를 들으면서 의뢰인을 '걸어 다니는 법률 문제' 이상의 존재로 보라는 부르심에 관한 엄청난 통찰을 얻게 되었다. 그리스도의 몸 안에 있는 다른 지체들 중 당신처럼 일상 업무를 통해 사역을 하고 싶어하는 사람들과 한번 교류해 보라. 그들이 법과 관련이 있든 없든 상관없다. 게다가 우리는 다른 소명을 추구할 때도 격려와 인도를 받을 필요가 있다. 우리는 어머니들끼리 혹은 아버지들끼리의 교제를 소홀히 해서는 안 된다. 이 책의 범위를 벗어난 이야기이긴 하지만, 이 같은 직업 외의 부르심에 대한 격려는 법률 영역에서의 삶에 대한 격려와 마찬가지로 그리스도인의 통합된 삶의 중심이다.

기독교의 가르침을 우리의 일에 지혜롭게 적용하고자 할 때, 우리의 연구에 대해 다른 사람들과 함께 논의해야 한다. 학교에 있지 않은 대부분의 사람들은 신학, 문화, 실무의 상호작용을 깊이 있게 논할 수 있는 모임을 갖고 있지 못하다. 우리에게는 또한 우리의 죄, 의심, 실패를 고백할 모임이 필요하다. 그리스도의 몸 안에서 이루어지는 고백은 귀한 보석이다. 야고보는 "너희 죄를 서로 고백하며…병이 낫기를 위하여"(약 5:16)라고 말한다. 하지만 우리는 심판을 받지 않기 위해, 우리 죄를 가리고 갖가지 실망과 실패를 감춘다. 우리가 법률직에서 일하며 통합된 삶을 살고자 한다면, 우리 이야기를 들어주고 우리의 죄와 실패, 그리고 마음속 깊이 감춰진 욕구에 관해 함께 논할 수 있는 친구들을 찾아낼 필요가 있다. 달라스 윌라드는, 고백은 "하나님이 그분의 백성을 통해 우리의 필요를 공급하신다는 믿음, 우리가 사랑받는다는 의식 그리고 형제자매 앞에서의 겸손함을 길러 준다"[26)]라고 말한다. 우리가 이러한 친밀함을 통해 소명을 실천할 때, 죄를 짓지 않도록 격려와 인도를 받는다.

소그룹은 참된 교제에 이르는 탁월한 수단이다. 소그룹 모임은 의도적으로 실제적 내용에 초점을 맞추는 것, 서로를 위해 기도하는 시간, 출석과 기밀 유지와 목표 등에 관한 몇 가지 지침을 가져야 한다. 고백하고 나누기 좋을 만한 환경을 만들기 위해서다. 소그룹에 관한 좋은 책이 몇 권 있으며, 대부분의 교회들은 소그룹의 유익을 잘 알고 있다. 그래서 자료는 쉽게 찾을 수 있을 것이다. 게다가 대부분의 사람들은 분주하게 살아가고 있기 때문에 우리는 자발적이고 비공식적으로 나누는 교제를 잘 이용할 필요가 있다. 하지만 이것은 또한 주의를 요한다. 운 좋게도 뜻밖에 참된 교제를 나눌 순간을 발견했을 때조차도, 깊이 있는 교제를 나눌 기회를 낭비해 버리기가 쉽기 때문이다. 하나님이 우리를 다른 신자들의 무리에 두실 때, 우리는 함께 예배와 경축과 찬양을 드려야 한다. 하지만 그 이상의 것이 있다. 깊은 대화, 고백, 짐을 나누어지는 것, 짧은 순간을 틈타서 할 수 있는 격려 등이다. 다니엘이 어려움에 처했을 때, 그는 자신을 위해 "하늘에 계신 하나님이…불쌍히 여기"(단 2:18)시도록 구해 줄 친구들에게 달려갔다.

그리스도인이 서로 나누는 평범한 교제로 얻을 수 있는 의도적이고 정기적인 관계를 대신할 만한 것은 없다. 이러한 관계에는 인도, 교훈, 고백, 격려가 포함되며, 우리는 종종 이것들을 제자도 혹은 멘토링 관계라고 말한다. 어떤 사람들은 제자도 관계와 멘토링을 구분한다. 하지만 여기서는 단지 삶에서 우리가 어떤 위치에 있는지 알고, 어떤 의미에서 우리보다 앞서 그 위치에 있었으며, 그렇기 때문에 그 바다를 헤쳐 가도록 도울 수 있는 사람의 인도와 지혜가 필요함을 강조하는 것으로 충분하다.[27] 마찬가지로, 우리는 하나님이 우리의 피보호자 혹은 제자가 되도록 하신 사람들에게 우리의 지혜를 쏟아 주어야 한다. 분명 디모데를 제자훈련했던 바울은 디모데에게 이러한 관계의 사슬을 계속 이어 나가라고 말한다. "또 네가 많은 증인 앞에서 내게 들은 바를 충성된 사람들에게 부탁하라. 그들이 또 다른 사람들을 가르칠 수 있으리라"(딤후 2:2). 관계와 내용 둘 다 필요하다. 앞을 향해 전진할 때처럼, 소그룹에서 만남을 가질 때도 마음속에 어떤 목적을 품고 있어야 한다. 우리의 신실한 사람들—멘토와 피보호자—과 시간을 보내야 한다. 정기적으로 만나고, 함께 기도하고, 무엇이 되었든 주어진 과제에 초점을 맞춰야 한다. 시간과 접촉을 통해 서로 신뢰를 쌓아야 한다. 그래서 우리의 모든 관계에서 장기적인 관계가 될 가능성을 염두에 두어야 한다. 이같은 일대일 교제가 성령의 능력으로 이루어지면 우리와 타인의 삶에는 변화가 일어난다.

3. 법률 영역에서의 당신의 생활 구석구석 전체를 하나님 나라 사역의 일부로 인식하라. 내가 주장한 것처럼 일상 업무의 일차적 초점이 이웃을 사랑하고 섬기기 위함이라면, 법률 영역에서 우리의 사역을 완전히 새롭게 바라보는 길이

열린다. 우리는 그저 로펌이나 강의실 동료뿐 아니라 법률 실무를 통해 만나는 더욱더 다양한 이웃과 관계를 맺는다. 선교지가 우리에게 활짝 열려 있다. 날마다 우리는 우리가 사랑할 이웃을 만난다. 우리의 의뢰인, 파트너, 직장 동료, 친구, 비서, 사무장, 판사, 법정 서기와 직원, 상대편 변호사 등이다. 이들이 우리의 선교지다! 그리고 우리의 선교는 광범위한 것이다. 이 사람들을 우리 자신처럼 사랑하는 것, 그들이 무슨 필요를 갖고 있든 그것을 섬기는 것, 하나님의 사랑의 사역자로서 그들을 격려하거나 치유하거나 화해시키거나 용서하거나 대면하게 하거나 권고하거나 나누거나 안아 주거나 훈계하거나 일깨워 주는 것이다. 이러한 것들은 하나님이 그분의 주권을 통해 궁휼하심을 따라 제공해 주신 관계들이다. 나는 '세상을 변화시키는' 일에 너무 집중한 나머지, 하나님이 그리스도의 사랑으로 변화시키도록 내 사무실 안에 두신 바로 그 세상을 소홀히 하는 경우가 너무 많다.

젊은 법률가 시절 나는 로펌의 다른 부서로 이동하는 비서를 대신할 사람을 구하느라 애를 먹고 있었다. 그런데 파트너가 몇 가지 조언을 해주기 위해 나를 그의 사무실로 불렀다. 그러고 나서 그는 로펌 비서란 나의 분부대로 일하기 위해 있는 존재일 뿐이며, 아무것도 아닌 존재임을 기억하라는 말로 얘기를 끝냈다. 그들은 그저 쓰다가 버리면 그만이라는 것이었다. 하나님의 은혜로 나는 혐오감을 느꼈으며 그 말을 깊이 새겨듣지는 않았다. 하지만 그것은 내가 모든 직위에 있는 사람들에게 마땅히 가져야 할 마음가짐이 있다는 사실을 상기시켜 주었다. 그들은 나와 마찬가지로 벅찬 역할을 감당하고 있는 사람들이었다. 몇 년 후, 나는 다른 로펌에서 오랫동안 법률 실무에 종사해 온 한 파트너와 담소를 나누고 있었다. 그는 많은 기간 같은 비서와 일하고 있는 사람이었다. 대화 중 나는 그에게 그 비서와 일에 대해 물었다. "난 내 비서 없이는 아무것도 할 수 없습니다. 그녀는 내 의뢰인들을 내가 하듯이, 아니 그 이상으로 잘 섬기거든요"라고 그가 말했다. 위의 두 경우 중 어느 법률가의 비서가 자기 이웃을 가장 효과적으로 섬기고 사랑할 것 같은가? 어느 법률가가 자신의 비서(이웃)를 사랑하고 있는가?

상대편 변호사, 파트너, 의뢰인, 비서, 학생, 동료들을 향한 우리의 의무와 행동에 대해 기도하며 깊이 성찰해 볼 만하다. 그 관계들은 우리가 하나님 나라 일을 하는 것을 돕기 위해, 혹은 우리를 시험하기 위해 하나님이 제공하신 관계들이다. 30년간 변호사로 일해 온 한 법률가에 따르면, 이러한 관계성에는 자신이 어떤 존재인지가 여실하게 반영된다. "당신이 비서를 어떻게 대하는가'가 삶의 표징이며 법률 실무의 표징이다." 정말로 그렇다.

교제를 통한 훈련은 법률 분야에서 그리스도인의 섬김을 방해하는 장애물들을 뛰어넘도록 여러모로 도와준다. 예를 들어, 로스쿨 학생들은 스터디그룹이 없으면 당황해서 어찌할 바를 모를 것이다. 스터디그룹은 분명 많은 학생들에게 가장 중요한 공동체다. 학생들은 암호문 같은 로스쿨 강의 내용을 해독할 때뿐만 아니라 사건, 법령, 근본 원리, 커리큘럼과 토론 기저에 있는 철학들을 이해하기 위해서도 스터디그룹이 필요하다. 이런 그룹들은 우리가 진리에 헌신하는 것에도 기여한다. 내가 로스쿨 1학년 때 친구들과 점심을 먹으면서 또는 방과 후에 나눈 비공식적 토론들은, 법에 대한 기독교적 세계관을 계발하고 적용하도록 돕는 데 필수불가결한 것이었다.

그런데 여기서 잠시 스터디그룹이 그리스도인 법학도의 가장 중요한 공동체가 되는 것은 위험하다는 사실을 말해야겠다. 즉, 학생은 학생 공동체에 속하기 위해 가족이나 교회 공동체에 대한 부르심을 소홀히 해서는 안 된다. 각 분야에 대한 헌신을 조정해야 할 수도 있으며, 또 다른 가족들은 학생이자 아내이자 교인이라는 소명이 주는 무거운 요구들 가운데 균형을 맞출 수 있도록 협조해야 한다. 하지만 균형을 잃고 로스쿨 공동체에 매달리다 보면 이혼을 하게 되거나("스터디 파트너가 배우자보다 내 문제를 훨씬 더 잘 이해해") 지역 교회 신자들의 모임에서 소외되는 경우가 종종 있다("교회에 갈 시간이 전혀 없어. 게다가 스터디그룹 사람들이 실망할 거야"). 로스쿨이라는 환경에서의 교제는 학생의 소명에 중심이 되는 것이지만, 소명에 대한 논의 전체에서 보았듯 하나님은 우리가 한 번에 여러 가지 역할을 감당하도록 부르신다.

    법률가 역시 법률 실무를 둘러싼 실질적 문제들을 해결하기 위해 교제 모임이 필요하다. 내가 처음 변호사 일을 시작했을 때, 시내 다른 로펌에 그리스도인 법률가 모임이 있었다. 우리는 일주일에 한 번씩 모여서 관련 서적을 읽고 토론하고 고민과 기도 제목을 나누었다. 나는 회사에서는 풋내기 변호사에 불과했지만, 이 그룹에서는 그리스도 안에 있는 형제였다. 인도를 받아야 하는 사람임은 분명했지만, 아랫사람이기보다는 형제였던 것이다. 이 그룹에서 나는 고민을 털어놓고, 업무를 수행하면서 겪게 되는 인간 관계로 인한 고민을 허물없이 나누었다. 또한 오랫동안 실무에 종사해 왔으나 자신들의 무력함과 고민을 감추려 하지 않는 법률가들의 지혜를 배울 수 있었다. 마음이 새로워지고 흥미로우며 도전이 되는 모임이었고, 나는 이들에게서 배운 교훈들을 지금도 기억하며 간직하고 있다. 이 그룹은 나의 법학 교육에서 빠져 있던 도덕적 중심을 다잡도록 도와주었다. 우리의 토론은 종종 법률 실무, 가정, 공동체에서 '도덕적 선택이란 무엇인가' 하는 것에 초점을 맞추고 있었기 때문이다. 그것은 또한 소명에 대한 미성숙한 생각 그리고 하나님의 영광을 위한 사역으로 법을 한다는 것이 무슨 의미인지에 대한 나의 미성숙한 생각에도 도움을 주었다. 그 그룹은 실무에 종사하는 법률가들의 모임이었다. 어떤 사람들은 젊고, 어떤 사람들은 나이 들었으며, 어떤 사람들은 형사 실무를 맡고 있었고, 어떤 사람들은 가족법 전문이었으며, 어떤 사람들은 계약 업무를 맡고 있었고, 어떤 사람들은 송무 전문이었다. 그러나 그들은 모두 법률직에서 그들이 하는 일을 신실한 섬김으로 하나님께 올려 드리려는 공통된 소망을 갖고 있었다. 그중 어떤 사람들은 로스쿨에 가기 위해 목회를 접었다. 그는 "주님이 제게 목사들은 이미 매우 많다는 것을 말씀해 주셨지요. 하나님은 그리스도인 법률가가 더 필요하셨습니다. 그래서 저는 로스쿨에 왔습니다"라고 말했다. 그런 법률가들과 관계를 맺으면서 어떻게 더 신실하게 생각하지 않을 수 있단 말인가?

또한 지역 교회 생활은 소명적 사고 면에서 유용한 교훈이 될 수 있다. 설교자가 강단에서 그 교리를 전하지 않더라도 말이다. 게다가 직장 밖에서 우리의 은사와 재능을 사용할 장소를 찾는다면—교회에서건, 노숙자 쉼터에서건, 지역 사회의 갖가지 집단에서건—우리의 일을 통해 무엇을 할 수 있는지 더 잘 이해한 상태로 법률 사무소에 돌아가게 되는 경우가 종종 있다. 섬김은 섬김을 낳는다.

다른 사람들과의 교제가 어떻게 진리와 회복 및 기독교적 지성의 삶에 대한 우리의 헌신에 도움이 되는지는 분명하다. 간단히 가족끼리 토론을 해 보기만 해도 몇 가지 좋지 않은 사고 습관을 제거하는 데 도움이 될 것이다. 우리에게 꼭 필요한 것 중 하나는, 우리의 역할들에 대해 제대로 사고하는 것이다. 다른 사람들을 만나는 것은, 우리의 역할들을 제대로 인식하지 못해 생기는 정체성 위기를 해결하는 열쇠를 제공해 줄 수 있다.

내적 훈련

다니엘은 예배자다. 다니엘이 꿈과 꿈 해석에 대한 하나님의 계시를 받을 때, 그는 "하늘에 계신 하나님을 찬송"(단 2:19)한다. 그리고 그분을 경배한다. 다니엘은 자신의 기도 생활로 인해 사자 굴에 던져지게 되었다. (당시에 그의 원수들이 다니엘이 언제 어디에서 기도하는지 알 정도였다면 그는 분명 상당히 규칙적으로 기도하는 습관을 가지고 있었을 것이다.) 권세에 대한 그의 반응은 시종일관 하나님을 향해 영광을 돌리는 것이었다. 그는 금식하고 음식에 대한 율법을 지켰으며, 사람들은 그를 고소할 "아무 근거, 아무 허물도 찾지 못하였다"(단 6:4). 다니엘은 덕이 있는 사람으로서, 그의 지혜로운 말과 의로운 행동은 이 적대적인 나라에 살고 있는 자기 백성의 운명을 바꾸어 놓는다. 그러나 이 모든 것에도 불구하고, 그는 사자들에게 시달리며 하룻밤을 지새우게 된다. 다니엘은 사자 굴에서 끌려나오고 메대 왕 다리오가 하나님께 찬양을 드린 후에야 법률 실무에서 "형통하였더라"(단 6:28)라는 말을 듣는다.

우리는 하나님이 주시는 공동체 내에서 직분을 감당해야 하지만, 홀로 성찰해야 할 필요도 있다. 공부도 성찰의 한 부분이다. 하지만 장기적인 묵상은 다른 목적 및 목표를 위한 또 다른 훈련이다. 법률가의 소명에는 참된 묵상적 성찰이 필요하다.

디트리히 본회퍼(Dietrich Bonhoeffer)는 그의 위대한 저서 「신도의 공동 생활」(*Life Together*, 대한기독교서회)에서 온전한 삶을 위해 공동체의 길과 고독한 길이 필요함을 강조한다. "고독 없는 교제를 원하는 사람은 공허한 말과 느낌 속으로 뛰어들고, 교제 없는 고독을 추구하는 사람은 덧없음과 자기 심취와 절망의 늪에서 멸망한다."[28] 내 경험에 의하면 법률가들은 덧없고, 자기 심취적이며, 절망적인 '교제 없는 고독' 쪽을 향하는 경향이 있다. 그렇지만 우리의 고독은 무엇인가? 판례를 읽고 변론을 준비하고 계약서를 작성하고 여러 가지 선택에 대해 생각하는 길고 외로운 시간들인가? 분명 다니엘 역시 오랜 시간 외롭게 공부하고 일했다. 하지만 그는 또한 홀로 예배했다. 그는 기도했고, 금식했고, 자신의 길에 대해 숙고했다. 우리는 우리의 고독한 시간을 존중해야 한다. 그러면서 이따금 그 고독함을 떠나 공동체의 신선함을 맛보아야 한다. 전통적인 의미에서 고독은, 사람들로부터 떨어져 있기 위해 사막이나 광야에서 보내는 시간을 의미했다. 법률가들도 이따금 그렇게 시간을 보낼 수도 있겠지만, 여기서 초점은 삶과 의미에 대한 고찰을 안식 지향적으로 하는 데 있다. 아리스토텔레스는 그것을 **여가**(leisure)라고 불렀다. 어떤 의미에서 이것은 하나님의 형상에 뿌리를 둔 온전한 인간의 목적이다.

하나님은 창조의 일을 마치고 쉬신다(창 2:1-3). 물론 하나님이 일로 인해 '녹초가 되신' 것은 아니었지만, 안식일의 휴식은, 하나님의 형상을 지닌 우리의 본성과 밀접히 연관되어 있고, 궁극적으로는 하나님의 구원의 은혜에 연관되어 있는 중요한 원리다. 안식일의 휴식은 십자가에서 영원까지 이루어진 것, 곧 그리스도 안에서 우리가 누리는 안식의 그림자다. 게다가 하나님이 안식하신 것처럼 우리가 안식일에 쉬는 관행은 성화된 일곱째 날의 거룩함만 암시하는 것이 아니다. 즉, 안식일의 관행은 우리가 창조주의 닮은 꼴이며 그분의 초상이라는 것 역시 암시한다. 그분은 일하는 분이시며, 그래서 우리도 일한다. 그분은 쉬시며, 그래서 우리도 쉰다. 한 신학자는 십계명에 진술된 안식일의 원리를 "사람은 그가 사는 동안에 하나님을 모방해야 한다"[29]라고 요약하고 있다.

그러면 우리는 하나님의 안식을 좇아 어떻게 그분을 '모방'해야 하는가? 하나님이 일곱째 날에 쉬신 것은 창조라는 어려운 일에서 한숨 돌리고 회복하심을 묘사하는 것이 아니다! 그것은 하나님이 완성하신 일과 그분이 그것을 찬찬히 살펴보심을 묘사한 것이다. "그것[안식]은 완성된 일의 절정 및 그에 수반되는 기쁨과 만족을 나타낸다."[30] 이것은 우리가 멈춰서서, 특별히 우리의 일과 창조에 관해 생각하고, 묵상하도록 지음받았다는 의미일 수 있다. 하나님의 창조가 회복되는 구속에 대한 논의에서 보았듯, 우리에게는 계속되는 과업이 있으며 그것의 최종 목적은 궁극적 안식에 있다. 일과 휴식이라는 주기는 궁극적 안식을 표시한다. 사실상 옛 언약에서부터 계속되는 안식일(토요일)을 준수하는 것보다, 새 언약에서 일요일에 주님의 날을 지키는 것은 바로 이런 의미를 갖고 있다. 우리는 새 창조의 도래를 알리는 그리스도의 승리를 경축한다. 그 승리는 이제 우리가 하는 모든 것에 영향을 끼친다. 우리는 **먼저** 그 승리를 경축한다. 우리는 십자가에서 완성된 사역을 되돌아본다. 그리고 엿새 동안 우리가 하는 일은 그 안식에서 나오며, 안식 이후에 온다.

2장에서 우리는 '영적 나태'라는 치명적 죄를 논했다. 나는 우리 법률가들이 궁극적 선, 진리, 아름다움의 추구에 나태한 로스쿨을 만들었다고 주장했다. 이것이 바로 중세 학자들이 영적 나태 즉, 아케디아라고 불렀던 것이다. 이 나태함은 법률가의 삶 중 많은 부분에 스며들었다. 우리는 하나님 나라의 관점에서 우리의 일이 지향해야 할 진정한 목적에 냉담하고, 기독교적 지성을 추구하는 일에 나태하며, 법률 실무 자체의 실질적인 성경적 토대를 인식하는 것에 영적으로 게으르다. 아퀴나스가 영적 나태의 죄를 "안식일을 기억하여 거룩하게 지키라"는 십계명의 제3계명을 어긴 죄라고 한 것은 우연의 일치가 아니다.[31] 우리의 '안식'은 하나님의 형상으로 지음받은 것이 무슨 의미인지 묵상하며 기쁘게 고찰하는 것이어야 한다. 우리는 일과 그 일의 의미를 하나님의 일인 창조와 관련해 깊이 묵상하며 일하고 쉬도록 창조되었다. 하나님의 형상으로 지음받았다는 것에 수반되는 의무 중에는 선하고, 참되고, 아름다운 것을 추구하는 것이 포함되며 그렇게 하기 위해 우리는 쉬고 깊이 생각해야 하며, 성찰하고 숙고해야 하고, 멈춰 서서 하나님의 일과 그분의 뜻을 묵상해야 한다. 이러한 궁극적 선인 안식을, 행할 만한 가치가 있는 일로 여기지 않는 것은 치명적인 죄다.[32]

이 훈련을 묘사하는 한 가지 말은 '참된 여가'이다. 아리스토텔레스는 일의 목적 자체가 여가라고 가르쳤다. 사실상 헬라어에서 통상적인 일을 나타내는 유일한 단어는 '여가가 아닌 것'이라는 단어였다. 라틴어에서도 마찬가지다.[33] 그렇다면 인간 활동을 이해하는 기준이 되는 참된 여가란 무엇인가? 참된 여가에 대한 기독교적 이해는 '비아 콘템플라티바'(via contemplativa), 곧 '명상적 삶'이라는 전통적 개념 안에서 표현된다. 하지만 우리가 추구하는 참된 여가는 그것을 넘어선다. 우리가 추구하는 여가가 무엇을 수반하는지에 대해 몇 가지 알기 위해, 영적 나태를 바로잡는 수단으로서 여가를 설명한 독일 철학자 요제프 피퍼의 설명으로 되돌아가 보자.[34] 첫째, 참된 여가는 활동을 하지 않는 것이다. 거기에는 내적으로나 외적으로나 조용히 아무것에도 몰두하지 않는 것이 포함된다. 피퍼는 여가를 "실재를 받아들일 준비를 하는 데 필요한 일종의 고요함이며, 고요한 사람만이 들을 수 있으며, 고요하지 않은 사람은 들을 수 없다"[35]라고 말한다. 둘째, 여가는 "경축하는 마음으로 사물을 고찰하는 상태"다. '고찰한다'는 것은 무엇을 의미하는가? 존 파이퍼 목사는 그것을 이렇게 표현한다.

> 인간 정신의 가장 놀랄 만한 능력 중 하나는, 자신이 택하는 어떤 것에 주의를 돌리는 능력이다. 우리는 잠시 멈추고 우리 정신에게 "저것이 아니라 이것을 생각해 봐"라고 말할 수 있다. 우리는 어떤 생각, 그림, 문제 혹은 소망에 주의를 집중할 수 있다. 그것은 놀라운 능력이다.…인간들은 생각하는 것에 대해 생각하고, 생각의 대상에 대해 곰곰이 생각하기로 결심할 수 있는 놀라운 능력을 지니고 있다.
> 이것은 하나님으로부터 오는 선물, 우리 안에 있는 그분 형상의 일부다. 이것은 우리로 하여금 마땅히 되어야 할 모습이 되게 만드는 엄청나게 강력한 수단이다.[36]

참된 여가를 통해 우리는 하나님의 창조의 선하심, 창조 질서의 신비, 하나님과 그분이 만드신 세계의 아름다움을 경축한다.

여가는 휴가 여행도, 낮잠을 자는 것도, 혹은 심지어 고요히 묵상하는 수련도 아니다. 물론 이러한 것들이 여가를 추구하는 것의 일부가 될 수는 있다. 그러나 여가는 속사람의 상태, 즉 하나님이 만드신 지금의 나 자신 그대로를 받아들이는 것이다. 다니엘처럼 우리는 법률가로서의 소명을 이룰 때 예배하는 마음을 보일 수 있다. 우리는 계속되는 창조 작업에서 우리가 맡은 역할을 경축한다. 우리는 인간이 된다는 것이 무슨 의미인지 성찰한다. 우리는 멈춰 서서 고찰한다. 어머니 노릇 혹은 아버지 노릇을 하느라 씨름한다. 일몰을 관찰하거나, 왜 하나님이 모기들을 만드셨는지 궁금해하기도 한다. 참된 의미의 여가는 참되고 선하고 아름다운 것을 조용히 고찰하는 것이다. 그리고 참된 여가는 선하신 분인 하나님을 예배하는 것에서 나온다.

일중독도 게으름도 둘 다 여가의 적이다. 우리는 하나님의 형상으로 지음받은 일꾼으로서, 참으로 예배하는 마음으로 일 자체를 추구할 수 있다. 하지만 텅

빈 영혼을 채우거나, 아름다운 것에 마음을 고정하는 의무를 대신하거나, 삶과 목적에 대한 성찰을 피하기 위해 일을 이용할 때, 일은 삶에서 우리의 부르심과 정반대의 위치에 있게 된다. 참된 일은 참된 여가를 보완하지만, 성취를 위한 도구로서의 일 혹은 그 자체가 목적인 일은 순전한 게으름과 같은 의미에서 영적 나태다. 영적 나태함은 둘 중 한 가지 형태를 띨 수 있다. 우리는 아무 생각 없는 오락거리로 시간을 때우면서 성찰하고 심사숙고하는 일에 신경을 쓰지 않을 수도 있고, 아니면 끝없이 이어지는 생산적 과업을 수행하느라 시간을 때우면서 반성하고 성찰하라는 부르심에 무감각해질 수도 있다.

미국 문화는 이러한 두 문제에 둘러싸여 있으며, 사실상 이 둘은 서로 상승 작용을 일으킨다. 우리는 행복의 수단으로서 일에 사로잡히며, 일하지 않는 시간에는 아무 생각 없이 오락이나 값비싼 장난감으로 시간을 다 보낸다. 문화 관찰자인 데이비드 브룩스(David Brooks)는 미국인들의 정신에는 겹쳐 쌓은 '두 가지 노동 윤리'가 있다고 말한다. 첫째는 3장에서 논했던 청교도적 노동 윤리의 왜곡으로, '벤자민 프랭클린의 세속화하는 펜'과 일의 복음(the gospel of work)에 대한 도덕가들의 설교를 통해 나온 것이다. "이 윤리에 따르면, 우리는 일을 통해 그리고 사회에 대한 기여를 통해 우리 자신을 규정한다. 일은 단지 당신이 하는 것일 뿐만 아니라 자신의 존재를 정당화하고, 지상에서 자신의 목적을 성취하며, 자신의 정체성을 창출하는 방식이다."[37] "이러한 청교도적 소명 의식의 제일 꼭대기에 놓인" 또 다른 미국적 노동 윤리는 일이 "특별히 좋은 것들을 붙잡는 것"을 의미한다고 한다. 브룩스는 이것을 "풍요의 사고방식"(abundance mentality)이라고 부르는데, 그것은 "미친 듯이 일하는 것은 언제나 값어치가 있다. 그것은 풍요로운 보상을 받을 것이기 때문이다"라고 믿는 것이다. 일의 목표 중 일부는 신분 상승이다. 당신 이웃이 일을 통해 "렉서스(Lexus)를 끌 수준으로 올라갈" 수 있다면, 언젠가 당신도 그렇게 할 수 있다.[38] 사람들은 사탕가게의 사탕처럼 누군가의 손에 쥐어지기를 기다리며 온통 풍요를 추구하는 일에 매달린다. "이 모든 영광스러운 가능성들을 포기하려면 대부분의 보통 사람들이 지닌 의지력을 뛰어넘는 힘이 필요하다. 엄청나게 긴 시간 동안 일하고 사탕을 전부 움켜쥐는 것이 이것을 거부하는 것보다 쉽다. 기회를 포기하고, 컨베이어(conveyor)에서 내려오고, 지금의 존재 그대로 만족하는 것은 엄청난 헌신을 요한다."[39] 이러한 말은 법률가들에게는 예언적인 말이다. 사탕을 움켜잡기 위해 일하는 것을 멈추고, **당신이 갖고 있는 것으로 만족하라**. 그리고 먼저, 당신이 누구이며 어떤 존재인지 발견하는 데 시간을 들여라! 이것이 여가이며, 법률가의 훈련 중 마지막 것이다.

참된 여가를 위해 어떻게 멈추고 만족할 수 있는지에 대한 몇 가지 실질적인 제안들이 있다.

1. **육체적으로 따로 떨어져 있으라**. 참된 여가를 추구하기 위해 우리는 내적·외적 고독함, 즉 "깊은 내적 침묵"[40]의 태도를 지녀야 하고 사람들과의 접촉에서 따로 떨어져 육체적으로 정기적인 고독의 시간을 가져야 한다. 예수님은 분명 내적 고독을 지니고 계셨다. 또한 사역의 중대한 시점마다 반드시 홀로 시간을 보내셨다. 그분은 사역을 시작할 때 광야에서 혼자 계셨으며, 열두 사도를 택하시기 전에 홀로 밤을 보내셨고, 여러 번에 걸쳐 무리들, 심지어 그분의 가장 가까운 제자들에게서도 '물러나셨다.' 그리고 그분은 처음 사역을 시작할 때부터 겟세마네에서 사역이 끝날 무렵까지 외진 곳에서 기도하려고 애쓰셨다.[41] 예수님의 사역에 대해 이야기하고 있는 짧은 복음서에서 종종 그분이 고독을 추구하신 것을 볼 수 있다. 우리 주님이 자신의 사역을 위해 고독할 필요가 있으셨다면, 우리도 마찬가지다. 다니엘 역시 그의 기도 생활에서 이 점에 대한 모범을 보였다.

2. **너무 많이 일하지 말라**. 의뢰인들을 돌려보내라. 더 많은 변호사를 고용하라. 상사와 잡담을 나누라. 당신은 그렇게 할 수 있다.

3. **기분 전환거리와 오락거리를 찾는 것을 중단하라**. 실제로 '여가' 시간이 있

을 때, 우리는 여가를 즐기기보다는 아무 의미 없는 활동들로 게으르게 그 시간을 탕진한다. 텔레비전과 인터넷이 명백한 범인이다. 우리는 정기적으로 '화면'을 금하는 금식을 해야 한다. 텔레비전과 인터넷은 나름대로 목적에 기여한다. 내가 앞에서 말한 세상과의 연결을 어느 정도 제공해 주기도 한다. 하지만 대체로 텔레비전과 과도한 인터넷 서핑으로 인해 '마음(mind)을 다하여 주님을 사랑하기 위해서 생각해야 하는, 그런 종류의 생각을 할 능력을 잃어버리게 된다.[42] 비디오 게임은 보통 참된 여가를 되찾는 것이 아니다. 다른 한편, 가족끼리 보드게임을 하거나 직접 참여하는 스포츠, 캠핑, 산책, 운동, 독서 등은 우리를 올바른 방향으로 나아가게 해줄 것이다. 모든 훈련의 경우와 마찬가지로, 의도가 중요하다. 우리는 고독, 성찰, 묵상, 여가 훈련에 기초해 의도적으로 어떤 활동은 선택하고 어떤 활동은 거절해야 한다.

4. 당신이 사용할 수 있는 도구를 사용하라. 목적을 갖고 접근했을 때, 수련회나 개인 및 공동 리트릿, 사업차 하는 여행 등은 참된 여가의 기회가 될 수 있다. 많은 통상적 활동이 참된 여가의 기회가 될 수 있다. 당신은 여행을 갈 때 어떤 읽을거리를 가지고 가는가? 호텔방에서 혼자 있을 때 무엇을 하는가? 직업상의 회의 및 학회들은 종종 사고의 재료를 제공하며 더 명상적인 내적 태도를 고무시킨다. 그런 회의에 참석했을 때 남는 시간을 이용해 산책하며 생각을 하거나 앉아서 글을 읽거나 회의 중에 일지를 기록하는 시간을 가져 보라. 미리 할 것을 정해서, 여가 시간을 기대할 수 있도록 하라.

엠마오 산책(Emmaus Walk)처럼 교회나 수도원이 후원하는 다양한 종류의 침묵 수련회 등과 같은 온갖 수련회가 있다. 이용할 수 있는 것들을 잘 이용하고, 주님께 시간을 드려라. 인근 캠프장이나 수련회장에서 당신만의 수련회를 가져 보라. 대부분의 수련 센터는 프로그램에 참여하지 않아도 숙박비만 내고 사용할 수 있게 해준다.

또한 취미나 법 외의 다른 관심사들을 효과적으로 이용하면 삶에 대해 더 깊은 성찰을 할 수 있을 것이다. 오페라에 가고, 교향악 콘서트나 미술 전시회에 가라. 당신 안에 있는 하나님을 반영하는 형상을 자극하기 위해 박물관과 도서관을 이용하라. 마찬가지로, 경건 서적 읽기는 고독으로 들어가는 수단이 될 수 있다. 모어랜드는 경건 서적을 읽을 때, "천천히 주의 깊게" 읽어야 한다고 말한다. "목표는 본문으로 들어가 그것이 전인격에 동화되도록 하여 영혼을 심화시키고 살찌우는 것이다."[43]

적성 검사와 영적 은사 목록조차도 당신의 삶, 소명, 목적을 성찰하는 수단으로 사용할 수 있다. 속도를 늦추고, 성찰하고, 당신의 길을 숙고할 수 있는 모든 기회를 활용하라.

5. **숙고하라.** 우리는 고독의 시간에 무엇을 숙고할 수 있을까? 물론 수많은 가능성이 있다. 우리는 '우리의 길을 숙고하고' '우리의 날을 계수하는' 법을 숙고하며, 마땅히 해야 하는 대로 우리 자신에 대해 생각해야 한다. 또한 위에 있는 것에 마음을 두고, 선하고 경건하고 참되고 옳은 것을 생각해야 한다(빌 4:8). 그것이 출발점이다. 덧붙여 우리는 아버지, 남편, 장로, 법률가, 아들, 보이 스카우트 리더로서, 혹은 어머니, 아내, 교사, 법률가, 이사회원으로서 우리 역할을 평가하는 데 시간을 보내야 한다. 우리는 시간을 무슨 일에 사용하고 있는가? 그럴 만한 가치가 있는 일인가? 그것은 나의 삶에 대한 하나님의 부르심인가? 아니면 나는 그분의 자원을 낭비하고 있는 것인가? 나의 법률 실무는 어떤 모습을 지녀야 하는가? 나의 기도 생활은 어떤가? 우리에게는 생각할 것이 많다.

6. **기도하라.** 마지막으로, 기도가 여가의 중심이다. 사실상 금식, 묵상, 침묵 등의 다른 훈련들도 마찬가지다. 이러한 훈련들 역시 실천하라. 하지만 무엇보다 기도를 소홀히 하지 말라. 물론 그로 인해 다니엘은 사자 굴에 들어가게 되었다. 하지만 그것은 그의 세계를 변화시켰으며, 덤으로 그의 법률 실무에서 큰 성공을 거두게 해주었다!

연구 및 교제와 마찬가지로, 고독의 훈련은 몇 가지 면에서 우리가 걸림돌들을 공격하도록 도와줄 것이다. 먼저, 참된 여가는 반(反)아케디아와 도구주의적 법학의 핵심인 다른 사람을 돌보지 않는 것에 대한 명확한 교정책이다. 묵상과 고독 가운데 예배하는 삶을 의도적으로 추구하다 보면 법에서 선하고, 참되고, 아름다운 것을 보게 될 것이다(2장을 보라). 참된 여가 가운데 임하는 고독은 법률가의 마음속에 있는 꺼진 배터리에 시동을 걸어 줄 것이다. 올바르게 생각하는 것은, 성경과 성령님의 감독하에 고독한 시간을 보낸 결과로 나오는 중요한 산물이다. 마지막으로, 우리의 일, 하나님 앞에서의 의무 그리고 삶의 모든 영역에서의 부르심에 대해 묵상할 때, 우리는 예배 가운데 모든 것을 그리스도께 복종하는 법을 배울 것이다. 우리가 잠잠히 그분이 하나님되심을 안다면(시 46:10), 그분의 주권하에 있는 이 세상에서 삶의 통일성을 분명히 보게 될 것이다. 우리는 로스쿨 강의실의 통상적 신조를 넘어설 것이며, 잘못된 성속의 이원론을 피할 것이고, 새롭고 흥미진진한 방식으로 하나님의 영광을 위해 지성을 사용할 것이다.

결론

통일성, 공동체, 진리에 대한 헌신을 실제로 적용하는 일은 참으로 광범위하다. 나는 우리를 통합된 법률가로 변화시키는 데 하나님의 역사와 협력하도록 도와줄 몇 가지 기본적 훈련이 무엇인지 밝혀 보려 했다. 우리의 목표는 그리스도인 법률가들이 모든 환경에서 자연스럽게―자동적으로―마땅히 해야 할 바를 하는 것이다. 우리는 먼저 하나님이 원하시는 사람이 되도록 애쓴다. 그러고 나면 하나님이 원하시는 일을 더 쉽게 따라가게 될 것이다. 우리의 행동을 너무 세심하게 관리하기보다는 우리가 하나님에 대해, 자신에 대해, 법에 대해, 창조된 세계에 대해, 창조에서 우리의 역할에 대해 생각하는 방식을 바꾸려고 노력해야 한다. 그러면 행동이 그 뒤를 따를 것이다.

여기서 제안한 연구, 공동체, 홀로 드리는 예배(혹은 여가)의 훈련은 구획화되지 않은 삶에 대한, 공동체에 대한, 진리에 대한 헌신을 법률가들이 더 쉽고 자연스럽게 따를 수 있도록 도와줄 것이다. 우리의 속사람 안에서 그리고 삶의 표준으로서 그렇게 한다는 것이다. 이러한 전인의 통합 과정을 통해 우리의 법률 실무와 삶은 하나님의 능력으로 변화될 것이며, 우리는 약점들, 견고한 진 그리고 우리가 세워 놓았거나 우리의 길에 서 있는 섬김의 장애물들까지도 알아차리게 될 것이다. 더불어 로스쿨, 법원, 법률 실무에서 그리스도를 추구하기 위한 준비가 갖춰질 것이다.

2부에서는 통합의 기저에 있는 헌신들, 그 헌신과 걸림돌들과의 관계 그리고 통일성, 공동체, 진리에 대한 헌신을 깨닫도록 도와줄 몇 가지 훈련을 설명하고 논의했다. 이제 법률가 세계에 존재하는 더 구체적인 문제들로 넘어가, 우리의 헌신과 실무가 우리가 날마다 직면하는 직업상의 분투에 조금이라도 도움이 될 수 있을지 살펴보자.

■ 더 깊은 생각을 위해

1. 당신이 내적, 공동체적, 외적 훈련을 어떻게 실천하고 있는지 평가해 보라. 삶을 통합하는 데 도움이 될 구체적 훈련을 한 가지 꼽아 보라. 이번 주중에 그것을 실천할 계획을 짜 보고, 그것을 위해 기도하라.

2. 소그룹의 사람들과 정기적으로 만나고 있는가? 그렇지 않다면, 소그룹을 하나 만들거나 기존의 그룹에 들어갈 계획을 세워 보라. 그것에 대해 교회 목사와 이야기해 보라.

3. 이따금씩 모여 법률직의 삶에 대해 이야기를 나눌 다른 그리스도인 법률가들(혹은 로

스쿨 학생들)을 알고 있는가? 그들에게 전화를 걸어 모임을 정하라. 신앙과 일에 대해 토론하기 위해 함께 만날 수 있을지—한 달에 한 번 오찬 모임이라도—논의해 보라.

4. 독서 계획을 세워 놓고 있는가? 당신이 책을 읽지 못하도록 막는 것은 무엇인가? 어떻게 하면 바쁜 스케줄 속에서도 진지한 연구를 할 수 있을지, 가족이나 멘토와 이야기를 나누어 보라.

5. 서너 시간 정도 혼자만의 수련회를 계획해 보라. 당신의 삶과 소명에 대해 생각해 보는 시간을 가져라. 기도하는 시간을 좀 갖고, 그저 환경을 즐기면서(그곳이 어디든지) 시간을 보내라. 시간을 마치기 전에 당신의 통찰을 적어 보라. 주중에 일하는 동안 한 시간 정도라도 이와 같은 작은 수련회를 가질 수 있겠는가?

3부
통합의 실천

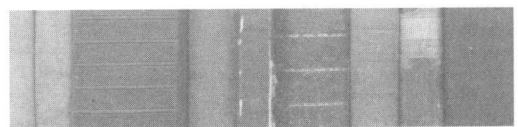

10. 직업 정체성, 통합 그리고 근대성

역할 도덕과 직업 정체성 · 전형적 시각에 대한 그리스도인의 반응
도덕적 대화와 변혁의 비전 · 도덕적 고립과 근대성
전문 직업 정신과 세 가지 헌신 · 법 제도에서의 구조와 방향

왜 상어는 변호사를 공격하지 않는가? 동업자 간의 예의이기 때문이다.

흡혈귀는 피를 빼는 법을 어디에서 배우는가? 로스쿨에서.

돌진하는(charge) 물소떼와 보수를 청구하는(charge) 법률가의 차이는 무엇인가? 변호사가 더 많이 청구한다.

물론 변호사들을 주제로 한 이러한 농담에는 문제가 있다. 우리는 그 농담들이 우습다고 생각하지 않는다. 그리고 어느 누구도 그것이 농담이라고 생각하지 않는다(무슨 말인지 알겠는가?)

피를 빨고, 돈을 가로채고, 바가지를 씌우는 상어들. 이 말은 악의 없는 놀림처럼 들리지 않는다. 법 문화와 법률가의 세계를 아는 사람들은 정말로 그렇게 생각한다. 그들은 대부분 농담을 하는 것이 아니다. 물론 많은 변호사들 역시 기꺼이 그런 역할을 맡는다. 예를 들어, 달라스의 도심지 바로 북쪽에 있는 중앙고속도로에는 한 법률 사무소가 있는 큰 건물이 있다. 꼭대기에는 그 회사 전화번호와 함께 달라스의 모든 운전자들이 감탄하는 9미터짜리 플라스틱 상어가

달려 있다. 조지아의 한 이혼전문 법률 사무소 웹 도메인 이름에는 '이혼 상어'(divorce sharks)라는 단어가 들어 있다. 분명, 변호사들은 안에서 보나 밖에서 보나 상어처럼 보인다. 아브라함 링컨은 이 문제를 좀더 미묘하게 표현한다.

> 대중은 막연히 변호사들이 어쩔 수 없이 부정직할 수밖에 없다고 여긴다. 막연하다고 말하는 이유는, 사람들이 변호사들에게 신뢰와 존경을 두는 정도를 고려해 봤을 때, 변호사들이 부정직하다는 인상이 구체적이거나 분명하다는 게 사실이 아닐 것 같기 때문이다. 하지만 그런 인상을 받는 일은 흔하고 거의 보편적이기까지 하다.[1]

지금 무슨 일이 일어나고 있는 것인가?

역할 도덕과 직업 정체성

첫째로, 인식은 실재와 다를 수 있다. 많은 사람들은 의뢰인에 대한 변호사의 의무가 도덕적 고려는 전혀 없는 맹목적인 것으로, 윤리 규약이라는 변수 안에서 온갖 수단을 동원해 의뢰인의 목적을 추구하는 유격대 같은 것이라고 인식한다. 거기에는 진리를 가리는 것, 증인을 위협하는 것, 증거를 감추는 것 등이 포함된다. 이것은 분명 하나의 풍자다. 하지만 많은 대중의 예상에 부응하는 것이기도 하다. 물론 그런 풍자에도 변호사를 고용하거나 그들과 함께 교회에 다니는 대부분의 사람들이 갖는 변호사에 대한 경험은 그런 인식을 불식시킨다. 변호사들은 너무 말이 많거나, 자신들이 모든 것을 안다고 생각하거나, 아니면 그룹으로 모일 때에 일반적으로 좌지우지하려 할지는 모르지만, 농담에 묘사된 흡혈귀하고는 상당한 차이가 있다. 게다가 링컨이 한 말이 암시하듯, 법률가들에 대한 대중의 **일반적인** 견해가 같은 교회 교인이나 로터리 클럽 회원인 개개 변호사들에 대한 생각을 지배하기에는, **특정** 법률가들에 대한 신뢰도가 너무 높다.

하지만 둘째로, 법학 교수, 학생, 변호사들 간에 일반화되어 있는 시각은 의뢰인들에 대한 맹목적 의무라는 풍자와 별로 거리가 멀지 않다. 조셉 알레그레티 교수는 당사자주의 제도에 근거한 "변호사 역할에 대한 전형적 시각"은 "옛 서부의 저 유명한 고용된 총잡이"와 같은 결론을 가져온다고 생각한다. 그는 이러한 '전형적 시각'을 좋아하지 않는다. 하지만 그것이 지배적인 패러다임이라는 사실을 발견한다. "변호사는 중립적인 의뢰인 우선주의자"이며, 의뢰인의 목표를 달성하기 위해서는 자신이 할 수 있는 모든 것을 다한다. 그러면서도 그 목표들이 도덕적으로 정당한 것인지에 대해서는 중립적 입장을 유지한다. 적어도 일단 진술을 하고 나서는 그렇다.[2] 알레그레티는 이것을 '규약(The Code)이라고 부른다. 토마스 셰퍼(Thomas Shaffer)는 이것을 '보류된 양심의 원리'[3]라고 부른다.

어떤 법률가들은 '전형적 시각'에 대한 이러한 묘사 자체가 당사자주의 제도에 대한 과장이며, 법률가의 실무가 어떤지를 실제로 알려 주는 미묘한 차이와 역사를 고려하지 않는다고 말할 것이다. 반면 어떤 사람들은 이런 시각이 로스쿨에서 그들이 받은 훈련이나 그들이 계속 해 나가고 있는 실무를 정말 잘 나타낸다는 데 동의할 것이다. 사실은 법적 대리에서 어떤—혹은 누구의—도덕적 고찰들이 '유효한지'에 대해 실질적으로 의견이 일치하지 않고 있다. 하지만 "열심의 윤리(the ethic of zeal)는 전통적 목표이며…[의뢰인을 위한] 열심은 오늘날에도 계속해서 '법률직을 규정하는 **첫째 가는** 근본 원리'이자 법률가의 탁월함을 나타내는 유력한 기준이다."[4] 어쨌든, 알레그레티의 다음과 같은 결론은 분명 어느 정도 맞는 말이다.

모든 법률가들은 이러한 지배적인 패러다임의 영향을 심하게 받는다. 이것은 로스쿨이 가르치는 것이며 당사자주의 제도가 전제하는 것이다. 일부 법률가들은 그것에 반항하지만, 어느 누구도 그 지배력에서 벗어날 수 없다. 대부분의 법률가들에게 이와 같은 지배적 패러다임은 그들이 숨 쉬는 공기와도 같다. 보이지 않고 당연한 것으로 여겨지지만, 그들의 일상생활에 필수불가결한 것이다.[5]

최근에 이루어진 젊은 법률가들에 대한 실증적 연구에서도 이러한 결론이 나온다.[6] 그것은 응답한 대부분의 젊은 법률가들이 역할 도덕으로 도덕적 갈등을 해결했음을 확실히 보여 준다. 즉, 그들은 법률직의 도덕적 결과들을 무시하고 순전히 법률 문제들을 해결하는 변호인 역할에만 초점을 맞췄다.[7]

'지배적인 패러다임'이라고 하는 이러한 특성에 대한 묘사를 우리가 아무리 싫어한다 해도, 우리의 직업 정체성과 문화적 고정관념은 실제로 그리스도인 법률가들이 갈등하는 주요 원인이다. 그래서 우리는 이 문제를 해결해야 한다. 나는 통일성과 진리와 공동체에 대한 헌신에 걸맞은 통합된 법률가로서 그것을 해결하기를 제안한다. 이번 장에서 몇 가지 선택권을 분류해 보고 통합된 반응이 될 만한 것이 무엇인지 개진해 보겠다. 그렇게 하면서 이러한 분투가 우리가 이미 논한 걸림돌들과 관련된다는 것을 볼 것이다. 그리고 더욱 흥미로운 사실은, 그러한 갈등이 교회 및 법률직에 종사하는 신자들에게 영향을 끼친 근대성의 본질 자체와 보통의 문화적 사고 습관에 뿌리박고 있다는 것이다. 그렇기 때문에 직업 정체성 문제를 해결하려면, 우리가 근대성(modernity)이라고 부르는 삶의 양식과 사고방식, 그리고 그 소산인 포스트모더니티 또한 다루어야 한다. 현대의 전문 직업 정신에 대한 반응을 평가할 때, 법률가의 소명 및 통합의 중심성에 대한 우리의 접근이 필연적으로 확고해질 것이다.

그 문제를 인지하고 해결책이 될 만한 것에 대한 탁월한 로드맵을 제공한 그리스도인 법 윤리학자들의 저술을 중심으로 논의해 보겠다. 먼저 알레그레티의 '네 가지 모델', 즉 그가 '규약'이라고 부르는 '전형적 시각'에 대해 그리스도인이 보일 수 있는 네 가지 반응을 검토해 보자.[8]

전형적 시각에 대한 그리스도인의 반응

알레그레티는 「법조인의 소명」(*The Lawyer's Calling*, 한국 IVP)에서 그리스도인 변호사들이 고용된 총잡이라는 일반적 견해에 대해 보이는 네 가지 전형적 반응('다양한 자아상')을 개략적으로 말한다.[9]

그리스도인 변호사: 모순 어법

첫 번째 모델은 고용된 총잡이라는 개념에 반대하여, 그리스도인은 변호사가 될 수 없다고 보는 것이다. 널리 퍼져 있는 패러다임은 적어도 명확히 표현된 대로 본다면, 실제로 통일성에 대한 헌신과 상충되기 때문에ㅡ우리는 동시에 두 종류의 도덕적 존재, 즉 하나는 변호사이며 다른 하나는 인간인 그런 존재가 아니다ㅡ많은 그리스도인들은 법률직에 몸담고는 온전히 그리스도를 섬길 수 없다고 생각한다. 때로는 심지어 로스쿨을 마치고 난 후에도 그렇게 생각한다. 알레그레티는 이러한 반응을 "규약에 반대하는 그리스도"라고 부른다.

이런 식으로 반응하는 그리스도인들은 우리의 네 가지 헌신에 대한 문제를 평가할 때 만족스럽지 못한 접근법을 보여 준다. 첫째로, 그러한 그리스도인들의 태도는 '널리 퍼져 있는 견해'에 무비판적으로 항복하며, 당사자주의 제도와 법률가의 역할을 역사적·신학적 세계관으로 분석하는 것을 피한다. 세계관에 대한 헌신이라는 견지에서 본다면(8장을 보라), 법을 그처럼 쉽게 버리는 사람들은 그들의 결정의 기초가 되는 제도들의 **창조적 구조**(the creational structure)를 평가하지 못했다. 민사재판은 하나님의 선한 창조 질서, 곧 타락에 의해 오염되기는 했지만 하나님이 여전히 회복하기 위해 일하고 계시는 그 질서의 점진적 발전을 보여 주는가? 그리고 당사자주의 제도는 하나님을 향해 '나아갈' 수 있는, 하나님의 선한 창조에 기초한 문명의 일부인가? 아니면 단순히 하나님의 목적에서 떠나 돌이킬 수 없을 만큼 먼 곳을 향해 나아가는, 개혁 불가능한 타락의 산물일 뿐인가? 후자가 아니라면, 하나님 나라식 접근이란 어떻게 하면 법률가들이 하나님의 법을 회복하는 쪽으로, 즉 하나님의 창조 질서에 순종하는 쪽으로 제도를 밀고 가는 데 유용하게 될 수 있을지 판단하는 것이 될 것이다.

게다가 공동체에 대한 헌신에 대해 특별히 과거의 성도들에게서 조언을 구한다면, 역시 이 첫 번째 모델을 따르지 말라고 충고할 것이다. 초기 미국과 영국 법률가들에게 도덕 관념 없는 고용된 총잡이는, 많은 사람들이 주장한 것처럼 당사자주의 제도의 필연적 결과가 아니었다. 근대의 편견 속에서 놓치고 있는 당사자주의 제도의 다른 모습들도 있을 것이다. 사실상 유보된 양심의 모델은 적어도 부분적으로는 미국 법학이 도구주의로 선회하던 시기에서 그리 멀지 않은 시기에 매우 어두운 늪지대에서 생겨난 산물이라고 할 수 있다. 예를 들어, 셰퍼 교수는 데이비드 호프만(1836년)과 조지 샤스우드(George Sharswood, 1876년)가 의뢰인의 이익을 위해 "법률가가 자신의 양심을 유보할 수도 있다는 생각"을 격렬히 부인했다고 말한다.[10] 이것만 보아도 적어도 '전형적 시각'이 돌이킬 수 없거나 확고부동한 것이 아닐 수도 있다는 가능성은 열려 있는 것이 분명하므로, 우리는 성경적으로 더 평가해 봐야 한다.

제도 탓을 하는 법률가

그리스도인 법률가의 두 번째 만족스럽지 못한 반응은 '제도' 뒤에 숨는 것이다. 알레그레티는 이 반응을 "규약과 조화를 이루는 그리스도"라고 부른다. 이것은 고용된 총잡이라는 역할이 그리스도께 대한 섬김과 조화를 이룬다고 추정하기 때문이다. 결국 "총잡이 역할이 우리가 갖고 있는 제도라 보는 것이다." 나는 이것이 그리스도인 로스쿨 학생들과 법률가들에게서 가장 흔히 볼 수 있는 태도임을 발견했다(8장을 보라). 알레그레티는 미국인들이 특별히 '민주주의 이상'에 충성스러우며, 확대 해석하면 당사자주의 제도 자체에 충성스럽다고 말한다. 그는 "다른 무엇보다도 당사자주의 제도를 존중하도록 배우는 미국 법률가들은, 자연히 규약을 거의 하나님의 의도가 표현된 것으로 신봉하게 된다"[11]고 말한다. 나는 그리스도인 로스쿨 학생들과 함께 일하면서 이것이 재삼재사(再三再四) 확증되는 것을 보았다.

이러한 '조화' 모델 역시 첫 번째 모델과 마찬가지로, 법률가의 역할과, 부르심으로서 일의 본질에 대해 신학적 통찰을 결여하고 있다. 우리가 제도에 무비판적으로 충성을 바친다면, 법률 영역에서 우리 이웃을 사랑할 수 없다. 이것은 그 제도가 본래 도덕적인 것인지의 여부와는 상관없는 사실이다. 요는 제도를 성경적·비판적으로 평가하지 않고는, 통합성을 가지고 그리스도를 섬기는 일이 불가능하다는 것이다. 여기에서도 역시 진리에 대한 헌신의 일환으로 **방향**(direction)을 분별함이 매우 중요하다. 연구를 하다 보면, 타락으로 당사자주의 제도가 너무나 오염되어서 제도에 대한 충성을 도덕적 표준으로 받아들이는 것은 부적절하다는 결론에 이를 수도 있다. 다른 한편, 십중팔구 방향을 분별하게 되면, 우리는 어떤 면에서는 '제도'를 의지할 수도 있지만, 또 다른 면에서는 제도가 의지할 만한 것이 못된다는 생각을 하게 될 것이다.

예를 들어, 어떤 경우는 변호사를 의뢰인과 분리하는 제도상의 변호 원리에 의지할 수 있을 것이다. 하지만 어쩌면 그리스도인 법률가는 미국 나치당의 언론 자유가 너무나 중요해서 잘못된 사상이라도 정부에 억눌려서는 안 된다는 근거로, 비난받아 마땅한 그 당을 법적으로 대리할 수도 있을 것이다.[12] 이러한 대리를 정당화하기 위해 기독 법률가는 대리의 목적은 본래 구조적으로 선하다고 (그리고 도덕적으로 옳다고) 주장할 수 있을 것이다. 다른 한편, 대리의 목적이 포르노나 낙태 같은 악한 관행을 촉진하는 것일 때, 제도가 법률가를 악에 연루되지 않게 감싸 주는 작용을 하지는 못할 것이다.[13] 사실상 결과적으로 악을 초래하는 다른 경우들—어쩌면 위에서 말한 나치당 사건의 경우에서도—이 있을 것이다. 그것에 대해서는 더 철저한 철학적·신학적 연구 조사가 필요하다. 요는 우리가 법률 업무를 수행할 때 자동적으로 도덕적 분리가 이루어진다고 말하는 근대의 교묘한 속임수를 받아들이기보다, 하나님 앞에서 우리의 정체성과 부르심을 평가해야 한다는 것이다.[14]

게다가 우리가 공동체에 헌신하게 되면, 이웃을 사랑하기 위해 제도에 관여하는 것이 좋은지 아닌지, 또 어디에서 제도에 관여해야 하는지, 제도 안인지 밖인지 분별하려 할 때 제도에 대한 보다 깊이 있는 성경적 비판이라는 유일한 도덕적 나침반을 가지고 분별하게 될 수 있을 것이다. 예를 들어, 슈르만은 소명 교리가 힘있는 자들에 의해 "사회의 약자층과 하위층에 대한 학대를 영속화하기 위해" 사용될 수 있다는 점을 지적한다. '모든 일이 지닌 가치가 중요하다'는 관점을 존중하다 보면, "성령의 은사들을 나태한 태도로 경시하고, 다른 곳에 더 필요한 섬김의 기회를 피하며, 부패되어 있지만 변화시킬 수 있는 현 상태를 아무말 없이 받아들이는 지경에 빠져들게 될 수 있다."[15] 제도가 혹은 그것의 일부라도, 부패했지만 변화시킬 수 있다면, 일어나 그 부패에 도전하는 것이 우리의 의무다.

통합하지 못하는 법률가

셋째로, 알레그레티는 법률가들이 종종 그들의 삶을 간편하게 구획화한다고 말한다. 집, 교회 그리고 대부분의 관계 내에서는 인간으로 살지만, 일터에서는 '도덕과 상관없는 법률가'의 삶을 산다는 것이다. 우리에게는 사적인 영역과 일의 영역이 있다. 이러한 이원론에 대해서는 앞에서 길게 다룬 바 있다(3장을 보라). 그리고 그것이 바로 통합하지 못한 삶의 본질이다. 다시 말하건대, 그리스도인 법률가들이 법률직의 삶으로 특별히 부름받았다는 것을 무시하는 이유 중 하나는, 그들이 하나님 나라의 관점을 가지고 있지 않기 때문이다. 즉, 그들은 하나님이 그분의 선한 창조를 회복하는 일이 이미 일어나기 시작했음을 보지 못하며, 그래서 오로지 내세에 대한 관심만이 중요하다고 생각한다. 이런 관점에서 보면 법률 실무는 어쨌든 결국에는 지옥에나 떨어질 일의 일부일 뿐이다.

"나는 사실 하늘의 시민이다. 그리고 이 모든 것(법률가로서의 일)은 불에 타 버릴 것이다. 나는 교회 일에 신경을 쓰고, 할 수 있을 때 복음을 전하고, 전도를 위해 나의 돈을 드려야 한다. 결국 나는 내 가족을 먹여 살려야 한다. 그건 일자리일 뿐이다." 이런 모델에는 당연히 통합성이 부족하다. 진리를 찾는 것도 없고, 공동체와의 연관도 없으며, 소명에 대한 평가도 없는 완전히 이원론적인 삶이다. 이것은 우리가 통합성 시험에 보기 좋게 실패한 것이다.

전형적 시각을 변혁시키는 법률가

대체로 법률직에서 그리스도인의 삶에 대한 법률가의 전형적 변명은 앞서 본 세 가지 비성경적 정당화 중 하나다. 이러한 변명들은 그리 설득력이 없다(내 경험에 의하면, 심지어 그런 변명들을 늘어놓고 있는 법률가 자신에게도!). 그리고 분명 피상적이고 믿음 없는 사고를 반영한다. 알레그레티는 그런 변명들이 모두 "법률가의 신앙 생활과 직장 생활 간의 연관을 훼손한다"[16]라고 잘 요약한다.

그래서 알레그레티는 네 번째 반응이 필요하다고 주장한다. 그것은 "법률가의 신앙이 그의 일과 관련되어 있다"[17]는 것을 인정하는 반응이다. 이러한 '변혁하는' 반응은, "그리스도는 만유의 주님으로 법률직에서도 주님이시며, 그리스도인들은 삶 전체에서, 전문 직업인으로서 그들의 삶에서도 그리스도를 섬기도록 부름받았다"는 반응이다. "그것은 삶을 인위적으로 사적인 영역과 공적인 영역으로 나누어 신앙에 대한 헌신을 오로지 사적인 영역과만 관련시키는 것을 거부한다"[18]는 반응이다. 간단히 말해, 인위적 정체성은 없으며 그리스도의 부르심 속에서 그분과 함께 유업을 받는 자요 그분의 종이라는 그리스도와의 참된 동일화가 있을 뿐이다. 알레그레티는 이것을 "규약을 변혁하는 그리스도"[19]라고 부른다. 우리는 이것을 그냥 '통합된 법률가의 소명'이라고 부를 수 있을 것이다.

권위 있는 학술 문헌을 보면, 정체성 위기에 대한 이야기가 많이 나와 있다.

하지만 문제는 언제나 인위적 역할 도덕에 관한 것과 구별되는 다른 이야기, 다른 대안, 다른 이상은 없다는 것이다. 심지어 '예일 로스쿨 학장'이 제안한 '법률가이면서 정치가인 사람'(lawyer-statesman) 같은 현대의 대안들도 공허하고 인위적이다. 정체성에 대한 모든 담화에서 대부분의 논평자들은 '법률가'를 **그 사람 본인**과는 별도로 채택한 어떤 것, 그가 걸쳐 입고 있는 어떤 것으로 취급해야 한다고 주장한다. "법률가는 좋은 사람이 될 수 있는가?"라는 것은 흔한 질문이다. 마치 별개인 두 실체가 서로간의 화해를 추구하고 있기라도 하는 듯하다. 게다가 학술 문헌에서 아무리 논의가 진척되어도 실무에 종사하는 사람들에게는 그것이 별 의미가 없는 경우가 종종 있다. 그런 논의가 법률직이나 일반 대중에게까지 내려오는 데는 분명히 실패했다. 참으로 변혁하는 비전이라면 법률가로서의 자신과 한 사람으로서의 자신이 분리된 채 살아가는 것을 거부하고, 대신 소명, 이웃 사랑, 진리를 귀하게 여기는 비전을 추구할 것이다.

통합된 법률가의 정체성을 추구하는 데 도움이 되는 몇 가지 주장들이 제기되어 왔으며, 지금까지 논의한 바에 비추어 그중 일부를 탐구해 보고자 한다.

도덕적 대화와 변혁의 비전

법률가의 유보된 양심이라는 원리는 '역할 도덕'에 기초하고 있다. 이번 장과 소명(3장) 및 통일성(6장)에 대한 논의에서 보았듯, 삶에서 통합되지 않은 접근 방식을 채택할 때, 우리는 그리스도께 온전히 복종하거나 피조세계에서 지속되는 하나님의 일, 곧 문화에 전념하지 않게 된다. 소명적 사고는 **우리의 모든 역할과 부르심 속에서** 그리스도께 복종하도록 돕는다. 우리는 맡고 있는 특정한 역할마다 하나님에 대한 의무를 지닌다. 다른 한편, 역할 도덕은 법률직과 그에 수반되는 책임들에 초점을 맞추며 법률가로 활동하고 있을 때면 다른 모든 것은 배제한다. 이런 견해에 따르면, 어떤 사람이 법률가라는 것이 모든 것을 포괄하며 자기를 규정하는 것이 된다. 법률직 외의 어느 것도 법률가를 인도하는 데 도움이 될 수 없다.

셰퍼 교수는 법률가-의뢰인 간의 관계에 대한 논의를 하면서, 먼저 이러한 '역할 윤리'를 평가한다. 그는 설사 법률가가 한걸음 더 나아가 그들이 가지고 있는 도덕적 가치관이 의뢰인의 행동을 좌우해야 한다고 결심하더라도, **여전히 역할 윤리를 따르고 있음**을 지적함으로써, 지금까지의 고찰

> **'제도'와 도덕적 법률가**
>
> 우리는 법률가들이 자신들이 알고 있는 것과 자신들이 하는 일에 대해 도덕적 책임이 있다고 주장한다. 그들의 책임은 법률가들이 의뢰인들에게 지고 있는 책임(이것 역시 도덕적 책임이다)으로 인해 난해해진다. 그럼에도 법률가들은 당사자주의 제도가 정당한 결과를 낳으리라는 환상 뒤에 숨어, 도덕적 삶이 가지고 있는 난해함을 회피해서는 안 된다.
> 문제는 도덕적 건강을 유지하는 삶이 쉬운가, 아닌가 하는 것이 아니다. 이 질문은 법률가들이 도덕적 건강을 추구하는 일에 무력하게 되었는가, 아닌가 하는 것이다. 분명 정의와 자비가 어느 쪽을 가리키는지 결정하기는 어려울 수 있다.
>
> Thomas L. Shaffer and Robert F. Cochran Jr., *Lawyers, Clients, and Moral Responsibility*

에 흥미로운 권고를 덧붙인다. 법률가는 온정주의적으로 자신의 양심을 유보하기보다, 의뢰인에게 그의 양심을 유보할 것을 요구한다는 것이다. "법률 실무에서 도덕에 대한 이 같은 역할 관련 접근이 너무나 우세해 법률직 내의 도덕적 토론들은 보통…의뢰인이 원하는 것을 하는 것과 의뢰인이 원하는 것이 무엇인지 의뢰인에게 말하는 것, 둘 중 하나를 선택해야 한다고 가정한다."[20] 그는 이렇게 선택권을 제한할 때, 우리는 역할들에 대해 '기만적'이 된다고 덧붙인다. 어떤 경우 "기만은 법률가에게 양심이 없다는 것"이 되고, 또 어떤 경우 "기만은 의뢰인에게 양심이 없는 것"이 된다.[21]

물론 역할 윤리 접근법은 통합적이지 않으며, 셰퍼는 법률가의 양심과 의뢰인의 양심 둘 다가 서로의 관계에 '영향을 끼쳐야' 한다는 적절한 주장을 편다. 그가 제시하는 궁극적 해결책은 우리가 '보살핌의 윤리'를 실천해야 한다는 것

이다. 그것은 법률가와 의뢰인이 실제로 서로에게서 배운다는 사실을 인식하는 것이다. 그렇게 하기 위해 그들은 자신들이 홀로 떨어져 있는 '도덕적인 섬'(moral islands)이 아니라는 것, 그리고 진정한 상호 작용과 도덕적 대화가 필요하다는 것을 인정해야 한다. 이것은 역할극이 아니다. 이것은 의뢰인과 법률가가 서로 자기 이웃을 사랑하는 인간관계다. 셰퍼는 도덕적 대화에 기초한 법률직의 몇 가지 중요한 특징들을 다음과 같이 논한다.

- 의뢰인과 법률가는 서로에게 영향을 끼칠 것이다. 그래서 둘 다 변화에 열려 있어야 한다.
- 도덕적 대화는 성찰에 적합한 시간과 공간을 요한다.
- 양측 모두 정보를 다 주어야 한다. 그리고 대리의 수단과 목적에 대해 협력해야 한다.
- 법률가는 자기 의뢰인을 하나님이 자신에게 보내 주신 '하나님의 자녀'처럼 대한다.
- 이러한 도덕적 담화에는 모험이 수반된다. 그리고 양측 모두 변화에 열려 있어야 한다.
- 법률가는 그런 관계를 촉진하기 위해 진정한 전문적 기술을 계발해야 한다. 그러므로 법률가들은 도덕적으로 예민해야 하며, 법학도들은 '진실함, 조화, 수용의 기술' 훈련을 받아야 한다.

셰퍼는 "그리스도인이면서 법률가가 되는 것이 가능한가?"라는 질문에 대한 답으로 다음과 같이 결론내린다.

법률 실무를 도덕적 대화로, 변론을 도덕적 담화로, 법률가로서 가지고 있는 기술을 희망이라는 가치를 위한 수단으로 여기고, 정의는 선물로 주어진 것이지 정부로부터 받은 상품이 아님을 확증하는 삶을 살기로 결단하는 것만큼, 그리스도인이면서 법률가가 되는 것이 가능하다고 생각한다.[22]

이것은 셰퍼의 저술을 조금 지나치게 단순화한 것이며, 관계성 속에서 발생하는 문제들에 관한 그의 더 깊은 결론에까지는 파고들지 못한 것일 수 있다. 하지만 그리스도인 법률가의 부르심에 대한 셰퍼의 감화력 있는 비전의 중심이 법률가나 의뢰인이나 함께 성장하고 함께 적절한 목적을 추구하는, 앞에서 말한 도덕적 대화임은 분명하다. 셰퍼는 로버트 코크란 교수와 공동 연구를 하여 펴낸 윤리학 교과서에서, 직업상 정체성에 대한 이러한 접근법을 발전시켰다. 그들은 법률가의 도덕적 대화가 주로 의뢰인의 승리, 자율, 혹은 올바른 판단보다는 '의뢰인의 덕'(goodness)에 대한 것이라고 결론내린다.[23]

> 의뢰인의 덕에 관심을 갖는 법률가들이 이 모든 것[의뢰인의 승리, 자유, 올바른 판단]에 관심을 가질 것이다. 그들은 전인으로서의 의뢰인에게 관심을 갖고 있기 때문이다. 하지만 그들은 의뢰인이 어떤 사람이 되어 가는가 하는 것에도 관심을 가질 것이다. 의뢰인은 불가피하게 법률가에게 영향을 받기 때문이다.[24]

도덕적 대화와 의뢰인의 덕이라는 것은 탁월한 이상(理想)이며, 이것에서부터 직업상의 통합성을 추구하면 좋을 것이다. 그것은 매력적이며 매우 분명히 옳은 것이다. 왜 우리 모두 이렇게 하지 않는가?[25] 왜 그것이 유력한 패러다임이 되지 않았는가? 논의를 계속하면서 이러한 통합적 비전을 추구할 때 직면하는 어려움들을 살펴보고, 그다음 더 자신 있게 통합적 비전을 추구할 수 있도록 해줄 몇 가지 실천 사항을 제시하고자 한다.

도덕적 고립과 근대성

전문 직업인의 통합된 비전 문제를 논의하기 위한 좋은 출발점은 역시 셰퍼 박사다. 그는 '역할의 윤리'와 궁극적인 '보살핌의 윤리'에 덧붙여 중도적인 입장, 즉 그가 역시 거부하는 '고립의 윤리'도 함께 논한다. 고립의 윤리를 따르는 법률가들은 보살핌의 윤리에서와 마찬가지로, 법률가와 의뢰인 둘 다의 도덕적 양심이 관계성에 '영향을 끼친다'고 간주한다. 하지만 보살핌의 윤리와는 달리, 이들의 "도덕적 입장은 그냥 주장될 뿐이며, 상대방이 받아들이거나 거부하거나 둘 중 하나다." 변화에 마음을 열거나 진정으로 서로 덕이 되는 주고받음은 없다. 이 접근은 의뢰인이나 법률가의 양심을 포기해 버리기보다는, 그들을 둘 다 공개 석상에 앉혀놓고, 받아들이든지 말든지 마음대로 하게 한다. 각자의 도덕적 입장은 알게 되지만, 대화는 없다. 역할의 윤리, 곧 고용된 총잡이 패러다임이 일반적으로 법률직을 바라보는 전형적 시각일지는 모르지만, 고립의 윤리는 실무에 종사하는 그리스도인 법률가들이 취하는 지배적 접근 방식을 정확히 묘사한다고 생각한다. 우리는 의뢰인들에게 우리가 무엇을 할 것인지 혹은 하지 않을 것인지 말하며, 의뢰인들은 우리에게 자신들이 무엇을 할 것인지 혹은 하지 않을 것인지 말한다. 그러면 우리는 그것을 받아들이든지 말든지 한다.

고립의 윤리는 특히 오늘날 행하기 쉽다. 그것은 오늘날 우리의 모습을 반영하기 때문이다. 고립의 윤리는 근대 사회와 거기서 이어지는 '후기 근대성' 혹은 포스트모더니즘의 특징인 파편화(fragmentation)를 강조한다.

콜린 군톤은 근대성의 문제를 '대체'(displacement)의 문제로 요약했다. 하나님을 '인간의 주관성으로' 대체한 것, 그리고 다른 사람들을 추방한 것— 결국 그들과 관계를 끊는 것이지만— 이다.[26] "핵심 단어는 **도구적**(instrumeatal)이라는 것이다. 우리는 다른 사람을 하나의 도구로, 단지 우리의 뜻을 실현하기 위한 수단으로 이용하며, 어떤 식으로든 우리와 통합하는 존재로 보지는 않는다."[27] 근대 사상과 문화에서는, 인간의 이성과 의지가 실재를 하나로 묶는 중심으로서 하나님을 대신했다. 이것은 사회를 파편화로 이끈다. 세상이 오직 개인들로만 '결합되어' 있다면, 사회의 공통분모는 없기 때문이다. 그렇다면 근대성의 문제는 응집과 의미를 연합하는 원천인 하나님을 제거하는 것, 이웃과 관계를 끊는 것,

그리고 그 결과 생겨나는 사회의 파편화다.

포스트모더니즘은 이러한 관계 이탈과 파편화라는 관점에서 보면 근대의 연속선상에 있을 뿐이다.[28] 물론 그것은 몇 가지 점에서는 근대에 대한 반작용이기도 하다.[29] 하지만 둘 다 핵심은 관계 단절이다. 모더니즘은 다른 사람들을 배제하는 반면, 포스트모더니즘은 다른 사람들을 관계없게 만든다.[30] 군톤이 말하듯, "모더니티에는 도그마나 관례들을 묶어 놓은 것 같은 유형의 단일 개념은 없다. 포스트모더니티도 그 연장선상에 있다."[31] 물론 모더니티와 포스트모더니티 간에는 중요한 차이가 있다.[32] 하지만 근본적인 관계 단절, 사회적 도구주의, 그리고 하나님을 자율적인 개인의 의지와 바꾸어 놓았다는 점에서 그 둘의 연속성은 현재의 논의를 설명하는 데 도움이 될 것이다.

고립의 윤리는 법률가-의뢰인의 관계성에서, 파편화되고 단절된 근대 사회를 적절히 보여 준다. 예를 들어, 고립의 윤리에서 "전제는…법률가와 의뢰인이 둘 다 현대 사회 안에서 활동하지만 그들의 세계가 서로 고립되어 있다는 것이다." 마찬가지로, 강의실에서 고립의 윤리를 말하며 셰퍼는 다음과 같이 언급한다. "로스쿨에서 이루어지는 도덕적 대화에 대해 학생들이 '저는 저걸 하겠습니다 혹은 하지 않겠습니다'라는 식으로 대답을 하는 경향이 있다. 때로는 '저는 그냥 그걸 하겠습니다 혹은 하지 않겠습니다. 그것에 대해 유감스럽게 생각합니다. 하지만 저는 원래 그런 사람입니다. 제가 그런 사람인 이유는 남부에서/가톨릭 학교에서/훌륭한 침례교 어머니에게서 자랐기 때문입니다'라는 식으로 말한다."[33] 다시 말해, 나는 원래 그런 사람이니 마음대로 하라는 것이다. 셰퍼는 "고립은, 도덕이 사적인 일임을 암시한다. 사람들은 도덕을 주장하긴 하지만 도덕에 대해 이야기를 나누지는 않는다. 이것은 도덕이 중요하지 않다고, 사실상 이야기할 만한 **가치**가 없다고 생각하는 것이다"[34]라고 결론내린다. 고립의 윤리는 아마 근대의 윤리라고 불러도 좋을 것이다. 그것은 근대의 특성을 많이 붙잡고 있기 때문이다.

반문화적 과업

한편, 고립이라는 근대의 문제를 이렇게 논의하는 것은 우리가 말한 세 가지 걸림돌을 광범위한 사회학 용어로 반복해 말하는 것이다. 그것은 법학 교육에서 도덕적 중심이 상실되고 도구주의가 생겨난 것, 부르심에 대해 생각할 때 구획화와 역할 도덕이 중요해진 것, 신학적 진리와의 일치에 대한 합리적 기초를 상실한 것 등이다(각각 2, 3, 4장을 보라). 게다가 그것은 우리의 헌신들을 상기시켜 준다. 하나님을 제거한 것은 통일성에 대한 우리의 헌신을(6장), 다른 사람들과의 관계 단절은 공동체에 대한 우리의 헌신을(7장), 주관주의는 진리에 대한 헌신을 기억하고 논의하게 해준다(8장).

다른 한편, 직업상 정체성 문제가 근대성(혹은 당신이 포스트모더니티라고 부르기 원한다면 포스트모더니티)의 문제 안에 감춰져 있다는 인식은 우리의 과업이 얼마나 복잡한 것인지 보여 준다. 우리는 그저 '더 잘 하려고 노력하고' 성경을 더 신실하게 읽거나 '보살핌의 윤리'를 실천하려 애쓰기만 할 수는 없다. 법률 분야에서 그리스도를 따르는 과업은, 도덕적으로 어렵고 실천과 지혜와 덕성을 요하는 것이다. 이 과업은 우리가 하나님 및 다른 피조물들과 관련해 뭔가가 **될** 것을 요구한다. 이런 의미에서 이번 장에 나오는 논의는 9장에서 법률가의 훈련을 강조한 것을 기초로 하고 있다. 근대 사회의 정신을 극복하기 위해서 하나님 나라의 정신, 곧 성령과 일치되는 생각과 행동의 습성을 계발해야 한다는 것이다. 사실 우리 자신이 근대의 법률가다. 그리고 법률직에서 그리스도인답게 행하라는 부르심에는 우리가 푹 잠겨 있는 여러 생활방식에 대해, 우리 자신도 그 안에 젖어 있다는 자의식을 갖는 것과 그런 방식에 의식적으로 저항하는 것이 포함된다.

우리가 과연 그 과업을 잘 수행할 준비가 되어 있는지에 대해서 약간의 의심도 있다. 근대 사회를 지금의 모습으로 만드는 '도그마와 생각의 습관들'은 우리가 통합적 과제의 중심이라고 생각하는 것들을 실천하기 어렵게 만든다. 보살핌의 윤리(혹은 다른 어떤 변혁의 비전)가 정체성 혼란의 해결책이라고 보는 것은 좋다. 하지만 우리는 그런 윤리를 실천하기 어려운 세상에 젖어들어 살고 있다. 사실 우리는, 고립의 윤리가 아닌 보살핌의 윤리를 간단하게 선택할 수가 없다. 즉, 우리는 보살핌의 윤리를 **어떻게** 실천하는지 모른다!

나의 동료 내트 갠트는 역할 도덕(세퍼의 용어로 하면 '역할의 윤리'), 통합, 포스트모더니즘(혹은 후기 모더니즘) 간의 중요성을 탐구하며, 법률가들이 의뢰인들과의 도덕적 대화를 '소홀히 하는' 이유는 지배적인 문화의 세계관이 "그들의 도덕적 관심사를 그들의 법률 상담에 통합하는"[35] 것을 어렵게 만들기 때문이라고 주장한다. 그는 근대성의 "사회적 장애와 철학적 장애"가 통합을 어렵게 만든다는 것을 보여 준다.[36]

사회적 장애들은 당연히 파편화에서 온다. "일은 여가와, 사생활은 공생활과, 그리고 공동적인 것은 개인적인 것과 분리된다."[37] 이것이 교회에서도 소명적 사고를 하지 못하도록 막는 구획화의 뿌리다(3장을 보라). 우리가 도덕적 존재로 살지 않는 장소나 시간이 있다면, 주일에 우리 생활을 이끌고 가는 도덕적 사고방식은 우리가 그런 장소나 시간에 있을 때는 우리에게 아무 말도 해줄 수가 없다. 법률가가 개인적 도덕성을 공적인 삶과 일에서 분리시킬 때 도덕적 통합과는 아무 관련성이 없어져 버리고 만다. 게다가 이러한 구획화는 일부 법률 실무의 특성 때문에 더 심해질 수 있다. 일이 세세하게 전문화되고 대규모 소송이 벌어지면서, 의뢰인과의 대화―도덕적인 것이건 아니건―및 도덕적 논증이라는 큰 그림은 법률 문제의 기술적 측면에 밀려 부차적인 것이 되어 버린다. 근대의 파편화라는 특성은 여러모로 우리에게 불리하게 작용한다.

도덕적 대화를 나누지 못하게 하는 사회적 장애물인 파편화에 더하여, 포스트모더니즘(혹은 후기 모더니즘)은 또한 철학적 장애물을 드러낸다. 법률 실무에 대한 고용된 총잡이라는 개념을 강화하고, 도덕적 대화를 저지하는 사고방식을 조장하는 것이다. 도덕적 대화에 대한 이러한 장애물들은 포스트모더니즘의 지배적인 철학적 특성에서 자연스럽게 생겨난다. 이 장애물들은 (1)종교를 순전히 개인적인 것으로 전락시키는 것과 도덕적 상대주의의 경향, (2)그 결과 종교와 도덕적 통합에 대한 대중적 담화가 정당하지 못하게 된 것, (3)개인에 대한 근대의 관점 및 자아에 대한 개인의 관점이다.[38] 이러한 것들이 법률가의 소명에 매우 중요한 도덕적 대화에 직접적으로 맞서기 때문에, 각각의 요인들이 가져올 결과를 살펴보도록 하자.

주관적 종교. 처음 두 가지 문제는 하나님을 추방하려는 근대의 충동에서 나온다. 포스트모더니즘은 사회적 의미에서 종교를 개인화(privatize)한다. 모더니즘이 그것을 정치적 의미에서 개인화한 것과 비슷한 방식이다. 초기 모더니즘은 하나님을 어떠한 정치적 혹은 문화적 과업과도 상관없는 분으로 만듦으로써, 정치적으로 하나님을 추방했다. 사실상 하나님은 실재하시고 능력이 있으실 수도 있으므로 종교는 인정해 줄 만하다. 하지만 '당신의' 신앙은 공공 부문에서는 부적절하다. 설사 세상의 중심에 우주적 질서나 영속하는 진리가 있다 해도, 우리가 그것을 알고 사회의 행정 조직에 적용할 수 있는 능력이 있는지는 확신할 수 없다. 이것은 리처드 포스너가 철학적 실용주의라고 부른 것에 대한 논의를 상기시킨다. 후기 모더니즘도 마찬가지로 종교를 추방한다. 하지만 거기에 사회적 차원을 더한다. 종교는 사회적 의의를 가지고 있다. 그것은 주요한 사회적 집단들을 유지시키기 때문이다. 하지만 거기엔 우주적 의미도 없고, 지배권도 없고, 일하시는 하나님의 실재도 없다. 하나님은 인간이 만들어 낸 가공물, 우리가 사용하는 사회적 고안물이다. 우리를 중심으로 돌아가는 세계에서 의미를 부여하기 위해 다른 사람들을 이용하는 것과 마찬가지다.[39] 여기에서의 구호는 '당신에게 도움이 되는 것은 무엇이든'이다.

이러한 추방은 우리가 법률 분야에서 추구하는 도덕적 대화에 영향을 끼친다. 더 이상 공통의 도덕적 근거나 공동선이라는 개념에 해당하는 공동 출처가 없다. 남아 있는 것이라곤 약간의 본능적인 예의 혹은 더 도움이 안 되는 것으로서, 직업윤리의 규약뿐이다. 코크란 교수가 지적하듯, 도덕적 이상으로서 전문 직업 정신에 호소하는 것은 포스트모던 사회에서는 아무런 영감도 불러일으키지 않는 일이다.

> 법률직 지도자들은 법률가들에게 시장이 제공하는 보상을 넘어서라고, 그리고 직업적 규율이 요구하는 것을 넘어서라고 요청한다. 정의를 추구하고 더 정직하고 관대하게 되라고, 덜 적대적이고 덜 이기적이 되라고 그리고 그들의 시간과 자원을 가난한 사람들에게 더 많이 주라고 말한다. 그들은 법학 교수들에게 이러한 가치들을 법학도들에게 가르치라고 요구한다. 이러한 섬김에 대한 요청의 도덕적 토대는 전문 직업인이라는 지위 때문이다. '전문 직업 정신'이라는 말은 주문과도 같은 말로, 자주 반복하면 신비한 도덕적 능력을 방출할 것이다. 하지만 그 말이 과거에 어떤 능력을 가지고 있었든, 전문 직업 정신을 발휘하라는 말은 이제 더 이상 먹히지 않는 것 같다.[40]

전문 직업 정신이라는 말은 사실상, 언제나 도덕성을 이끌어내 왔던 적절한 믿음의 빈약한 대체물이다. 포스트모더니즘이 순전히 '개인적인' 믿음을 선호하는 것에 비추어 볼 때, 법률가들 각자가 속한 종교 전통에 따라 의미를 추구하라는 코크란 교수의 제안조차 별로 영향력이 없는 듯하다.[41]

묘하게도, 주관주의는 뒤틀어진 윤리학자들을 상당히 많이 양산했다. 포스트모던주의자는 어떤 것이 나에게 **사실**이면 나에게 **옳은 것**이라고 말한다.[42] 주관적인 '진리들'이 객관적으로 옳은 것으로 둔갑했다. 진 베이스의 말을 풀어쓰자면 덕은 없고 관용만 있으며, 거짓된 것은 없고 진리를 믿는 것만 있고, 죄는 없고 죄를 믿는 것만 있다. 이것은 물론 법과 정책에도 영향을 끼친다. 진리를 위한 도덕적 근거가 없다면, 법 자체가 위험에 빠진다. 법은 단순히 누가 더 센지 보려는 권력 투쟁이 된다. 실로 주관주의는 법의 영역에서 모더니즘의 유산이다. '욕구는 곧 권리다'라는 것에 '권력은 법의 원천'이라는 것을 합하면 도덕적 비전에 치명적이다. 즉, 법에서는 욕구와 선택이 곧 권리가 된다.

개인화된 종교. 모더니즘의 두 번째 철학적 문제는 종교가 공적 영역에서 설 자리를 잃는다는 것이다.[43] 뉴비긴이 말하듯, "사적인 세계와 공적인 세계 간의 이분법은 근대 서구 문화에 기본을 이룬다."[44] "종교는 교회와 가정의 일이며 공적 영역에는 자리가 없다"라는 금언은 "미국적인 방식의 일부다."[45] 이런 현상은 지난 20년간 강력하게 작용해 왔다. 그렇기 때문에 그 사실들을 여기에서 장황하게 말하지는 않겠다. 이러한 상태로 인해 법률가들조차 도덕적 담화를 하고 싶은 마음이 들지 않게 된다는 것이 요점이다. 예민한 도덕적 대화를 피하는 것이 '문화적 예절'이 되어 버렸다.[46]

하지만 현실적으로 말하면, 이것은 변호사가 실제로 법률 실무 변혁에 필요한 도덕적 대화를 피하라는 압력을 받는다는 것은 아니다. 우리는 공적 영역에서 쫓겨난 것이 아니다. 두려움 때문에 포기한 것이다. 우리가 도덕적으로 의뢰인에게 관여하는 것은 금지된 것이 아니다. 우리가 시도하지 못한 것이다. 우리 자신이 모더니즘에 의해 변화되어 버렸다. 우리는 마음속 깊은 곳에서 막연히 세상에 대한 종교적 이해에 따라 법률 사무소에서 도덕적 대화를 나누는 게 뭔가 이상하다고 생각한다. 심지어 무의식적으로, 다른 누군가에게 '우리의 견해를 강요하는' 것이 죄는 아닐까 하는 생각까지 한다. 우리는 우리가 과연 참되고 선하고 아름다운 것을 아는지 확신하지 못한다. 심지어 우리가 전문 지식을 갖고 있고 훈련받은 분야인 법에서도 그러한 것이다! 게다가 더욱 좋지 않은 상황은, 포스트모던적인 의뢰인들과 도덕적 대화를 나누려 할 때 그들이 우리를 좋지 않게 생각하지는 않을까를 우려하는 것이다. 우리는 스스로에게 **'뭐, 그들은 어쨌든 이런 토론에 관심이 없어'**라고 말하고 그런 대화를 나누기가 겁나서 그만둬 버린다.

파편화된 자아. 갠트 교수의 가장 중요한 관찰은, 포스트모더니즘이 법률가들에게 야기하는 세 번째 철학적 문제가 어떤 함축을 지니고 있는지를 보여 준다.

그것은 포스트모던적 자아다. 인간에 대한 포스트모더니즘의 관점에 담긴 특징은 인간이 '파편화된' 존재라는 것이다. 갠트는 개인의 자아는 "고정되어 있지 않으며 상황에 따라 달라지고, 대단히 다양하면서도 많은 경우 경쟁적인 사회적·문화적 영역에 종속되어 있다"[47]라고 말한다. 마찬가지로, 베이스는 포스트모던의 특징을 지닌 사람들이 "대단히 역할 지향적"[48]이라고 말한다. 소명 교리는 '우리가 여러 다른 역할을 지니고 있지만 우리의 정체성은 그러한 역할들 안에서 일관성을 가지며 그리스도의 인격을 중심으로 하고 있다'고 가르치는 반면, 포스트모던적 사고는 "사회적 역할을 떠난 정체성은 없다"[49]라고 생각한다. 모든 사람은 우리가 속한 사회적 환경을 조종하기 위해 연기를 하고 말장난을 한다. '진짜' 정체성은 없다. 일체화된 사람은 없다. 법률가의 소명과 역할에 대해 우리가 강조한 것을 생각해 볼 때, 이런 생각은 그리스도인 법률가들에게 중대한 함축을 지닌다.

> 사회가 개인을 일관성 있는 중심을 결여한 자아로 보기 시작한다면, 법률가들은 법률가로서의 역할을 삶에서의 다른 역할들—부모, 배우자 혹은 친구와 같은 역할들—과 아무 상관이 없는 것으로 생각할 것이다. 역할들 간에 충돌이 일어날 때 이런 유혹은 특별히 강해진다.…포스트모던의 파편화는 인식적 부조화를 피하려는 이런 내적 충동과 결합되어, 역할 분리를 심화할 것이다. 역할 충돌에 직면한 법률가들은 개인적인 것과 직업적인 것을 간단하게 분리할 것이다. 법률가들이 법률가로서의 역할을 도덕적 함의와 함께 보도록 훈련받지 않는다면—오늘날의 법 문화에서는 그렇게 될 가능성이 별로 없다—포스트모던이라는 가위의 경쾌한 절단음과 함께 도덕성을 법률가 노릇에서 잘라 내 버릴 수도 있다.[50]

간단히 말해, 포스트모던의 분위기 자체가 우리가 다룬 거의 모든 통합적이지 못한 습관을 장려한다. 통합성이라는 과업을 위한 도덕적 자원이 없음으로 인

> **계몽주의와 포스트모던 문화**
>
> 공적 세계는 지성을 갖춘 모든 사람이 동의해야 하는—혹은 설득을 당할 수 있는—사실들의 세계다.…이와 대조되는 것은 사적 영역이다. 개인의 행동과 생활 방식이 다른 사람들도 동일한 자유를 누리는 것을 막지 않는 한, 그곳은 자신의 취향을 마음껏 따를 수 있는 영역이다. 사적 영역에서 '옳은' 혹은 '틀린' 생활방식이란 없다.…이 같은 가치와 사실의 구분은 우리 문화의 특징 중 하나인 공사 간의 구분에 반영되어 있으며…또한…계몽주의의 도전에 대한 기독교 교회의 반응—혹은 적어도 개신교 교회의 반응—은 그 이원론을 받아들이고 사적 부문으로 물러나는 것이었다.
>
> 레슬리 뉴비긴, 「헬라인에게는 미련한 것이요」 (*Foolishness to the Greeks*, 한국 IVP)

해, 통합이라는 행동 자체가 정면으로 도전받는다.

갠트 교수는 심리학에서 파편화된 역할 도덕을 보여 주는 인성 이론들이 사실상 심리학적으로 해로운 영향을 끼칠 수 있으며 '정서적 부적응'을 낳을 수 있다는 점을 지적한다. 우리는 통합된 자아를 유지하도록 창조되었기 때문에, 분열이 문제를 유발한다 해서 놀라서는 안 된다. 다른 한편, 사람이 통합된 자아를 유지하면서도 역할이나 환경의 변화가 왜 행동의 변화를 정당화하는지 증명할 수 있으려면, 상당히 복잡한 형이상학적 평가를 내려야 한다. 간단히 말해, 우리는 때와 장소에 따라 다른 사람이 되지 않고도, 즉 파편화되지 않고도 우리의 역할과 책임을 구분할 수 있어야 한다. 우리는 다면적인 존재다. 건강한 개인이라면 누구나 사회적 역할들에 기초해 변화되는 측면들을 가지고 있다. 하지만 심리학자들은 '복합적인 자아 개념'과 파편화된 자아 개념을 구분한다.[51] 어떤 사람이 이렇게 다양한 자아의 측면들을 보여 주는 동시에 자신의 역할들을 망라해 내면적으로 통합되고 통일된 견해를 유지할 때에만, 그 사람은 정서적으로 건강한 것이다.[52]

파편화된 근대인들에 대한 이러한 논의는 어떻게 하면 직업상의 통합을 이룰까 하는 문제에 도움을 준다. 먼저, 이 논의는 철학적 모더니즘과 포스트모더니즘이 법률 분야로의 부르심을 이해하고자 하는 법률가 개인의 심리적 건강에 실제로 해를 끼칠 수 있음을 보여 준다. 둘째로, 이 논의는 우리가 사는 세상의 모순들에 직면해 통합을 실천하는 것이 어렵다는 사실을 환기시켜 준다. 그로 인해 우리는 다른 사람들에게 겸손하고 인내하라는 부르심, 그리고 거침없는 대답과 지나치게 단순화된 비판을 피하라는 도전을 받아들이는 데 도움을 받게 된다. 셋째로, 이 논의는 '복합적인 자아'(complex self)의 필요성을 보여 준다. 즉, 이것은 하나님과 다른 사람들 그리고 창조세계와 관련된 인간의 통일성을 이해할 뿐 아니라, 자신의 부르심 및 그 다양한 부르심 각각에 수반되는 다양한 의무를 이해하는 그리스도인의 삶이 지향해야 할 본질적인 비전이다.

전문 직업 정신과 세 가지 헌신

통합에 대한 우리의 삼중적 헌신은 근대의 도전에 어떻게 맞서는가?

첫째, 근대의 사고방식이 너무 많은 능력을 갖고 있다고 생각하지 말자. 주변에 온통 퍼져 있는 근대 사고방식의 영향을 과소평가하지는 말아야겠지만 말이다. 우리는 **변혁의** 비전을 추구한다. 그리고 근대성의 인위적인 틀에 맞춰지기를 거부할 때, 마음을 새롭게 함으로 우리를 변화시키는 분의 능력에 참여하게 된다. 우리는 환경의 노예가 아니다. 우리는 그 환경 안에 있는 빛과 소금이다. 하나님의 능력은 우리 안에서 우리를 통해 역사하시며, 그래서 우리는 절망하지 않는다.

이 점에서 모더니즘에 대한 포스트모더니즘의 비판조차 격려가 될 수 있다. 이 비판은 우리가 계몽주의적 사고에 깊이 빠져 있는 것, 공동체에서 분리되어 있는 것, 자신이 객관성을 유지할 수 있다는 교만함 등을 상기하게 해준다. 포스트모던으로의 선회는 많은 경우 단순히 근대주의의 자율성과 분열을 영속화하는 것이지만, 우리는 그것으로부터 배울 점이 많다. 우리는 문화의 노예가 아니다. 대안적인 다른 문화의 일원이다. 그 문화는 나름의 언어와 구조와 의례를 갖고 있으며, 우리는 그 문화에 의하여 법률 실무를 구속한다고 '고백'한다.

둘째, 통일성, 공동체, 진리에 대한 헌신을 추구하는 것이 생각했던 것보다 어려울지 모른다는 것을 깨달았다 해서, 이 헌신들을 그냥 내던져서는 안 된다. 통합이 여전히 답이다. 특히 해체된 근대 사회에 의해 제기된 질문들에 대한 해답이다. 그렇다면 우리가 할 일은 근대적 의미의 '역할 윤리'와 신학적 의미의 역할을 망라한 소명적 사고를 구분하는 것이다. 간단히 말해, 우리는 신학적으로 복합적인 자아상을 계발할 필요가 있다. 그렇게 하기 위해, 통합에 대한 삼중적 헌신을 살펴보자.

통일성

첫째, 법률가로서 우리 자신을 바라보는 방식을 평가해야 한다. 우리는 배우자나 함께 성경공부를 하는 사람들이 잘 알아보지 못할 거짓된 모습으로 일에 임하는가? "법률가들은 변호사로서의 역할을 가정과 교회와 삶에서 자신이 지닌 모습의 연장으로 봐야 한다."[53] 잠시 멈춰 이 말을 다시 읽어 보라. 당신은 사무실에서의 자신이 가정과 교회에서의 자신과 연장선상에 있다고 볼 필요가 있는가? 이것은 우리 마음이 통합을 지향하게 하는 흥미로운 방식이다. 직업인으로서 살아가는 삶은 우리가 속해 있는 가장 중요한 공동체에서의 삶으로부터 흘러나와야 한다. 우리의 교회 생활 및 가정 생활은 틀림없이 법률 실무를 어떻게 봐야 하는지 매우 실제적으로 알려 줄 것이다.

둘째, 우리는 우리가 하는 일이 참으로 문화를 거스르는 것임을 받아들여야 하며, 시대 문화를 그대로 따라가는 것이 아니라 명확한 태도를 견지하고 문화를 거스르는 자세로 응해야 한다. 근대에 대한 문제 제기는 직업상의 역할 윤리 속에서 파편화된 자아에 저항하라는 요청일 뿐 아니라, 물질주의, 소비주의, 도덕적 회의주의에 저항하라는 요청이다. 우리는 삶 전체에서 그리스도인답게 신실하게 살라는 도전에 직면함으로써, 더 나은 '그리스도인 법률가'가 될 수 있다. 이런 일에서 우리는, 교회가 성경적 반응을 하도록, 교회 안에서 교회와 함께 일하도록 부름받는다. 성경적 반응이란 잘못된 이원론을 피하는 한편, 승리주의적인 문화적 낙관주의를 피하는 것을 말한다.

셋째, 우리가 정말 변혁적 비전을 가지려면, 도덕적 대화를 나누려 하는 것 그리고 그리스도와 일치되려고 하지도 않으면서 총잡이들과 일치되는 그런 거짓 동일화를 거부하는 것으로는 충분치 않다. 우리는 '정체성'에 대한 몇 가지 어려운 질문으로 논의를 시작했다. 기독교 신앙의 핵심에는 신자가 그리스도와 연합되어 있으며 그분과 동일화된다는 진리가 있다. "그런즉 이제는 내가 사는 것이 아니요 오직 내 안에 그리스도께서 사시는 것이라. 이제 내가 육체 가운데 사는 것은 나를 사랑하사 나를 위하여 자기 자신을 버리신 하나님의 아들을 믿는 믿음 안에서 사는 것이라"(갈 2:20). 가장 근본적인 이 교리는 직업 정체성에 대한 우리의 논의와 어떻게 관련되어 있겠는가?

우리는 처음부터 믿음을 법률직 생활에서 분리하는 것이 로버트 비셔 교수가 말한 바 "인간의 통일성을 무시하는 것이고, 신앙이 모든 것을 포괄한다는 사실을 무시하는 것"[54]임을 보았다. 그리스도 안에서 우리의 삶은 실로 모든 것을 포괄한다. 그리고 우리의 존재론적 통일성은 바로 그런 삶에서 나온다. 그리스도와 연합된다는 것은 어떤 일면만을 의미하지 않는다. 그것은 모든 것을 의미한다. 우리는 삶 자체를 그 연합의 표현으로 사는 것이다. 우리는 그분과 함께 죽었고, 그분과 함께 다시 살리심을 받았으며, 그분과 함께 고난을 받고, 그분과 함께 섬기며, 그분과 함께 소망하고, 그분과 함께 법률 실무를 본다. 그분을 알게 되면서 마음의 눈이 밝아짐에 따라(엡 1:18), 우리는 만물이 그리스도 안에서 통일된다는 것이 무슨 의미인지 점점 더 많이 이해하게 될 것이다. 우리의 관계들은 지금도 벌써 그 통일성을 반영할 수 있으며, 우리의 일을 통해 기적과 화해, 치유, 고백, 자비, 정의, 긍휼을 보게 될 것이다. 그리스도와 연합함을 앎으로써 직업적 통합을 추구하는 것은, 우리를 억누르고 있는 주류 문화로부터 생겨난 싸우는 데 무엇보다 도움이 될 것이다.

9장에서 논한 법률가의 훈련에 대한 논의를 따라, 하지만 현대 사회의 직업 정체성 문제를 염두에 두면서, 몇 가지 실제적 접근법을 제시해 보겠다.

- 현대 저자들의 글뿐 아니라 진지한 문학과 깊이 있는 신학책을 읽으라.
- 성경에 따라 그리스도 안에서 당신이 누구인지 묵상하고 법과 관련된 본문들을 깊이 있게 연구하라.
- 자신의 지역 교회에서 추천하는 경건 훈련을 하라.
- 당신이 하는 법률 실무에 가족들을 참여시킬 방법을 생각해 보라. 다른 것이 없다면 저녁 식사 대화로 그렇게 할 수 있다.
- 앉아서 ○○○로서(예를 들어, 아버지 혹은 어머니로서)의 당신의 특성이 당신의 법률 실무에 어떻게 반영되어 있는지 생각해 보라. 즉, 실제적인 묵상을 해 보라. 교회에서의 당신의 역할에 관해서도 똑같이 해 보라.
- 텔레비전을 시청할 때는 뇌를 부지런히 사용하라. 이 '바보상자'를 통해 당신 몸에 현대의 질병이 걸리고 퍼진다. 의심스러울 때는 텔레비전을 끄라.
- 시대정신을 만족시키는 소비주의 정신과 싸우라. 광고를 비판적으로 읽고 충동구매를 피하라. 법률가에 대한 책에서 이러한 조언을 얻게 될 것이라고 생각할 수 있었는가? 나도 생각지 못했지만, 그렇다고 책값을 더 받지는 않겠다.
- 평균 이상인 당신의 분석 기술을 이용해 당신이 시청하는 것, 당신이 읽는 것, 당신이 보거나 따르는 패션 동향, 당신이 매스컴에서 듣는 이야기들을 평가하라.
- 의뢰인들을 다면적 인간으로 이해하는 방식을 계발하라.

공동체

법률 실무를 변혁하는 비전이 가진 이상 중 하나가 도덕적 관여이므로, 공동체 생활에 대한 헌신이 법률직 비전의 중심이 되는 것은 놀라운 일이 아니다. 우리는 절대 혼자서 법률 실무를 변혁하는 과업에 매달리지 않는다. 우선 우리가 법률가-의뢰인 관계보다 더 큰 공동체에 뿌리박고 있음을 기억해야 한다. 셰퍼 박사가 말하듯, "우리 그리스도인 법률가 집단들은 '우리가 교회'라는 상호적 자의식 없이 일을 해 나간다."[55] 신앙을 가진 법률가들 및 그리스도 안에 있는 형제자매와 함께 참여하는 것은 파편화된 근대의 풍토를 확실하게 방어하는 것이다. 그리고 세상에서 소금과 빛이 되어야 한다는 더 큰 몸 안에서의 우리의 위치를 인식하는 것은, 우리가 하나의 세계관이 아니라 타락한 세상에 반응하고 있음을 상기시켜 준다.

이것은 법률가들이 교제 속에서 받는 훈련을 다시 상기하게 해준다. 법률가와 의뢰인 간의 도덕적 대화는 같은 마음을 가진 전문 직업인과 더불어 시작된다. 갠트는 "법률가 대 법률가의 담화는 법 공동체의 결속을 증진하고, 법률가들의 도덕적 기능을 북돋기 때문에 중요하다"[56]라고 말했다.

또한 우리의 이웃인 의뢰인을 사랑하려 애쓸 때, 우리는 그들 역시 우리처럼 관계 속에 관여되고 싶지 않은 마음이 든다는 것을 기억해야 한다. 우리는 그저 '그들의 뜻이라는 목적'을 위한 도구가 되기도 한다. 그러나 우리가 할 일은 먼저 긍휼한 마음을 가지고 감정 이입을 한 다음, 애정어린 열린 대화를 통해 의뢰인들을 도덕적 통합이라는 과업에 참여시키는 것이다. 이런 점들을 알고 나면, 우리는 또한 영적인 것들과 도덕적인 대화에 관심이 없는 사람의 '기분을 상하게' 하지 않을까 하는 우려를 하지 않도록 하게 될 것이다.

비셔 교수는 가톨릭 법률가 공동체들이 통합의 수단으로 사용할 수 있는 몇 가지 탁월한 제안을 한다. 그는 이것을 '윤리적 형성을 위한 도구'라 부른다.

- 회원들이 구할 수 있는 적절한 문헌을 만드는 것
- 회원들 간에 비공식적인 자문을 주고받는 것
- 윤리에 대한 조언을 제공하도록 지명된 가톨릭 법률가단의 좀더 공식적인

자문
- 관련 문제들에 대해 자문 의견을 말할 가톨릭 법률가 윤리부
- 변호사 업무 관할 내에서 적용되는 윤리 규칙을 보완하기 위해 만들어진 윤리 규칙 시행[57]

이러한 것들은 분명 광범위한 기독교 직업 공동체에게도 탁월한 도구이며, 우리는 그것을 9장에 나오는 공동체 훈련을 위한 실제적 제안 목록에 추가할 수 있을 것이다. 공동체를 통해 얻게 되는 기쁨에 참여하는 것은 직업적 통합으로 인도받는 데 도움이 된다.

진리

비서는 또한 윤리적 형성 과정은 윤리 규칙들로 포착할 수 있는 것보다 훨씬 더 광대하다는 것을 상기시켜 준다. 그는 윤리적 형성은 "하나님이 창조물을 다루시는 이야기"[58]로부터 시작되어야 한다고 말한다. 이 말은 직업상의 통합을 추구할 때 진리, 특히 세계관에 대한 헌신이 중심이 됨을 확증해 준다. 창조에 나타난 하나님 역사에 대한 이야기는 모든 세계관 분석의 기초다(8장을 보라).

이 이야기는 첫째로, 법률가의 일에서 구속이 중심임을 상기시켜 준다. 하나님은 타락한 피조물을 구속하시기 위해 일하신다. 여기에는 우리와 우리 가족, 우리의 의뢰인 그리고 우리가 일하는 기관 등이 포함된다. 둘째로, 그것은 우리 자신의 죄를 상기시켜 준다. 우리 자신의 죄성에 대한 이해는 세계관의 중요한 구성 요소다. "기독교의 이야기는 [그리스도인] 법률가의 세계관이 무엇인지 알려 주어야 한다(실로 법률가의 세계관의 기초가 되어야 한다). 이 세계관에는 사무실 문을 열고 들어오는 의뢰인을 법률가가 어떤 시각으로 바라보는가 하는 것뿐만 아니라, 자기 자신 그리고 법 제도에서 일하고 있는 자신의 역할을 어떻게 생각하고 있는가 하는 것도 포함된다."[59] 실로 전문 직업인들이 힘겨워하는 문제는 관계에 대한 것이다. 하지만 법률가와 의뢰인 간의 관계에 대한 것만은 아니다. 그것

은 또한 '제도' 자체를 포함해 모든 창조 질서에 대한 우리의 관계에 대한 것이다. 사실상 모더니즘에 대한 논의가 분명히 보여 준 것처럼, 소명에서 통합성을 찾으려는 분투는 수십 세기 동안 '교의와 실천'의 발전―그것은 구체적 제도, 정부, 공공 관례 등을 만들어 냈다―이라는 맥락에서 이루어졌다. 이것은 법에 대해 지금까지 말한 것이, 법과 관련된 제도 및 체제에서 구조와 방향 둘 다를 분별하라는 문화적 부르심임을 확증해 준다. 나는 그중 일부만을 말했지만, 더 상세한 평가를 해 보는 것이 좋을 것이다.

법 제도에서의 구조와 방향

셰퍼와 몇몇 사람들은 정의는 정부가 주는 것이 아님을 경고했다. 그 말은 사실이다. 하지만 인간의 제도는 하나님의 권위를 위임 받은 대행자로서의 역할이 있다(예를 들어, 롬 13:4을 보라). 우리는 또한 '제도'를 도덕적 안내자로 의지하는 것은 지혜롭지 못하고 위험스러움을 알게 되었다. 하지만 어떤 제도를 문명―인간을 통해 지속되는 하나님의 창조 사역―안에서 그 제도가 갖는 위치와 방향―그것이 창조 시에 지녔던 선함을 회복하거나 훼방할 수 있는지 혹은 어떻게 그렇게 할 수 있는지―을 평가해 볼 때까지는, 그 제도가 본질적으로 악하다고 무시해 버릴 수 없다. 우리는 모두 '제도'에 무조건적으로 항복하지 않으려 한다. 하지만 법 제도나 그 구성 요소들을 악한 것으로 취급하는 것은 그 자체가 그리스도인 법률가로서의 소명을 포기하는 것이다. 그것은 역할에 기초한 고용된 총잡이 윤리 못지않게 위험스러운 단순화다. 의뢰인들과 도덕적 대화를 나누려 애쓰는 것은 대단한 일이다. 하지만 어떤 목적을 위해 그렇게 하는가? 다양한 제도들에서 그리스도인 소송 당사자, 피고 혹은 법인 설립자들의 위치는 무엇인가? 제도 안에서 법률가로 활동하기 위해서 우리는 제도의 적합한 방향성을 정확하게 평가해야 한다.

이런 의미에서 나는 국가를 본질적으로 정의의 시행자 역할 면에서 신뢰할 수 없다고 하거나, 우리가 이야기하고 있는 요점에 벗어나지 않고 말한다면, 당사자주의 제도 자체가 효과를 발휘할 수 없다고 주장하는 사람들의 의견에는 동의하지 않는다. 성경은 우리가 국가의 권위를 마땅히 인정해야 하며(마 22:21), 관원은 **우리에게 선을 행하도록** 하나님이 임명하신 대리인—종—이라고 가르친다. 그들이 위임받은 권위는 악행하는 자들을 벌하고(롬 13:4), 옳은 일을 행하는 자를 칭찬하기 위한(벧전 2:14) 것이다. 그중 어느 것도 정부는 언제나 믿을 만하다는 결론을 가져오지는 않으며, 심지어 당사자주의 제도의 구조나 행정 공무원의 승인에 의한 법인 설립 관행에 대해 말하지도 않는다. 하지만 정부 구조는 선하게 창조되었다는 점 그리고 그 구조가 그 선을 왜곡하고 권세를 오용하는 죄된 인간들로 구성되어 있다는 점에 유의하면서, 정부 구조의 프로그램과 독창성을 어느 정도 상세히 평가할 필요가 있다. 실로 이에 따라 다양한 종교적 관점에서 많은 훌륭한 작업이 이루어졌다. 이 책에서는 그에 대한 포괄적 평가를 할 수는 없다.[60] 하지만 이러한 것들에 대해 기독교적으로 충분히 분석하려면 거의 평생이 걸릴 것이다. 그렇다면 어떻게 변호사가 일상의 삶과 일에 관해 적절한 판단들을 내릴 수 있는가? 계시와, 이 계시를 역사에 적용한 성도들의 과업에 주의하고, 성령님이 우리에게 주신 공동체에서 성령님의 능력으로 선한 것을 굳게 잡으면서 평가해 가기를 계속할 때 신실한 반응을 이끌어 낼 수 있다.

어쨌든, 신실한 반응이란 법률가-의뢰인 관계로 이루어진 공동체보다 더 광범위한 것이다. 우리는 법에서 시작해, 창조 질서에 뿌리박은 사회적·문화적 구조 안에서 활동한다. 도덕적 대화 자체로는 우리가 법, 정부, 문화와 맺고 있는 풀기 어려운 관계성을 해결하지 못한다. 우리에게는 보살핌의 윤리 **및** 소금과 빛의 윤리가 필요하다. 성령님은 그분의 백성을 통해 피조세계를 구조 자체에서부터 새롭게 하신다. "천국은 마치 여자가 가루 서 말 속에 갖다 넣어 전부 부풀게 한 누룩과 같으니라"(마 13:33).[61] 우리는 어느 곳에 처하든지 '그 안에 섞인다.' 우리는 당사자주의 제도로부터 형사 재판 제도, 자동차 부서, 지역 비누 회사에 이르기까지 제도들을 하나님이 인도하시는 방향을 좇아 그쪽으로 **떠미는** 역할을 한다는 것을 기억하라. 정치적 힘, 곧 직접적이고 혁명적인 행동에 의해서가 아니라 우리가 처한 모든 곳에서 소금과 빛이 됨으로써, 간접적이고 새롭게 하는 행동으로 그렇게 하는 것이다. 우리는 오직 하나님이 허락하고 지시하실 때에만 이러한 구조들 안에 참여하도록 부름받는다. 소금이 되는 윤리가 열심히 **소금을 치는** 윤리보다 뛰어나다!

하나님의 지속되는 창조 사역에 참여하는 데 대한 이러한 접근법들에서 나타나는 차이는 알버트 월터스(Albert Wolters)의 말을 빌리면, 개혁과 혁명 간의 차이다. 우리는 당사자주의 제도에 어떻게 대항해야 하는가? 폭력적 타도가 아니라, 점진적 갱신으로 해야 한다.[62] 그것이 '역사적 변화'를 위한 전략이다.

> 우리의 세계관에 비추어 볼 때, 하나님이 그분의 백성을 이 모든 분야[즉, 사회적·문화적 국면]에서 **역사적 개혁**으로, 창조된 실존물들을 죄와 그 영향에서 성화시키는 대로 부르심은 분명하다. 창조시에 **형성된**(formed) 것이 죄로 인해 역사를 거치며 **변형되었으며**(deformed) 그것은 그리스도 안에서 **개혁되어야**(reformed) 한다.[63]

우리는 절대 기존 제도의 모든 측면을 갑작스럽게 뿌리 뽑고 완전히 새롭게 바꾸어 놓도록 부름받지 않았다.[64] 그 대신 우리의 부르심은 어떠한 사회 질서도 절대적으로 부패한 것은 아님을 이해하고, 먼저 사회 질서 내에서 선한 것이 무엇인지 보라는 것이다. 이것은 혁명적인 것은 아니지만 주류에 휩쓸리지 않는 것이다. 우리는 혁명이 아니라 서서히 역사적 개혁을 통해 세상을 바꾸려 애쓴다. 이 개혁은 법률 실무에서 우리가 의뢰인들과 도덕적 대화를 나누며, 제도에 관련된 악한 것은 미워하고 피하지만, 선한 것은 굳게 잡고 하나님의 영광을 위해 그런 선에 참여하는 것을 의미한다.

물론 이런 사고방식에는 위험이 도사리고 있다. 첫째는 문화적 낙관주의로서, 창조 질서에서 선한 것을 찾는다는 명목으로 창조된 모든 것이 타락으로 오염되었음을 잊어버리는 것이다. 둘째는 하나님의 새롭게 하시는 노력에 합력하고자 하는 열심에서, 법률 업무 자체를 구속적인 것으로 보기 시작하는 것이다. "일에 더 큰 의미를 부여하는 것은 그 일을 사탄의 것으로 만드는 것이다. 그렇게 되면 일은 우리의 유력한 족적을 확보하고 보장하려 애쓰는 활동, 즉 역사에 '우리의 명성'을 남기고자 하는 우상숭배적 활동이 되기 때문이다."[65] 우리는 혁명적 수단, 흔적을 남기려는 경향, 일 자체를 자력으로 구속을 이루는 수단으로 둔갑시키려는 것을 주의해야 한다. 하나님은 여전히 일하신다. 우리가 계속해서 겸손히 그분을 순종하면 그분은 우리를 사용하실 것이다.

결론

법률가의 부르심에 대한 모든 변혁적인 비전은 의뢰인 옹호, 당사자주의 제도, 역할마다 행동 면에서 합법적인 차이가 있는 것 등등 사이의 복합적인 도덕적 관계를 인식한다. 통합하는 비전은 이러한 복합적인 관계들을 구분하는 것 외에 인간의 통일성, 공동체 내에서 삶의 역할, 관계 및 사회 제도들에서 진리를 분별하는 것 등을 염두에 두어야 한다.

그것은 단순한 과업이 아니며, 역할과 제도를 지나치게 단순하게 보는 사람들은 자신들의 소명을 파악하는 데 어려움을 겪을 것이다. 우리는 신학적으로 복합적인 자아를 채택해야 한다. 이 말은 다양한 인간 구조와 직업 관계 내에서 다양한 부르심이 지닌 의무들을 정확하게 분별한다는 의미다. 여기에는 개인적인 모험과 고통과 도덕적 어려움이 포함된다. 그러려면 제도 자체에 대한 신학과 자신의 실무 분야에 대한 신학을 갖고 있어야 하며 모든 법률 대리, 유언장 작성, 답변서 작성, 변론 준비, 준비 서면 작성, 전화를 거는 일 등을 도덕적으로 평가해야 한다.

　이 모든 것에서 우리는 무엇을 추구하는가? 도덕적 관여다. 이웃 사랑이다. 여기에는 덕이 필요하다. 그래서 우리는 또한 겸손, 인내, 지혜 그리고 절제를 추구한다. 여기에는 훈련이 필요하다. 이것이 통합이다.

　11장에서는 이것들 중 몇 가지를 다시 살펴볼 것인데, 법률가가 겪는 전형적인 분투라는 틀에서 습성과 미덕에 대해 논할 것이다.

■ 더 깊은 생각을 위해

1. 당신 자신의 업무와 관련해 역할 도덕과 소명적 사고의 차이를 규정할 수 있는가?

2. 당신은 법률가에 대한 농담을 좋아하는가? 당신은 법률직이 그 농담에 깃든 평판에 대해 우려하고 있다고 생각하는가? 이것에 대해 당신이 생각하는 몇 가지 해결책을 제시해 보라.

3. 당신은 의뢰인과 도덕적 대화를 얼마나 잘 나누는가? 이 영역에서 당신의 장점과 약점은 무엇인가? 이 분야에서 더 나아지고 싶다면, 사무실에서 이것을 생각나게 하는 것을 포함한 계획을 세워 보라.

4. 개인주의는 좋은 것인가, 나쁜 것인가? 그것이 당신의 법률 실무를 어떻게 돕는지, 또는 어떻게 해를 끼치는지 생각해 보라.

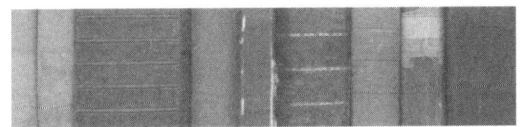

11. 법률가의 악덕 – 법률가의 미덕

돈 · 권세 · 직업상의 위험 · 한 가지 모델
성공: 여호수아가 말하는 여섯 가지 개념 · 성공의 외적 표시들

나는 얼마 전 한 기독교 캠프에서 고등학교 2학년 학생 하나와 점심을 같이한 적이 있다. 그는 동기가 분명하고, 지적이고, 성숙하고, 신앙을 고백하는 그리스도인이었다. 나는 그에게 앞으로의 인생 계획을 물었다. "대학에 가고 싶습니다. 아마 스탠포드로 갈 거예요. 그다음에 MBA를 따고, 기존에 있는 사업체를 이어받거나 맨땅에서 기업체를 일으켜 돈을 왕창 번 다음에 마흔네 살에 은퇴하고 싶습니다." 그다음에는? "매일 골프를 치고 싶습니다." 그게 주님이 바라시는 삶이냐고 물어보자 그는, "모르죠. 그런 건 한번도 생각해 본 적이 없어요"라고 말했다. 그런 건 한번도 생각해 본 적이 없다! 당신은 '뭐, 아직 어린애니까' 하고 생각할지도 모른다. 물론 그는 아직 고등학생이다. 하지만 이 젊은이는 교회에서 자랐다. 그는 기독교 지도자 캠프에 참석하고 있었다. 그리고 나는 이십대 중반이면서, 성공적인 삶에 대해서 이와 별반 다르지 않은 생각을 가진 많은 그리스도인 로스쿨 학생들과 이야기를 해 본 적이 있다.

성공적인 삶이란 무엇인가? 나는 성공에 대한 그리스도인 법률가의 생각은 매우 다양하지만, 믿지 않는 다른 법률가들의 생각과 다르지 않음을 발견한다. 잘사는 것. 부자가 되는 것. 세상을 바꾸는 것. 권리를 위해 싸우는 것. 의뢰인에게 도움을 주는 것. 가족을 먹여 살리는 것. 일찍 은퇴하는 것. 골프를 치는 것. 교회에 헌금하기 위해 돈을 버는 것. 부자가 되어, 일찍 은퇴해서, 선교 여행을 다니는 것 등이다. 이런 목표들 중 어떤 것은 훌륭하며(분명 어떤 것들은 다른 것보다 더 훌륭하다), 심지어 하나님이 우리에게 바라시는 바로 그 성공일 수도 있다. 하지만 지금까지 우리가 논의한 것에서 뭔가를 배웠다면, 이런 식의 목표를 성공적인 소명 이행의 척도로 보는 것은 거꾸로 가는 것이다.

하나님의 부르심은 특정한 종류의 사람이 되는 것, 그리고 그분이 우리를 배치하시는 특정한 곳에서 특정한 방식으로 그분을 따르는 것이다. 직업, 가정 혹은 교회에서 우리가 가진 특별한 목적은 우리가 누구인가와 하나님이 우리 안에서 우리를 통해 무엇을 하고 계시는가에서 나올 것이다. 우리의 전제는 그 하나님이 우리를 모든 역할과 활동을 망라해서 통합된 사람으로 부르신다는 것이다. 이것은 행위의 문제가 아니라 존재의 문제다. 통합의 핵심에 있는 헌신들은 제대로 보고 생각하는 훈련을 시켜 준다. 외적 행동은 그 후에 따른다. 즉, 우리가 미덕을 지닌 법률가라는 개념을 계발하느라 많은 시간을 들이지 않았다 해도, 통합된 변호사는 언제나 미덕을 지닌 법률가가 된다는 것이다. 이번 장에서 나는 미덕과 악덕의 문제를 특히 법률가들이 자주 빠지는 것처럼 보이는—훈련에 의해서든, 기질에 의해서든, 아니면 그저 문화적 습관의 힘에 의해서든—악덕들과 관련해 다룰 것이다.

그리스도인 법률가의 삶에서는 법률가로서 그리스도인의 성품을 갖는 것과 관련된 몇 가지 문제가 반복해서 나타난다. 또한 로스쿨이건, 전형적인 변호사 기질이건, 법률 실무의 내용이건, 수많은 악덕('문제라는 말이 더 나은 것 같지 않은가?)이 마치 단순히 법률가의 소명을 위협하는 위험 요소인 양 표면에 부상한다. 물론 증상은 많지만, 뿌리는 몇 개 안 된다고 생각한다. 그 뿌리는 돈과 권력이다. 이것들은 그 자체가 악한 것은 아니며, 때로는 우리가 하나님 나라를 여행하는 데 도구로 사용될 수도 있다. 하지만 이 두 영역은 법률직에 통상 존재하는 악덕들이 번식하는 토양이며, 우리는 여호수아서를 통해 성공에 대해 묵상하는 것으로 이 논의를 끝내기 전에, 특별히 돈과 권력에 대해 다룰 것이다.

리처드 포스터가 말하듯, "그리스도인의 삶과 경험에는" 권력과 돈이 들어설 "자리가 있다." "제자리를 찾아 효과적으로 작용할 때, 그 두 가지는 삶을 고양시키고 축복하는 능력을 갖고 있다." 다른 한편, "돈에 자리를 잡은 사탄은 탐욕이며" "권력에 자리를 잡은 사탄은 교만이다."[1] 기독교 전통에서 이 죄들은 언제나 1, 2위를 차지했다. 교만이 1위, 탐욕이 2위다. 이 두 가지는 일곱 가지 치명적인 죄들 중에서도 가장 치명적인 죄다. 나는 돈과 권력은 법률가들 역시 좋아하는 것이라 생각한다. 먼저 돈에 대해 살펴보자.

돈

피터 크리프트는 돈이 일종의 '포괄적' 유혹을 지녔다고 말한다. 많은 사람들에게 돈은 단지 종이에 초록색 잉크로 새겨진 것 이상을 의미하기 때문이다.[2] 그것은 우리를 배부르게 할 수 있는 수단이며, 지위나 쾌락 혹은 권력의 수단이 될 수 있다. 우리는 또한 돈을 안전의 수단으로 본다. 이것은 자만심과 밀접하게 관련된 것으로서 돈이 자기충족을 준다는 거짓말이다. 이런 이유로 마르틴 루터는 **안정**(security)을 최대의 우상이라 불렀다.[3] 크리프트는 미국 사회에서 돈이 그처럼 어려운 주제인 이유는 우리 사회가 "자족보다는 경쟁과 경제적 공격을 조장하기"[4] 때문이라고 생각한다. 법률가들에게 얼마나 중요한 통찰인지! 한 주석가는 그것을 다음과 같이 설명한다.

대형 로펌들은 대체로 놀랄 만큼 불안정하고 경쟁적인 사람들의 집단이다. 그들 중 많은 사람들은 다른 사람들이 그들을 위해 만들어 놓은 게임에 이기기 위해 경쟁하면서 거의 평생을 보냈다. 먼저 그들은 명문 대학에 들어가기 위해 경쟁했다. 그다음에는 대학 학점을 위해 경쟁했다. 그다음에는 LSAT 점수를 위해 경쟁했다. 그다음에는 명문 로스쿨에 들어가려고 경쟁했다. 그다음에는 로스쿨 학점을 위해 경쟁했다. 그다음에는 법학 평론지에서 일하려고 경쟁했다. 그다음에는 법원에서 수습을 받기 위해 경쟁했다. 그다음에는 대형 로펌에 취직하려 경쟁했다.

이제 대형 로펌에 들어왔으니, 무슨 일이 일어날까? 그들은 경쟁을 중단하게 될까? 자신을 다른 사람들과 비교하는 일을 중단하게 될까? 물론 아니다. 그들은 계속 경쟁할 것이다. 더 많은 돈을 벌기 위해, 더 많은 의뢰인을 끌어들이기 위해, 더 많은 사건에서 승소하기 위해, 더 많은 거래를 하기 위해. 그들은 게임을 하고 있다. 그리고 돈은 그 게임에서 점수를 매기는 수단이다.[5]

이 글 속에서 쉴츠(Schiltz) 교수는 특별히 '대형 로펌'의 변호사들을 염두에 두고 있다. 하지만 이런 통찰 중 많은 부분은 여러 다양한 유형의 실무에 종사하는 법률가들에게 적용된다. 법률가들은 경쟁적이며, 그들이 받는 훈련은 그들의 경쟁적인 성질을 조장했다. 그리고 쉴츠 교수의 마지막 한마디를 빼먹지 말라. 그것은 돈은 단지 점수를 매기는 수단이라는 점이다. 돈은 지위와 명성에서 **이기기 위한** 수단이다. 그리고 법률직에 종사하는 우리 많은 사람들에게는 **이기는 것**이야말로 우리가 통상 하는 일의 전부다.

문제는 종종 로스쿨에 들어가기 전에, '법률가의 삶'에 대한 학생들의 기대와 더불어 시작된다. 먼저, '진짜 법률가'가 되면 돈을 잘 벌 것이라는 기대 때문에, 변호사 봉급으로 갚아 나가기에 '그리 힘들지 않을' 등록금 대출을 정당화하기가 더 쉽다. 로스쿨에 다니는 동안에 대출금의 부담으로 인해 종종 좋은 학점을 받아야겠다는 압력을 받기도 하고, 때로는 '그저 대출금을 갚기 위해' 어떠어떠한 직장에 가야겠다는 압력을 받기도 한다. 2000년도에 로스쿨 졸업생은 평균 5

만 5천 달러의 대출금을 안고 있었으며,⁶⁾ 2005년에는 사립 로스쿨 졸업생은 7만 6천 달러, 공립 로스쿨 졸업생은 4만 9천 달러라는 수치를 기록했다.⁷⁾ 이것은 2004년 로스쿨 졸

> 하나님을 '신용'하는 것(give God credit)은 괜찮다. 하지만 하나님은 '신용 카드'뿐 아니라 '현찰'도 사용하실 수 있다.
> R. G. Letourneau, *R. G. Letourneau: Mover of Men and Mountains*

업생 중 개업하거나 로펌에 취직한 사람들의 평균 연봉인 8만 달러에 매우 근접한 숫자이며, 공공 부문에 취업한 사람들의 평균 연봉(36,656달러)은 그 대출금에 비하면 적어 보인다.⁸⁾ 이 급여가 낮다는 것이 아니라, 로스쿨 졸업생들이 평균적으로 빚지고 있는 금액의 대출금으로 인한 부담 때문에 개업하거나 로펌에 취직하는 것보다 훨씬 덜 매력적이라는 말이다. 원한다 해도 급여가 더 적은 곳으로 갈 수 있는 학생들이 적은 이유 중 일부는 대출금 부담 때문이다.⁹⁾ 많은 학생들은 좀더 창의적으로 법률 실무에 종사하고, 비영리기관에서 일하거나 사업체를 시작하고 싶다는 마음을 피력한다. 하지만 개업에 대한 유혹, 특히 대도시 대형 로펌에서 일하려는 유혹은 매우 크다. 그렇게 하면 등록금 대출금을 갚아나가기가 훨씬 쉽기 때문이다. 물론 오로지 봉급만을 위해 대형 로펌에서 일하려는 학생들에게는 거의 그 순간부터 인생이 불행해진다. 탁월한 훈련을 받고 인맥을 쌓을 수 있긴 하지만, 대형 로펌이라는 환경에서 성공하기 위해서는 상당한 시간과 개인적 희생이 필요하기 때문이다. 오로지 돈에 의해서만 동기가 유발된 사람은 첫 3년 내에 완전히 소진되어 버리든가 그 생활 방식과 속도에 '빨려 들어간다.'

둘째로, 많은 봉급과 그에 준하는 생활 방식이라는 '목표'를 염두에 두면서 갓 졸업한 로스쿨 졸업생은, 무심코 그런 생활 방식을 장기간 영위할 가능성이 더 높다. 젊은 법률가들이 그들의 급여가 법률가 생활 내내 계속 높을 것이라고 추정하며, 동시에 법률가의 생활 방식이 특정한 (보통은 높은) 수준을 유지할 필

요가 있거나 유지해야 한다고 생각할 때, 그들은 급료가 높은 일자리만 따라다니기를 선택하고 계획하기 시작할 것이다. 더 만족스러운 소도시에서의 개업, 공익사업 법률직으로 직장을 옮기는 일, 가르치라는 초대, 공익적인 일을 하거나 단기 선교 여행을 가라는 요청 등의 기회가 올 때, 그들은 종종 대출금, 재정적 책임 혹은 재무 투자 등으로 인해 그 요청에 응할 수 없다.

우리는 쉽게 소유와 생활 방식의 노예가 될 수 있다. 문제의 많은 부분은 돈의 성질 자체에 있다. 돈은 하나님 나라를 위한 도구이자, 우리를 지배하고 자신을 예배하게 하려는 권세다. 그리스도인은 하나님과 재물[맘몬]을 겸하여 섬길 수 없다(마 6:24; 눅 16:13). 그리스도께서는 다른 어떤 주제보다 돈과 부에 대해 많이 말씀하셨다.

> 그리스도에게 돈은 우리가 **그분**에게 향하기 위해 바로 **거기에서부터** 돌아서야 하는 우상숭배다. 맘몬 신을 거부하는 것은 예수님의 제자가 되기 위해 필요한 전제 조건이다. 그리고 그 점에 관해서, 돈은 신성의 특성을 많이 지니고 있다. 그것은 우리에게 안정감을 주며, 죄책감을 유발할 수 있고, 자유를 주며, 능력을 주고, 어디에나 있는 듯 보인다. 하지만 가장 불길한 것은 그것이 전능하다고 말하는 것이다.[10]

하지만 그리스도의 가르침과 서신서를 보면, 돈은 또한 축복의 도구라고 나온다. 예를 들면, 교회에서 선교를 위해 드린 헌금 같은 경우다. 그것은 과부의 동전 두 개의 비유에서 그리고 달란트의 비유에서 나타난다. 돈과 하나님 나라에 대한 가장 흥미로운 논의는 그리스도께서 말씀하신 것으로서, 누가복음 16장 1-8절에 기록되어 있다.

정직하지 못한 청지기

예수님은 주인의 재산을 낭비해서 주인에게 해고되는 청지기의 비유를 말씀하셨다. 그 청지기는 주인의 집을 떠나기 전에 마지막 결산을 해야 했다. 그래서 그는 주인에게 빚진 자들에게 호의를 얻기 위해 그들을 한 명씩 불러들여, 빚 액수를 줄여 준다. 물론 그들은 이제 그에게 호의적인 마음을 갖게 된다. 그러고 나서 그 청지기가 자기 주인에게 최종 결산서를 제출할 때, 주인은 그의 지혜로움을 칭찬한다. 예수님은 이 비유에 대해 이렇게 설명하신다.

첫째, 예수께서는 "이 세대의 아들들이 자기 시대에 있어서는 빛의 아들들보다 더 지혜로움이니라"(8절)고 말씀하신다. 예수님이 우리에게 권하시는 이 지혜로움은 우리 세대를 다루는 일반적인 지혜로움이 아니라, 실제 맘몬과 관련된 것이다. "불의의 재물로 친구를 사귀라. 그리하면 그 재물이 없어질 때에 그들이 너희를 영주할 처소로 영접하리라"(9절). 그 청지기가 후에 자신을 그들의 집으로 영접할 사람들의 호의를 얻기 위해 재물을 사용한 것처럼, 우리 역시 영원한 손대접을 할 친구들을 얻기 위해 재물('불의의 재물')을 사용해야 한다.

둘째, 예수님은 "지극히 작은 것에 충성된 자는 큰 것에도 충성되고 지극히 작은 것에 불의한 자는 큰 것에도 불의하니라. 너희가 만일 불의한 재물에도 충성하지 아니하면 누가 참된 것으로 너희에게 맡기겠느냐"(눅 16:10-11)고 말씀하신다. 마지막으로, 예수님은 종이 두 주인을 섬길 수 없다는 것을 상기시키는 말로 마무리하신다. "너희는 하나님과 재물을 겸하여 섬길 수 없느니라"(13절).

우리는 청지기다. 그리스도께서는 우리에게 돈, 곧 불의한 재물을 다룰 때에도 영원을 바라보는 지혜로운 청지기가 되어야 함을 상기시키신다. 그것은 '영원한 친구들'을 사귀기 위해 사용할 수 있는 도구다. 그 영원한 친구들은 비유의 주제가 아니라, 단지 하나님이 우리의 신실함에 대해 주시는 상을 나타내는 상징이다.[11] 하나님은 영원히 우리에게 상 주시는 분이다. 이 비유의 주제는 우리가 영원한 목적을 위해 돈을 사용해야 한다는 것이다. 우리는 돈에 대한 태도에서 현재에만 초점을 맞추기 때문에 '이 세대의' 아들들보다 못하다.

게다가 돈에 대한 신실함은 성품을 측정하는 척도다. 어떤 법률가가 돈을 어떻게 다루는지 보면 그 법률가에 대해 많은 것을 알 수 있다. 돈은 분명 하나님이 우리가 관리하기 바라시는 '참된 부요함'에 비하면 '작은 것'이다. 하지만 작은 것을 다루든 큰 것을 다루든 사람의 성품은 분명히 드러난다. 신실한 청지기는 자기가 맡은 것의 크기에 상관없이 신실하다. 물론 일부 사람들은 우리 자신이 소유권을 가진 **소유자**이기보다는, 그분의 나라를 회복하고 있는 하나님을 위한 **청지기**라는 것을 여전히 배워 가고 있는 중이다.

관대함

분명 이 비유가 주는 위대한 교훈 중 하나는 **관대해야** 한다는 것이다. 나는 법률가들이 돈을 관대하게 주는 것을 어려워하는 한 가지 이유는, 대체로 그것이 시간당 수임료를 받아 번 돈이기 때문이라고 생각한다. 우리는 1분, 1초당 수입이 얼마인지까지 계산할 수 있다. 더 많은 돈을 벌기 위해 차입 자본으로 투기를 하는 것이 아니라 우리에게는 시간이 곧 돈이다. 물론 이것은 변명이 되지 못한다. 이 세대의 아들들은 자금을 장기적으로 사용하는 면에서 우리보다 낫다. 대부분의 경우 우리의 돈을 좀더 아낌없이 드리는 것이 미래에 가장 도움이 될 것이다.

우리는 돈을 영원을 위한 도구로 사용하기보다 우리 자신의 목적을 위해 사용하는 경향이 있다. 우리는 사람들, 관계들을 조종하기 위해 돈을 사용한다. 게다가 우리는 주기 위해 벌기보다는 그 반대로 생각한다. 우리는 주는 것을 하나님 나라의 목적들에 공헌하고 영원한 보상을 받는 수단으로 보기보다는, 더 많은 물질의 복을 얻기 위한 수단으로 본다. 심지어 어떤 설교자들은, 그들의 사역을 위해 헌금하는 것이 마치 '씨를 뿌리는 것'과도 같아서 결과적으로 더 많은 돈과 재정적인 복을 받을 것이라고 가르치기까지 한다. 그러나 그 반대다. 우리가 받는 이유는 더 많이 얻기 위해서가 아니라, 주기 위해서다.

르투르노(R. G. LeTourneau)는 자칭 "하나님이 축복하신 기계공"이다. 얼마간 어려운 시기를 겪은 후에, 그는 서른한 살 나이에 땅 고르는 기계 사업을 시작했다. 마침내 그는 더 크고 효과적인 기계를 발명하기 시작했으며, 발명가의 삶이 끝날 무렵에는 300개 이상의 특허권을 보유하고 있었다. 온라인 백과사전인 위키피디아에 보면 제2차 세계대전 때 사용된 땅 고르는 기계 중 거의 70퍼센트가 르투르노의 기계였다고 나온다. 르투르노는 그의 성공을 이루신 하나님의 손을 보았으며, 자신은 하나님이 주신 것을 관리한 청지기였을 뿐임을 깨달았다. 그는 자신의 수입에서 10퍼센트를 가지고 살고 나머지 90퍼센트는 이웃에게 나누기로 결심했다. "문제는 나의 돈 중 얼마나 많은 부분을 하나님께 드릴까 하는 것이 아니라 그분의 돈 중 얼마나 많은 부분을 나 자신을 위해 간직할까 하는 것이다."[12] 확실히 그것이 문제다.

지혜와 불의한 재물

예수님에 따르면, 재물은 적어도 어떤 의미에서는 불의하다. 우리는 그 구조가 하나님의 선한 창조에 뿌리박고 있지 않으며, 하나님 나라에서 회복되지 않을 것이라고 말할 수도 있다. 그러므로 재물의 유일한 선용은 '친구 사귀기' 혹은 영원한 어떤 것으로 전환하기에 쓰는 것이다. 아마 이것이 바로 예수님이 "재물이 있는 자는 하나님의 나라에 들어가기가 얼마나 어려운지"(눅 18:24)라고 말씀하셨을 때, 염두에 두고 계셨던 것 중 하나였을 것이다. 사실 재물은, 하나님 나라에 필요한 물자가 아니다. 물론 그것은 하나님 나라의 물자로 교환될 수 있다! 하지만 이러한 교환에는 지혜가 필요하다. 재정적 문제와 영적 문제 둘 다에서의 지혜. 우리의 합리화하는 재주는 둘 사이에서의 지혜를 더욱 어렵게 만든다. "난 사실 그렇게 잘살지는 않아." "난 이걸 위해 열심히 일했어. 그러니 당연히 누릴 만한 자격이 있어"[13]와 같은 것이다.

하지만 우리의 정당화와 합리화보다 더 문제가 되는 것은 우리가 돈을 그리고 돈이 가져다주는 것을 숭배한다는 점이다. 그것은 '게임'의 채점표다. 그것은 내게, 내가 나의 이웃보다 더 낫다는 것을 보여 준다. 그것은 나의 부모님에게 내가 혼자 힘으로 해냈다는 것을 증명해 준다. 그것은 내 고통을 마비하고 나의 불안정함을 잊어버리게 하는 쾌락을 사는 수단이다. 이것은 우상숭배다. 우리는 돈에 그것이 지닌 값어치보다 훨씬 이상의 가치를 부여하며, 마치 돈이 궁극적 생명을 가져다주기라도 하듯 돈에 혈안이 된다.[14] 돈이 사라지면 우리는 어떻게 할 것인가? 우리는 실제로 돈이 없어도 우리가 예배하기에 합당한 분, 선한 생명을 가져다주는 분을 예배할 수 있을까?

청지기직

고등학교 시절 한 친구가 있었다. 그는 자기 부모와 함께 세미나에 참석했는데, 거기에는 청지기직의 태도와 소유의 태도 간의 차이에 대한 강좌도 있었다. 그들은 우리의 모든 소유는 하나님의 지시에 따라 사용하도록 우리에게 맡겨진 것이며, 하나님이 우리가 가진 모든 것의 소유주라는 것을 배웠다. 세미나가 끝난 다음날, 내 친구는 가족용 차를 몰고 가다가 사고를 내고 말았다. 그는 자기 부모에게 알리기 위해 집에 전화를 했다. 아버지가 전화를 받자 친구는 이렇게 말했다. "아빠, 알려 드릴 게 있어서요. 제가 하나님의 차를 망가뜨렸어요." 그는 자기 아버지가 소유권보다는 청지기직에 대해 더 생각하기를 바랐다.

청지기직의 태도는 '탐욕 사탄'과 싸우는 첫 단계다. 재물이 다른 사람에게 속한 것이라면 어떻게 우리가 그 재물을 축적할 수 있겠는가? 우리가 대리인일 뿐이라면 어떻게 하나님의 원리에 순종하지 않을 수 있겠는가?

톨킨(J. R. R. Tolkein)의 「왕의 귀환」(*The Return of the King*, 씨앗을뿌리는사람)에 나오는 비극적인 인물 중 하나는 곤도르(Gondor)의 청지기 데네도르(Denethor)다. 곤도르는 진정한 왕의 귀환을 기다리는 민족 국가다. 그동안에 그 나라는 일련의 지혜롭고 힘있는 청지기들이 다스리고 있었는데, 그중 하나가 데네도르다. 그는 왕의 귀환이 임박했음을 안다. 하지만 이미 그는 자기 주위의 악(적들의 다가오는 맹공격)과 자신의 죄에 너무 사로잡혀 있어서, 자신의 대단한 지혜도 아무 소용이 없었다. 그는 자신의 유일한 진짜 의무에 눈이 멀어 있었다. 그 의무란 자신에게 맡겨진 것에 충실한 것이다. 묘하게도 최종적으로 그의 과대망상을 고조하고, 결국 그에게 멸망을 가져오는 것은 참 '주인'이 돌아오고 있을지 모른다는 사실을 그가 안다는 점이다. 결국, 그 사실이 정말로 중요했던 유일무이한 그때, 그는 자기 나라가 마음대로 다루어도 되는 자기 것이라고 결정했다. 그는 자신이 왕국의 청지기라는 것을 잊어버렸다.

나는 하나님이 내게 있는 소유와 돈이 그분으로부터, 그분을 위해, 그분에 의해 주어진 것이라는 점을 상기시키실 때—보통 내가 뭔가를 나누어 주도록 자극하심으로—우려를 느낀다. 나는 만물의 주인이신 하나님 자체보다 다른 어떤 것들로부터 나의 안정을 얻을 때 그것에 더 꽉 매달린다. 그분은 '뭇 산의 가축'을 소유하고 계시며, 실로 '온 세상'이 그분의 것이다. "땅과 거기에 충만한 것과 세계와 그 가운데에 사는 자들은 다 여호와의 것이로다"(시 24:1). 옛말을 좀 덧붙이자면 그저 "손을 떼고, 하나님이 그분의 소유물들을 사용하시게 하라…"

그리스도인 법률가는 여러 가지 면에서 청지기로 산다. 우리는 일반적으로 의뢰인의 기금을 맡는 청지기 노릇은 잘한다. 그리고 보통 의뢰인의 비밀은 주의 깊게 지킨다. 하지만 하나님이 우리가 맘몬의 청지기로 섬긴 것에 대해 계산해 보라고 요구하실 때 우리는 어떤 점수를 받게 될까?

통합성

돈과 소유를 추구하는 것이 통합을 추구하는 것과 여러모로 정반대되는 것은 흥미롭다. 우리의 재정적 논의를 마무리짓는 것으로, 돈이 통합에 대한 우리의 헌신 자체를 어떻게 위협하는지 살펴보자.

- 통일성. "한 사람이 두 주인을 섬기지 못할 것이니 혹 이를 미워하고 저를 사랑하거나 혹 이를 중히 여기고 저를 경히 여김이라. 너희가 하나님과 재물

을 겸하여 섬기지 못하느니라"(마 6:24). 우리가 소유와 돈의 노예라면, 당연히 모든 부르심을 망라해 완전한 충성을 요구하는 두 주인을 섬기느라 통합되지 못하고 분열되어 있을 수밖에 없다.

• 공동체. 야고보는 사물에 대한 우리의 욕망을 깨어진 공동체와 연결짓는다.

너희 중에 싸움이 어디로부터 다툼이 어디로부터 나느냐. 너희 지체 중에서 싸우는 정욕으로부터 나는 것이 아니냐. 너희는 욕심을 내어도 얻지 못하여 살인하며 시기하여도 능히 취하지 못하므로 다투고 싸우는도다. 너희가 얻지 못함은 구하지 아니하기 때문이요, 구하여도 받지 못함은 정욕으로 쓰려고 잘못 구하기 때문이라(약 4:1-3).

• 진리. 스탠리 하우어워스와 윌 윌리몬(Will Willimon)은 아나니아와 삽비라 이야기를 통해 초대교회에서 일어난 소유와 거짓말 간의 연관성을 지적한다(행 5장). 아나니아와 삽비라는 땅을 얼마간 팔아 수익의 일부를 취하고 나머지를 베드로에게 주면서, 전부를 교회에 주는 것처럼 암시했다. "베드로가 이르되, 아나니아야 어찌하여 사탄이 네 마음에 가득하여 네가 성령을 속이고 땅 값 얼마를 감추었느냐.…사람에게 거짓말한 것이 아니요 하나님께로다. 아나니아가 이 말을 듣고 엎드러져 혼이 떠나니 이 일을 듣는 사람이 다 크게 두려워하더라"(3-5절). 그의 아내 삽비라는 일어난 일을 알지 못하고 3시간 후에 들어와서, 계속 거짓말을 했다. 그녀 역시 엎드러져 죽었다. 하우어워스와 윌리몬은 이렇게 설명한다.

교회에서 발생한 최초의 진짜 위기는…소유에 대한 위기였다.…누가가 돈을 자기기만과 연결하는 모습이 흥미롭지 않은가? 베드로는 아나니아와 삽비라의 탐심이 아니라 거짓말을 비난한다. 아나니아와 삽비라의 거짓말에는 상당히 자연스러운 뭔가가 있다. 우리는 모두 자신의 탐욕과 취득 본능과 탐심을 어떤 식으로 합리화하고 변명하는지 알기 때문이다.…

우리의 거짓말은 물질주의와 상호 관련되어 있다. 물질주의와 자기기만은 둘 다 물질을 손에 움켜쥠으로써 우리의 불안정함과 유한성을 해결하려는 것이기 때문이다.[15]

우리의 통합성을 꼭 붙잡는 것, 과감한 관대함을 나타내는 것, 지혜를 추구하는 것, 청지기적 태도를 계발하는 것은 돈이 우리의 마음을 장악하는 것에 대항해 싸우는 데 크게 효과가 있을 것이다. 하지만 성공적인 법률 실무(혹은 법률가의 삶)를 계속 재정적 견지에서 생각한다면, 우리는 계속해서 금세 거짓 신들을 숭배하게 된다. 실로 성공을 나타내는 외적 표시, 즉 하나님 나라에서 채점되는 점수를 보여 주는 물질적 점수판이란 없다.

권세

하나님을 아는 것에는 권세가 있다. 권세는 억압받는 자들을 해방시킬 수 있다. 창조적 권세는 교화시키고 계몽시킬 수 있다. 양육하고 훈육하고 지도하고 목양하는 권위자들에게는 권세가 있다. 경제적 성장을 신장하고, 개인간 의사소통을 촉진하며, 근로자들을 고무하고, 관계를 형성할 수 있는 권세가 있다. 균형 잡혀 있고 적절히 제어된 권세는 창조하고 격려하고 세울 수 있다.[16] 하지만 권세를 좋아하는 것은 교만의 뿌리며, 교만은 또한 권세에 대한 부적절한 욕구를 갖게 한다. 권세와 교만의 이런 관계는 전설의 소재가 될 만큼 오래된 것이며, 법률가들이 겪는 갈등에 대해 몇 가지 뚜렷한 통찰을 제공해 준다.

지식과 교만

권세와 교만의 관계를 살펴볼 수 있는 위대한 이야기는 파우스트 이야기다.

이 이야기에서 한 학자는 지상의 권세를 받는 조건으로 자기 영혼을 악마에게 판다. 크리스토퍼 말로우(Christopher Marlowe)가 이 전설을 소재로 만든 연극 "닥터 파우스트"(*Doctor Faustus*)는 권세와 교만의 관계를, 자만을 가져오는 지식에 명백하게 연결시킨다. 여기에는 법률가들에게 주는 분명한 교훈이 있다.

거기 보면 자기 서재에서 책에 둘러싸여 있는 한 박사가 나온다. 우리가 그에게서 듣게 되는 첫 마디는 자신이 무엇을 '교수할'(profess) 것인지에 대해 그가 스스로에게 큰 소리로 하는 말이다. 실로 파우스트는 여러 가지 중에서도 특히 신학, 법학, 의학, 철학을 교수하는 '전문가'다. 하지만 그의 학식은 그를 속인다. 그는 신학적 논쟁에 탁월하다(그는 신학 박사다). 하지만 그런 문제를 다룰 때 나타나는 거만한 '교활함'—사실은 교묘한 논증—은 그를 몰락으로 이끈다. 그는 자신의 학문 분야 각각에 대해 한탄한다. 그는 목록을 점검한다. 철학은 만족스럽지 못하다. 의학은 충분히 불가사의하지 않다. 법은 '돈벌이를 위한 단조롭고 고된 일'이며 '너무 비굴하고 편협한 것'이다. 그래서 그는 아쉽지만 신학으로 만족한다. 하지만 그는 신학을 더 깊이 연구하다가 그것을 버려 버린다. 그는 "죄의 삯은 사망이라"는 말을 읽으며 그다음에 "만일 우리가 죄 없다 하면 스스로 속이고 또 진리가 우리 속에 있지 아니할 것이요"라는 말을 읽는다. 그는 이 구절들을 보면서 신학은 숙명론적인 것이라는 결론을 내린다. 그래서 그는 마술을 추구한다.

> 오, 얼마나 대단한 이익과 기쁨의 세계인가
> 권세의, 영예의, 전능의 세계인가
> 열심히 애쓰는 숙련공에게 약속된!…
> 건전한 마술사는 반(半) 신이다!…
> 여기에서 내 두뇌는 신성을 얻기에 질리도다![17]

그는 신과 같이 되려는 마음으로 그 직업을 갖게(마술을 추구하게) 되며, 또한 자신이 바라는 권세와 자기 영혼을 맞바꿀 것을 계약하기에 이른다. 그의 방대한 학식과 '논리'는 그가 길을 잃고 타락하게 만들었다.

분명 지식과 교만 사이에는 연관이 있다. 바울은 고린도 교회를 향해 지식은 "교만하게 하며"(고전 8:1)라고 말하며, 전도서 저자는 "지혜가 많으면 번뇌도 많으니"(전 1:18)라고 말한다. 그리고 우리는 자신의 지식을 누구에게나 교만하게 뽐내며 '아는 체하는 사람'을 만나 본 적이 있다. 그래서 법률가들은 분명 이 분야에서 '교만하게' 되기 쉽다. 우리는 미국에서 가장 교육을 많이 받은, 박식한 사람 축에 속하기 때문이다.

> [로스쿨의] 표준적인 교수 방법을 통해, 학생들은 법의 구속력 있는 특징을 무시하도록 배운다. 목적과 정책을 분석하는 융통성과 함께, 규칙들 및 그 규칙들을 실제 상황에 적용하는 불확정성이 강조된다. 법은 본질상 논증이고 메시지이며, **언제나** 뭔가 논증을 해야 한다. 이런 것에 3년간 노출된 후 로스쿨을 떠나는 졸업생들이, 법적 규칙들이란 단순히 법률가들이 어느 쪽이든 자신들이 대리하는 쪽을 위해 활용하는 도구라고 생각할 만도 하다. 르웰린(Llewellyn)의 적절한 문구를 반복하면, 그들은 "법이라는 기계를 조작하는 것"을 배웠다.
>
> Brian Z. Tamanaha, *Law As A Means To An End: Threat To The Rule of Law*

지식과 사랑

다른 한편, 고린도전서 8장에서 바울의 요점은 지식 자체가 해롭다는 것은 아니다. 그는 다른 본문에서 로마 교회가 지식과 선함으로 가득 찬 것에 대한 기쁨을 표현하며(참고 롬 15:14), 여러 번에 걸쳐 신자들이 지식으로 가득 차기를 기도한다. 그의 요점은 지식 그 자체가 교만하게 한다는 것이 아니라, 사랑이 없는 지식은 해로운 것이 될 수 있다는 것이다. "지식은 교만하게 하며 사랑은 덕을 세우나니"(1절). 사랑 없는 지식, 즉 공동체에 미치는 결과를 고려하지 않고 사용될 경우의 지식은 사람을 교만하게 한다. 그는 우상에게 바쳐진 음식의 문제에 대해 직접 말한다. 지식을 가진 사람은 "우상은 세상에 아무것도 아님을"(4절) **알** 것이다. 그러한 지식을 갖고 있어서 그들은 죄를 짓지 않고 먹을 수 있을 것이다. 그럼에도 바울은 그들이 동료 그리스도인들을 걸려 넘어지게 해서는 안 된다며 주의를 준다. "네 지식으로 그 믿음이 약한 자가 멸망하나니 그는 그리스도께서 위하여 죽으신 형제라"(11절). 다른 사람들을 적절히 고려하지 않고 우리의 지식을 사용하는 것은 죄다.

이것이 교만의 특징이다. 그것은 이웃을 배제하고 자기만 챙긴다.[18]

왜곡된 배움

파우스트를 자세히 들여다보면, 그를 사탄에게 이끄는 것은 지식 그 자체가 아님을 알게 된다. 그가 진리를 왜곡하게끔 만드는 것은 불완전한 지식과 교만한 궤변이다. 좀더 구체적으로 말해, 그는 로마서 6장 23절의 후반부("하나님의 은사는…영생이니라") 없이 전반부("죄의 삯은 사망이요")를 읽고, 요한일서 1장 9절("만일 우리가 우리 죄를 자백하면 그는 미쁘시고 의로우사") 없이 1장 8절을 읽고는, 어둠의 기술을 사용해 권세를 추구하게 된다. 그가 자신의 영혼을 팔도록 이끈 것은 지식 자체가 아니라 그의 '교묘한' 해석—교묘한 독해라는 학자의 장난—이다.

물론 파우스트를 보면서 우리가 스스로에 대해 조금이라도 더 낫게 느끼지는 않는다. 어느 누구도 법률가처럼 진리를 갖고 기술적으로 말장난을 하지 않기 때문이다. 우리는 문제의 양측을 논하는 법과 양자택일해야 하는 모순된 사실들을 논증하는 법을 가르쳐 법률가들을 만들어 낸다. 더 창의적이고 교묘한 논증일수록 더 낫다. 물론 예수님은 말장난을 해서 지식을 이웃에 대한 함정으로 바꾸던 당시의 법률가들에게 몇 가지를 말씀하셨다. 그분은, 문제는 교만이라는 사실에 대해서도 매우 분명히 말씀하셨다.

서기관들과 바리새인들이 모세의 자리에 앉았으니 그러므로 무엇이든지 그들이 말하는 바는 행하고 지키되 그들이 하는 행위는 본받지 말라. 그들은 말만 하고 행하지 아니하며 또 무거운 짐을 묶어 사람의 어깨에 지우되 자기는 이것을 한 손가락으로도 움직이려 하지 아니하며…잔치의 윗자리와 회당의 높은 자리와 시장에서 문안 받는 것과 사람에게 랍비라 칭함을 받는 것을 좋아하느니라.…너희 중에 큰 자는 너희를 섬기는 자가 되어야 하리라. 누구든지 자기를 높이는 자는 낮아지고 누구든지 자기를 낮추는 자는 높아지리라(마 23:2-4, 6-7, 11-12).

종교적 율법주의와 교만을 연결하는 이러한 비난은 법률직에 종사하는 사람들에게 놀랄 만큼 맞아떨어지는 경고다. 사람들의 등에 무거운 짐을 묶고 그들을 돕기 위해 손가락 하나 움직이지 않는 것은 바로 법률가들이다.

앤드류 머레이(Andrew Murray)는 이것을 우리 앞에 단호히 표현한다.

하나님께 전적으로 의지하는 것을 말하는 겸손은, 피조물의 첫 번째 의무이자 가장 고상한 덕행이요, 모든 도덕의 기초다.

그래서 교만— 겸손을 잃어버리는 것—은 모든 죄와 악의 뿌리다.…하늘과 땅에서 교만이나 자기를 높이는 것은 지옥으로 직행하는 통로다.[19]

겸손은 전적으로 하나님을 의지하는 것이다. 교만은 자신을 의지하는 것이다. 그렇다면 왜 우리는 겸손함으로 하나님께 의지하려 하지 않을까? 권세를 바라기 때문이다.

지옥에서 다스리는 것이 더 나음

「실락원」(Paradise Lost)은 사탄과 그의 군대 장관들이 패하고 하늘에서 쫓겨나 지옥의 불 못에 누워 있는 것으로 시작된다. 이때 사탄은 완전히 패하여 비참하고 고통스러운 장소에 거하면서, 유명한 말을 한다.

> 여기에서는 우리가 확실하게 다스릴 수 있을 거다. 그리고 내 마음대로.
> 비록 지옥이라 해도 다스리는 건 가치 있는 야망이지.
> 하늘에서 섬기느니 지옥에서 다스리는 것이 낫다.[20]

교만은 원죄다. 하와는 큰 유혹을 받고서 금단의 열매를 먹었다. "너희가 결코 죽지 아니하리라. 너희가 그것을 먹는 날에는 너희 눈이 밝아져 하나님과 같이 되어 선악을 알 줄 하나님이 아심이니라"(창 3:4-5). 하와가 "그 나무를 본즉 먹음직도 하고 보암직도 하고 지혜롭게 할 만큼 탐스럽기도 한 나무인지라. 여자가 그 열매를 따먹고"(창 3:6). 크리프트는 이렇게 설명한다.

> 교만은 가장 큰 죄다. 그것은 세상이나 육신에서 오는 것이 아니라 사탄에게서 온다. 그것은 지옥에서 온다. 그것은 사탄의 원죄였다. 아마도 순수한 영혼이 저지를 수 있는 유일한 죄였을 것이다.…
> 교만은 또한 아담의(우리의) 원죄다. 하나님과 같이 되고자 하는 바람, 법 아래 있기보다 법 위에 있고자 하는 바람이다.[21]

그것은 최초의 죄이자 가장 큰 죄다. 그것은 가장 처음이자 가장 큰 계명인 "너는 나 외에는 다른 신들을 네게 두지 말라"는 계명을 어긴 것이기 때문이다. 교만은 자신을 하나님보다 우선시한다.

누가 제일인가?

분명 모든 치명적인 죄 중 가장 큰 죄인 교만은 법률직에 종사하는 사람들이 잘 짓는 죄다. "제일이신 분은 오직 한 분만 계실 뿐이다. 교만은 본질적으로 경쟁적이다"[22]라고 크리프트는 말한다. 법률가들 역시 마찬가지다. 직업상의 문제―돈이든, 일에 대한 불만족이든, 너무 많은 근로 시간이든, 우울증이든, 마약 중독이든―를 다룬 모든 글에서 나오는 특징 중, 법률가 문제에서 수위를 다투는 것은 **경쟁적**이라는 것이다. 물론 경쟁도, 경쟁을 좋아하는 것도 죄는 아니다. 하지만 교만은 경쟁을 부추기며, 억제되지 않은 경쟁심은 우리를 반드시 교만으로 인도한다.

직업상의 위험

법률직의 삶은 권세와 교만의 지뢰밭처럼 보인다. 우리가 그동안 받은 훈련과 실습은 이런 길을 가도록 조장했으며 우리는 그에 힘입어 경쟁력을 갖추어 박식한 체하는 사람들이 되었다. 그리고 우리는 이제껏 다른 사람들 위에 군림할 권세를 우리에게 준 우리의 전문 지식을 통해 관계성에 영향을 미친다. 이 분야에 있을 수 있는 몇 가지 지뢰를 말해 보겠다. 그 지뢰를 더 잘 피하기 위해서다.

의뢰인 상담

우리는 10장에서 보살핌의 윤리를 추구하는 것―의뢰인들을 도덕적 대화와 관계성에 관여하도록 이끄는 습관―이 법률가의 정체성 통합에 이르는 중요한 단계임을 보았다. 하지만 이런 것을 추구할 때, 교만은 의뢰인과의 건전한 도덕적 관계를 불가능하게 만드는 장애물이다. 그리스도인 법률가들이 의뢰인을 상담할 때 흔히 도덕적 고립이라는 태도를 취한다는 사실을 상기해 보라. 그것은 겉으로 보기에는 도덕적 관심처럼 보이지만, 변화나 상대방―법률가 혹은 의뢰인―의 성장에 대한 기대에는 마음을 열지 않은 채 도덕적 입장을 분명히 밝히는 데만 관심이 있는 태도이다.

법률가가 자신은 양심에 지배를 받으며, 무엇을 할지 혹은 하지 않을지를 도덕적 명령에 따라 결정한다고 간주할 때, 의뢰인은 성장할 수 없다는 것과 법률가가 모든 점에서 옳다는 것을 가정하는 온정주의적 관계를 맺게 된다. 이것은 교만이다. 셰퍼가 말하듯, "도덕적 고립은 진실하지 못한 생각일 뿐 아니라 교만한 생각이다."[23] 법률가가 상대방과 관계를 맺지 않은 채 도덕적 판단을 내린다면, 그 판단들은 많은 경우 부주의한 것이 된다. 의뢰인의 복잡한 인생 환경에 대한 관심 없이는, 적절한 도덕적 추론을 할 수 없다. 게다가 이런 경우의 도덕적 판단은 보통 "그 판단이 근거한 원리들이나 경험에 대해 전혀 의심하지 않고"[24] 이루어진다. 그러나 겸손은 그 이상의 것을 요구한다.

윤리적 규약들과 그리스도인 법률가

변호사로 일할 때, 나는 이해 충돌로 인한 자격 박탈을 초래하는 사건에 관련됐을 때에만 윤리적 규약에 주의를 기울였다. 나는 그 규칙들이 내가 의뢰인들과 소송에서 한 일에 어떻게 적용되는지에 대해서는 거의 관심이 없었다. 내가 비윤리적인 변호사였기 때문이 아니었다. 나는 의뢰인의 비밀, 이해 충돌, 회사간 관계, 재정 문제 등과 같은 것에 빈틈없이 주의를 기울였다. 문제는 내가 부정직했다는 것이 아니라, 내 자신의 정직함을 지나치게 신뢰하고 있었다는 것이다! 나는 내가 절대로 의뢰인의 것을 훔치거나, 의뢰인에게 수임료를 속이거나, 구두로 맺은 협약을 어기거나, 상대편 변호사를 현혹하거나 하지 않으리라는 것을 알았다. 나는 그리스도인으로서 나 자신의 기준이 윤리 규약보다 훨씬 높다고 믿었다. 내 생각에 그 윤리적 규약들은 간신히 최소한의 것만 하고자 하는 사람들을 위한 것이었고, 나는 더 높은 기준을 가지고 있었다고 여겼다. 물론 이것은 완전히 어리석은 것이었다. 그리고 나는 젊었을 때 교만으로 인해 윤리적 규칙의 많은 함정에 빠진 적이 한 번도 없었던, 대단히 운이 좋은 변호사였다.

내 경우는 순전히 교만의 문제였다. 그리고 많은 그리스도인 법률가들이 나와 같은 실수를 반복한다고 한다. "윤리 규약은 단지 최소한의 것일 뿐이다. 그리스도에 대한 우리의 섬김은 더 높은 기준을 요구한다." 이러한 생각으로 인해 변호사 업무 관할 내에서 적용되는 윤리 규칙에 무지할 경우에는 엄청난 문제를 발생시키게 된다. 법 윤리 규약은 앞서 간 선조들의 지혜로, 우리가 기준을 규정하는 것을 도와준다. 윤리 규약들이 없으면, 우리는 문제가 무엇인지조차 모른다. 실로 그 규약들은 때때로 충분히 상세하지가 않다. 그리고 때로는 정직한 법률가로서 따르기 어려운 것도 존재한다. 하지만 법률직에서 올바른 행동으로 간주하는 것이 무엇인지 알지 못한다면 거기에는 변명의 여지가 없다. "[우리가] 이것을 조심함은 우리가 맡은 이 거액의 연보에 대하여 아무도 우리를 비방하지 못하게 하려 함이니, 이는 우리가 주 앞에서뿐 아니라 사람 앞에서도 선한 일에 조심하려 함이라"(고후 8:20-21). 윤리 규약들은 다른 사람들이 법에서 옳은 행동이라고 믿는 것이 무엇인지 말해 준다. 그것을 무시하는 것은 어리석은 교만이다.

로스쿨의 이상주의와 냉소주의에 이르는 길

나는 대부분의 학생들이 '선을 행하려는' 목표를 가지고 로스쿨에 간다고 생각한다. 물론 모두가 그런 건 아니다. 하지만 미국 로스쿨에 들어가는 대부분의 학생들은 사람·정부·사업체·마을·가난한 사람들을 돕기 위해, 혹은 정치적이거나 종교적인 대의 때문에 법률직에서 일하겠다는 생각을 어느 정도 갖고 있다. 적어도 처음에는 법이 **섬김**이 될 수 있다고들 생각한다. 섬김은 교만에 대한 틀림없는 해결책이다. 하지만 어쩐 일인지 섬김을 지향하는 이상주의는 로스쿨 3년차가 되기 전에 무용지물이 되어 버린다. 그것은 어떤 법률가라도 더럽혀질 수 있다는 냉소주의로 바뀐다.

냉소주의는 교만의 특별히 불쾌한 사촌이다. 그것은 다른 사람들의 선량함과 진실함에 의문을 품는 경향이 있다. 그러면서 격에 맞지 않는 겸양을 보이기도 한다. 그러므로 냉소주의는 교만으로 인해 나타날 수 있는 모든 결과를 보여 준다. 그것은 공동체를 향한 노력을 거절함으로써 공동체를 거부한다. 그것은 최악의 것을 믿음으로써 진리를 좌절시킨다. 그리고 그리스도인을 양분시키고 구획화하려는 경향이 있다. 신랄한 형태의 냉소주의는 그리스도를 믿는 믿음과 양립할 수 없다.

나의 한 법률가 친구는 냉소주의를 '내막을 아는 지식'과 동일시한다. 우리 법률가들은 사람들이 어떤 존재인지 보았기 때문에 냉소적이다. 우리는 그들이 증언하는 것을 들었고, 조서를 보았으며, 이야기가 언제나 사실과는 약간 다르다는 것을 알고 있다. 게다가 우리는 모든 사람이 비밀을 갖고 있다는 것을 안다. 우리가 인간의 진실함과 선량함에 의문을 품는 경향이 있는 것도 무리는 아니다! 하지만 내 친구는 그리스도인이다. 그리고 그는 우리가 냉소주의에 져서는 안 된다고 주장한다. 냉소주의는 원죄의 실상이며, 어떤 신자도 그것에 놀라서는 안 된다. 게다가 우리는 대단히 많은 위선자들, 대단히 많은 음험한 비밀들, 그리고 바로 나 자신의 사악한 마음속에 한두 가지의 거짓된 면이 있다는 것을 인식해야 한다. 냉소적일 필요가 없다. 우리는 날마다 죄와 은혜의 실상에 직면한다.

권세로서의 지위 혹은 돈

우리는 함정에 빠지는 것에 대해 혼동한다. 우리가 화려하게 꾸며진 법률 사무소에서 일하거나, 수억대 연봉을 받거나, 신문지상에 이름이 오르내리거나 지역 사회나 법률직에서 정기적으로 표창을 받는다면, 우리는 곧 자신이 누구인지 잊어버린다. 클레르보의 베르나르(Bernard of Clairvaux)는 이렇게 말했다. "낮아지게 되었을 때 겸손한 것은 대단한 일이 아니다. 하지만 찬양을 받을 때 겸손한 것은 위대하고도 희귀한 위업이다." 우리는 돈이나 지위 혹은 영예를 갖고 있을 때, 교만해지려는 유혹에 주의해야 한다. 하지만 많은 경우 우리가 알아야 할 것은 바로 우리 자신을 극복해야 한다는 것이다. 견고한 그리스도인 공동체(그리고 솔직한 배우자)는 이 점에서 대단히 도움이 된다.

> 우월감과 열등감은 둘 다 교만에 기초를 두고 있다. 둘 다 우리 자신에게 마음을 두도록 하기 때문이다.…겸손은 우리 자신의 가치를 떨어뜨리는 것이 아니다. 그것은 우리의 초점을 우리 자신에게서 완전히 떼어 놓는 것이다. 우리 자신을 비하하는 것은 겸손이 아니라, 감춰진 형태의 교만이다. 우리가 여전히 자신의 중심이 되는 것이다.
>
> Jamie Lash, "Becoming A Person God Can Use: Developing A Servant's Heart"

교만과 통합성

돈을 사랑하는 것과 마찬가지로, 교만은 통합의 본질적 요소들을 좀먹고 파괴한다.

- **통일성**. 교만은 우리 자신과 하나님이라는 두 주인을 섬기도록 요구하는데, 이는 불가능한 일이다. 우리는 선택을 해야 한다. 루이스의 책 「천국과 지옥의 이혼」(*The Great Divorce*, 홍성사)에 나오는 하늘의 인도자는 그것을 완벽하게 요약한다. "결국은 두 종류의 사람만 있다. 하나님께 '당신의 뜻이 이루어지이다'라고 말하는 사람과, 결국은 하나님이 그들에게 '**너의** 뜻이 이루어질 것이다'라고 말하는 사람이다."[25]

- **공동체**. 교만은 본질적 경쟁심과 우리 자신만을 챙기려는 마음으로 이웃을 배제한다. 교만은 공동체의 가장 큰 파괴자다.

- **진리**. 교만은 최초의 거짓말이자 최종적인 거짓말이다. 사탄은 자신을 하나님보다 높였으며, 아담과 하와는 자신들의 위대한 창조주보다 그들이 더 잘 안다고 생각했다. 다른 모든 거짓말의 근저에 있는 거짓말은, 우리가 하나님보다 더 잘 안다는 것이다. 우리의 이야기, 우리의 계획, 우리의 바람이 그분의 이야기, 그분의 계획, 그분의 바람보다 왠지 더 우월하다는 것이다.

그러면 우리는 법률직이 직면한 이 큰 위험과 가장 치명적인 죄를 어떻게 다루어야 하는가? 다시 한 번 베르나르의 말을 빌리면, 그는 네 가지 주요 덕목을 말해 달라는 요청을 받았을 때 "겸손, 겸손, 겸손, 겸손"이라고 말했다.

한 가지 모델

체스터튼의 책 「목요일의 사나이」(*The Man Who Was Thursday*)에 나오는 한 해설자는 이렇게 말한다. "너무 많이 말하는 사람은 언제나 겸손한 사람이다. 교만한 사람은 자신을 너무 면밀히 지켜본다."[26] 어떤 의미에서 이것은 겸손에 대한 도전이다. 당신 자신에게서 눈을 떼는 것이다. 그것은 포괄적이다. '하나님께 전적으로 의지하는 것.' 그것은 하나의 태도, 생활 방식, 세상과 우리 이웃을 향한 자세다. 그것은 훈련이 아니다. 우리는 그것을 '행하는' 것이 아니다. 우리는 겸손하거나 아니거나 둘 중 하나다. "진정한 사람이 되려면, 겸손이 우리 안에 머물러야 하고, 우리의 본질 자체가 되어야 한다.…겸손은 우리가 잠시ㅡ우리가 하나님을 생각할 때 혹은 그분께 기도할 때ㅡ취하는 자세가 아니라, 우리 삶의 정신 그 자체다."[27]

겸손한 삶에 대한 오직 한 가지 모델, 꼭 도달해야만 하는 한 곳이 있다. 그것은 우리의 위대한 모범이며 구세주이신 분께로 이르는 길이다.

아무 일에든지 다툼이나 허영으로 하지 말고 오직 겸손한 마음으로 각각 자기보다 남을 낫게 여기고 각각 자기 일을 돌볼 뿐더러 또한 각각 다른 사람들의 일을 돌보아 나의 기쁨을 충만하게 하라. 너희 안에 이 마음을 품으라. 곧 그리스도 예수의 마음이니,

그는 근본 하나님의 본체시나

    하나님과 동등됨을 취할 것으로

여기지 아니하시고

오히려 자기를 비워

종의 형체를 가지사

사람들과 같이 되셨고

사람의 모양으로 나타나사

자기를 낮추시고

죽기까지 복종하셨으니

곧 십자가에 죽으심이라(빌 2:3-8).

첫걸음은 다른 사람들을 자기 자신보다 더 나은 사람으로 간주하는 것이다. 이것은 어렵지만 필요하다. 다른 사람들을 생각하라. 당신이 소유하지 못한 그들의 은사나 재능을 곰곰히 생각해 보라. 그리고 그들이 성취한 것을 검토해 보라. 최선의 것을 생각하고, 그들을 더 나은 존재로 여기라.

둘째로, 다른 사람들을 돌보고 섬기는 것보다 교만을 더 잘 교정해 주는 것은 없다. 당신은 당신의 비서가 무슨 일을 겪고 있는지 아는가? 당신은 의뢰인의 진정한 관심사를 이해하는가, 아니면 그저 그 사람의 법적 문제만 아는가? 보라. 우리는 눈을 열고 주위 사람들이 무엇에 관심이 있는지 찾아내야 한다. 그러면 우리 자신에 대해서는 잊어버릴 것이다. 법학 교수들은 교만한 사람들이 될 수 있다. 하지만 일부 교수들은 내가 아는 사람들 중 가장 겸손하다. 그들의 태도와 겸손에 대해 생각할 때, 그들의 목표가 자신들을 멋지게 보이려는 것이거나 유명해지려는 것이거나 자기 학생들에게 군림하려는 것이 아니라, 그들의 위대한 지식과 기술로 학생들을 사랑하고 섬기려는 것이라는 생각이 들었다. 이러한 **종의** 마음이 바로 그들이 가진 겸손의 원천이다.

그리스도의 마음을 가지는 것은 성령의 능력으로 가능하다(고전 2장). 그리스도의 능력으로 우리는, 그분이 세상의 죄를 지러 오신 고난받는 종으로서 취하셨던 태도를 취할 수 있다.

　우리는 우리의 '권리들'을 포기해야 한다. 우리가 가질 자격이 있다고 생각하는 것이 무엇이든, 그리스도의 신성에 비하면 아무것도 아니다. 그리스도께서는 이 땅에 섬기러 오셨을 때, 신성을 '이용하지'(exploit) 않으셨다. 우리는 스스로 대단하다고 생각하는 마음을 비우고 종의 삶을 취해야 한다. 로스쿨 1년차 때 당신이 가지고 있었던 이상주의로 돌아가 보자. 당신은 어떻게 섬기기로 결심했는가? 그리고 오늘날 그것을 어떻게 성취할 수 있을까?

　마지막으로, 우리는 순종해야 한다. 법률직에서 성공적인 삶을 사는 데 그 이상의 것은 없다. 하나님이 요구하시는 것을 한다면, 우리는 성공할 것이다.

권세의 환상

　다른 사람들이 우리보다 나은 존재라고 생각하는 것을 더 쉽게 해줄 마지막 한 가지는, 교만이나 권세로 인해 실제로 얻을 것은 아무것도 없다는 사실이다. 우리의 모범이신 그리스도는 하나님과 동등됨을 취할 것으로 여기지 않으셨다. 그분은 하나님이셨으며 하나님이심에도 말이다! 우리는 우리의 지위, 우리의 직책, 우리의 권세를 계속해서 붙잡는다. 그러면서 그것이 대단치 않은 것임을 발견할 뿐이다. 그리스도께서는 종이 되사 죽기까지 순종하시기 위해 하늘에 있는 그분의 지위를 실제로 포기하셨다. 우리는 자신이 웅대하다는 가공의 환상들만 포기하고 있을 뿐이다!

　파우스트 박사는 이것을 너무 늦게 발견했다. 1막에서 오만하고 머리 좋은 르네상스인이었던 그가 점차 변해 가는 것을 볼 때, 우리는 그가 바로 자신의 영혼을 팔아 산 사탄의 권세를 사용해 내리는 선택들에 대해서 뭔가를 알아차리기 시작한다. 그것은 바보 같은 선택들이라는 점이다. 그는 자신이 바라는 모든 것을 할 수 있는 권세를 가지고 있다. 그리고 그는 자신의 시간을 사교를 위한 잡기나 우스꽝스러운 허튼짓에 소비한다. 아름다운 여성에 대해 자신과 토론을 벌인 학자들을 위해 트로이의 헬렌의 영혼을 불러내는 일 같은 것이다. 우리는 파우스트와 마찬가지로 우리가 바

> 나는 성공을 달라고 기도하지 않는다.
> 나는 신실함을 구한다.
> 마더 테레사

라는 권세를 얻기 위해 기꺼이 모든 것을 걸지만, 그것을 얻고 나면 그걸 가지고 뭘 해야 할지 제대로 알지 못하는, 하찮고 시시한 사람들임을 발견할 뿐이다. 다시 교수들의 흠을 들추고 싶지는 않다. 하지만 대학에서의 권력 투쟁에 대한 오래된 농담이 그것을 말해 준다. 교수들의 책략이 그렇게 추잡한 이유는 판돈이 너무 적기 때문이라는 것이다.

잘못된 성공에 대한 몇 가지 비전이 주는 함정을 검토해 보았으니, 이제 참된 성공에 대한 비전을 제시하면서 마무리를 지어 보자.

성공: 여호수아가 말하는 여섯 가지 개념

그리스도인 법률가에게 법률 실무에서의 성공이란, 로스쿨 학우들이나 법조계 동료들이 추구하는 것과 같지는 않을 것이다. 아니면, 같을 수도 있을까? 성경에 나오는 성공의 몇 가지 원리를 간단히 살펴봄으로써 악덕에 대한 논의를 마무리할 수 있을 것이다. 우리가 이번 장에서 논의한 문제들 가운데 우리를 실패하게 만드는 것은 종종 우리의 성공관—우리가 믿는다고 말하는 것 말고, 우리가 정말로 믿는 것—이다. 정말 성공하기 원한다면 성공 자체가 아닌 다른 어떤 것을 추구해야 한다. 나는 성공이 순종을 통해서만 온다고 주장한다. 우리는 성공보다 신실함을 추구해야 한다.

여호수아가 하나님의 자녀들을 요단강을 건너 약속의 땅으로 인도할 준비를 하고 있을 때, 하나님은 이 사실을 분명히 알려 주신다. 그 땅은 400년 전에 아브라함에게 약속된 땅이었다. 하지만 그 땅 백성들의 죄는 다 차지 않았다. 그래

서 이스라엘 백성들은 아직 준비가 되어 있지 않았다. 오랜 세월 종살이를 한 후, 그들은 광야에서 불순종한 것 때문에 또다시 38년을 기다려야 했다. 마침내 이동할 시간이었다. 여호와께서는 여호수아에게 '요단강을 건너라고, 내가 너희에게 그 땅을 주었다고, 그리고 내가 너희와 함께할 것'이라고 말씀하셨다. 여호와는 이렇게 덧붙이신다.

> 오직 강하고 극히 담대하여 나의 종 모세가 네게 명령한 그 율법을 다 지켜 행하고 우로나 좌로나 치우치지 말라. 그리하면 어디로 가든지 형통하리니 이 율법책을 네 입에서 떠나지 말게 하며 주야로 그것을 묵상하여 그 안에 기록된 대로 다 지켜 행하라. 그리하면 네 길이 평탄하게 될 것이며 네가 형통하리라(수 1:7-8).

여호수아서는 그리스도인의 삶의 청사진이다. 어떤 주석가들은 그 책이 하나님의 백성에게 하나님이 행하신 것에 대한 역사적 일지인 것 외에도, 신약의 성령 충만한 삶에 대한 구약의 묘사라고 말한다.[28] 이 말은 대략 맞는 듯하다. 하나님은 이러한 말과 하나님의 약속의 땅에 들어가는 이야기로, 성공적인 통합적 삶에 대해 말씀해 주신다. 여느 이야기와 마찬가지로, 여호수아서 역시 말씀의 정수를 빼내 몇 가지 원리로 정리하기에는 너무 풍성하다. 하지만 나는 여호수아를 읽는 중에 법률직에서의 성공적인 삶에 대해 배운, 귀중한 교훈 몇 가지를 강조하고 싶다.

여호수아에게 내린 하나님의 지시들 중 가장 명백한 것은 만일—그리고 분명한 술어가 있다—그가 하나님의 율법에 따라 **생각하고**(묵상하고), **말하고**(너의 입에서 떠나지 말게 하라), **행동하면**(그에 따라 행하라) 그는 번영하고 성공하리라는 것이다. 하나님께 순종함이 참된 성공에 이르는 유일한 길이다.

최우선으로 중요한 일: 네가 누구인지 기억하라

하나님이 기적적으로 이스라엘 백성에게 요단강을 건너가도록 하신 후에—그런데 그 땅은 적의 땅이었다—그분은 그들에게 멈추라고 명하신다. 정복에 대한 생각을 멈추라. 일에 착수하려던 손을 내려놓으라. 그냥 멈춰 기억하라. 여호수아서 4장에서 하나님은 백성들에게 길갈에 기념석을 세우라고 명하신다. 그래서 자녀들이 그 돌에 대해 물을 때, 그들에게 하나님이 하신 일을 말해 줄 수 있도록 하라는 것이다.

주변 도시 국가의 왕들이 요단의 기적에 대해 들었을 때, 그들은 두려워했다. 일격을 가할 때가 아닌가? 그렇지 않다. 하나님은 그들의 삶에 하나님이 역사하셨던 일, 그리고 그들과 하나님과의 관계를 백성들에게 상기시키는 일을 아직 끝내지 않으셨다. 고대 역사에서 가장 큰 군사 작전 중 하나를 치르기 전날 밤에, 하나님은 여호수아에게 그의 군대를 무력화하라고 명하셨다. 모든 남자가 할례를 받아야 했던 것이다. 이스라엘의 불순종으로 인해, 이스라엘 백성은 광야에서 할례를 받지 않았다. 그리고 이제 그들이 그들의 하나님과의 언약에 참여한 자라는 표시를 할 때였다. 그뿐 아니라, 유월절을 지켜오지 못했던 백성들은 이제 겨우 세 번째로 지키게 되는 유월절을 기념해야 했다. 하나님이 해방하신 백성으로서 자신이 누구인지 기억하고 자신의 해방자가 누구이신지 기억하기 위해서다. 그렇게 기념하면서 또한 그들은 부지불식간이긴 하지만, 영원한 속박에서 벗어날 궁극적 해방을 기대했다.

정복과 소유의 일을 시작하기 전에, 하나님은 우선순위를 정하셨다. '너희는 내가 누구인지에 비추어 너희가 누구인지 알아야 한다'는 것이다.

당신이 누구인가 하는 것은 당신이 무엇을 하는가—법률직에서건, 집에서건, 교회에서건—보다 더 중요하다. 실로 그러한 것들은 당신이 누구인가 하는 것에서만 나올 수 있다. 그리고 우리의 정체성은 우리의 해방자 안에, 그리고 창조로부터 구속에 이르는 그분의 이야기 안에 숨겨져 있다(10장을 보라). 이 부분을 잘못 알게 되면, 법률 실무에서의 우선순위가 잘못될 것이다.

당신이 하는 일 중, 당신의 해방자가 누구신가 하는 것에 비추어 당신이 누구인지 상기시켜 주는 것은 무엇인가? 당신은 그분이 여호수아에게 명령하신 대로, 그분의 말씀을 알려고 애쓰고 있는가? 당신은 그분 앞에서 형제자매와 함께 성례에 참여하는가? 당신은 그리스도의 사랑 안에서 당신의 비천함—그리고 당신의 존귀함—을 상기하는 훈련에 참여하고 있는가? 이런 일들을 할 때, 분명 우리의 교만을 있는 그대로 볼 것이다. 분명 돈의 역할에 대한 우리의 무지함을 보게 될 것이다. 분명 더 이상 지위를 통해 성공을 추구하고 세상을 사랑하지 않게 것이다.

하나님은 당신 편인가?

군대가 회복되고 백성들이 전투 준비를 마쳤을 때, 여호수아는 어느 날 눈을 들어 진영에서 어떤 사람이 칼을 빼고 서 있는 것을 보았다. 여호수아는 그 사람과 대결한다. "너는 우리를 위하느냐 우리의 적들을 위하느냐." 여호수아의 물음에 대한 그 사람의 대답은 고전적인 것이다. 당신의 법률 실무에서 하나님은 당신 편이 아니시다. 하나님은 당신이 재정적인 성공을 거두거나 학교 이사회에서 선출되도록 당신을 '편들지' 않으신다. 하나님이 우리 편인가 아닌가에 대한 대답은 간단하다. 그분은 우리 편이 아니시다. 그분은 여기에 계시며, 감독자로 와 계신다. "아니라. 나는 여호와의 군대 대장으로 지금 왔느니라"(수 5:12-14). 여호수아는 땅에 엎드려 신을 벗는다.

우리 법률가들은 이 문제에서 어떤 입장인가? 우리는 '하나님 편에 서서'(for) 여러 가지 일들을 하고 있는가? 아니면 우리는 그분께 우리가 원하는 것을 하도록 도와 달라고 구하고 있는가? 하나님은 우리의 가정에서, 우리의 의뢰인들과 함께, 우리의 사무실에서, 법원 직원들과 함께, 우리가 코치로 있는 스포츠 팀의 아이들과 함께, 혹은 우리가 가르치는 주일학교에서 할 일이 있으시다. 그것은 그분의 일이다. 그리고 그분이 감독자시다. 우리는 신을 벗고 엎드려 있는가? 아니면 우리가 이끄는 대로 따르시도록 하나님을 재촉하고 있는가? 우리가 날마다 누구의 일에 종사하고 있는지 확실히 안다면 교만, 권력 과시에 대한 유혹과 재정적 기대는 모두 줄어들 것이다. 아침의 경건 시간을 그처럼 추천하는 이유 중 하나는 바로 그 때문이다. 삶의 지휘관이신 분께 복종하는 훈련으로 하루를 시작한다면, 그날의 전투와 투쟁들을 그분의 계획에 비추어 볼 수 있을 것이며, 그에 따라 우리의 전투를 준비할 수 있을 것이다. 우리는 날마다 사무실이나 강의실에 들어갈 때 상징적 의미에서 신발을 벗는 습관을 들여야 한다. 사령관이 거기 계시며, 그분은 할 일이 있으시기 때문이다.

우리는 싸워야 한다. 하지만…

그리스도인으로 살아가면서 우리는 일을 해야 한다. 일이 우리를 구원해 주지는 않지만, 우리는 선한 일을 위해 지음받았다(엡 2:10). 하나님은 이스라엘 백성에게 약속하신 땅을 소유로 주셨으며, 그들을 위해 전투에 이기셨다. 하지만 그들은 자신의 칼을 빼어 들었고, 죽었으며, 용감하게 서 있었고, 전사들이 하는 모든 일을 했다. 그분이 싸우셨지만, 그들 역시 싸웠다. 그리고 그들이 싸웠을 때, 그분은 그분의 방식으로 전투에 이기셨다. 사실상 대부분의 경우 승리는 보통 군사적 문제가 아니었으며, 각 싸움은 하나님이 모든 상황에서 주관하신다는 것과 하나님으로 충분하다는 것을 보여 주시는 기회였다. 그래서 그들은 싸웠다. 하지만 그들은 그분의 방식으로 싸워야 했다. 그분이 승리를 지배하고 계셨다. 우리가 거하는 땅이나 약속의 땅 정복에 성공의 공식은 없다. 감사하게도 우리는 무기를 갖고 전쟁을 하지는 않는다. 그리고 그런 폭력적인 정복은 특별한 때 특별한 백성에게 하나님이 주신 유일무이하고도 제한된 명령이었다. 우리의 전투는 영적인 것으로서 인간의 무기가 아니라 신적 권세를 갖고, 논증들과 사상들과 참된 지식에 대한 장애물들과 싸우는 것이다(고후 10:3-6). 이것도 같은 내용이다. 생각을 사로잡거나 논증을 쳐부수거나 우리 삶에 있는 교만과 죄를 극복하기 위한 모든 전투를 이기는 데, 공식처럼 어떤 정해진 방법이 있는 것이 아니다.

여리고에서 하나님의 백성은 엿새 동안 하루에 한 번씩 그 성을 조용히 돌았다. 전사들이 아니라 제사장들과 언약궤가 사람들을 이끌었다. 일곱째 날에, 그들은 성을 일곱 바퀴 돌았으며 일곱 번째 돌 때 나팔을 불고 크게 외쳤다. 철옹성 같은 여리고는 이렇게 패망했다. 그들은 성공했지만, 절대로 다시는 이러한 방식으로 다른 성벽 도시와 싸우지 않았다. 예를 들어, 아이 성은 거짓으로 퇴각하여 정복했고, 남쪽의 성들은 하나님이 하늘에서 우박을 보내어 적의 군사들을 죽여서 정복했으며, 또 하나님은 여호수아가 요청하자 해가 정지하도록 하셨다. 이러한 위업들 역시 반복되지 않았다. 하지만 이스라엘 사람들이 그들 자신의 방법으로 (그리고 그들 진영에 죄를 가진 채로) 아이 성을 패망시키고자 했을 때, 이스라엘은 참패했다. 이것 외에 공식은 없다. 즉, 우리는 하나님이 우리 앞에 두신 과업을 그분이 바라시는 방식으로 성취한다는 것이다. 그리고 그 방식은 매번 다를 것이다.

우리는 의뢰인들을 우리의 법적 전문 지식을 성취하는, 대체 가능한 수단으로 취급하는가? 아니면 하나님이 그분의 목적을 위해 우리에게 보내신 유일무이하고 귀중하고 영원한 인간으로 대하는가? 우리는 매일 보는 의뢰인들과 법률가들이 유일무이한 존재라는 사실을 무시하는 습관에 빠지기 쉽다. 우리는 그들 안에서 하나님의 형상을 보고 그분의 손이 역사하시는 것을 볼 필요가 있다. 성공은 매일 모든 환경에서 우리의 순종을 요구한다. 우리는 도덕적 대화가 요구하는 변화에 마음이 열려 있는가? 법률가로 일하며 직면하는 투쟁들에 대한 승리는 하나님의 손에 달려 있다. 우리는 그저 그분이 바라는 방식으로 투쟁해야 한다. 물론 이것은 어려운 점이다. 그분이 바라시는 것을 어떻게 아는가? 지금까지의 논의를 통해 몇 가지 지침을 알 수 있었을 것이다. 하지만 그분의 말씀, 그분의 백성, 그분의 관례에 충성하는 것 이상의 것은 별로 없다.

다시 또 공동체!

공동체는 법률가의 삶에서 직업적 통합을 추구할 때 대단히 많이 논의한 핵심이었다. 하지만 다시 반복해도 좋다. 겉보기에 일상적인 투쟁들조차, 하나님의 섭리로 세워진 무대에서 하나님이 우리에게 주시는 연주자들과 함께 연주된다.

여호수아서의 아홉 장(수 13-21장)은 대부분 땅을 분할하는 일에 할애된다. 하나님이 이스라엘 백성들에게 여러 번 말씀하셨듯, 그분은 젖과 꿀이 흐르는 땅에서 그들이 세우지 않은 성들을, 그들이 심지 않은 포도원과 함께 주셨다. 그 땅은 하나님의 역사에서 나타난 최초의 공동체인 가족별로 할당되었다. 에덴동산에서 아담의 가족을 위해 일을 시작하신 것처럼, 하나님은 가족을 통해 자기 백성과 함께 일을 계속하신다. 땅은 지파별로 할당되었으며, 씨족별로 세분화되었다. 하나님은 공동체를 통해 그분의 일을 수행하신다.

가족이 하나님이 세우고 정하신 최초의 단위이기는 하지만, 하나님이 통하여 일하시는 일차적 공동체—물론 여기에서도 가족들을 사용하신다—는 그리스도의 몸인 교회다. 우리가 무엇을 하든 성공은 그리스도의 몸의 일부로만 올 것이다. 한 개인으로서 이루어내는 성공이란 없다(7장을 보라). 우리는 직업 공동체, 그리스도인 공동체 그리고 가족이 중심에 위치한다는 것에 관하여 말하기 위해 애쓸 필요가 없다. 하지만 갠트 교수의 통찰이 핵심이라는 것을 제시하고자 한다. 법률가로서의 우리의 모습은 집과 교회에서의 모습과 연장선상에 있어야 하며, 그 반대가 되어서는 안 된다.

섭리

여호수아서 전체에서 가장 인상적인 본문은 그 책 끝 무렵에서 나온다. 거기서 여호와께서는 여호수아를 통해 말씀하시면서 정복의 사실과 교훈들을 되풀이하여 말씀하신다. 여호수아서 24장 2-13절에서 하나님을 나타내는 인칭 대명사가 열아홉 번 가까이 사용되는데, 이는 자기 백성을 위한 하나님의 행동을 나타낸다.

이스라엘의 하나님 여호와께서 이같이 말씀하시기를, 옛적에 너희의 조상들…강 저쪽에 거주하여 다른 신들을 섬겼으나 **내가** 너희의 조상 아브라함을…**이끌어내어**…행하게 하고 그의 씨를 번성하게 하려고 그에게 이삭을 **내가 주었으며**…**내가** 모세와 아론을 **보내었고**…애굽에 재앙을 **내가 내렸나니** 곧 **내가** 그들 가운데 **행한** 것과 같고 그 후에 너희를 **내가 인도하여** 내었노라.…**내가** 또 너희를 **인도하여** 요단 동쪽에 거주하는 아모리 족속의 땅으로 들어가게 하매 그들이 너희와 싸우기로 **내가 그들을** 너희 손에 **넘겨주매** 너희가 그 땅을 점령하였고 **나는** 그들을 너희 앞에서 **멸절시켰으며**…너희가 요단을 건너 여리고에 이른즉 여리고 주민들 곧 아모리 족속과 브리스 족속과 가나안 족속과 헷 족속과 기르가스 족속과 히위 족속과 여부스 족속이 너희와 싸우기로 **내가 그들을 너희의 손에 넘겨주었으며 내가** 왕벌을 너희 앞에 **보내어** 그 아모리 족속의 두 왕을 너희 앞에서 쫓아내게 하였나니, 너희의 칼이나 너희의 활로써 이같이 한 것이 아니며 **내가** 또 너희가 수고하지 아니한 땅과 너희가 건설하지 아니한 성읍들을 **너희에게 주었더니** 너희가 그 가운데에 거주하며 너희는 또 너희가 심지 아니한 포도원과 감람원의 열매를 먹는다 하셨느니라(수 24:2-5, 8, 11-13, 저자 강조).

배우가 누구이고 관객이 누군지는 의심의 여지가 없다. 하나님이 그 모든 것을 하셨다. 그것은 그분의 계획이었다. 아브라함을 부르신 것부터 시작해서, 정복에 이르기까지 모조리 그러하다. 내 생각에 이 본문의 중심부는 8절 후반부다. "그들이 너희와 싸우기로 내가 그들을 너희 손에 넘겨주매 너희가 그 땅을 점령하였고 나는 그들을 너희 앞에서 멸절시켰으며." 하나님은 자기 백성이 있어야 할 곳으로 그들을 데려가셨으며, 하나님이 자기 백성에게 주신 승리를 거두게 하셨다. 그리고 적을 소탕함으로 일을 마치셨다. 하지만 그 사이에 전체 장에서 이스라엘에 대해 나오는 몇 안 되는 능동태 동사 중 하나인, "너희가 점령하였다"는 말이 나온다.

하나님은 우리가 있어야 할 필요가 있는 곳에 우리를 두심으로써 우리를 부르신다. 당신은 당신의 부모를 선택했는가? 당신의 자녀를? 당신의 나라를? 그렇지 않다. 하지만 당신은 하나님에 의해 그 아버지와 어머니를 공경하도록, 그 특정한 자녀들을 키우도록, 그리고 이 정부의 권위에 복종하도록 부름받았다. 어떻게 아는가? 당신은 하나님의 섭리에 의해 그 위치에 놓이게 되었기 때문에 부름받은 것을 알고 있다. 당신이 할 일은, 하나님이 당신에게 주신 모든 위치에서 그분께 순종함으로써, 하나님이 이루신 것을 점령하는 것이다.

기억하고 선택하라

그러므로 이제는 여호와를 경외하며 온전함과 진실함으로 그를 섬기라. 너희의 조상들이 강 저쪽과 애굽에서 섬기던 신들을 치워 버리고 여호와만 섬기라.

만일 여호와를 섬기는 것이 너희에게 좋지 않게 보이거든 너희 조상들이 강 저쪽에서 섬기던 신들이든지 또는 너희가 거주하는 땅에 있는 아모리 족속의 신들이든지 너희가 섬길 자를 오늘 택하라. 오직 나와 내 집은 여호와를 섬기겠노라 하니(수 24:14-15).

이것은 신실하라는 부르심이다. 오늘날 당신이 누구를 섬길 것인지 택하라. 법문화가 섬기는 신들—성공, 돈, 자아, 지위, 마약, 명성, 골프, 성—인지 여호와인지.

성공의 외적 표시들

이생에서 정말 묘한 것은 성공을 나타내는 외적 표시들이 정말 없다는 것이다. 돈이 있는 사람은 참으로 성공한 것일 수도 있고 아닐 수도 있다. 외적 표시에 가장 가까운 것은 경건한 만족이다. 하지만 그것은 확실하게 탐지해 낼 수 없는 내적 상태다. 물론 신실한 태도로 외적인 것들을 하나님께 맡기는 것이 우리의 최선이다. 그리고 그것은 여러 가지 형태를 띤다.

여호수아를 생각해 보라. 그는 군사적 성공을 거둔 후에 평안과 안정 속에 자기 손으로 일하며 살았다. 겉으로 보이는 상황은 상당히 좋다. 다니엘이 종국에 처했던 외적 상황도 마찬가지였다. 하지만 그는 성공적인 법률 실무를 행하고 있던 중에 사자들과 한밤을 보냈다. 이 밖에도 성공이 안락함의 문제가 아니라 신실함의 문제라고 경고해 주는 또 다른 사람들이 있다. 예를 들어, 세례 요한은 그의 사명을 성공적으로 완수했다. 그는 신실했다. 그는 구별되어 있었다. 그는 그리스도께 여자가 낳은 자 중에 가장 위대한 자라는 칭송을 들었다. 그리고 자신의 사명이 성공적이었는지에 대해 여전히 약간의 혼란에 빠진 채로, 그는 지하 감옥에서 참수형을 당했다. 바울은 어떤가? 그는 복음을 전하는 일에 큰 성공을 거둔 것으로 인해 처형당했다.

이 두 사람을 우리는 어떻게 생각해야 하는가?

본보기로 봐야 한다.

이제 우리의 헌신들을 법률 실무와 연구에 어떻게 적용할지 탐구하는 일을 마쳤으니 신학적 통합을 위한 도구들로 넘어가 보자.

■ 더 깊은 생각을 위해

1. 영원한 유익을 위해 당신은 돈을 어떻게 사용하는지 평가해 보라. 당신이 로스쿨 학생이라면, 재물에 대해 어떤 기대를 갖고 있는가? 당신의 바람과 기대는 하나님을 기쁘시게 하고 있는가?

2. 당신은 돈이 우리의 충성을 요구하는 권세라는 증거를 경험해 본 적이 있는가? 당신은 지금까지 그 요구를 어떻게 성공적으로 피해 왔는가, 아니면 앞으로 어떻게 저항해 갈지에 대한 저항 계획을 갖고 있는가?

3. 당신은 수입의 10퍼센트를 갖고 생활하며, 90퍼센트를 십일조 하는 것을 상상할 수 있는가? 만일 당신이 정해진 봉급을 받는다면, 그렇게 할 수 있는가? 당신은 한 해에 정해진 금액을 초과해 버는 돈 전부를 기꺼이 나누어 주기로 결심할 수 있는가? 할 수 있다면 왜 그런가, 혹 불가능하다면 왜 그런가?

4. 많은 법률가들, 로스쿨 학생들, 교수들이 교만한 이유는 무엇인가? 당신은 자신의 교만한 성향에 대해 무엇을 할 수 있는가?

5. 당신은 로스쿨에 들어갔을 때 가졌던 이상주의를 고수해 왔는가? 만일 그렇다면, 왜 그런가? 혹은 왜 그렇지 않은가? 그 이상을 되찾는 것이 주는 유익은 무엇인가?

6. 당신은 성공을 어떻게 정의하는가? 그것은 성경적인가? 그것을 추구하기 위한 당신의 계획은 무엇인가?

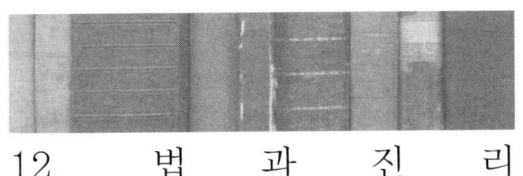

12. 법과 진리

발견·배우라, 신뢰하라, 다른 사람들을 가르치라
통합적 사고를 위한 패러다임
규범적 자원과 역사적 자원·실무적 관점들

내가 법학 교수가 되기 위해 첫 번째 인터뷰를 했을 때, 나는 약 6년째 개업 변호사로 일하고 있었다. 대부분 상사(商事) 소송 분야의 일이었다. 나는 내가 일하고 싶은 로스쿨의 학장과 탁자 하나를 사이에 두고 마주 앉아 학자답게 보이려 애쓰고 있었다. 그들에게는 법인에 대해 가르칠 사람이 필요했으며, 나는 왜 그것이 내게 식은 죽 먹기인지 의견을 피력하고 있었다. 나는 얼마 안 되는 법률가 생활 동안 법인을 몇 개 설립했으며, 한두 개의 이사회에도 참여했었다. "당신은 법인의 성경적 기초가 무엇이라고 생각하십니까?" 학장이 물었다. 나는 생각나는 대로 말하긴 했지만 정확히 어떤 말을 했는지 잘 기억이 나지 않는다. 하지만 이 책을 읽고 있는 독자들에게 전하고 싶은 내 말의 요지는 "나는 아주 막연한 개념조차 갖고 있지 않았다"라는 것이다.

나는 법인과 함께 6년을 일해 왔으며, 로스쿨 강의실에서 법인에 대해 공부했고, 법정에서 법인을 대리했다. 하지만 나는 인간이 만든 이 존재, 즉 법인이 문명에 대한 기독교적 견해와 일관된지 아닌지에 대해 한번도 생각해 본 적이 없었다. 예를 들어, 만일 내가 바이올린을 만들거나 협주곡을 작곡하는 일을 하고 있었다면, 그리 문제가 아니었을 것이다. 하지만 사람들이 이러한 존재(회사)들을 만들도록 도왔던 사람으로서, 당시 나의 상태는 심각한 통합성의 결여를 보여 주는 것이었다. 나는 지성을 신실하게 사용해 부르심의 내용 자체를 생각하는 일에 실패했었다. 그리고 나만 그랬던 것이 아님을 잘 안다.

우리가 지금까지 논의한 것이 옳다면, 법의 본질과 포스트모던 세계에서의 법의 내용에 대해 기독교적으로 생각하기 위해서 약간의 도구가 필요하다. 또한 법의 영역에 속하는 하나의 작은 분야라 할지라도, 그것의 성경적·역사적·신학적·영적·교회적 함축을 충분히 전개하고 적용하려면, 우리는 평생 동안 연구하고 실천해야 한다. 하지만 이러한 방향으로 나아가는 것이 우리의 소명이다. 우리는 다른 사람들이 해 놓은 일을 기초로 삼으며, 또한 후에 다른 사람들이 기초로 삼을 수 있는 유업을 남긴다. 그래서 나는 좀더 추구해야 할 어떤 개념을 제안함으로써, 법률가의 소명에 대한 논의를 마무리하고 싶다. 여기에서 말하는 개념들을 감히 **틀** 혹은 **스케치**라고 말하기는 어려울 것이다. 그것은 갑자기 떠오르는 생각에 더 가깝다. 우리는 특정한 실무 분야에 대해 의식적으로 접근하는 데 중심이 되는 원리들을 어느 정도 살펴보고 나서, 좀더 추구해야 할 제안들로 넘어갈 것이다.

물론 우리의 과업은 진리에 대한 헌신과 밀접하게 관련해 있으며, 대체로 세계관에 의존하고 있다. 창조, 타락, 구속이라는 기본 주제와 일반 계시 및 특별 계시를 적용하는 통합된 방법을 지침으로 삼을 것이다. 탐구 과정에서 그것이 명확하게 인식되지 않을 때라도 그렇게 할 것이다.[1]

논의 전체에 걸쳐 보았듯, 진리와 그 진리에 대한 우리의 반응('믿음')이 우리의 행동을 결정할 것이다. 우리가 매일 하는 일의 내용에 대한 적절한 관점을 계발할 때, 우리 과업에서 중심이 되는 몇 가지 원리(아마도 교리)가 있다. 첫째, 하나님의 성품과 그분의 피조물과의 관계 둘째, 인간의 본성 및 그것과 창조 질서와의 관계를 포함한 창조의 본질 셋째, 법의 본질, 법의 원천, 그리고 그것과 인간의 관계다. 우리의 논의에서는 인정법이 하나님의 성품에 근거해야 하며, 우리의 법률 실무와 연구는 피조물에 대한 하나님의 계획과 협력해 이루어지는 것으로서, 하나님의 왕권에 종속되어 있음을 당연하게 받아들일 것이다. 우리의 목표는 발견이다. 즉 하나님이 우리의 법률 실무 혹은 연구에 대해 어떻게 생각하시는지 발견하고, 법률 실무와 연구에서 어떻게 그것을 통해 하나님의 일에 동의하고 협력할지 발견하는 것이다.

발견

기독교 로스쿨에서 처음 가르치기 시작했을 때, 나는 따라잡아야 할 것들이 좀 있었다. 앞서 언급했던 회사에서의 내 이야기가 보여 주듯, 나는 법의 영역 중 어떤 분야들에 대해서는 별로 기독교적 사고를 하지 못했다. 법에 대한 기독교적 사고의 상세한 특성을 어떻게 스스로 깨칠 수 있을 것인가? 가장 좋은 것은 좀더 엄격히 교육을 받아 기초가 더 튼튼했으면 하는 것이었다. 하지만 이것은 내게는 좀 비현실적인 것이었다. 그래서 나는 내가 이미 갖고 있는 기초 위에 기독교적 사고의 특성들을 세워 가기 시작했다. 아마도 내 경험은 학생들에게 약간의 격려가 될 수 있을 것이다. 폭넓고 자유로운 교육은 법에 도움이 되며, 법률직에서 진리를 추구하는 것에 유익이 된다. 철학과 논리학, 미술과 음악, 역사와 이론, 몇 가지 진지한 (정통) 신학, 문학, 정치학, 경제학, 경영학 등을 많이 공부해 놓으면, 인생 후반에 학습 곡선이 완만해질 것이다.

나의 학습 곡선은 가파른 것이었다. 그래서 나는 몇 가지 추천물들을 모아서 읽고, 배우고, 선생들에게 말하기 시작했다. 내가 가지고 있는 판례집도 물론 읽었다. 그것들은 내가 얻기 원했던 성경적·신학적 관점에 대해 세부적 사항들을 제공해 주었다. 게다가 나는 종국에 마주치게 될 방대한 신학적 주제들에 익숙해지기 위해 조직 신학을 읽는 프로그램을 시작했다. 나는 또한 법, 법 역사, 정치 이론에 대한 다양한 기독교적 접근법을 다룬 학자들의 글을 파고들기 시작했다. 나는 아우구스티누스, 아퀴나스, 칼뱅, 루터 선집들과 다른 사람들이 그들의 사상을 적용하여 쓴 글을 조금씩 읽어 보았다. 나는 동료 교수들에게 도움을 청했다. 나는 모든 단계의 추천물, 해설서, 도움이 될 만한 자료들을 구했다. 그리고 매일 나보다 더 많이 아는 다른 사람들과 함께 내가 알고 싶은 것들에 관해 몇 시간씩 이야기를 나누었다. 그리고 나는 기도했다. 나는 하나님께 성경에 나온 적용과 통찰을 보여 달라고, 어디를 파고들어야 할지 보여 달라고, 그분의 성령으로 내게 권능을 부여해 달라고, 그리고 내가 가르치는 학생들 앞에서 창피를 당하지 않게 해 달라고 구했다. 게다가 나는 계속해서 교회에서 섬겼고, 자녀들을 돌보았으며, 아내를 사랑했고, 하나님의 훈계와 지시에 복종했다. 마침내, 나 같은 사람에게도 그것이 점점 더 쉬워지기 시작했다. 나는 어디를 파고들어야 할지, 어디에서 내가 도움이 필요한지 그리고 어디에서 도움이 필요하지 않은지 이해하기 시작했다. 그리고 14년이 흐른 지금 나는 여전히 배우고 있다.

내 자신이 파고들었던 이야기를 말하는 것은, 이 책의 독자들에게 '내가 익힌 것을 공식처럼 따르라'고 말하려는 것이 아니다. 단지 법률 영역에서 진리를 추구하는 한 가지 방법에 대한 대략적인 윤곽을 권해 보려는 것이다. 이러한 방법은 평생 동안 계속되는 과정이며, 여기에는 하나님과의 경건한 동행, 공부하는 훈련, 기독교 공동체에 참여하는 것이 포함된다. 모든 그리스도인 법률가들은 겉보기에 어떠한 형태를 띠든지, 이러한 삶에 참여할 수 있을 것이다. 나의 목적은 법을 가르치는 것이었으며, 그래서 나의 여정은 개업 변호사를 시작하는 경우보다 더 광범위할 것이다. 게다가 나는 급했기 때문에, 아마 많은 독자들이 원하는 것보다 더 집중적으로 추구했을 것이다. 당신이 연구와 실무에서 하나님을 영화롭게 하고자 할 때, 하나님은 당신에게 지혜를 주실 것이다.

생각하고 배우는 과정은 절대 진공 상태에서 이뤄지지 않으며, 절대 '그냥

나 자신과 내 성경'만 갖고 이뤄지지도 않는다. 법률가로의 부르심에 대한 실제적 적용은 다음과 같은 바울의 권고에 우리가 어떻게 반응하느냐에 달려 있다. "네가 많은 증인 앞에서 내게 들은 바를 충성된 사람들에게 부탁하라. 그들이 또 다른 사람들을 가르칠 수 있으리라"(딤후 2:2). 다시 한 번 공동체 안에서의 삶이 핵심이 된다.

배우라, 신뢰하라, 다른 사람들을 가르치라

나의 한 동료는 15년간 법률 실무에 종사한 후, 자신의 소명을 더 깊은 성경적·신학적·역사적 관점에서 이해하기 위해 더 많은 교육이 필요하다고 결정하게 되었다. 그는 또한 언젠가는 기독교적 관점에서 법을 가르치기를 소망하고 있었다. 그리고 그는 "그것을 책임 있게 할 수 있기를 원했다." 그래서 신학교육을 받기로 했으며, 신학대학원을 졸업한 뒤 다시 법률직으로 돌아갔다. 결국에 그는 로스쿨 교수가 되었으며, 거기서 성경적·신학적·역사적인, 즉 기독교적인 관점에서 상법을 가르치고 있다.

내 친구 스캇 프라이어 교수의 이야기는 법률 영역에서 진리를 추구하는 것에 대해 몇 가지 중요한 요점을 보여 준다. 첫째, 그것은 우리 모두가 어떤 의미에서는 신학자가 되도록 부름받았다는 것을 확증해 준다. 모든 사람들이 신학대학원에 가도록 부름받지는 않았겠지만, 우리 모두는 다른 사람들의 지도를 요하는 '진지한 기독교적 사고'를 하도록 부름받았다. 둘째, 프라이어의 이야기는 공동체의 중요성을 상기시켜 준다. 프라이어는 내가 학문적 사고를 하도록 가르쳐 주는 소수의 동료 중 한 명이다. 그는 내가 배우고, 대화에 참여하고, 사상을 교환하던 공동체의 일원이다. 그의 교육은 나와 많은 동료들에게 직접적인 유익을 주었다. 마지막으로, 프라이어의 이야기는 바울이 디모데에게 염두에 두게 한 제자도의 원리를 보여 준다. 프라이어의 목표는 그가 자신의 법 실무를 수행하며 간절히 원했던 신학적 탐구에 다른 사람들도 관여하도록 가르치는 것이었고, 지금도 그렇다. 사실상 그는 그리스도인 선생들, 학생들, 법률가들이 격려와 도움을 받을 수 있도록 계약법 분야에서의 통합의 몇 가지 모델을 책으로 출간했다. 앞으로 나는 공동체와 신실한 제자도가 순환적 관계에 있음을 보여 주기 위해, 법의 토대가 역사적으로 어떻게 발전되어 왔는지를 신학적인 관점에서 알려 주는 그의 패러다임을 기초로 하여 다음에 나오는 논의의 많은 부분을 진행할 것이다.[2]

통합적 사고를 위한 패러다임

프라이어의 패러다임은 로스쿨 강의실 및 학문적인 글에서 성경적·신학적 통합을 위해 고안된 것이지만, 실무에 종사하는 법률가나 로스쿨 학생 중 자신의 소명을 더 깊이 이해하려 애쓰는 이들도 얼마든지 융통성 있게 적용할 수 있는 것이다. 마찬가지로 패러다임의 대상은 원래 '계약상 불능'이라는 협의의 법학설이었으나, 패러다임의 일반적 접근법은 다양한 종류의 실무와 주제 분야를 망라해서 진리를 추구하는 모든 사람에게 도움이 될 것이다. 그 패러다임이 법률가가 '계약상 불능'에 대해 성경적으로 생각하도록 돕는 데 효과가 있다면, 그것은 '피고용인 퇴직 수당 보장법'까지는 아니더라도 어떠한 법적 문제에 대해서도 도움이 될 수 있어야 한다.

패러다임의 골격은 법의 원리를 비판하고, 분석하고, 적용하는 세 가지 관점으로 구성되어 있다. 그 관점은 계시, 공동체, 자아다.[3] 간단히 말해, 우리 법률가는 규범들을 역사적 전통과 현재 공동체의 부분으로서 발견하려 하는데, '성경에서 그리고 성경과의 대화에서' 그리고 '법률가는 누구이며 그가 무엇을 할 권한을 갖고 있는가' 하는 것에 비추어 발견하려고 한다.[4] 우리는 실존적으로(인간으로서 우리의 존엄성이라는 맥락에서 그리고 소명, 역할, 혹은 직무라는 맥락에서) 공동체적인(역사적인 그리고 현재의) 측면에서 우리의 규범들(일반 계시와 특별 계시를 통한)을 발견한다.

이 패러다임은 우리의 일에 적용하기 위한 공식은 아니다. 하지만 이 패러다임은 우리의 일, 우리의 역할 그리고 법 자체를 정확하게 평가할 때 주요한 문제를 절대 잊어버리지 않도록 하는 데 도움이 될 것이다. 우리는 법률가나 법학도가 그것을 실천하기 위해 무엇을 할 수 있을지 더 상세히 묘사하기 위해 이 삼차원적 패러다임을 확장시킬 것이다.

규범적 계시(일반 계시와 특별 계시)

성경은 우리와 하나님과의 관계와 관련된 모든 문제를 가르쳐 준다. 성경은 하나님의 권위를 지니고 있으며, 그 자체로 우리의 주요한 자원이다. 우리의 법률 실무나 공부에서 방향을 분별하기 위해서도 그렇다. 하나님은 또한 그분의 창조, 역사에서 그분이 하신 일, 경험, 양심을 통해 우리에게 자신을 계시하신다.[5] 이러한 성경 외적인 규범 자료들을 '일반 계시'라 부른다. 그것들은 모든 사람이 일반적으로 접할 수 있기 때문이다.[6] 특별 계시는 특정한 사람들에게 주어진 하나님의 말씀, 이를테면 성경이나 하나님이 시내산에서 모세에게 직접 하신 말씀 등이다.[7]

그래서 성경은 법을 포함해 어떤 문제에 관해서든, 하나님의 뜻에 대한 가장 분명한 진술이며, 진리에 대한 다른 모든 주장을 측정하는 기준이다.[8] 하지만 프라이어가 설명하듯,

> 우리는 또한 계약법에 대한 하나님의 규범들을 성경 아닌 다른 원천들에서 발견할 수 있다고 확신한다. 성경 외에 하나님의 규범들이 나오게 되는 출처는 종종 일반 계시라고 불린다. 하나님은 타락 이후에 세상을 포기하지 않으셨다. 왕이신 하나님은 자신의 피조물에 대한 언약적 통치를 계속하셨다. 제대로 해석하면 인간 양심의 증

언, 역사 전체의 시행착오의 결과, 경제학과 같은 경험적 학문들 등의 형태를 지닌 일반 계시는 계약법에 대한 하나님의 마음도 계시할 수 있다.[9]

본문과의 대화

프라이어는 대화 모델, 곧 본문과 독자 간에 주고받는 대화 모델은, 법률가들이 '비판 없는 객관론'과 '뻔한 주관론' 둘 다를 피하도록 도와줄 해석상의 입장이라고 시사한다.[10] 프라이어가 근대 복음주의에서 나타나는 경향이라고 보는 객관주의는, 우리 자신을 속여서 온갖 선입견을 비우고 백지 상태로 모든 성경 본문을 대할 수 있다고 생각하는 것이다. 그러나 사실 "우리는 절대 우리 자신을 벗어날 수도, 우리 자신이나 우리의 확신을 벗어 버리거나 끊어 버릴 수도 없다."[11] 다른 한편, 우리는 성경 본문 자체가 독자와는 독립된 의미를 지니고 있음을 안다. 프라이어는 독자에게 질문을 가지고 본문으로 와서 그 본문을 들여다보면서 대답을 찾으라고 제안한다. 그러면 그 대답은 "첫 번째 질문들의 결과를 고려해 그다음 질문들을 하지 않을 수 없는 해석자를 만든다."[12] 특정한 본문을 살펴보기 전에 성경이 우리의 노력과 관점을 형성하도록 계속 주의 깊게 노력하지 않으면, 우리의 '더러운 렌즈'를 통해 의미를 왜곡할 위험은 여전히 있다. 게다가 이러한 대화는 우리가 의뢰인들과 나누려 하는 도덕적 대화와는 다르다. 우리는 변화에 열려 있어야 한다. 하지만 성경은 그렇지 않다. 우리는 우리 삶과 법률 실무에 관해 권위를 갖고 말하는 무오한 말씀과 대화를 나누고 있는 것이다. 하지만 우리는 언제나 우리 자신의 관점에 대해 어느 정도는 의심하도록 주의하면서, 성경을 통해 성경을 해석해야 한다. 게다가 이 대화에 참여할 때, "하나님의 계시의 의미에 대해 우리를 일깨워 주시도록"[13] 성령을 의지해야 한다.

규범적 관점(계시)에 대한 이 논의는 성경 자체와 관련된 실존적인 **나**를 포함하는 것이 분명하다. 대화 모델에는 실존적 관점과 규범적 관점 둘 다가 관련된다. 성경을 찾을 때, 나는 하나님의 말씀 안에 그리고 내 주위에 나타난 하나님의 계시로부터 영적 진리를 분별하는 나의 한계와 역할이 있음을 안다. 그리고 또한 하나님의 형상으로 창조된 자로서 가지고 있는 나의 능력도 안다.

큰 그림. 실무 영역이나 법 학설을 하나님의 표준에 비추어 비판하기 위해서는 일정한 곳에서 시작을 해야 하는데, 어디에서 시작해야 하는지 어떻게 알 수 있는가? 어떤 특정한 주제에 관해 **계시-공동체-자아**의 패러다임을 적용하려면, 큰 그림에 대해 어느 정도 알고 있어야 한다. 그것은 단지 어디에서 평가를 시작해야 하는가 하는 실제적인 문제다. 불법행위 및 신체상해법에 대해 생각하고 있다면, 속죄·창조·문화 명령에 비추어 세 부분의 패러다임을 생각해야 하는가, 아니면 또 다른 교리적 원리에 따라 생각해야 하는가?

어떤 문제를 어디부터 접근해야 할지 알려면, 어느 정도의 일반적인 성경 지식을 소유하고 있어야 한다. 우리는 성경 주석, 성경 신학, 조직 신학이라는 성경 분석의 세 가지 수단을 통해 성경적으로 생각하는 법을 배울 수 있다.[14]

주석 신학. 주석(*Exegesis*)이란 "개개 진술과 본문들의 의미를 정하려 하는 것"이다. 독자는 "하나님이 그분의 말씀에서 무엇을 전해 주고자 하시는지 정확히 발견하기"[15] 위해 단어 하나하나 혹은 문구 하나하나를 연구한다.

성경 신학. 성경 신학은, "성경의 여러 구절에 나타난 주제를 전체에 걸쳐 추적하는 일에 관심을 갖고…그다음 성경을 한데 모으는 단일화된 주제들을 찾아내는 일에 관심을 갖는 신학적 연구의 한 갈래"[16]다. 성경 신학은 성경에 기록된 다양한 시대를 망라한 하나님의 구속 계획의 역사를 찾아내고자 한다.[17]

조직 신학. 조직 신학은 성경 전체에서 뽑아내 논리적 체계로 조직화한 교리와 교의를 주제별로 구성한 것이다.

이러한 성경 분석 요소들을 망라해 연구를 진행한다면, 교리적 규범들을 보고 우리의 실무와 연구에 관련시킬 수 있을 것이다. 규범적 관점을 진리에 대한 우리의 헌신과 유사한 것으로 보면 도움이 된다(8장을 보라). 하나님은 그분의 법으로 자신의 창조물에 관한 규범을 설정하셨다. 우리는 모두 이 법에 종속되어 있다. 그리고 하나님의 법은 인정법에서나 다른 것에서나, 우리가 하는 일과 생각하는 모든 것의 기초를 형성한다. 계시에 기초한 관점을 가지고 법에 대해 사고할 때, 진리에 계속해서 헌신하는 것이다. 통합된 법률가는 하나님의 말씀과 규칙적으로 진지하게 상호작용하는 데 기반을 두고 있다.

공동체(역사적/상황적)

역사적·신학적 통합을 위한 우리의 3부작 패러다임에서 두 번째 요점은 공동체적 관점이다. 우리는 하나님의 권위 있는 말씀이 어떠한 법적 문제, 실무 분야 혹은 공부 과정에서도 규범이 되도록 해야 한다. 하지만 법률가와 계시와의 대화는 역사적 진공 상태에서 이루어지지 않는다.[18] 우리는 개신교 복음주의자들의 개인주의적('나 자신과 내 성경만') 경향에 대해 이미 논했다. 하지만 그것을 반복해 말할 필요가 있다. 우리는 성경 해석의 역사에서 우리의 위치를 인식하고, 성령께서 2000년간 교회에 역사하셨다는 것을 깨달으며, 우리 각자가 문화에 만연해 있는 개인주의라는 질병에 걸려 있음을 인정해야 한다.

그리스도인의 해석적 대화의 관례는 사도 시대가 마감할 때부터 오늘날까지 계속되어 왔다. 오늘날 성경과의 대화에 참여하고 있는 사람으로서, 이전 1900년간의 질문들과 대답들의 결과를 무시하는 것은 분명 심각한 태만이다. 이전의 대화는 [자신의 소명을 이루고자 하는 법률가]를 위해 정통의 경계를 설정한다.[19]

프라이어는, 규범을 역사적 공동체에 비추어 이해하고자 하는 법률가들과 학생들은 초기의 교회 신경들(사도 신경, 니케아 신경, 아타나시우스 신경)과 ('적어도') 처음 네 개의 교회 공의회(니케아, 콘스탄티노플, 에베소 1차, 칼케돈)의 해석 작업을 잘 알고 있어야 한다고 주장한다.

게다가 법률가는, 과거에 법을 연구한 사람들과 신학을 연구한 사람들이 특정한 주제에 대해 글을 쓰거나 말한 것을 한데 모아 봐야 한다. "규범적 관점은 성경에 초점을 맞추는 반면, 역사적 관점은 인간의 문화에 초점을 맞춘다."[20] 우리가 전개하는 어떤 역사적 이야기든지 규범적 가치를 지니고 있다. 법은 대단히 실제적인 의미에서 역사적으로 발전하기 때문이다. 이것은 또한 법률 영역에서 기독교적 통합이 주는 큰 유익 중 하나다. 우리의 뿌리를 아는 것은 영미 보통법에 주입된 기독교 전통들을 확신 있게 이어 가도록 해주며, 미국 법 제도에서 발전하고 있는 규범들을 더 잘 이해하게 해준다.

분명 역사적 관점은 우리의 독특한 두 번째 헌신에 기초한다. 그것은 공동체에 대한 헌신이다. 먼저 법률 분야에서 '기독교 제자도'라는 과업은 기독교 공동체 내에서 이루어지는 것임을 기억하라(7장을 보라). '공동체 안의 삶에 대한 헌신'은 무엇보다 성경의 규범들을 우리의 법률 실무에 가장 중요하게 적용할 때에도 우리가 계속 그리스도의 몸이라는 공동체 안에 있어야 한다는 의미다.

하지만 역사적 관점은, 주위에 있는 법률 공동체 사람들 중 진리, 선, 법률가의 소명에 관해 우리와 견해가 다른 사람들도 생각할 것을 요구한다. 우리는 같은 마음을 가진 전문직 사람들의 단체에서 정기적으로 교제를 나누는 것 외에도, 더 광범위한 법률직에 대한 개념을 가져야 한다. 우리는 포스트모던적인 법적 사고방식이 주는 도전을 받아들이고 그 관점에 공감하면서, 그 사고방식에 관여할 수 있어야 한다. 상황적/공동체적 관점을 키우려면 법률가의 훈련이 다시 한 번 필요하며, 주변 문화에 관여하고 시대의 동향과 습관을 연구해야 함을 상기해야 한다. 프라이어는 다음과 같은 몇 가지 조언을 한다.

- 시대와 당신이 속한 공동체 안의 법률가들이 가진 절박한 필요를 고려하라. 그들은 법과 그들의 삶에 대해 무엇을 생각하고 있는가?
- 당신은 판사, 교수, 변호사를 포함해 광범위한 분야에서 전문직에 종사하고 있는 사람들에게서 어떤 반응을 보는가? 또한 이러한 반응들을 비판하고

분석해 보라.

- 온갖 형태의 분석을 이용하고 주의를 기울여라. 경제학, 과학, 사회 과학, 여론 조사, 심리학, 철학, 논리학, 언어와 문학적 연구 등. 우리는 우리 시대와 우리의 이웃에 대해 알 필요가 있다.

개업 변호사와 법학도들은 법률 공동체 내외 발전에 뒤처지지 않고 보조를 맞추면서도 보다 큰 범위의 문화에 참여하는 데 아주 능숙하다. 문제는 신실하고 진실한 섬김과 법률사무소에서 우리가 날마다 하는 일을 통합하는 것이다.

실존적 자아

마지막으로 실존적 관점은, 하나님의 형상으로 창조된 사람이 된다는 것이 무슨 의미인지 그리고 우리의 직무 혹은 역할에 근거해 우리가 위임받은 것(혹은 부름받은 것)이 무엇을 의미하는지 생각하는 것이다. 우리는 세계 안에서 그리고 상황 안에서, 우리의 위치를 우리가 인간이라는 것과 하나님의 형상으로 창조되었다는 것에서 생겨나는 존엄성에 비추어 생각한다. 이러한 관점은 여러 가지 면에서 첫 번째 헌신인 '통일성에 대한 헌신'에 부합한다(6장을 보라). 우리는 역할과 부르심에 기초해 우리의 한계를 인정하며, 그러면서도 그러한 한계 안에 있는 우리의 의무를, 그리고 우리 안에 있는 하나님의 형상에 수반되는 특권을 이해한다. 처음 두 관점(계시와 공동체)에 대한 우리의 논의 대부분은 이러한 실존적 관점을 가정했다. 우리는 학자로서 연구하고 다른 학문 공동체에 참여하는 것 외에 어떤 일로 부르심을 받는가? 우리는 본문과 대화를 하는 것 외에 어떤 식으로 본문을 읽어야 하는가?

법률가들에게는 당사자주의 제도에 실존적 관점이 함축되어 있다. 그 과정에서 사람들의 역할을 주의 깊게 고찰해야 한다. 게다가 의뢰인이나 상대방과 우리의 관계, 그리고 형사 재판 제도까지도 우리가 하나님의 형상으로 창조된 사람들을 다루고 있음을 상기시켜 줄 것이다. 이것은 법에서나 우리의 실무에서 무시할 수 없는 결과를 가져온다.

다시 한 번 말하지만 이 패러다임은 공식이 아니다. 이것은 그저, 한 부분만이 아니라 전체 과업에 지속적으로 초점을 맞추도록 하는 도구다. 프라이어는 내게, "우리는 그저 한 가지를 취해서 그것을 전부인 양 만들 수는 없네. 우리가 어떤 문제에 대해 여러 관점을 갖게 되면 집중하게 되지"라고 말했다. 우리가 본문을 꼼꼼히 살피는 경향이 있다면, 전통과 공동체는 조화를 유지하도록 해 줄 것이다. 우리가 현대의 일시적 유행을 따른다면, 계시된 규범들은 우리를 다시 실재에게로 되돌릴 것이다. 우리가 직무나 역할에 부적절하게 성경을 적용하고자 한다면, 실존적 관점은 상황을 상기시켜 줄 것이다. 물론 그렇다고 해서 우리가 모든 것에서 반드시 옳으리라는 것은 아니다! 하지만 성경은 기초가 되는 적절한 **관점**을 제공해 줄 것이다. 더 깊이 나아가는 데 관심이 있는 사람들을 위해서 부록에서는 세 가지 중요한 법적 주제들에 대한 패러다임을 부분적으로 적용한 몇 가지 예를 들어 놓았다.

이 모든 것은 단지 투명한 삶, 법률가의 훈련, 거짓된 이원론의 거부 등과 보조를 맞추는 진실한 통합 행위를 격려하기 위한 것이다. 어떤 것도 무에서 시작할 필요는 없다. 오늘날에도 이 분야에서 고심하고 있는 다른 사람들의 작업을 기초로 삼을 수 있다(이런 의미에서 부록은 통합을 '하는' 법에 대한 예이면서, 또한 특정한 실무 분야에 적용할 자원도 될 수 있다). 게다가 모든 사람이 모든 생각과 결론을 기록해야 하는 것은 아니다. 사실상 대부분의 변호사와 학생들에게 통합 과정은, 일에 대한 기독교적 이해를 심화하기 위해 다른 사람들이 쓴 글을 읽고 평가하는 것을 포함하는 것이 될 것이다.

논의를 마무리하기 위해, 마찬가지로 편리하게 사용할 수 있는 몇 가지 규범적이고 역사적인 개념들을 제안하고자 한다. 이것들은 단지 주제별로 분류한 제안들로서, 법률직에서 이제는 찾아보기 힘든 신학적 사고를 격려하기 위한 것이다.

규범적 자원과 역사적 자원

나는 처음부터 참된 믿음은 삶의 모든 측면에 반영되어 있다는 것에 관해 논했다. 그렇지 않다면 뭔가 잘못된 것이다. 한편으로 우리는, 믿는다고 말하는 것들을 정말로 믿지 않을지도 모른다. 다른 한편으로는, 실제 자신의 모습이 아닌 것을 자신의 모습인 양 가장하고 있을 수도 있다. 어떤 경우든 우리는 통합되지 않고 있다. 해결책은 위선을 인정하고 진실하게 살거나, 실재에 대한 우리의 생각을 바꾸는 것이다. 모든 인간이 그렇듯 우리는 종교적이다. 우리는 모두 우리가 하는 일을 추진하는 실재에 대해 기본적 가설들을 가지고 있다.

역사적 관점들

일반적인 법 역사. 법도 마찬가지로, 실재에 대한 근본적 '교리'를 반영한다.[21] 그것은 종교적이다. 그렇다면 법의 역사적 발전을 제도적 교회의 발전 및 주위 문화의 근본적(종교적) 원리들의 변화와 관련해 추적할 수 있다 하여 놀라서는 안 된다.

법 역사 분야는 방대하고 전문적으로 분화되어 있으며, 나는 이 분야의 전문가라고 주장하지는 않겠다. 하지만 프라이어 패러다임이 전제하고 공동체에 대한 우리의 헌신이 확증하는 것처럼, 우리는 모두 선조들에게서 신학적·법적 진리를 캐내야만 한다. 가장 생산적으로 연구 조사를 해 볼 수 있는 세 영역을 제안한다.

첫째로, 법률가들은 교회 역사와 법 역사의 역사적 관계를 어느 정도 이해하기 위해, 그 역사들에 대해 충분히 알아야 한다. 그저 어느 정도 관계가 있다는 사실 자체만 안다 할지라도 말이다. 영미의 법 제도는 기독교 신앙이 서구 문명에 미친 영향을 반영한다.[22] 보통법 제도와 그 제도가 낳은 결과들이 계몽주의와 근대의 다른 현상들에 영향을 받았다는 것은 틀림없는 사실이다. 하지만 우리 유산을 이해하고 평가하는 것이 서구 법률가들의 목표가 되어야 한다. 예를 들어, 법의 규칙 자체에 관해서는 다음과 같다.

> 기독교 신앙과 보통법 전통에서 계발된 법 규칙을 관련시키는 것은, 기독교 신앙이 법 규칙의 단 한 가지 토대임을 시사하는 것은 아니다.…그것은 또한 기독교 바깥에 있는 개념들의 영향을 부인하는 것도 아니다.…기독교는 법 규칙이 성장할 만한, 특별히 비옥한 토양을 제공한다. 그리고…보통법 전통에서 법 규칙은 기독교 신앙에 힘입어 발전되었다.[23]

둘째로, 미국 법률가들은 미국의 설립, 독특한 정치 형태와 법 제도를 낳은 신학적-법적-정치적 이론을 이해해야 한다.

> 신령과 진정으로 예배 받으실 것을 요구하시는 창조주라는 기독교의 개념과 양도할 수 없는 양심의 내적 비판이라는 기독교적 개념을 빼면, 조지 메이슨(George Mason)의 **버지니아 권리 선언**(Virginia Declaration of Rights), 제퍼슨(Jefferson)의 **종교적 자유 확립법**(Bill for Establishing Religious Freedom), 메디슨(Madison)의 **진정서와 항의서**(Memorial and Remonstrance) 등은 설득력과 의미를 모조리 잃는다. 이 문서들은 유대교와 기독교적 세계관에서 유래한 것이며, 다른 어느 곳에서 나온 것이 아니다.[24]

미국은 성경적인 것과 계몽주의를 통해 여과된 고전주의적인 것이 혼합되어 있기 때문에, 미국의 법률가들이 미국의 정치적 뿌리를 아는 것은 그들이 날마다 접하는 법 제도를 이해하는 데 도움이 될 것이다.

자연법. 우리는 우리가 알든 모르든, 그리스도인 법률가의 일이 무엇인지를 알려 주는 역사적 (혹은 아마도 규범적) 관점으로서의 자연법의 역할을 이해해야 한다.[25] 2장에서 이것을 상세히 논했지만, 법률가의 과업에서 자연법 사상의 중요성을 논할 가치가 있다. 예를 들어, 자연법-혹은 일반 계시-은 기독교적 세계관을 공유하지 않는 사람들과 규범들에 대해 토론할 때 유용한 다리를 제공한다. 게다가 우리는 법이 단순히 인간이 만들어 낸 것이 아니라 창조 질서를 반영하는 것이라는 점을 상기할 필요가 있다.

자연법은 아퀴나스 시대에 아리스토텔레스를 따르던 사람들에게 그랬던 것과 마찬가지로, 합리주의자인 근대의 이웃들에게 이르는 가교가 될 수 있다. 물론 우리가 사는 세계는 아퀴나스가 살던 세계와는 매우 차이가 있다. 아퀴나스의 연구 과제는, 신앙의 진리와 이 진리가 세상에서 유용함을 보여 주기 위해 신앙을 진실한 이교의 원리들과 종합하는 것이었다. 당시의 한 아퀴나스 추종자가 말하듯, "법에 대한 아퀴나스의 논문에서 유익을 얻는 데 가장 큰 장애물이 되는 것은, 우리 각자가 자율적인 존재, 즉 스스로에게 자신이 법이라는 개념 그리고 선에 대한 공유된 의식을 갖는 것이나 그 의식의 기초 위에 사회를 형성하는 것이 가능하다는 개념이다."[26] 우리는 이러한 위대한 저술들에서 유익을 얻지 못하도록 막는 장애물을 거의 극복할 수 없는 세계에서 살고 있는 듯하다.

게다가 일부 그리스도인들은 자연법과 자연법이 주는 함축에 무관심하기까지 하다. 자연법 학자인 붓지즈지스키는 다음과 같이 말한다.

> 이제는 왜 그리스도인이 자연법에 조금이라도 관심을 가져야 하는지 물을 수 있을 것이다. 우리가 이미 성경을 갖고 있다면 자연법이 무슨 소용인가? 기껏해야 그것은 그저 하나님이 이미 큰 글씨로 써 놓으신 것을 작은 글씨로 반복해서 흘려 써 놓은 것이 될 것이다.…[심지어] 마치 성경이 도덕적 지식의 유일한 원천인 것처럼 보일 수도 있을 것이다.[27]

그의 대답은 성경이 그렇지 않다고 가르친다는 것이다. 하나님은 일반 계시를 통해(즉, 특정한 백성만이 아니라 모든 사람에게) 자신을 계시하셨다. 일반 계시에는 창조 자체가 나타내 주는 증거, 우리가 하나님의 형상으로 지음받았다는 사실, 우리가 육체적·감성적인 존재로 디자인된 것, 마음에 쓰인 양심의 법, 인과의 법 등이 포함된다.[28] 붓지즈지스키는 아퀴나스가 살던 세계의 사람들과 대조되는 근대의 '새로운 종류의 이교도'가 더 전도하기 어렵다고 생각한다. 선하고, 참되고, 아름다운 것에 대해 가르친 전통적 문화가 12세기에 그랬던 것처럼 광대한 문화를 '밀고 들어가지' 못하기 때문이다. 그렇기 때문에 붓지즈지스키는 특별 계시인 성경에 나온 변증 수단인 양심의 법에 초점을 맞춰야 한다고 주장한다. "자연법을 포함한 일반 계시의 주된 용도는 변증이다. 그 목적은 우리 안에 있는 소망에 대한 이유를 제시하는 것이다."[29]

이것이 통합된 법률가가 해야 할 위대하고도 보람 있는 일이다. 조각조각 나뉘지고 혼란스러운 세상에서 소망의 변호를 하는 것이다.

더 넓은 문화에서는 선에 대한 공통의 개념을 가지고 그에 기초하여 진짜 공동체를 이루는 방향으로 나아갈 수 있다고 믿는 한 동료가 있다. 그는 '도덕적 현실주의'에 호소함으로써 이 중세적 도전을 현대에 계속 적용하려 했다. 그는 미국 법 협회의 '재진술 시리즈'에 대해 말하면서, 그 도덕적 현실주의를 '명백한 것의 재진술'이라고 규정했다.

제목 1: 도덕적 현실주의의 원리들

101항. 객관적 실재가 있다.

102항. 인간들은 그것에 대해 뭔가를 알 수 있다.

103항. 모든 사람이 알아야 하는 것이 있다.

104항. 간격. [인간의] 법은 도덕이나 종교와 같지 않다.

    (1) 도덕 및 종교와 똑같은 법이 있다.

    (2) 둘 중 어느 것과도 같지 않은 [인간의] 법이 있다.

    (3) 둘의 간격에 대한 적법한 질문이 있다.

> 교회를 통한 분쟁 해결이 주는 일차적 유익은 그리스도에 대한 우리의 증거를 손상하지 않는다는 것이다. 이 과정은 그리스도의 이름을 더럽힐 만한 공개적 다툼을 막아 주고, 성경적 해결책과 진정한 성찰을 격려한다. 이러한 결과들은 복음의 능력을 보여 줌으로써 하나님께 찬양을 돌리게 한다. 복음의 능력이란 하나님이 정말로 우리를 죄에서 해방하셨으며, 우리가 그분의 아들을 닮도록 우리 안에서 활발히 역사하고 계신다는 것이다. 오로지 이러한 이유만으로, 우리는 법정 밖에서 우리의 차이들을 해결하기 위한 온갖 노력을 다해야 한다.
>
> 켄 산데, 「피스메이커」(The Peacemaker, 피스메이커)

105항. 그리스도인들은 이러한 것들을 안다. 하나님이 그들에게 성령의 조명에 의해서뿐 아니라 창조, 양심, 성경에서 그것을 계시하셨기 때문이다.[30]

도덕적 현실주의를 실천하는 것은 중요하고 가치 있는 일로, 나는 우리 모두가 이 일에 참여하고 있다고 생각한다. 그것은 어떤 의미에서, 통합에 대한 부르심보다 한 단계 더 넘어서는 것으로, 우리와 동일한 세계관을 갖고 있지 않은 이웃들을 향한, 그다음의 필요한 단계다. 도덕적 현실주의는 세상을 섬기고 세상에 관여하라는 도전이다. 게다가 그것은 도덕적 진리, 곧 중력처럼 '실재하고' 분별할 수 있는 진리의 실상을 보여 준다. 자연법적 사고는 이런 의미에서 우리가 다룬 '사실과 가치' 그리고 '공적인 것과 사적인 것' 간의 이원론에 대한 치유책이다.

실무적 관점들

법률 영역에서 우리의 일을 평가하는 수단이 되는 관점을 좀더 실제적으로 논의하기 위해, 통합 패러다임을 변호사와 법률 고문들에게 한번 적용해 보자.

변호사: 소송과 분쟁

소송은 따로 논의할 만한 주제이며, 이것을 다룸으로써 통합에 대한 대화를 적용하는 것은 적절하다.³¹⁾ 소송은 법률가들이 받는 대부분의 좋지 않은 평판의 원천이며, 법률가들이 느끼는 불행의 상당 부분에 대한 피의자이고, 10장과 11장에서 살펴본 도덕적 갈등의 많은 부분이 시작되는 곳이다.

인간적 대가. 소송에 참여하는 법률가들은 종종 많은 소송으로 인해 당사자들이 치루는 대가에 무감각해진다. 소송은 거의 언제나 관련 당사자를 육체적, 정서적으로 녹초가 되게 만든다. 대리인들이 소송 과정에 참여하여 서둘러 결정을 내리는 대기업들의 경우를 제외하고, 의뢰인이 소송에 관여함으로써 정서적으로 영향을 받지 않는 경우는 한 번도 본 적이 없다. 셰퍼 교수와 코크란 교수는 형제간에 벌어진 신탁 위반 소송에 대해 말한다. 그 과정에서 피고는 사람을 쥐어짜는 반대 신문이 있은 지 며칠 후 자살했다.³²⁾ 소송은 당사자들에게 큰 희생을 요구한다. 겉으로 보기에 평범한 논쟁의 경우에서조차 그렇다.

대체적 분쟁 해결(ADR: Alternative Dispute Resolution) 프로그램은 법률가들과 의뢰인들의 스트레스를 가중하고 비용이 많이 드는 소송 외의 방법으로써, 분쟁을 해결하기 위해 생겨났다. ADR은 복되고 소망스러운 발전이다. 특히 코크란은 법률가가 의뢰인에게 분쟁을 해결하는 다른 수단들이 있음을 언급하지 않는다면, 배임 행위를 하는 것이라고 주장했다. 그는 윤리 규약에서 법률가가 소송을 진행하기 전에 ADR의 대안들을 이야기해 주어, 의뢰인이 제대로 알고 선택을 하도록 요구해야 한다고까지 주장한다.³³⁾

중재. 중재는 아마도 당사자주의 제도와 소송 절차 자체에 있는 고유의 문제들에 대한 최선의 치료책일 것이다. 중재자인 변호사는 대부분의 소송에서 재정적·정서적 대가를 줄임으로써 치유를 얻고 소송 목적의 회복을 추구할 자유가 있다. 한쪽 당사자는 큰 위험 없이 상대방을 알고 함께 나눌 자유가 있다. 하지만 중재와 분쟁 해결의 다른 대안적 수단들은 목사들과 그리스도인 법률가들에게, 그리고 어떤 직업을 택할 것인지 생각하고 있는 로스쿨 학생들에게조차 종종 간과된다. 그러나 중재는 관계에서 치유와 화해를 촉진하는 매우 분명한 수단이기에 간과되어서는 안 된다.

켄 산데(Ken Sande)는 조정과 중재 같은 대체적 분쟁 해결 방법들을 "보조적인 화평케 함"(assisted peacemaking)[34]이라고 부른다. 이것은 추구할 만한 법률 사역이다. 교회 안에 있는 우리는 누구보다 먼저 중재를 환영할 준비를 하고 있어야 한다. 하지만 대부분의 경우 중재는 여전히 통상적인 당사자주의 방법보다 못한 위치를 차지하고 있다.

지역 교회. 그리스도인들 간의 소송에서 가장 간과되는 대안은 지역 교회다. 이것은 이상한 일이다. 성경은 지역 교회가, 분명히 신자들이 서로간의 분쟁을 해결하는 장소라고 가르치고 있으며, 성경에서는 몇 가지 상당히 분명한 절차와 목표를 규정하고 있기 때문이다. 그 문제에 대해 말하는 본문은 고린도전서 6장 1-8절이다. 바울은 신자들에게 왜 그들이 다른 그리스도인을 원망하기를 서슴지 않으며 "성도 앞에서"가 아니라 "불의한 자들 앞에서 고발"하는지 묻는다(1절).

그리스도인들 간의 평화 및 적절한 화해 수단은 그리스도를 증거하는 일에 필수불가결하기 때문에, 하나님은 해결되지 않은 분쟁을 일반 법정보다 교회에 먼저 가져가라고 명하신다. 많은 목사들이 이 본문에 대해 정기적으로 잘 가르치지 않았으며, 그래서 대부분의 그리스도인들은 이 명령을 전혀 모르거나 그것이 더 이상 적용되지 않는다고 생각한다. 더욱 나쁜 점은 많은 교회들이 의도적으로 이 본문을 무시하며 교인들이 법적 분쟁을 성경적 방식으로 해결하도록 전혀 돕지 않는다는 것이다.[35]

바울은 신자들이 "불의한 자들" 앞에서 소송을 벌이는 것보다는 차라리 불의를 당하는 편이 나을 것이라고 말한다.

법정의 그리스도인. 그리스도인들을 대리하는 그리스도인 법률가는 갈등을 해결하는 데 절대적으로 필요한 성경적 대안을 알고 있어야 한다. 게다가 그 법률가가 보살핌의 윤리를 시행하면서 참된 도덕적 대화를 나누고 있다면, 그 법률가는 분명 그리스도인 의뢰인과 함께 고린도전서 6장에서 일반 법정의 사용을 제한하고 있을 수도 있음을 논의할 것이다.

예수님이 말씀하신 분쟁 해결 절차들은 선택권이 아니라 규범으로 주어진 것이다. 첫째, 우리에게 죄를 범한 사람에게 가야 한다. 그 관계를 회복하고 화해를 하기 위해서다. 그다음에 죄를 범한 사람이 들으려 하지 않으면, 다른 두 사람을 증인으로 데리고 가야 한다. 다시 한 번 우리의 형제 혹은 자매를 얻기 위해서다. 그래도 분쟁 해결에 실패하면, 교회에 알려서 교회가 그 문제를 처리하도록 해야 한다(마 18:15-17). 어떤 사람들은 마태복음의 본문과 신자들 간의 소송에 대한 고린도전서 6장 본문 간에 중요한 관련이 있음을 본다. 이웃을 사랑하기 원하는 그리스도인 법률가는 그리스도인 의뢰인들이 그리스도께 순종하며 살도록 돕는 것이 무엇을 의미하는지 이해할 필요가 있다. 더 중요한 것은, 우리가 의뢰인들에게 조언할 때 그리스도의 가르침에 따라서 할 것인지 아닌지를 결정해야 한다는 것이다. 사고의 지침이 되는 고린도전서 본문을 좀더 자세히 살펴보도록 하자.

고린도전서 6장. 켄 산데는 고린도전서 6장에 대해 세 가지 견해가 있다고 말한다. 첫 번째 견해는 "이 본문이 그리스도인과 비그리스도인 간의 소송을 금한다"[36]는 것이다. 중세의 견해도 이와 같았던 듯하다.

> 그러므로 재산 문제든, 자신의 권리를 추구하기 위해서든, 어떤 문제들에 대해서든, 어떠한 판사 앞에서라도 법원에서 논쟁을 벌이는 것은 그리스도인의 할 일이 아니라고 분명히 결론내리도록 하자. 그리스도인에게는 고난을 받고 불의를 참는 것보다 더 큰 정의, 더 공정한 것은 있을 수 없기 때문이다.[37]

산데는 이 견해는 지지하기 어렵다고 생각한다. 고린도전서 6장 본문의 용어는 "형제"("교회의 교인", NRSV)라는 말을 사용하고 있으며, 바울은 5장에서 교회에게 불신자를 판단하지 말라고 권고하기 때문이다(고전 5:12).

산데에 따르면, 두 번째 견해는 그 본문이 "그리스도인이라고 고백하는 사람들 간에 모든 소송을 다 금한다"[38]는 것이다. 그런데 이 견해는 본문 자체와도, 성경의 다른 부분과도 조화되지 않는다. 성경의 다른 본문에서는 그리스도인이라고 고백하지만 교회의 말을 듣지 않는 사람들을 어떻게 다룰지에 대한 절차를 제시하기 때문이다.

세 번째 견해에 대해서는 주의 깊게 살펴볼 만하다. 산데는 본문에 대한 가장 적당한 견해는 "그리스도인이 말씀에 충실한 교회에 착실히 출석하는 신자를 상대로 소송을 제기하는 것을 금한다"는 것이다. 여기서 요점은 지역 교회가 형제자매들 간의 분쟁을 해결하는 일차적 수단이라는 것이다. 하지만 어떤 사람이 신자들의 교제권에서 떨어져 나갔다면, "그 사람은 교회의 보호에서 떨어져 나간" 것이다. 이런 견해에 따르면, 그리스도께서 마태복음 18장에서 가르친 절차들은 일차적 중요성을 지닌다. 일대일로 혹은 소그룹의 증인들 안에서 혹은 지역 교회라는 더 큰 공동체 안에서 갈등을 해결하라. "당신의 상대편(혹은 당신)이 교회의 말 듣기를 거부한다면 그리고 교회가 성경을 순종하여 그런 사람들을 교제권에서 내쫓는다면, 그다음에 분쟁은 필요할 경우 일반 법원을 통해 합법적으로 해결할 수 있을 것이다."[39]

매튜 헨리(Matthew Henry)도 비슷한 견해를 갖고 있다. "그리스도인들은 다른 모든 방법을 다 시도해 보아도 허사일 경우가 될 때까지는 절대 소송에 관여해서는 안 된다. 신중한 그리스도인들은 가능하다면 그들의 분쟁을 예방해야 하며, 어떠한 재판 관할 법원도 그 문제를 해결해서는 안 된다. 특히 별로 중요하지 않은 문제들이라면 더욱 그렇다."[40]

이 과정이 모든 어려움을 해결해 주지는 않는다. 그것이 잘못을 범한 쪽의 태도 혹은 동기를 다루거나, 서로 다른 교회 교인들 간의 갈등 문제를 말하고 있지는 않기 때문이다. 산데는 양측 모두에 대해 도움이 되는 제안을 해준다. 첫째, 잘못을 범한 사람의 교회가 그 문제에서 성경을 따르고 있지 않다면, 피해자가 자기 교회 지도자들에게 상대방 교회의 지도자들과 만나 토론이나 중재를 통해 문제를 해결하도록 도와 달라고 요청할 것을 제안한다. 그 후에도 상대방 교회가 들으려 하지 않는다면, 피해자 교회가 상대방 교회는 이 문제에 대해 성경에 신실하지 않다고 선포하고 피해자가 일반 법원에서 문제를 해결하는 것을 허용한다. 물론 첫 번째 선택권은 그 문제를 그냥 놔두고 손해를 감수하는 것이 될 것이다.[41]

> **강의실에서 세워 볼 수 있는 가설**
>
> 폴은 어느 날 아침, 당신의 법률 사무소에 들어와 어떤 사람이 서면 협정을 어긴 것에 대해 소송을 해야겠다고 말한다. 전후 사정이 어떻게 된 것인지 이야기하는 중에 그는 말했다. "도널드에 대해 더 좋게 생각했어야 했어요. 우리는 같은 교회에 다니고 있거든요."
> 그의 발언은 폴의 변호사로서 당신에게 어떤 문제를 일으키는가? 당신은 신자들 간의 소송에 관해 그에게 어떻게 조언할 것인가?

산데는 법정에 가고자 하는 그리스도인에게 마지막 점검 기준을 제시한다. "교회의 여러 가지 구제책을 남김없이 사용하기 전에 당신이 강경하게 주장하고자 하는 권리가 성경적으로 타당한 것인지 분명히 확인하도록 하라."[42] 이 탁월한 조언은, 그리스도인 의뢰인의 주장을 평가할 때 변호사와 의뢰인이 신학적으로 협력할 것을 요한다. 그것은 변호사가 보살핌의 윤리를 추구하는 데 참으로 관심이 있는지 측정하는 진정한 척도다. 게다가 동기는 소송 결정에서 중요한 요소다. 산데는 소송을 하기 전에 충족해야 할 최종적 조건은 소송의 목적과 관련된다는 점을 시사한다.

그러므로 소송을 제기할 때 그것이 첫째, 하나님 나라를 진척하거나(예를 들어, 정의를 촉진하거나 그 소송을 관찰하는 사람들에게 명확한 기독교적 증거를 제시함으로써) 둘째, 상대방에게 유익이 되거나(예를 들어, 국가의 힘을 이용해서 그 사람에게 잘못된 행동의 결과를 책임지도록 함으로써) 이렇게 하는 것은 반대편 당사자가 후에는 보다 책임 있는 행동을 하는 데 도움을 줄 수도 있다(롬 13:1-7을 보라). 셋째, 그리스도를 알고 섬기는 능력을 고양한다는(예를 들어, 다른 사람들에게 사역을 하거나 당신에게 의지하고 있는 사람들에게 공급하기 위한 권리와 자원들을 보존함으로써)[43] 것을 보여 준다는 확신이 없다면 소송을 제기하지 말라.

이제 어려운 부분에 이르렀다. 당신은 그리스도인 의뢰인들에게 기꺼이 이런 방식으로 조언을 하겠는가? 의뢰인에게 위와 같은 방식으로 문제를 보라고 강요하지는 않지만, 하나님께 대한 잠재적 의무를 포함하는 도덕적 대화를 나누면서 우리가 우리 이웃을 사랑하고 통합적으로 행하는 것에 진지하다면, 우리는 이 질문에 반드시 답해야 한다.

회복과 화해. 변호사들은 소송의 목적에 대해 생각할 필요가 있다. 어떤 의미에서 소송은 정의를 위한 가장 원색적인 수단이다. 당연히 받아야 할 상과 벌을 줄 뿐이다. 악행자는 자신의 행동에 따라 벌을 받는다. 이것은 성경적이고 적절한 소송의 용도다. 하지만 회복 혹은 화해에 대해서는 어떤가? 아마도 가장 좋은 출발점은 출애굽기에서 십계명 바로 뒤에 나오는 판례법들일 것이다(출 20:1-17; 21:18-36; 22:1-6, 22-25). 이것들은 민법과 불법행위론에 대한 주요 본문이며, 신체상해법에서 하나님의 목표와 방법대로 행하는 데 분명히 도움을 받을 수 있다.

이 모든 것은 물론 국가의 사법권, 형벌 이론들, 그리스도의 속죄, 그리고 정부의 역할에 대해 더 광범위한 신학적 맥락에서 읽고 평가해야 한다. 게다가 성경 신학과 조직 신학은, 모세의 불법행위법과 미국 제도 간의 관계의 난점들을 해결하는 데 도움이 될 것이다. 다시 말해, 모세의 법들을 우리의 불법행위법의 근거로 이식하는 것이 왜 지혜롭지 않은지 (혹은 지혜로운지) 아는 데 도움이 될 것이다.

출애굽기에 나오는 율법과 총괄적인 제안들은 엄격한 책임 원칙과 귀책 사유에 기반한 체제들을 평가하는 데 도움이 될 것이다. 아마도 특정한 상황에서 어떤 것이 다른 것보다 더 우월하다는 점을 시사해 줄 것이다.[44] 마찬가지로 인간의 책임에 관련된 원인과 결과에서 인간의 역할과 신의 역할에 대한 율법의 접근 역시 도움이 될 것이다. 보상이 불법행위 제도의 성경적 목표인지 아닌지에 대한 질문은 성경이 규범이나 지침을 제공할 수 있는 또 하나의 주요한 질문이다.

과실, 개인의 책임, 손해배상, 화해에 대한 출애굽기 본문과 원리는 우리의 관행을 재고하도록 재촉할 것이다.

- 우리는 어떤 사건의 소송을 제기하는 동기나 소송의 목표가 성경에서 허용하는 것과 반대된다면, 그 사건을 맡지 않을 것이다.
- 우리는 의뢰인들에게 법적 결과와 상관없이 그들이 다른 사람들에게 도덕적 의무를 가지고 있다고 조언할 것이다.
- 우리가 소송의 합법적인 목표라고 생각하는 것을 촉진하지 않도록 하는 방책이 있을 것이다. 우리는 그런 방책들을 사용할 것인가? 의뢰인들에게 이 점에 대한 우리의 입장을 알릴 것인가?
- 우리는 배상과 처벌에서 비례의 원리에 기초해 요구하거나 변호하는 것에 대한 관행을 바꿀 수도 있다.
- 적절한 목적에 근거해 소송에 대한 태도를 바꾸면, 법률 실무를 통해 사역을 할 수 있는 새로운 길이 열릴 수도 있다. 정의를 촉진하기 위해 매우 실제적인 방식으로 어떻게 섬기는지를 보여 주는 것이다.

콜로라도 스프링스의 한 변호사는 형사 피고인을 대하면서 조정과 배상에 중점을 두었다. 그는 의뢰인으로 하여금 피해자에게 보내는 사과의 편지를 쓰게 하고, 판결이 내려지기도 전에 배상을 위한 돈을 마련하라고 권한다.[45] 그와 함께 법률 실무에 종사하는 사람들 역시 관련된 사람들을 위한 그의 열정을 증거한다. 그는 의뢰인들에게 깨어진 가족과 자녀들의 유익을 위해 상대방과 협력하도록 격려하기 때문이다. 그의 태도는 사람들의 삶을 변화시킨다. 한 의뢰인은 그것을 이렇게 요약한다. "그는 자기 주머니보다 사람에게 더 신경을 쓴다."[46]

재판권과 정부의 역할. 관할권 분리의 원칙, 정부의 역할, 그리스도의 속죄의 의미 등은 세속법 절차에 중요한 시사점을 제공한다. 우리는 또한 구약 율법에 절차상 규약들이 존재했음을 고려해야 한다. 이를테면 증인이 두 명 있어야 했다거나, 증거를 검토해 보고 판결을 내렸다든지, 도덕적 절차가 필요하다는 증거로 증인들을 소환하는 관습이 있었다든지 하는 것이다. 법 규칙에 대한 성경적 토대 역시, 절차에 대해 규범적 관점을 갖는 풍성한 근거가 될 것이다. 법률가들은 또한 **하나님의 형상**을 무죄 추정 원리, 잔인하고 비정상적인 형벌에 대한 금지 그리고 자신의 고소인을 대면할 수 있는 권리 등의 중심되는 근거로 삼아야 한다. 마찬가지로 타락 교리는 절차상 안전장치, 상소라는 구제 방법, 특정한 유형의 미심쩍은 증거의 증거 능력을 제한할 것 등을 권한다.

이러한 주요 교리들은 법률 실무에 사실상 무한히 적용할 수 있다. 하지만 법률 사무소나 강의실에서 실제로 적용할 수 있는 몇 가지 아이디어를 제시하겠다.

첫째, 구약에 나오는 다양한 절차적 요구들은 도덕 체계에서도 절차가 중요함을 상기해 줄 수 있다. 일반적으로 법률가가 정의의 중심으로서 절차에 집중하는 것은 잘못된 것이 아니다. 예를 들어, "사람의 모든 악에 관하여 또한 모든 죄에 관하여는 한 증인으로만 정할 것이 아니요"(신 19:15)라는 요구 조건은 명백하게 죄를 범한 사람이라 해도 인간들에 의해 처벌될 수 없음을 암시한다. 예를 들어, 믿을 만한 소식통이 대낮에 아주 가까운 거리에서 두 눈 똑똑히 뜨고 살인을 목격했다고 증언한다면, 우리는 그 살인자가 정말 유죄라고 단단히 확신할 것이다. 하지만 그 살인이 모세의 절차법 관할 구역 안에서 일어났다면, 국가는 벌을 내릴 수 없을 것이다. 왜 하나님은 그런 절차를 제정하셨는가?

이 세상 법 제도에서 누구에게 책임을 지울지 결정하려면 도덕적 법 절차가 필요하다. 예를 들어, '두 명의 증인'에 대한 요구는 당사자가 실제로 죄를 지었다는 분명한 확신이 없다면 국가가 판결을 내리지 못하도록 하는 것이었다. 이런 요구 조건이 있었기 때문에, 국가는 권위의 한도를 넘어서 결백한 사람을 벌하기보다는, 차라리 죄를 범한 사람에게 벌을 주지 않고 넘어가는 오류를 범하는 쪽을 택했다. 윌리엄 블랙스톤이 1769년에 썼듯이, "한 명의 무죄한 사람이 고통을 당하도록 하기보다는, 열 명의 죄 있는 사람을 놓치는 것이 더 낫다."[47] 이것이 바른 신학이다. 국가는 하나님으로부터, 어떤 종류의 죄든지 '죄를 범한' 모든 사람을 다 벌하거나 정의를 추구하느라 넓게 그물을 던져, 죄 있는 사람뿐 아니라 무죄한 사람들까지도 벌할 수 있는 권한을 받은 것은 아니기 때문이다. 이것은 일상적인 법률 실무에서 정의의 수호자인 법률가들은 세속 재판권이 행사할 수 있는 권한의 한계를 넘어서지 않게 하는 절차상의 문제들을 존중함으로써 소송 절차를 보호해야 한다는 것을 상기시켜 준다.[48]

둘째, 성경은 모든 인간 제도의 권위는 하나님으로부터 유래하며, 그렇기 때문에 그 권위는 그들의 **관할** 내에 국한됨을 상기시켜 준다. "개인, 가정, 계약 집단, 학교는 모두 하나님이 규정하신 대로 존재하고 그에 따라 권위를 갖는다. 국가에 대한 성경 교리도 마찬가지로 국가의 존재와 권위가 하나님에 의해 규정되어 있다고 단언해야 한다."[49] 이것은 인간이 만든 정부에게는 모든 종류의 죄나 악을 처벌할 권위가 없음을 의미한다.

이것은 국가, 교회, 가정 그리고 개인의 한계와 역할을 분별하고자 하는 법률 제정자와 판사인 법률가들에게 틀림없이 도움이 될 것이다. 또한 법률 실무에 종사하는 우리가 분쟁을 해결하고 악행을 없애기 위한 대안적 수단을 찾도록 격려한다. 우리가 정치적 행동의 한계를 인정한 것과 똑같은 방식으로, 우리는 국가가 모든 것에서 최고가 아니며 세속법과 세속입법에는 한계가 있음을 인정해야 한다.

게다가 스턴 교수가 주장했듯이(부록을 보라), 하나님의 섭리에 관한 교리는 모든 유형의 절차적·실질적 문제들에 대해서 광대한 함축을 지니고 있다. 사실상 하나님의 주권적 정의에 대한 믿음이 없이는, 인간의 정의 시행에 대한 절차적 한계를 정당화하기가 매우 어려울 것이다.

예를 들어, 왜 아동 추행범이 석방되지 않게 위증이라도 해서 그에게 유죄가 선언되도록 하지 않는가? 왜 거짓 증거가 '올바른' 결과를 냈을 때 그 증거를 금하는가? 붓지즈지스키는 이렇게 설명한다.

"올바른 일을 하고 결과는 하나님께 맡기라"는 좌우명은 하나님이 결과를 책임지신다고 확신할 수 있을 때만 의미를 지닌다. 그런 확신이 없다면, 올바른 일을 한다는 것은 결과를 우리가 책임진다는 것, 혹은 신경 쓰려 애쓴다는 것을 **의미한다**. 그래서 섭리가 없다면, 선을 행하고자 하는 충동은 불가항력적으로 악과 관련을 맺게 된다. 하나님이 의롭지 않으시다면, **우리의** 정의는 혼란스러워진다.[50]

변호사의 역할에 대한 요약

소송은 정의의 강력한 수단이 될 수 있다. 지금까지 한 말을 요약하자면, 변호사 업무에 대한 몇 가지 지침이 되는 주제가 있다.

회복과 소송. 소송에는 인적 비용이 들지만 희생자들에게 회복을 가져올 수 있다. 하지만 소송을 수행한 태도와 동기는 의심쩍다. 우리는 기꺼이 의뢰인들에게 소송의 대안들에 대해 조언해 주거나 신자 간의 소송을 거절하거나, 갈등을 심화시키기보다 화해를 추구하고 있는가?

제도. 당사자주의 제도 안에 있는 변호사인 우리는, 제도 뒤에 숨기보다는 그 제도의 창조적 구조와 방향을 결정하기 위해 제도의 내용 자체를 기꺼이 평가해야 한다. 나 자신은 당사자주의 제도 자체는 구조적으로 악하지 않다고 생각한다. 변호라는 원리는 신뢰할 수 있는 것이다(그리스도 자신이 우리의 변호자이시므로). 그리고 제도는 일반적으로 절차상의 안전장치를 통해 사법권의 한계를 지키려고 한다. 하지만 당사자주의 제도에서 허용되는 모든 것이 그리스도인 법률가에게 허용될 수 있는 것은 아니다. 그리스도가 우리의 변호자라는 사실은, 이를테면 우리가 악을 위해 변호하거나 거짓 증언을 허용함으로써 제도의 위법 행위에 참여하거나, 법정을 오도할 수 있다는 의미는 아니다. 또한 변호를 위한 모든 수단이 허용될 수 있다는 것도 아니다. 그리스도인 변호사는 현대에 통용되는 제도의 규칙들을 성경적 정의관에 비추어 주의 깊게 평가해야 한다. 그 제도 안에서 자신의 역할을 결정하기 위해서다. 제도 뒤에 숨는 선택을 할 수는 없다.

제도 내에서 담당할 우리의 역할에 대해 평가할 때, 우리는 다양한 실제적 문제들에 대해 적절한 입장을 취해야 할 것이다. 첫째, 우리는 당사자주의 제도 내에서 일할 수 있을지 결정할 필요가 있다. 나는 법률가가 다음과 같은 경우 당사자주의 제도 내에서 일할 수 있다고 주장한다. 그 사람이 (1)그 제도의 한계를 인식하고, (2)소송이나 협상 과정의 통합성을 침해할 만한 책략들―윤리적으로 허용될 수 있는 책략들인 경우조차도―을 사용하지 않기로 하고, (3)그 제도가 영속화할 수 있는 악에 협조하기를 거부하는 경우다. 문제는 매일의 법률 실무에서 이것이 무엇을 의미하는지 이해하는 것이다. 예를 들어, 법률가는 일반적으로 수긍되는 것이 돼 버려서 도덕적으로 정당화되는 제도적 관행들(이를테면 협상에서 '값을 올려 부르는 것'이나 선택적인 법정 증언)과, 많은 경우 제도 내 사람들에게 받아들여지지만 도덕적으로는 정당화되지 않는 것(이를테면 변호사가 허위라고 생각하는 증거를 제시하여 상대방 증인들을 기만하는 것과, 오로지 상대방을 괴롭히기 위해서 만들어 낸 폭로 전략 등)을 어떻게 구분할지 결정해야 한다. 정말로 타당한 구분 원리가 있는가? 그리고 설사 있다 해도 우리는 재판, 자문, 혹은 협상이 한창 진행되고 있을 때 적절한 결정을 내릴 수 있겠는가?

둘째, 그리스도인 법률가들은 의롭고 선한 방향으로 제도를 '밀고' 가야 하는 특별한 책임을 받아들여야 한다. 억압받는 분야와 오용될 만한 허점들을 볼 때, 우리는 기꺼이 그 분야에서 책임을 지려 하는가?

셋째, 제도에 참여하려는 통합적 접근의 일환으로서, 바라는 결과에 이르기 위해 '제도를 이용하는 것'이 변호사가 해야 할 가장 중요한 일이라는 개념은 잘못된 것이라는 사실을 의뢰인에게 일깨워 주기를 시도해야 한다. 우리는 도덕적 대화 과정을 통해서 위에서 말한 입장들을 취하는 데 이를 수 있어야 한다. 우리는 의뢰인과 더불어 이러한 헌신을 할 준비가 되어 있는가?

형벌. 형벌의 본질에 대한 타당한 견해들은 형사 재판 제도를 평가하고 참여하는 데 도움을 줄 것이다. 회복이나 억제가 아니라 당연한 응보를 형벌의 일차적 목적으로 알고 있는 것은 기소와 변호를 할 때 우리의 역할과 접근 방식을 결정할 것이다.[51] 피고인을 변호할 때, 우리는 공정한 판결을 구하고, 국가가 처벌할 권한을 입증하도록 요구할 것이며, 도덕적·절차적 안전장치를 존중할 것이다.

의뢰인들과 허심탄회하게. 그리스도인 변호사들 스스로가 제도의 특정한 측면들 안에서는 일할 수 없다고 생각한다면, 허용되지 않는 전략 혹은 책략들에 대해 미리 의뢰인들에게 알려 주어야 한다. 그러려면 지혜와 선견지명이 필요하다. 예를 들어, 당신이 의뢰인에게 둘 사이에 오간 대화를 절대 알리지 않겠다고 장담했는데, 만일 후에 그 의뢰인이 증인석에서 거짓말을 하고 당신은 도덕적으로 그 사실을 법정에 알리지 않을 수 없다면, 어떤 어려움이 야기될지 상상해 보라.

법률 고문

법률 고문 변호사는 광범위한 전문 지식을 지닌 사람들이다. 사내 고문, 상거래법 전문 변호사, 재산 설계사와 재정 고문, 협상가, 회사의 부회장 등이다. 이러한 법률가들이 만나게 되는 특정한 분야들, 즉 회사·계약·자산에 대한 몇 가지 역사적-신학적 접근법들을 열거해 보겠다. 하지만 먼저 법률 고문들의 몇 가지 광범위한 관심 분야들을 살펴보자.

지혜와 조언. 경건한 지혜를 주는 것보다 이웃을 사랑하는 더 중요한 방법이 과연 어디 있을까. 미국변호사협회 모델 규약(Model Rule) 2.1에서는 "조언을 할 때 법률가는 법뿐만이 아니라 다른 사항들, 이를테면 의뢰인의 상황에 관련될 만한 도덕적·경제적·사회적·정치적 요소들을 언급할 수 있다"[52]고 되어 있다. 다시 말해, 그 윤리 규약은 의뢰인을 그저 해결해야 하는 법적 문젯거리가 아니라 온전한 인간으로 다루도록 '허용한' 것이다.

의뢰인들이 법률가를 필요로 할 때 그들은, 그저 기술적인 조언 이상의 것을 필요로 하는 진짜 살아 있는 사람들이며, 대부분 주(states)의 윤리 규약은 이것을 인정한다. 의뢰인과 인간적 차원에서 의사소통하는 법을 배울 때, 우리는 법률 실무에서 그리고 우리가 대리하는 사람을 섬기는 일에서 더 큰 도덕적 의미를 발견할 것이다. 의뢰인을 사회적·가정적·영적·경제적 의무를 지닌 사람으로 대하는 데 실패한다면, 그들을 온전히 섬기는 데 실패한 것이다.

물론 우리는 의뢰인이 우리에게 온 객관적 이유를 알 필요가 있다. 하지만 우리의 조언을 구하는 사람들의 명백한 정서적 필요를 무시하는 것은 잘못이다. 때로는 도덕적·심리적·영적 조언을 찾으라는 간단한 격려만으로도 문제가 해결되기 때문이다. 많은 법률가들은 이 정도까지 가는 것도 두려워한다. 하지만 우리는 그 이상 나아가야 할 의무가 있지 않은가? 주어진 상황에서 특정한 종교적·도덕적 고려를 해야 하는지, 혹은 법률 외의 다른 사항들을 고려해야 하는지—성경 본문, 의뢰인과의 특정한 기도, 직접적 훈계—알기 위해 지혜를 구하고 기도해야 한다.

정의를 추구하는 것이 '보람 있고 좋은' 일이라고 주장한다면, 윤리적 규칙들만으로는 공동체, 의뢰인, 하나님에 대한 의무를 규정하는 데 충분치 못함을 인정해야 한다. 그리고 의뢰인에게 지혜와 조언을 할 의무가 존재하지 않는다면,

아마 우리는 법률 실무에서 정의와 권리 그리고 선의 문제를 다루려고 하면서도 쳇바퀴만 돌고 있을 것이다.

최근 나는 '지속적인 법학 교육 윤리'에 대해 발표하면서, "타임 투 킬"(*A Time to Kill*)이라는 영화의 앞부분 장면 하나를 사용해 토론을 시켰다. 그 장면에서 칼 리 헤일리(새뮤얼 잭슨)는 젊은 변호사 제이크 브리건스(매튜 맥커너히)를 만나러 왔다. 영화에서 칼 리의 초등학생 나이의 딸이 두 명의 백인 남자에게 강간을 당했으며, 칼 리는 그들이 남부 시골의 백인으로 구성된 배심원단에 의해 당연히 무죄 석방될 것이라고 믿는다. 그는 제이크에게 "변호사님은 어떻게 하시겠습니까?"라고 묻는다. 그리고 자신이 어려움에 처하면 "도와줄 수 있겠냐"고 묻는다. 그때 제이크는 분명 칼 리가 피고인들을 총으로 쏴 죽일 것이라고 생각한다(그리고 그의 생각은 적중했다).[53] 나는 법률가와 의뢰인의 관계가 어디에서 시작되는지, 그리고 제이크가 그 대화를 자기 아내나 그 지역 보안관에게 윤리적으로 밝혀야 하는지에 대해, 학생들이 논쟁을 하도록 하기 위해 이 장면을 보여준다. 내가 한 그룹과 함께 이 문제를 토론하기 시작했을 때, 어떤 법률가가 가로막았다. "제 생각에는 우리가 중요한 점을 놓치고 있지 않나 합니다. 이 사람은 자신의 삶과 가족들의 삶을 망치려 하고 있습니다. 그는 살인을 계획하고 있으며 복수를 위해 자신이 가진 모든 것을 걸고 있습니다. 내가 변호사라면, 그에게 그것을 말해 주겠습니다. 그리고 그가 직면하고 있는 불의와 그 불의를 어떻게 다루는 것이 가장 좋은지에 대해 진지하게 기도하겠습니다." 다시 말해, 윤리적 난처함은 잠시 잊으라는 것이다. 칼 리는 자신의 진짜 문제를 해결하기 위해 지혜로운 조언자와 하나님의 능력을 필요로 하는 상처받은 인간이다. 내가 말하는 법률 사무소에서의 통합이란 바로 이러한 것이다.

우리는 또한 보살핌의 윤리에 대한 셰퍼의 조언을 다시 한 번 생각해 봐야 한다. 의뢰인에게 조언하는 것으로 끝이 아니라는 것이다. 도덕적 대화는 성장의 수단이자 정의를 향한 좋은 첫걸음이다.

청지기직 문제. 거의 모든 법률 고문들은, 의뢰인들이 하나님이 그들에게 맡기신 것에 대해 선한 청지기가 되도록 도움으로써 이웃 사랑을 실천한다. 여기에는 '재물에 대한 적절한 견해' 및 '돈을 수단으로 이룰 수 있는 목적들에 대한 도덕적 대화'와 관계된 헌신이 필요하다. 재물에 대한 우리의 신학이 적절히 발전해 있다면, 우리는 피조세계를 다스리고(창세기 1:28), 궁핍한 다른 사람들에게 나누어 주며(잠 31:9) 자녀들에게 유산을 남겨 주기 위해(잠 13:22) 그 재물을 신실하게 사용하기 원하는 사람들을 더 잘 도울 수 있을 것이다.

협상. 변호사들이 의뢰인들을 위해 소송 문제 외의 분야까지 협상을 할 때, 온갖 종류의 곤경이 생길 수 있다. 협상은 **신학적으로** 어려운 분야가 아니지만, 매우 분명한 도덕적 사고를 요한다. 사실상 협상에 관한 윤리적 규약들은 그리스도인 변호사에게는 내키지 않는 것까지도 허용할 수도 있다. 예를 들어, 미국 변호사협회 모델 규약 4.1에 따르면 똑같은 상황이라도 변호사들은 사실을 알리지 않는 것에 대해 일반인보다 더 자유롭다는 논란이 될 수 있는 내용을 규정하고 있다.[54] 변호사들은 "의뢰인들의 범죄 행위나 사기 행위를 돕는 일을 피하기 위해 판결에 영향을 주는 중요 사실을 밝힐 필요가 있을 때는 알면서도 그 사실을 말하지 않을 수는 없을 것이다."[55] 몇몇 경우에는 변호사들이 설사 범죄나 사기 행위를 피하기 위해 사실을 말하지 않아도 될 때에도, 제삼자에게 중요 사실을 밝혀야만 명예를 지킬 수 있다고 느낄 수도 있는 예에서 그런 경우를 상정해 볼 수 있다.

마찬가지로, 협상에 관련된 변호사들은 그 일을 시작하면 얼마 안 가 진리에 대한 그들의 헌신의 수준이 실제로 어느 정도나 되는지 발견하게 될 것이다. '부풀리기', 곧 협상 테이블의 상대편이 꼭 사실로 받아들이리라고 기대하지 않는 과장된 (혹은 거짓된) 진술을 하는 것이 통합된 사람에게 허용될 수 있는가? 윤리적으로는 "변호사들이나 의뢰인들이나 부풀리기 혹은 흥정하기라는 법적으로 허용된 관례적이고 무해한 거짓말을 자유로이 해도 된다."[56] 그리스도인 변호사는 이 점에서 무엇이 옳은지 결정하기 위해 허위 진술에 대해 신학적으로 잘 정리할 필요가 있다. 한 가지 접근법은 협상과 관련된 합의 사항을 이해하고, 자신의 진술이 이웃에게 미칠 영향에 기초해 진술을 평가하는 것이다. "내 차는 그것보다 **훨씬** 더 값이 나갑니다"라는 말이 정확한 사실이 아니라 해도, 이것이 가치에 대한 진술이 아니라 돈을 더 지불할 만한 차라고 현혹시키는 의미로 말한 것이라면, 그 말을 그저 협상 관례라고 정당화할 수 있을 것이다. 또 다른 접근법은, 협상을 할 때 대충 얼버무려야 할 때에도 우리의 협의 사항들을 좀더 정확하게 바꾸는 것이다. 우리의 결정은 다시 한 번 신학적 결정에 따를 것이다. 그것은 '거짓말이 허용되는 때가 있다면 언제인가?'라는 것이다.[57]

나는 이 질문에 대한 대답이 의미심장한 뉘앙스를 지닐 수 있다고 생각한다. 그리고 언제나 모든 진리를 다 말할 의무라는 건 이론상 존재하지 않으며, 말해야 하는 의무는 언제나 관계성과 상호 의무라는 맥락을 기초로 하고 있다는 분석에 적극 동의한다. 하지만 나는 협상에서 거짓말이 언제나 허용된다고 생각하는 입장도 있음을 안다. 우리가 변호사라는 옷을 입고 있는 한, 그것은 전혀 통합적이지 못한 행동이다.

켄 산데는 변호사들보다는 일반인들을 위해 글을 쓰고 있지만, 우리가 자기 일을 돌아볼 뿐더러 다른 사람들의 일을 돌아봐야 할 의무가 있음을 지적하면서(빌 2:4), '경쟁적' 협상보다는 '협력적' 협상을 제안한다. 변호사들이 다른 사람의 대리인 역할을 하고 있을 때는, 이런 의무를 실제로 갖고 있는 것은 아니다(우리의 제한된 의무는 다른 사람들보다는 우리 의뢰인들에 대한 것이다). 그러나 우리는 자기 이웃을 사랑하는 데 관심이 있고 또한 선의로 혹은 다른 사람들에게 유익을 주도록 협상하는 일에 관심이 있는, 혹은 관심이 있어야 하는 의뢰인들을 대리해야 한다.

켄 산데의 모델은 상당한 노력을 요한다. 상대방을 끝까지 따라가서 타도하려는 전략보다 훨씬 더 철저히 준비해야 하는 것이다. 하지만 산데는 협력적 협상을 주장한다. 그것이 **문제에 대한 해결책**을 만들어 내기 때문이다. 당연히 때로 의뢰인들은 원리적인 문제나 재정적 한계 문제에서 양보할 수가 없다. 하지만 대부분의 경우 우리는 그들이 문제를 해결할 수 있도록 도와주려 애쓰고 있다. 아마 대부분의 사람들이 보았겠지만, 협력적 협상은 경쟁적 협상보다 더 쉽게 이루어질 수 있다. 그 과정에서 우리는 종종 돈을 절약할 수 있고 관계 역시 보존할 수 있다.[58] 우리의 목표는 다른 사람들에게 굴복하는 것이 아니라, 그들의 필요를 이해하고 어떻게 하면 의뢰인들이 자신에게 필요한 것을 얻으면서 또한 다른 사람들의 필요 역시 채워 줄 수 있는지 이해하는 것이다. 협력적 협상을 이루어내는 열쇠는 창의적인 준비다. 우리는 상대편이 정말로 필요로 하는 것이 무엇인지 아는 데 시간을 들일 필요가 있다. 심지어 회사간 투쟁과 주식 전쟁에서도, 상대편의 필요들은 때로 정서적이거나 심리적인 것이다(때때로 거기에는 상대편 법률가들까지 포함된다!). 산데는 협력적 협상을 개략적으로 설명하기 위해 PAUSE라는 약어를 사용한다.[59]

계획하라(**P**lan)

관계를 확인하라(**A**ffirm relationships)

관심사를 이해하라(**U**nderstand interests)

창의적 해결책을 찾으라(**S**earch for creative solutions)

선택권들을 효과적·합리적으로 평가하라(**E**valuate options effectively and reasonably)

기도하고, 의뢰인이 정말로 필요로 하는 것을 이해하고, 상대방이 정말로 무엇을 바라는지 알고, 관련 성경 본문을 연구하고, 창의적 전략을 계발하는 데 시간을 들이는 법률가들은, 의뢰인이 기대하는 것 이상으로 의뢰인을 섬기는 것이다. 하지만 우리의 목표는 완전히 통합적인 종이 되는 것이 아닌가? 우리는 그저 의뢰인들이 자신들이 원하는 것을 얻는 것 이상을 바라지 않는가? 우리는 그들이 하나님을 공경하고 그들의 이웃을 사랑하는 것 역시 바란다. 의뢰인들이 자신의 필요를 채우는 방식으로 그런 일을 하도록 도울 수 있다면, 우리는 의뢰인과 하나님께 훨씬 더 기쁨이 될 것이다. 우리는 다른 사람들의 다양한 전략들에 계속 깨어 있어야 하고 의뢰인들을 위해 확고히 맞설 준비가 되어 있어야 하지만, 협력적 협상을 준비하기 위해 들이는 시간은 분명 노력할 만한 가치가 있는 시간이다. 그리고 의뢰인들은 불평을 하지 않을 것이다. "사회과학적 연구를 보면 또한 그것[협력적 협상]이 의뢰인의 관심사를 진척시키는 데 더 성공적이라는 것을 알게 되기"[60] 때문이다.

계약. 프라이어 교수의 말을 빌리면,

[계약에] 관련된 규범적 기준들을 확인하는 것은 언뜻 보이는 것처럼 가망이 없는 것은 아니다. [우리는] 먼저 성경에 나타난, 약속을 지키는 하나님의 성품을 참고하여, 사회적 활동의 한 형태로서 계약을 사용하는 것을 정당화할 수 있을 것이며, 그러고 나서 인간이 하나님의 형상으로 창조된 것의 의미, 고대 근동의 계약 맺는 관습을 하나님과 인간과의 관계의 모델로서 지속적으로 사용한 것의 의미, 그리고 히브리 성경의 토라, 시편, 지혜서에서 약속을 지키는 일을 추천한 것 등의 의미를 분석해 나갈 수 있을 것이다. [우리는] 그다음에 어떤 성경 인물이 약속을 어기는 것에 대한 암묵적 승인을 받는 비교적 희귀한 경우들, 그리고 특히 중간에 뜻하지 않은 사건이 일어나 암시적 조건이 됨으로써, 하나님이 내리겠다고 하신 심판을 내리지 않으신 경우들의 의미를 분석할 수 있을 것이다.

[계약에] 대한 전통적 혹은 역사적 관점은 로마법과 함께 시작되었다고 볼 수 있으며, 중세 및 근대 초기를 거쳐 발전되었다. 신학적, 역사적, 법적인 다양한 자료들을 통해 원래 고문서 연구에 주의를 기울여야 한다. 물론 이렇게 역사적 관점에서 숙독하는 것 자체가 목적이 되어서는 안 된다. 대신 보통법 전통의 유익에 기여할 수 있는 지적 콜라주(collage)의 일부를 형성해야 한다. 그것은 비판, 분석, 적용이다.[61]

이 인용문의 첫 단락에서 프라이어 교수는 법률 서류의 계약 문안을 작성하고 계약 내용에 대해 협상하고, 체결된 계약의 효력이 발생하도록 하는 법률가의 소명에 대한 기본적인 신학적 정당성을 제시한다. 하지만 기독교적 통합성을 갖고 법률 실무를 추구할 때 전인미답(前人未踏)의 비옥한 땅은 여전히 많다. 예를 들어, 내가 혹은 의뢰인이 어떤 문제에 대해 서언할 때 어떤 의무가 생겨나는가? 계약을 했지만 '유효한' 위반을 할 근거를 가지고 있는 의뢰인에게 어떻게 조언할 것인가? 법에 대한 의무와 하나님에 대한 의무가 서로 다를 수 있는 분야들을 어떻게 다루는가? 나는 어떻게 의뢰인들의 청지기직과 다른 의무들을 돕는 협약을 사용하고 만들 수 있는가? 내가 이런 목표들을 그들에게 분명히 제시해야 하는지 마는지가 중요한가? 아니면 하나님이 내가 이웃을 사랑하고 공동체에서 그 사람의 특정한 사역을 촉진하도록, 나를 어떻게 사용하고 계시는지 아는 것으로 충분한가?

한 친구가 로스쿨에서 '유효한 위반'(efficient breach) 원리를 배운 이야기를 해주었다. 그의 교수는 계약을 어김으로써 얻게 되는 경제적 유익이, 어긴 것으로 인한 손실보다 더 클 때 법률가는 의뢰인에게 그 계약을 어기도록 조언해야 한다는 의견을 피력하면서, 그 원리에 대해 상세히 설명했다. 그때 내 친구는 손을 들었다. "계약과 관련해 의뢰인이 이미 내뱉은 말은 어떻게 하고요? 도덕적 책임은 어쩌고요?" 교수는 재미있어하는 듯했다. 오랜 세월이 지난 후에, 내 친구는 일생일대의 기회를 갖게 되었다. 그런데 그 기회를 잡으려면, 서면으로 계약한 것은 아니었지만 다른 사람에게 한 그의 말을 철회해야만 했다. 그는 로스쿨에서의 경험을 기억했으며, 하나님 역시 그에게 시편 15편의 말씀을 생각나게 하셨다. "여호와여…주의 성산에 사는 자 누구오니이까. 정직하게 행하며 공의를 실천하며…그의 마음에 서원한 것은 해로울지라도 변하지 아니하며"(시 15:1, 2, 4하). 그에게 법적 의무가 있었던 것은 아니지만 그는 자신의 약속을 지켰다. 나는 내 친구의 입장이 '유효한 위반' 원리에 대해 취할 수 있는 유일한

시험 문제

"선인은 그 산업을 자자손손에게 끼쳐도 죄인의 재물은 의인을 위하여 쌓이느니라"(잠 13:22).
탐은 당신의 법률 사무소에 와서 자신의 유언장 초안을 써 달라고 한다. 그는 자신의 전 재산을 어떤 비영리 단체에 남겨 주기 원하며 자신의 세 자녀는 아무것도 받지 않으리라는 것을 법률 문서에 분명하게 표시해 놓기를 원한다.
당신은 그의 선택에 대해 의견을 말하겠는가? 그와 대화를 나누겠는가? 아니면 아무 말이나 토론 없이 그가 바라는 대로 하겠는가? 또는 다른 어떤 식으로 하겠는가? 당신의 대답을 설명해 보라. 답안을 작성할 때 책이나 자료를 참고해도 좋다.

신학적 접근 방식이라고 말하는 것은 아니다. 사실상 모든 법적 입장 배후에는 성경적·신학적 입장이 있음을 말하는 것이다. 우리가 통합에 대한 헌신을 우리의 토대로 미리 결정하지 않는다면, 어떤 입장을 취할 것인지에 대한 결정은 미처 준비가 되기도 전에 이루어질 것이다.

프라이어 교수는 또한 의뢰인들을 섬기기 위해 신실하게 다가가려 할 때 입수할 수 있는 모든 자료를 다 찾아내라고 권면한다. 이것 역시 우리 홀로 해야 하는 일이 아니다. 사실상 프라이어나 다른 학자들이, 실무에 종사하는 법률가들이 취할 수 있는 훌륭한 기초를 닦아놓았다. 우리는 날마다 하는 일에 대해 생각하고 기도할 때, 통합된 법률가가 되기 위해 얼마나 연구할 필요가 있는지 보여 주실 것임을 신뢰할 수 있다.

사유재산. 마이클 헤르난데스(Michael Hernandez)는 재산권 강좌에서 규범적인 관점을 설정하기 위해 다음과 같은 기본 요소를 제시한다.[62]

- 하나님은 땅과 그 안에 있는 그리고 그 위에 있는 모든 것을 창조하셨다 (창 1:1-27).
- 하나님은 땅과 그 안에 있는 것과 땅 위에 있는 모든 것의 소유자시다(레 25:23; 신 10:14; 욥 41:11; 시 24:1).
- 하나님이 다스릴 권한을 인간에게 주셨다(창 1:26-31; 시 115:16).
- 인간에게는 청지기로서의 책임이 있다(창 2:15; 마 25:14-30; 골 3:17, 23-24).

• 하나님은 도둑질, 탐심, 탐욕에 대해 금지하고 경고하셨다(출 20:15, 17; 레 19:9-11; 마 6:19-21; 눅 12:15-21; 약 5:1-5).

이러한 기본 요소들은 법률 실무의 규범적 근거를 찾는 법률 실무 종사자에게도 교훈이 될 것이다. 사람들이 그들의 재산에 대해 하나님께 지고 있는 다양한 의무를 이해하는 것은 통합적인 법률 실무에 필수적일 것이다. 물론 의뢰인들과 함께 이런 문제들을 잘 성취하려면, 기도와 지혜와 성찰이 필요하다.

이런 유형의 법률 실무에서 모든 법률가가 파악해야 하는 추가의 신학적 기본 요소는, 부동산과 동산의 사적 소유권에 대한 도덕적 정당성이다. 이 근본 질문을 파악하지 못한 법률가는 청지기직, 상속 혹은 소유권 문제에서 의뢰인들을 돕게 될 때, 장차 더 곤란한 결정들을 내리게 되는 어려움을 겪을 수도 있다.

우리에게는 이 문제에 관해 도움을 줄 수 있는 역사상의 자원이 있다. 블랙스톤, 제임스 켄트, 존 로크 등은 모두 사유재산 소유권 이론을 잘 발전시켰으며, 그들의 이론은 모두 창세기 1장과 2장에 기초해 분석한 것이다.

> 블랙스톤과 켄트는 창세기가 사유재산의 기원을 올바로 이해하기 위한 핵심이라는 데 합의했지만, 두 사람이 똑같은 방식으로 이해하는 것은 아니었다. 블랙스톤은 사유재산이 자원의 유한성과 안정된 문명화의 필요에 대한 유일한 해결책으로서, 사람들이 만들어 낸 것이라고 생각했다.
>
> 하지만 켄트는 사유재산은 사물의 본질에 내재된 고유한 것이었다고 주장했다.[63]

역시 창세기에 기초한 존 로크의 이론은 하나님이 모든 인류에게 공동으로 재산을 주셨으나, 인간이 "그것에 자신의 노동을 섞었을" 때 재산이 모든 사람을 위한 공통의 것이라는 상태에서 벗어났다는 것이었다.[64]

법률가들이 이러한 토대를 기초로 삼을 때 또한, 교회·국가·가정이라는 각각의 영역에 해당되는 근본 특성들로 다시 돌아와야 한다. 사유재산을 보호하는 것에서 정부의 역할이 있는가? 우리가 '소유한' 것에 대해 국가 혹은 교회나 가정에 의무를 지니고 있는가? 재산에 대한 법적 '소유권'과 우리가 단지 그것의 청지기일 뿐이라는 진리에 대해, 어떻게 균형을 이룰 것인가? 그리고 이러한 진리에 비추어 우리 의뢰인들에게 어떻게 조언을 하고 어떻게 그들을 도울 것인가? 법률 분야에서 일할 때 우리에게는 생각할 것이 매우 많다.

공동체에 대한 헌신이 우리에게 어떤 의미를 준다면, 우리는 또한 다양한 공동체－도시, 협회, 가족, 교구－안에서 의뢰인의 위치가 '의뢰인의 의무 및 사유재산과 부동산에 관한 바람'과 어떻게 관련되는지 생각해 보고 싶을 것이다. 또한 우리는 반드시 법률가의 양심으로 의뢰인의 양심을 대체하려 할 필요는 없지만, 이 문제들에 대해 서로 도덕적 대화를 주고받기를 기대해야 하며, 이 중 어느 것에 대해서도 생각조차 해 보지 않았다면, 그 법률가는 사유재산의 문제에 대해 형편없는 자문역이 될 수밖에 없다.

결론

명확하게 말하지는 않았지만, 이번 장에서는 세 가지 걸림돌에 대한 보다 깊이 있는 해결책들을 제시했다. 우리는 (1)법에 대한 신학적 사고를 (2)소명에 대한 집중된 헌신에 비추어 논했으며, 그것은 (3)법과 법률직에 대한 도구주의적 견해를 반대하는 것이었다. 법률가의 훈련과 의뢰인과의 관계에서 의식적으로 미덕을 추구하는 것과 함께, 실무와 연구에서 통합을 위한 몇 가지 기초 요소들이 있었다. 다음 결론과 부록에서는 법률 분야에서의 통합성 추구를 간략히 요약하면서 이 책을 결론짓겠다.

■ 더 깊은 생각을 위해

1. 신앙과 실무를 삼중적 패러다임(계시, 공동체, 자아) 하에 통합하는 것은 평생에 걸쳐 해야 할 일이다. 먼저 당신의 실무나 연구에 대한 접근법을 이미 알려 준 성경 본문, 글, 원리들의 목록을 작성하라. 당신은 법률 실무를 신앙과 통합하는 일을 얼마나 잘 하고 있는가? 그리고 어떤 점에서 부족하다고 생각하는가?

2. 당신이 날마다 하는 일(로스쿨에서나, 변호사로서나, 판사석에서나)에서 좀더 신실하게 생각해 봐야 할 필요가 있다고 생각하는 것의 목록을 만들어 보라. 시간을 내어 다른 법률가와 함께 앉아 그것에 대해 토론해 보라.

3. 다음 6개월 동안 법률 실무에 대한 사고를 발전시키기 위해 어떤 역사적 자료를 읽고 싶은가? 어떻게 그렇게 할 수 있는가?

4. 다음 중에서 어떤 분야를 성경적 지식에 근거해 좀더 깊이 이해할 경우, 그것이 날마다 하는 일에 도움이 될 수 있는지 한번 생각해 보라.
   - 피해자에 대한 보상
   - 교회, 국가, 가정의 관할 구역에 재판권이 미치는 범위
   - 정의를 위해 필요한 절차상의 요구 사항
   - 죄와 범죄를 처벌하는 데 국가 역할의 한계
   - 형벌의 목적
   - 의뢰인들과의 관계에서 복음을 삶으로 살아내는 데 수반되는 윤리적 한계
   - 당사자주의 제도와 다른 사람들을 위해 변호하는 것
   - 협상의 한계
   - 회사, 유언장, 사유재산, 계약 등에 대한 성경적 정당성

- 그 외 다른 분야들

한 가지 주제를 정해 다른 법률가나 목사와 만나 그 주제를 탐구하라. 또 탐구를 시작하기 위해 부록에 나오는 예들을 읽어 보라.

결론

벤자민 카슨(Benjamin Carson) 박사는 존스 홉킨스 병원 소아신경외과의 유명한 과장으로, 신기원을 연 수술과 유명한 수술을 많이 한 사람이다. 그는 하나님이 자신을 외과의사가 되도록 부르셨다고 믿으며, 그의 삶과 간증은 하나님의 부르심을 증거한다. 그는 자신의 독특하고도 특별한 은사들을 통해 수많은 '이웃들'을 사랑해 왔다.

1980년대 중반에 한 젊은 부부가 카슨 박사에게 와서 남편에게 위험한 수술을 해 달라고 부탁했다. 그들은 그가 다른 의사들은 한 번도 수술해 본 적이 없는 부분인 뇌간에서 종양을 제거하는 수술을 해주기 원했다. 그들은 그리스도인들이었다. 그리고 카슨 박사는 그들과 함께 수술에 대해 기도했고, 수술을 하지 말라고 조언했다. 아마 그 수술로 생명을 잃을지도 모르며, 자신은 그 수술을 하지 않겠노라고 말했다. 하지만 많이 기도하고 부부가 여러 번 더 요청한 끝에, 그는 수술을 하기로 동의했다. 수술할 날이 이르자, 수술을 하기 전에 그들과 함께 기도하면서 그는 그들에게 말했다. "하나님의 손에 달려 있습니다."

"그래요." 그들은 대답했다. "하지만 우리는 하나님이 **선생님의** 손을 이용하실 것을, 또 선생님이 하나님께 그 손을 맡겨 드릴 것을 믿습니다."[1]

  이것은 위대하고도 신비로운 하나님의 부르심이다. 우리가 치유, 화해, 정의, 평화, 격려, 환대, 사랑, 그리고 우리 문화, 우리 이웃, 우리 세계를 회복하기 위해 하나님이 하기 원하시는 모든 것에서, 그분의 손이 되는 특권을 누린다는 것이다. 그분은 혼자서 그 일을 하실 수도 있지만, 그분의 동역자로서 우리를 부르신다. 우리가 그분과 그분의 피조물과의 관계를 경험하도록 하기 위해서다. 그것은 궁극적으로 하나의 신비다.

  그리스도인 법률직의 핵심은 가정과 교회와 사무실에서 하나님 앞에 풍성한 삶을 사는 것이다. 그것은 우리 가운데 활발히 일하시며 날마다 신실함을 통해 하나님과 협력하여 세상을 변화시키는 특권을 허락하신, 선하시고 무한히 능력이 많으신 창조주 하나님을 아는 지식 가운데 사는 것이다.

  자신들을 이렇게 깊은 신비에 비추어 이 위대한 드라마의 일부로 보는 법률가들은, 의뢰인을 결코 단순히 유한한 존재로 잘못 알지 않을 것이며, 사건을 절대 '통상적인 업무'라고 부르지 않을 것이고, 법을 절대 단순히 하나의 직업으로 보지 않을 것이다.

> 각각 은사를 받은 대로 하나님의 여러 가지 은혜를 맡은 선한 청지기같이 서로 봉사하라. 만일 누가 말하려면 하나님의 말씀을 하는 것같이 하고 누가 봉사하려면 하나님이 공급하시는 힘으로 하는 것같이 하라. 이는 범사에 예수 그리스도로 말미암아 하나님이 영광을 받으시게 하려 함이니 그에게 영광과 권능이 세세에 무궁하도록 있느니라. 아멘(벧전 4:10-11).

부록

패러다임이 적용된 통합의 실례들

앞서 언급했던 프라이어 교수의 계시·공동체·자아의 패러다임이 적용되는 세 가지 실례를 생각해 보자. 특정한 법률 실무나 학문에서 통합적 관점을 발견하려 할 때 도움을 얻기 위해서다. 가장 분명한 예는, 다른 사람들을 가르칠 것을 생각하면서 나타난다. 그래서 내가 선택한 실례들은 모두 특정한 법적 문제에 대한 성경적·신학적·역사적 접근법에 대해 기록한 평가들이다. 유감스럽게도, 그것들은 법률 실무에 종사하는 사람보다는 법학 교수들이 쓴 것이다. 그래서 비판하고 분석하고 적용해서 이끌어낸 결론들은 날마다의 법률 실무에서 즉시 유용하게 사용하기에는 이론적인 경향이 있다. 다른 한편, 나는 패러다임을 모범적으로 적용한 것뿐만 아니라, 변호사와 학생들이 그 패러다임에 따라서 자신의 실무와 연구를 평가할 때 기초가 될 초월적 규범, 교리, 원리들에 대한 서론으로서도 도움이 될 수 있는 영역들을 골랐다.

이제 다음 세 가지 실례에 관해 살펴보고자 한다. 이 세 가지 실례는 (1) 형벌 이론과 관련된 속죄 교리, (2) 보통법에서 계약상 고려 사항에 대한 성경적 관점, (3) 형사법의 미수(incomplete attempts) 이론에 대해 설명해 주는 산상수훈이다.

실례 1. 사법정의의 모델로서의 그리스도의 속죄

제프리 튜오말라(Jeffrey Tuomala) 교수는 "그리스도의 속죄 교리는 형벌 이론에 둘도 없이 중요하다. 그것은 하나님이 어떻게 죄와 범죄를 다루시는지 보여 주는 사법적 원형이기 때문이다"[1]라고 설명했다. 그는 속죄가 의미하는 것이 무엇인지에 대한 다양한 견해들과, 그 결과 생겨난 사법정의에 대한 다양한 이론들 간의 유사점을 보여 준다. 그렇게 하면서 성경적 표준을 갖고 법적·신학적 교리들을 비판하고, 역사적 사건과 해석들을 분석하고 적용한다.

그는 분석을 하면서, 먼저 형벌 이론과 형법의 기초 이론 간의 관계를 평가한다. 사건들은 언제나 기저에 있는 이론에 근거해 해결되는데, 그 이론이 언제나 정당화되지는 않는다는 것이다. 그는 이러한 이론의 정당화는 언제나 세계관에 기초하고 있다고 말한다. 그는 '정의를 위한 하나님의 사역자'인 세속 정부가 하나님이 정해 놓으신 원리와 똑같은 원리에 따라 범죄와 죄를 다루어야 한다고 주장한다. 그렇기 때문에 그의 출발점은 속죄 교리다.

튜오말라는 두 가지 차원에서 속죄 이론을 뒷받침하기 위해 규범적 관점을 도입한다. 첫째, 그는 속죄에 대한 네 가지 견해(주로 역사적 관점을 통해 발전된)를 나열하면서, 각각의 견해를 성경에 근거해(규범적으로) 평가한다. 둘째, 그는 네 가지 견해를 서로 비교하고 성경과 대조해 비판한다. 그는 적어도 30-40개의 참조문에 의지하여, 그 견해들을 비판하고 처벌에 대한 법 이론을 비판할 수 있는 규범을 확립하려 한다. 속죄를 어떤 관점에서 보는지가 형벌 이론에 중대한 영향을 미친다는 것이 논의의 핵심이다. "정부의 영향력, 도덕적 영향력, 보상에 대한 신비적 이론은 각각 응보, 억제, 복권, 사회 정의에 대응된다."[2]

튜오말라는 규범적 본문들을 전후문맥에 비추어 생각하고 속죄에 대한 다양한 견해를 설명하면서 역사적 관점을 적용한다. 그 본문들은 역사적인 배경을 따라 전개되어 왔기 때문이다. 역사적인 전개 상황들을 따라가다 보면 규범들이 어떻게 발전되어 왔는지도 볼 수 있다. 역사적인 전개 과정을 보여 주는 이야기는 교리 자체의 의미를 알려 주기 때문이다.[3]

튜오말라는 안셀름(Anselm)의 책「왜 하나님은 사람이 되셨는가」(*Why God Became Man*)를 출발점으로 해서 속죄에 대한 만족설(the satisfaction theory)에 관해 먼저 말한다. 튜오말라는 안셀름이 만족설을 설명하기 위해 로마법과 참회 교리를 사용했다고 말한다. 그는 칼뱅과 당시의 몇몇 법 역사학자들의 말을 인용하고, 종교개혁을 역사적 관점에서 해석함으로써 그러한 논의를 보다 심도 있게 전개하고 있다. 그다음에 튜오말라는 성경으로써 그 이론을 비판하며(다시 한 번 규범적 관점을 도입했고), 그 후 만족설이 법 이론에 지니는 함의를 살펴보는 데로 나아간다. 그는 만족설과 응보론 간의 유사점을 보여 주면서 형벌에 대해 응보론이 현재 어떻게 작용하는지를 확인한다.

> 만족설은, 의(justice)가 하나님의 불변하는 속성 중 하나로, 그 의는 인간의 죄에 대해 율법이 정한 형벌적·보상적 처벌을 완전히 다 받을 것을 요구한다고 가르친다. 만족설은, 구원의 조건으로서의 의를 만족시키기 위해 그리스도의 대속적 죽음이 필요하다는 것을 말하려 했으며, 인류의 죄를 심판하시려는 하나님의 마음을 돌리게 된 것은 그 대속 죽음이 가져온 가장 중요한 결과였을 뿐이라고 말한다. 마찬가지로, 응보론은 도덕적인 공과에 근거해 형벌을 요할 뿐이며, 그 형벌이 범죄자에게 장차 미칠 결과에는 초점을 맞추지 않는다.[4]

튜오말라는 "성경은 그리스도의 죽음을 형벌이라고만 말하는 것이 아니라 값을 지불하는 성격을 지닌 것으로도 묘사한다. 정의는 이 둘 다를 요구한다. 범죄자는 벌을 받아 마땅하며(응보), 또한 피해 당사자에게 값을 지불해야 한다(배상)"라고 결론을 내린다. 이 견해에 따르면 범죄자들은 '그들의 범죄가 도덕적으로 얼마나 비난받을 만한가에 비례해' 벌을 받아 마땅하다는 결론이 나온다. 우리는 그 목표가 범죄를 줄이는 것이건 '나쁜' 사람들을 '회복'시키는 것이건, 우리 자신의 목적에 따라 형벌을 정당화할 수는 없다. 속죄에 담긴 의미를 반영하려면 형벌에는 희생자에게 값을 치르는 것과 범죄자에게 값을 치르는 것(응분의 벌)이 포함되어야 한다.

그리고 튜오말라는 속죄가 사법정의의 모델이라면, 이것은 또한 법학자들이 정당성을 제시하지 못한 채로 늘 남겨두는 또 다른 요소를 보여 준다고 덧붙인다. 그것은 도대체 왜 국가가 처벌할 권리를 갖고 있는가 하는 것이다.

> 대부분의 저자들은 국가가 처벌을 할 권리를 갖고 있는지 아닌지 하는 물음을 다루지 않는다. 하지만 그 대답은 왜 그리스도의 속죄가 사법정의의 모델인가를 보여 주는 과정에서 찾을 수 있다.…로마서 13장 1-7절은 하나님이 관원을 그의 종으로 삼아 국가를 설립하셨다고 말한다. 그 관원은 '사역자가 되어 악을 행하는 자에게 진노하심을 따라 보응하는' 자다. 위임된 권위를 행하는 사역자로서, 관원은 하나님이 그리스도의 속죄를 통해 모든 죄를 처리하셨던 것과 똑같은 원리로 정의를 시행해야 한다.[5]

튜오말라는 그다음에 속죄에 관한 도덕론과 그 이론의 지지자인 아벨라르(Abelard)와 파우스투스 소시누스(Faustus Socinus)를 논하면서, 속죄에 대한 다른 세 이론에 대해서도 똑같이 다각적인 비판, 분석, 적용을 마무리한다. 그다음에 그로티우스와 속죄에 대한 정부론이 나오며, 그 후에 복권과 억제에 대한 논의, 속죄의 도덕론과 정부론에 따르는 형벌 이론들이 나온다.

그로티우스와 소시누스 둘 다 그리스도의 죽음이 사람을 변화시키고 질서를 보존하기 위한, 불필요하지만 대단히 편리한 수단이었다고 생각한다. 공리주의적인 민간의 제재는 그리스도의 죽음과 마찬가지로 특정한 목적에 대한 방편이다. 속죄에 대한 이러한 실용적 견해들은, 각 소송에서 완전한 정의를 거두는 것에는 관심이 줄고, 공동선이라는 특정한 비전을 진척하는 도구로서의 법에는 점점 더 관심을 갖는 새로운 국가관과 조화를 이루며, 아마도 그런 국가관에 대한 장애물을 제거해 주었을 것이다.[6]

이것은 세 관점을 다 결합한다. 현재 우리 제도에 적용할 수 있는 점이 암시되어 있기 때문이다. 튜오말라는 여기에서 사법권에 대한 의외의 결말도 덧붙인다. "알미니안 신학과 소시니안 신학이 그리스도의 역사와 성령의 역사를 혼란스럽게 한 것처럼, 사법정의에 대한 실용적 견해는 국가의 역할과 교회의 역할을 혼란스럽게 한다."[7]

마지막으로, 튜오말라는 프리드리히 슐라이어마허(Friedrich Schleiermacher)가 말한 성경적 규범들과 역사적 관점을 통해 신비주의적 속죄론과 그것에 상응하는 형벌론, 사회정의론을 묘사, 비판, 분석한다. 그것이 시사하는 적용점은 이미 분명하다.

신비적 정의관에서나 사회적 정의관에서나 개인의 죄 문제와 도덕적 과실로서의 죄책 문제는 축소되거나 제거된다. 정의를 만족시킴이 없이, 특정한 질서를 확립하는 것이나 관계의 변화를 가져오는 것에 초점이 맞춰진다. 요컨대, 그것은 속죄 없는 화해이며, 정의의 만족 없는 공동체이다. 신비적 속죄관은 신과 인간 간의 이원성을 제거하고, 그렇게 하면서 죄와 죄책의 문제를 안고 있는 개개인에 대한 고려를 제거했다. 사회 정의는 복지-법인형 국가(welfare-corporate state)의 문제를 극복하기 위해, 정의의 만족이라는 문제를 안고 있는 개개인에 대한 고려를 제거하고, 그렇게 하면서 새로운 신을 만들어 냈다.[8]

튜오말라는 이러한 적용으로 그의 분석을 마무리한다. "나는 만족과 응보-배상의 관점만이 기독교 신학과 성경적 세계관의 관점에서 볼 때 뚜렷하게 차별되고 정당화될 수 있는 것이라고 주장한다."[9]

실례 2. 계약상 고려 사항에 대한 성경적-신학적 비판

튜오말라 교수의 프로젝트는 '하나의 중요한 교리를 온갖 역사적인 변화들이라는 미로를 통해 평가하는 것'과 관련된다. 그렇기 때문에 그의 비판·분석·적용의 원천이 되는 관점들은 대단히 역사적이며 규범적이다. 두 번째 실례는 계약에 대해 규정하고 있는 보통법에서 고려해야 할 사항을 포함하는 것으로, 계약법에 대해 일반적으로 적용할 수 있는 세 교리를 복합적으로 평가하고 있다. 그것은 세 가지 관점에서, 자유와 재판권이라는 두 중요한 원리에 비추어 평가된다. 우리의 목적을 생각할 때, 이 실례가 우리에게 주는 유익으로는 첫째, 학생들과 실무 종사자들이 성경 진리를 법의 여러 다른 영역에 통합하는 데 도움이 될 세 가지 중요한 교리적 문제를 포함한다는 것이다. 둘째는 프라이어 교수가 바로 우리가 살펴볼 실례의 창시자이기 때문에, 어떤 지향점과 자기의식을 갖고서 프라이어 패러다임을 사용한다는 것이다.[10]

프라이어는 먼저 "법적 분석과 특별히 관계가 있는 세 가지 기독교 교리를 기술한다. 그다음에 어떻게 그 교리들을 법적 비판에 적용하는지 보여 주는 세 가지 관점을 말할 것이다. 이러한 것을 기초로, 그것을 두 부분으로 나누어 고찰할 것이다."[11] 그 분석이 매우 복잡하기 때문에, 여기에서는 그 방법 자체와 그가 내리는 보다 폭넓은 결론들을 보여 주는 데 초점을 맞추고, 고찰의 최종 결론에 대한 상세한 논의는 생략하겠다.[12] 하지만 예상할 수 있듯이, 글의 많은 부분을 차지하는 것은 각 관점들을 망라하는 사항들에 대한 근본적인 논의다. 그러므로 여기에서는 그저 서론적으로 몇 가지만 강조한다고 말할 수 있다.

세 가지 교리

분석의 뼈대를 이루는 세 가지 교리는 첫째, 창조주와 피조물을 구분하는 것, 둘째, 지식의 언약적 구조, 셋째, 하나님의 율법이다. 첫 번째 교리를 설명하면서 프라이어는 우리가 하나님의 피조물의 일부로 하나님께 의존하고 있음을 강조한다. "다시 말해, 우리가 일반적으로는 정의에 대해 그리고 특정하게는 계약법에 대해 알고 있다고 생각하는 것은, 하나님이 정의와 계약에 대해 생각하시는 것에 의존하고 있다. 우리가 이러한 주제들에 대해 말하는 모든 것은 하나님이 그것들에 대해 말씀하시는 것에 종속되어 있다." 그렇다면 모든 것을 하나님의 영광을 위해 하는 것에는 삶의 모든 영역—계약법의 영역이든, 학문적 연구의 영역이든—하나하나에서 우리를 창조하신 하나님께 완전히 순종하는 것이 뒤따른다. "우리가 올바른 규칙과 그 규칙의 정확한 적용을 추구하는 것은, 자율에 속한 것이라기보다는 성경에 자신의 뜻을 계시하신 하나님께 종속된 것이다."[13]

두 번째 교리인 지식의 언약적 구조는 우리가 하나님께 의존하는 관계가 어떤 형태를 취하는지 말해 준다. 언약은 포괄적인 방식으로써 하나님과의 관계를 규정하며 세 가지 결론을 이끌어낸다.

- 모든 인류는 언약에 따라 하나님과 관계를 맺고 있다.
- 신성한 것과 세속적인 것 사이의 구분은 없다. 모든 인간의 삶 전체가 언약 관계(covenantal relationship, 계약법을 포함해서)에 뿌리를 두고 있다.
- 창조를 언약이라는 견지에서 이해하면, 우주는 하나님의 왕권에 종속되어 있다. 그렇기 때문에 법도 법률직도 중립적 활동이거나 세속적 활동인 것이 아니다.

법에 대한 우리의 분석은 이러한 진리들을 반영한다.

인간의 법은 궁극적으로 신적 성품에 근거를 두고 있다. 계약법(the law of contracts)은 그 특성에 따른다. 인간의 법은 지상에서 시행된다. 계약법은 하나님 나라에서 꽃핀다. 인간은 인간의 법을 시행한다. 계약법은 하나님의 왕권에 종속되어 있다. 간단히 말해 계약법에 대한 지식을 포함해서 인간의 모든 지식은 종의 지식이며, 그리스도인의 관심사는 이 법에 대해 주님이 어떻게 생각하시는지 발견하고, 그 판단에 동의하며, 그것을 사랑으로 순종함으로써 수행하는 것이 되어야 한다.[14]

세 번째 교리인 하나님의 율법은 "성경뿐 아니라 우리 주위의 세상, 우리의 양심, 인간의 경험 등을 포함해 모든 영역을 포괄하는 하나님의 계시"[15]에서 법을 발견할 수 있다고 말한다. 우리는 종종 하나님의 뜻을 법에 적용하려 하는 게 무슨 의미인지에 대해 너무 협소한 개념을 갖고 있다. 성경은 어떤 주제에 대한 하나님의 뜻을 보여 주는 '최고의 증거'이며, '다른 모든 진리에 대한 주장들을 평가하는 기준'을 제공한다. 성경은 또한 "계약법에 대한 하나님의 뜻을 발견하는 여타의 방식들에 정당성을 제공한다."[16]

세 가지 관점

세 가지(규범적, 상황적, 실존적) 관점은 제도의 다양한 측면을 서로 관련시키고, 궁극적으로는 그것을 전체(앞서 말한 세 교리에 묘사된)에 관련시킨다. "계약법 제도의 각 요소는 관점의 측면에서 볼 때, 각 요소들간에 그리고 전체적으로 관련성을 가지고 있다.…이 세 관점들은 규범적, 상황적, 실존적이라고…요약될 수 있다."[17] 프라이어 교수는 관점들을 적용하는 그의 작업에 대해 설명한다.

첫째, 인간의 모든 활동에는 하나님의 법으로 '규범이 주어진다.' 하지만 법은 그저 '저기 어딘가에' 있는 것이 아니다. 그것은 인격적이고 독립적인 하나님과 인격적이고 의존적인 인간들 간에 맺어진 언약 규정의 일부다. 둘째, 하나님의 법을 인간이 적용할 때, 그것은 모두 특정한 상황에서 적용되어야 한다. 상황들은 서로 다르며, 그런 다른 상황들은 올바른 규범을 적용할 서로 다른 법정 혹은 영역들을 제공하기 때문이다. 마지막으로, 법은 특정한 상황에서 인간에 의해 인간에게 적용된다.[18]

이 관점들을 적용하며 프라이어는 먼저, 관점들에 따라 도출되는 기본적 결론들을 일반적인 계약법 교리에 비추어 설명한다. 첫째로, 그는 땅을 다스리라는 우리에게 위임된 명령('통치 명령')에서 나오는 인간의 권위, 타락이라는 결과 그러나 그럼에도 불구하고 창조의 동역자로서 하나님의 일을 계속하라는 명령에 관해 논하면서, 교리들 전체에 걸쳐 규범적 관점들을 적용한다. 규범적 관점은 '계약은 인간이 다스림을 행사하는 수단이다'라는 결론을 이끌어낸다. 그는 다스림을 상황적·실존적 관점에 비추어 이해하지 않으면 그것은 왜곡되고 억압적인 것이 될 수 있다고 경고한다.[19]

상황적 관점은 다스림의 직무와 영역에 대한 논의를 이끌어내는 것으로서, '계약법에 대해 두 가지 유용한 통찰을 제시한다.' 첫째, 다스림 명령과 그 명령의 원천이 되는 언약 관계는 '계약을 맺을 일반적인 기회'가 있음을 시사한다. 둘째, **직무**는 누가 계약을 시행하는지, 어떤 의미에서 **정의**가 시행될 것을 요구하는지 규정한다.[20]

마지막으로, 실존적 관점은 계약을 맺는 능력을 하나님의 형상과 연결한다. 인간은 약속을 하고 자신이 한 약속을 지킬 능력이 있다. 프라이어는 교리 전체에 걸쳐 세 관점들을 결합하면서 이렇게 결론내린다. "하나님은 그분의 형상대로 인간을 창조하시고, 법으로 시행될 수 있는 특정한 계약들을 맺음으로써 다스림을 실천할 자유를 주셨다. 이 자유는, 사람들이 향후에 하나님의 언약에 속하는 계약 조항들에 종속된 것들을 어떤 특정한 방식에 따라 실행하거나 실행하지 않겠다는 결정을 전달할 때 주어지는 것이다."[21]

그는 책 대부분을 '자유의 원리와 두 번째 원리인 재판권의 원리에 대한 상세한 분석'에 할애한다. 그리고 이 원리들의 관점 역시 전체에 걸친 세 가지 교리의 비판, 분석, 적용을 통해 분명하게 인식된다.

프라이어는 이런 식의 구성으로 우리 자신이 장차 해야 할 통합적 과업들에 대한 기초 요소와, 어떻게 계약에 신실한 태도로 접근할 것인지에 대한 아이디어들을 주었다.

실례 3. 범죄, 도덕적 요행, 산상수훈

'도덕적 요행'(moral luck)이란, 다음 가설에 나타난 문제에 적용되는 이상한 호칭이다.

알렉산더는 카알을 죽이려는 생각으로 주의 깊게 겨냥해서 발사하여 카알을 즉사시킨다. 알렉산드라는 캐롤을 죽일 생각으로 주의 깊게 겨냥해 발사하였으나, 캐롤의 자전거에 작은 흠집만 낸다. 알렉산더와 알렉산드라는 동일한 의도, 기술, 장비를 갖고 있었다. 하지만 바람이 예상치 않게 알렉산드라의 총알 옆으로 불어서, 캐롤의 생명을 구해 준다. 두 사수 모두 체포되어 총을 쏜 것에 대해 유죄 판결을 받는다면, 알렉산더는 아마 사형이나 장기 징역형을 선고받을 것이다. 반면 알렉산드라는 비교적 단기간의 형량을 선고받을 것이다. 바람의 방향 차이가 알렉산더는 살인죄를 짓도록 하고 알렉산드라는 살인미수에 그치도록 했다.

형사법과 형벌에 대한 이론이 어떠하든지, 이 결과가 부당하지는 않다 해도 모순된 것으로 보인다. 두 사람 모두 동일한 의도를 품고 있었으며, 둘 다 같은 행동을 했고, 둘 다 같은 위험을 가했다.···저지됐어야 하는 행동은 두 행위자에게 똑같이 있었다. 둘 다 똑같이 교정이나 자격 박탈이 필요하다고 보인다. 둘 다 의도와 행동의 사악함에 대해 똑같은 벌을 받아 마땅하다. 바람이 어떤 방향으로 불었는지가 정말로 그처럼 중요할 수 있는가? 아마 미국 내의 모든 형사법은, 알렉산더와 알렉산드라를 매우 다른 경우로 취급할 것이다.[22]

이 문제는 도덕적 요행 문제로 알려져 있다. "어떤 행위 혹은 행위자의 도덕적 특성이 어떻게 요행에 따라 결정될 수 있는가?"[23] 크레이그 스턴(Craig Stern) 교수는 프라이어 패러다임에 대한 마지막 실례에서 이 문제에 성경적·신학적·역사적 렌즈를 적용한다.

프라이어는 세 교리를 해설하고, 튜오말라는 하나의 교리에 대한 역사적 다양성과 그 귀결을 논했지만, 스턴은 두 교리가 현재의 법 규약에 대해 설명해 준다고 결론내린다. 하지만 처음 두 실례와는 달리, 그는 논의의 중간에 이르기까지 두 교리를 말하지 않는다. 그는 먼저 상황적(역사적) 관점으로 시작하여, 미수에 관한 법과 관련된 규칙들을 논의하고 철학자들, 법 이론가들, 신학자들이 이 문제를 연구할 때 했던 말을 평가한다. 또 스턴은 이것만으로는 부족하다고 생각해 규범적 관점을 소개한다. 그것은 주로 산상수훈에서 나온 것이다. "두 개의 근본적인 기독교 교리가 '알렉산드라는 알렉산더와 도덕적으로 똑같이 죄가 있지만, 그럼에도 동일한 형사 처벌을 받지는 않는다'는 견해를 동시에 지지해 준다. 두 교리 모두 미국의 법과 도덕을 대부분 형성한 신앙의 중심을 이룬다. 둘 다 산상수훈에 표현되어 있다."[24]

스턴은 산상수훈에서 두 교리의 맥락을 보여 주면서 그리스도의 말씀을 주해하고 평가하는 데 상당한 시간을 들인다. (1) "'완전한 인간됨'에 대한 하나님의 기준이 보여 주는 굉장한 엄격함"과 (2) "하나님의 신적 섭리가 지닌 자비로운 전능하심"이다. '완전한 인간됨'에 대한 하나님의 기준은 율법("눈에는 눈으로")을 완전함("다른 뺨을 돌려라")과 비교하는 맥락에서 나온다. 예수님은 율법을 비판하지 않으신다. 하지만 이 문제들에 대한 예수님의 긴 담화들(lengthy discourses)은 "세속법과 도덕법 간의 간격을 보여 준다."[25]

하지만 이 본문에서 특별히 인상적인 것은, 행동에 대한 세속법의 기준에 집착해 도덕적 정당성을 찾지 말라는 반복적이고도 집요한 명령이다. 사람은 살인을 저지르지는 않지만 마음으로 미워할 수 있다. 간음 행위를 저지르지는 않지만 마음속으로 간음을 저지를 수 있다. 또한 세속법 자체에 어떤 결함이 있는 것이 아니다. 이런 경우들에 대해 하나님 자신이 세속법을 규정하셨다. 오히려 예수님은 율법의 양식과 적절한 재판 양식—사람 앞에 선한 것을 판단하는 것과 하나님 앞에 선한 것을 판단하는 것—을 혼동하는 것에 대해 경고하신다. 사회를 통치하기 위한 하나님의 규칙들조차 인간 행동을 위한 완벽한 규칙을 세워 놓지는 않는다. 물론 분명 그것을 시사하고 있긴 하지만 말이다.[26)]

그렇다면 이와 관련된 가장 근본적인 기독교 교리는 세속법의 한계에 관한 재판관할권의 원리다.

두 번째 교리인 하나님의 섭리는 그리스도께서 팔복, 구제에 대한 가르침, 금식에 대한 가르침, 그리고 들에 핀 백합화와 공중의 새에 대한 유명한 본문에서 가르치신 것이다. 스턴은 그 두 교리와 살인 및 자전거에 홈집을 낸 경우를 연결한다.

첫째로, 사회적 용도를 지닌 가장 정당하고 완전한 법—예를 들어, 세속법 혹은 교회법—은 완전한 정의와 이상적인 인간 행동의 완전함에 대해 규정하지 않는다. 이러한 원리에 대한 인식은 내적 도덕 대 외적 합법성에 대한 개념, 혹은 사회를 위한 법은 유효하고 필연적인 반면 개인의 도덕성은 의무론적이라는 개념, 혹은 그 밖의 이와 비슷한 이원론을 반드시 수반하지는 않는다. 오히려 그 원리에는, 모든 권위가 하나님으로부터 온다는 것 그리고 인간의 권위들은 법을 인식하고, 채택하고, 적용하는 데 다양한 역할 혹은 사역을 담당하고 있다는 기독교적 관점이 수반될 수 있다. 법의 본질과 목적이 재판마다 변하지는 않겠지만, 재판이 행사할 수 있는 권한은 변한다. 정의는 재판과 상관없이 여전히 법의 보편적 기준이다. 하지만 이 세상의 어떤 재판에도 완전하고 절대적인 정의를 행할 권한이 위임되지는 않는다. 그런 권한은 하나님 한 분만 갖고 계신다.

그러므로 바람이 총알의 궤적을 형성했기 때문에 알렉산드라의 행동보다 알렉산더의 행동을 더 벌주는 듯이 보이는 도덕적 요행은, 실제 도덕적 요행이 전혀 아니다. 만일 하나님 앞에서 그들의 마음이나 행동이나 성품이 똑같이 죄된 것이라면, 그분이 심판하실 것이다. 하지만 그 사건에 대해 법이 나타내는 반응을 포함한 인간의 반응은 그들이 서로 다른 범죄를 저질러서 서로 다른 벌을 받아야 한다고 다루는 것이 도리일 것이다. 기독교적인 접근 방식은, 절대적 정의를 하나님께 맡기고 이러한 행동들에 대한 인간의 역할이 제한되어 있다고 이해한다. 그 요행은 도덕적인 것이 아니라 '재판권에 따른' 것이다.[27]

하나님의 섭리에 대한 교리가 논의를 완성한다. 그것은 바람이 부는 방향 자체가 하나님의 뜻에 달려 있다고 말하기 때문이다. "다양한 재판에 사건들을 할당하고, 거기서 하나님의 정의가 재판권의 규칙―그 자체가 하나님의 정의의 표현인―에 따라 부분적으로 시행되도록 하시는" 분은 하나님이시다. 스턴은 이렇게 결론내린다.

이 견해는, 어떻게 알렉산더와 알렉산드라를 아마도 어떤 의미에서는 똑같이 유죄이지만, 다른 의미에서는 똑같이 유죄가 아니라고 보는지, 또 각각의 경우에 대한 평가를 내리면서 정의의 기준들에 대해 타협하지 않을 수 있는지를 설명한다. 하나님과, 인간의 도덕적 완전함에 대한 그분의 절대적이고 철저한 기준들 앞에서, 알렉산드라는 알렉산더와 마찬가지로 유죄일 것이다. 국가와 교회와 그 밖의 사회 상황 속에서 제한된 권한을 가지고 있는 사람들 앞에 재판을 받기 위해 서서, 그들은 섭리에 따라 그들 앞에 놓인 사건들로 인해 제한된 정의가 성취되는 결과를 얻게 된다. 알렉산더는 알렉산드라보다 죄가 더 무거울 것이다.[28]

논의는 거기에서 끝나지 않는다. 스턴이 규범적이고 실존적인 관점을 통해 재판권 원리를 보다 심도있게 적용하기 때문이다. 첫째로, 세속 정부의 역할은 과실을 범한 인물을 벌주는 것이 아니라, 악한 행동을 벌하는 것이다. 둘째로, 모든 죄된 행동이 세속 통치자에게 벌을 받는 것은 아니다. 간단히 말해, 세속 정부의 법보다 "인간 행동에 대한 법은 더 엄격하고 더 완전하다." 세속 법은 "완벽하게 공과(功過)를 반영할 필요는 없다." 하지만 세속 법에 담겨 있는 도덕 원리와 재판권 원리는 공정해야 한다.

> 산상수훈은 하나님의 절대적 정의와, 세속 정부의 관리들을 포함한 인간들이 시행해야 하는 보다 제한된 정의의 차이를 강조한다.…두 정의의 영역 모두 참으로 바르며, 두 영역 모두 정의의 동일한 본질을 표현한다. 세속 통치자는 하나님의 진노를 전달하는 사역자이며, 그들의 판결은 하나님의 진노를 반영해야 한다. 하나님과 세속 정부가 시행하는 것을 구별하는 것은, 정의의 본질에 해당하는 것이 아니라 그 범위에 해당하는 것이다.[29]

요약

우리가 방금 살펴본 세 가지 실례는 통일성, 공동체, 진리에 대한 헌신을 존중하는 철저한 통합이 무엇인지 맛보기를 제공해 주었다. 우리는 법적 원리나 관례들을 역사, 계시, 우리의 역할에 비추어 평가하는 것이 가능하다고 볼 뿐 아니라, 또한 우리가 근거로 삼고 의지할 만한 것이 어딘가에 있다는 것으로 인해 격려를 받을 것이다. 우리는 하나님이 인간의 법에 어떤 목적을 주셨는지 이해하기 위해 처음부터 다시 시작하거나 성구 사전을 갖고 오랜 시간을 보낼 필요는 없다.

속죄, 언약적 구조, 하나님의 율법, 재판권, 섭리, 다스리라는 명령은 믿음에 중심이 되는 교리다. 이 논의에서는 여러 가지 개념들을 어수선하게 제시하긴 했지만, 믿음의 근본 사항들이 우리가 법을 보는 방식에 어떤 차이를 가져오는지 보여 주었다. 또한 이 실례들은 이러한 것들을 고찰하는 데 상당히 많은 시간을 들인 학자들이 제시한 것이다. 하지만 그것은 법률 실무에 종사하는 사람과 법학도들의 소명이기도 하다. 두꺼운 논문을 쓸 필요는 없다. 하지만 우리는 계속해서 어떻게 하면 모든 생각—계약, 소송, 회사에 대한 생각들까지도 포함해서—을 사로잡아 그리스도를 섬기게 할 것인지 생각해야 한다. 다시 한 번 말하지만, "법도 법률직도 중립적이거나 세속적인 활동이 아니다."[30]

주

서론

1) Albert M. Wolters, *Creation Regained: Biblical Basics for a Reformational Worldview*, 2nd ed. (Grand Rapids: Eerdmans, 2005), p. 73.「창조, 타락, 구속」(한국 IVP).
2) Lesslie Newbigin, *Foolishness to the Greeks: The Gospel and Western Culture*(Grand Rapids: Eerdmans, 1986), p. 117.「헬라인에게는 미련한 것이요」(한국 IVP).
3) 같은 책.
4) 같은 책.

1. 잃어버린 법률가

1) Charles Warren, *A History of the American Bar*(1911; reprint, Buffalo, N.Y.: Williams S. Hein, 1980), pp. 4-5; Stephanie B. Goldberg, "Identity Crisis," *American Bar Association Journal*(December 1994): 74; Jerome J. Shestack, "President's Message: Respecting Our Profession," *American Bar Association Journal*(December 1997): 8(Timothy Dwight의 말을 인용하면서, 1776년 예일대 졸업 연설에서 졸업생들에게 "'죽음과 파렴치 행위' 같은 법 관행을 피하라"고 말하는)을 보라.
2) 예를 들어, David Hoffman, *A Course of Legal Study*(1846; reprint, Buffalo, N.Y.:

William S. Hein, 1968), pp. 26-27. "그처럼…고귀하고 중요한 학문은 가장 순수하고 가장 품위 있는 영예의 원리에 의해 움직이는 사람들만이 연마해야 한다.…그러므로 법에서 위대하게 되려면 반드시 모든 미덕에 뛰어나야 한다"(같은 책).
3) Joseph Allegretti, *The Lawyer's Calling*(New York : Paulist, 1996), p. 1. 「법조인의 소명」(한국 IVP, 절판).
4) 예를 들어, Robert Samuel Summers, *Instrumentalism and American Legal Theory*(Ithaca, N.Y. : Cornell University Press, 1982)를 보라.
5) Mark Knoll, *The Scandal of the Evangelical Mind*(Grand Rapids : Eerdmans, 1994), p. 3. 「복음주의 지성의 스캔들」(한국 IVP).
6) Gene Edward Veith, *God at Work*(Wheaton, Ill. : Crossway, 2002), p. 67. 「평범한 일 속에 특별한 소명」(멘토).

2. 미국 로스쿨 체험

1) George Marsden, *The Outrageous Idea of Christian Scholarship*(New York : Oxford University Press, 1997), p. 3. 「기독교적 학문 연구@현대 학문 세계」(한국 IVP, 절판).
2) Phillip E. Johnson, *Reason in the Balance*(Downers Grove, Ill. : InterVarsity Press, 1995), p. 67. 「위기에 처한 이성」(한국 IVP).
3) Harold J. Berman, "The Crisis of Legal Education in America," in *Faith and Order : The Reconciliation of Law and Religion*(Atlanta : Scholars Presss, 1993), pp. 333-334.
4) 같은 책, p. 335.
5) 일반적인 오리엔테이션과 약간의 역사로는 Hebert W. Titus, *God, Man, and Law : The Biblical Principles*(Oakbrook, Ill. : Institute in Basic Life Principles, 1994), pp. 1-22 ; Anthony T. Kronman, *The Lost Lawyer*(Cambridge, Mass. : Harvard University Press, 1993), pp. 17-23, 165-270 ; Mary Ann Glendon, *A Nation Under Lawyers*(New York : Farrar, Straus, & Giroux, 1994), pp. 177-229 ; Berman, "Crisis of Legal Education in America"를 보라.
6) David Hoffman, *A Course of Legal Study*(1846 ; reprint, Buffalo, N.Y. : Williams S. Hein, 1968), p. 23.
7) 예를 들어, Hoffman의 "Title I"(13세기의)에는 그중에서도 특히 성경, Cicero의 *Offices*, Paley의 *Philosophy*, Montesquieu, Aristotle의 *Politics*, Grotius and

Puffendorf 등을 포함하는 열여섯 개의 과제물이 포함되어 있다.
8) Jeffrey A. Brauch, *Is Higher Law Common Law?*(Buffalo, N.Y.: William S. Hein, 1999), p. 37. "남북 전쟁 때까지 법을 공부한 미국인들은 Blackstone에게서 법을 배웠다. 그는 이처럼 미국 법 발전의 토대였다"(같은 책).
9) William Blackstone, *Commentaries on the Laws of England*, vol.1(1769; reprint, Chicago: University of Chicago Press, 1979), p. 39.
10) *Calvin's Case*, 7 Coke Reports 1(1610).
11) 이 역사적 주장에 대해서는 Edward S. Corwin, *The "Higher Law" Background of American Constitutional Law*(Ithaca, N.Y.: Cornell University Press, 1955)를 보라.
12) Harold Berman, *Law and Revolution*, p. 45.
13) C. S. Lewis, *The Abolition of Man*(San Francisco: HarperSanFrancisco, 2001), p. 43. 「인간 폐지」(홍성사).
14) Ralph McInerny, Thomas Aquinas의 *Treatise on Law* 서론(Washington, D.C.: Regnery, 1996), pp. xv-xvi.
15) Alessandro Passerin d'Entreves, *Natural Law*(London: Hutchinson University Library, 1957), p. 45.
16) Thomas Aquinas, *Summa Theologica* 1-2, 91.1-2. 「신학 대전」(바오로딸).
17) Passerin, *Natural Law*, p. 39.
18) Wayne Grudem, *Systematic Theology*(Grand Rapids: Zondervan, 1994), p. 122. 「조직 신학」(은성출판사).
19) 같은 책.
20) Cicero Republic 3.22.16, Edward S. Corwin, *The Higher Law Background of American Constitutional Law*(Ithaca, N.Y.: Cornell University Press, 1955), p. 10에 인용됨.
21) Aristotle *Nicomachean Ethics*(trans. Harris Rackham) 7.1.
22) Passerin, *Natural Law*, p. 45.
23) Blackstone, *Commentaries on the Laws of England*, vol.1, p. 42.
24) Russell Kirk, *The Roots of American Order*(Washington, D.C.: Regnery Gateway, 1991), pp. 11-13.
25) Robert Samuel Summers, *Instrumentalism and American Legal Theory* (Ithaca, N.Y.: Cornell University Press, 1982), pp. 28-29. Summers는 법 현실주의자인 Holmes 및 실용주의 철학에 강한 영향을 받은 20세기 초의 다른 사람들이 말하는

미국 법학을 묘사하기 위해, **실용주의적 도구주의**(pragmatic instrumentalism)라는 말을 만들어 냈다. 실용주의적 도구주의는 "Oliver Wendell Homles가 *The Common Law*를 발간했던 1881년과 1930년대" 사이에 일어난 "미국 법 사상 극적인 방향 전환"이다(같은 책, p. 19).

26) Summers 외에 도구주의적 법 이론에 관한 좋은 자료는 Brian Z. Tamanaha, *Law as a Means to and End: Threat to the Rule of Law*(New York: Cambridge University Press, 2006)이다. 또한 나의 "Oliver Wendell Holmes and the Decline of the American Lawyer: Social Engineering, Religion, and the Search for Professional Identity," *Rutgers Law Journal 30*(1998): 143-208를 보라.

27) *Holmes-Pollock Letters: The Correspondence of Mr. Justice Holmes and Sir Frederick Pollock, 1874-1923*, ed. Mark DeWolfe Howe, vol.2(Cambridge, Mass.: Harvard University Press, 1961), pp. 251-252.

28) Johnson, *Reason in the Balance*, pp. 138-139.

29) 예를 들어, Tamanaha, *Law as a Means to an End*, p. 1. "법에 대한 도구주의적 견해—법이 목적에 대한 수단이라는 생각—는 미국에서 당연하게 여겨진다. 거의 우리가 숨 쉬는 공기의 일부다"라는 말을 보라.

30) Richard A. Posner, *Law, Pragmatism, and Democracy*(Cambridge, Mass.: Harvard University Press, 2003), pp. 4-5.

31) 같은 책, p. 4.

32) 비록 Posner는 그의 가정이 그릇된 것일 수도 있을 만한 여지를 두지는 않지만, 적어도 분명히 그리고 설득력 있게 그것을 인정한다. 이 점에서 그는 규칙에 대한 멋진 예외다. 우리는 도구주의적 가정의 비밀한 특성을 이 장 뒷부분에서 논할 것이다.

33) Alexis de Tocqueville, "The Temper of the Legal Profession in the United States, and How it Serves as a Counterpoise to Democracy," in *Democracy in America*, trans. Henry Reeve, ed. Phillips Bradly, rev. ed. Francis Bowen (1835: reprint, New York: Colonial Press, 1900), 1:278-281. 「미국의 민주주의」(한길사).

34) 같은 책, p. 283.

35) 같은 책, pp. 280, 281.

36) 같은 책, pp. 277-278.

37) Roger Cramton, "The Ordinary Religion of the Law School Classroom," *Journal of Legal Education 29*(1978). Cramton의 의견은 그가 그 말을 했던 25년 전보다 오늘날 더 적절하다.

38) 같은 책, p. 248.
39) 같은 책, pp. 247-248.
40) "http://law.slu.edu/overview/expect"에서 볼 수 있다.
41) Thomas Aquinas *Summa Theologica* 2-2.20.4.
42) Josef Pieper, *Leisure, the Basis of Culture*(South Bend, Ind.: St. Augustine's Press, 1998), p. 28.
43) 같은 책, p. 29.

3. 소명과 지역 교회

1) 대부분의 사람들은 **소명**(vocation)이라는 말과 **부르심**(calling)이라는 말을 동의어로 이해한다. Douglas J. Schuurman, *Vocation: Discerning our Calling in Life*(Grand Rapids: Eerdmans, 2004), p. 2를 보라.
2) Os Guiness, *The Call*(Nashville: Word, 1998), p. 32. 「소명」(한국 IVP). 또한 Leland Ryken, *Work and Leisure in Christian Perspective*(Portland, Ore.: Multnomah, 1987), p. 66를 보라.
3) Eusebius *Demonstratio Evangelica*(trans. W. J. Ferrar, 1920) 1.8.
4) Guiness, *Call*, pp. 32-33.
5) Schuurman, *Vocation*, p. 4. 종교개혁만 그랬다는 것은 논란의 여지가 없지 않으며, 르네상스 동안 로마 가톨릭 저자들에서 많은 것을 볼 수 있다. 예를 들어, 14세기에 William Langland의 서사시 *Piers Plowman*에는 '게으름, 시기심, 교만'이 사람들을 정복하지 않도록, 다양한 부르심에서 인격화된 은혜에 의해 주어진 성령의 은사들에 대한 자세한 본문이 나온다. 장인의 은사와 기술은, 성직자 외에 다른 소수의 전문직 목록에 올라 있다. William Langland, *Piers Plowman*, Passus 19.11. 또한 Ryken, *Work and Leisure*, p. 68를 보라.
6) 예를 들어, Gustav Wingren, *Luther on Vocation*(Eugene, Ore.: Wipf & Stock, 2004); 그리고 John Calvin *Institutes of the Christian Religion*, 특히 3.10.6을 보라. 「기독교 강요」(크리스챤다이제스트).
7) Schuurman, *Vocation*, pp. 4-5.
8) Charles Taylor, *Sources of the Self*(Cambridge, Mass.: Harvard University Press, 1989), p. 227. Paul Marshall, *A Kind of Life Imposed on Man*(Toronto: University of Toronto Press, 1996), p. 102에 인용됨.
9) John Paul II, *Encyclical Laborem Exercens*, pars 24-25를 보라. 덧붙여, 로마 가톨릭

집단인 Opus Dei는 일상의 일에 대한 평신도의 부르심을 숭고한 부르심으로 이해한다. 그 조직과 관련해 몇 가지 논란이 있긴 하지만, 일을 신성한 부르심으로 보는 그 조직의 목적은 건전한 것이다.

10) Guiness, *Call*, p. 31.
11) Paul Stevens는 우리가 '특정한 부르심'이나 '자리'에 너무 집중하는 것은 잘못이라고 말하기까지 한다. 대신 우리는 하나님이 우리를 그분에게로 부르시는 다양한 **수단들**을 유의해야 한다. 여기에는 날마다의 삶과 일상적으로 해야 하는 구체적인 일들이 포함된다[Stevens, *The Other Six days*(Grand Rapids: Eerdmans, 1999), pp. 75-80].
12) 나는 소명 교리의 전(全) 역사와 복잡한 내용을 다 살펴보려는 것이 아니라, 그저 법률 분야에서 하나님을 섬기는 것에 대한 논의에 있어 신학적·역사적 관점을 제시하려는 것이다. 정식으로 이 문제를 다룬 것으로는 Schuurman, *Vocation*; Ryken, *Work and Leisure*; Stevens, *Other Six Days*; Gene Edward Veith, *God at Work* (Wheaton, Ill.: Crossway, 2002); Marshall, *Kind of Life*; Guiness, *Call*을 보라.
13) Wingren, *Luther on Vocation*, pp. 126-127. 또한 Veith, *God at Work*, pp. 25-45를 보라.
14) Wingren, *Luther on Vocation*, p. 126.
15) 같은 책, pp. 126-127.
16) 같은 책, p. 138.
17) 이 원리를 탁월하게 해설한 것으로는 Veith, *God at Work*를 보라.
18) 이것이 에베소서 2:10의 핵심이다. "우리는 그가 만드신 바라. 그리스도 예수 안에서 선한 일을 위하여 지으심을 받은 자니 이 일은 하나님이 전에 예비하사 우리로 그 가운데서 행하게 하려 하심이니라."
19) Stevens, *Other Six Days*, pp. 75-80.
20) Schuurman, *Vocation*, pp. 40, 50-52; Veith, *God at Work*, pp. 35-45.
21) Wingren, *Luther on Vocation*, p. 5.
22) Schuurman, *Vocation*, pp. 4-5. 또한 Calvin *Institutes* 3.10.6을 보라.
23) Calvin *Institutes* 3.10.6.
24) 같은 책.
25) 같은 책.
26) "또한 우리의 모든 걱정과 수고와 괴로움과 다른 짐에서, 이 모든 것들이 하나님의 감독하에 있다는 것을 알면 적잖이 마음이 가벼워질 것이다.…자신의 특정한 삶의

양상 안에 있는 모든 사람은 불평하지 말고 그 모든 불편함, 걱정, 불안, 근심을 하나님이 그 짐을 지우신 것으로 믿고 그것을 견딜 것이다"(Calvin *Institutes* 3.10.6).

27) Calvin *Institutes* 3.10.6.
28) 같은 책; Schuurman, *Vocation*, pp. 5-7.
29) Ryken, *Work and Leisure*, pp. 45-49, 69-77.
30) Stevens, *Other Six Days*, p. 110.
31) Ryken, *Work and Leisure*, p. 69.
32) 같은 책.
33) Schuurman, *Vocation*, pp. 8-14; Ryken, *Work and Leisure*, pp. 72-75.
34) 청교도 직업윤리가 정확한 소명적 사고인지 아닌지는 분명 약간 논란이 되는 문제다. 대체로 Max Weber의 *The Protestant Ethic and the Spirit of Capitalism* 덕분이다(「프로테스탄트 윤리와 자본주의 정신」, 풀빛). Ryken은 자본주의 정신이 융성하기 위해 먼저 개신교 윤리가 왜곡되어야 했다고 주장한다. 역사적 진리가 무엇이건, 개혁주의의 소명 교리는 청교도들에 의해서든 아니면, 그들이 최선의 노력을 다했음에도 불구하고 그랬든, 계몽주의의 세속화 정신에 의해 왜곡되었다(Ryken, *Work and Leisure*, pp. 87-115를 보라).
35) Wingren, *Luther on Vocation*, p. 125.
36) Adam Smith, *Wealth of Nations*, Ryken, *Work and Leisure*, p. 71(「국부론」, 동서문화사)에 인용됨. Marshall은 Luther가 재물을 쌓아 올리는 것 등의 이야기에 "분개했다"고 말한다(*Kind of Life Imposed on Man*, chap. 8).
37) Guiness, *Call*, p. 39.
38) Ryken, *Work and Leisure*, p. 71.
39) 같은 책, p. 70.
40) Shuurman, *Vocation*, p. 8.
41) Stevens, *Other Six Days*, p. 112; Ryken, *Work and Leisure*, pp. 64-65.
42) 창 2:15; Ryken, *Work and Leisure*, pp. 128-129.
43) 같은 책, p. 131. 또한 John Paul II, *Laborem Exercens*, par. 24-25를 보라.
44) Stevens, *Other Six Days*, p. 72.
45) *Planned Parenthood v. Casey*, 500 US 833(1992).
46) Ryken, *Work and Leisure*, p. 73.
47) Stevens, *Other Six Days*, p. 112.
48) Sabastian de Grazia, *Of Time, Work, and Leisure*(New York: Twentieth Century

Fund, 1962), p. 46.
49) Doug Scherman and William Hendricks, *Your Work Matters to God*(Colorado Springs: NavPress, 1987), p. 25.
50) Daniel Yankelovich, Sherman and Hendricks, *Your Work Matters to God*, p. 26에 인용됨.
51) Sherman and Hendricks, *Your Work Matters to God*, pp. 25-26.
52) Schuurman, *Vocation*, p. 85.
53) Schuurman, *Vocation*, p. 115.
54) 일차적 부르심과 이차적 부르심에 대한 탁월한 논의로는 Guiness의 *Call*과 Stevens의 *Other Six Days*를 보라.
55) Bill Hybels, *The Volunteer Revolution: Unleashing the Power of Everybody*(Grand Rapids: Zondervan, 2004), pp. 12, 14를 보라. 「섬김의 혁명」(두란노).
56) Sherman and Hendricks, *Your Work Matters to God*, p. 63. 그들은 연단 이론을 '주류 모델'이라고 부른다.
57) 같은 책, pp. 66-72를 보라.
58) '종교적 권리가 그리스도인 법률가의 동기'라는 태도가 지닌 다른 몇 가지 잠재적 문제들을 8장에서 다루겠다.

4. 법률직에 대한 고찰

1) Paul VI, *Gaudium et Spes: Pastoral Consititution on the Church in the Modern World*. par 43(1965). 이 참고문은 Robert K. Visher, "Catholic Social Thought and the Ethical Formation of Lawyers: A Call for Community," *Journal of Catholic Social Thought 1*(2004): 430에서 알게 된 것이다.
2) Mark A. Noll, *The Scandal of the Evangelical Mind*(Grand Rapids: Eerdmans, 1994), p. 7.
3) 이 주제에 대한 가장 좋은 입문서는 David F. Wells, *No Place for Truth: Or Whatever Happened to Evangelical Theology?*(Grand Rapids: Eerdmans, 1993)다. 「신학 실종」(부흥과개혁사).
4) 이 운동들은 물론 교회 안의 다른 폐해들과 문제들에 대한 반작용이며, 각각의 일부 요소들은 지성의 삶에 긍정적인 영향을 미친다.
5) Wells, *No Place for Truth*, p. 181.
6) George Barna, *Think Like Jesus*(Brentwood, Tenn.: Integrity, 2003). 「예수처럼 생각

하라」(사랑플러스).
7) 같은 책, p. 26.
8) 그가 "근대 서구 문화"라고 부르는 복음의 많은 장애물들에 대해서는 Lesslie Newbigin, *Foolishness to the Greeks: The Gospel and Western Culture*(Grand Rapids: Eerdmans, 1986)를 보라.
9) Lesslie Newbigin, *The Gospel in a Pluralist Society*(Grand Rapids: Eerdmans, 1989), p. 38. 「다원주의 사회에서의 복음」(한국 IVP).
10) David James King, *Creating a Nation Under God: Rebuilding America with Biblical Principles* 102(Bellevue, Wash.: Prescott Pres, 2000), p. 102. King은 출애굽기 23:8과 신명기 16:18-20의 뇌물 증여에 대한 본문을 증거 본문으로 제시한다.
11) 같은 책, p. 103.
12) 부수적으로 말하면, 로스쿨 입학을 준비하고 있는 학생들과 법학도들 역시 자신들이 학교의 고된 공부와 다른 긴급한 일들 때문에 지성의 영역에서 제자도를 추구하기엔 너무 바쁘다고 생각한다.
13) 법에 대한 좀 덜 알려져 있지만 원칙에 의거한 이전 세대의 접근법들에 대해서는 John Dos Passos, *The American Lawyer*(1907; reprint, Littleton, Colo.: Fred B. Rothman, 1986); David Hoffman, *A Course of Legal Study*(1846; reprint, Buffalo, N.Y.: William S. Hein, 1968); James Pike, *Beyond the Law* (Westport, Conn.: Greenwood, 1973)를 보라.
14) C. S. Lewis, St. Athanasius의 *On the Incarnation* 서문(Crestwood, N.Y.: St. Wladimir's Seminary Press, 1993), p. 4.
15) 같은 책, p. 5.
16) "*Regarding Henry*", J. J. Abrams가 쓰고 제작했으며, Mike Nicholas가 감독(Paramount Pictures, 1991).
17) "ABA Journal Round Table: *Identity Crisis*", *American Bar Association Journal* 80(1994): 74(전문가들이, 전문가 정신이 상업주의에 밀려나고 있으며 법률가의 일에서 불만의 원인이 된다는 이론을 토론함).
18) Kronman, *Lost Lawyers*, p. 2. Kronman은 '법률가-정치인' 모델을 위기에 대한 해결책으로 제시한다.
19) Thomas L. Shaffer and Robert F. Cochran, *Lawyers, Clients, and Moral Responsibility*(St. Paul, Minn.: West, 1994), L.O. Nett Grant II, "Integration as Integrity: Postmodernism, Psychology, and Religion on the Role of Moral

Counselling in the Attorney-Client Relationship," *Regent University Law Review* 16(2003-2004): 223; Robert K. Visher, "Heretics in the Temple of Law: The Promise and Peril of the Religious Lawyering Movement," *Journal of Law and Religion* 19(2003-2004): 427; Teresa Stanton Collett, "Speak No Evil, Seek No Evil, Do No Evil: Client Selection and Cooperation with Evil," *Fordham Law Review* 66(1998): 1339.

20) Shaffer and Cochran, *Lawyers, Clients, and Moral Responsibility*, pp. 11-12.
21) Joseph Allegretti, *The Lawyer's Calling*(New York: Paulist, 1996), p. 9.
22) 같은 책, p. 22.
23) 이 주제에 대해서는 James D. Hunter, *American Evangelicalism: Conservative Religion and the Quandary of Modernity*(Piscataway, N. J.: Rutgers University Press, 1983), pp. 94-95를 보라.
24) 이 통찰은 나의 동료 Larry O. Natt Gantt II의 "Integration as Integrity: Postmodernism, Psychology, and Religion on the Role of Noral Counselling in the Attorney-Client Relationship," *Regent University Law Review* 16(2003-2004): 240-245를 읽으면서 얻게 된 것이다.
25) 2장을 보라. "미국의 실용적 도구주의는…유일하게 토착적인 일반법 이론이며, 금세기 중반 수십 년간 가장 영향력 있는 법 이론이었다"[Robert Samuel Summers, *Instrumentalism and American Legal Theory*(Ithaca, N.Y.: Cornell University Press, 1982), p. 35].
26) Thomas Sowell, *The Quest for Cosmic Justice*(New York: Free Press, 1999)와 J. Budziszewski, *What We Can't Not Know*(Dallas: Spence, 2003)를 보라.
27) Budziszewski, *What We Can't Not Know*, p. 67.
28) 이 주제에 대해서는 또한 Sowell, *Quest for Cosmic Justice*를 보라.
29) Randy Alcorn, *The Grace & Truth Paradox*(Sisters, Ore.: Multnomah Publishers, 2003), p. 18.
30) Newbigin, *Gospel in a Pluralist Society*, p. 33.

5. 통합의 토대
1) 예를 들어, Christoph Wolff, *Johann Sebastian Bach: The Learned Musician* (New York: W. W. Norton, 2000)을 보라. 「요한 세바스찬 바흐」(한양대학교 출판부).
2) J. P. Moreland, *Love Your God with All Your Mind*(Colorado Springs: NavPress,

1997), p. 88.
3) 같은 책, pp. 89-90.

6. 통일성

1) Michael S. Moore, Dennis Patterson, *Law and Truth*(New York: Oxford University Press, 1996), p. 45에 인용됨.
2) 진리의 대응설(correspondence theory: 어떤 진술이 진리인지 허위인지는 그것이 세상과 어떤 관계가 있는지, 어떻게 대응되는지에 따라 결정된다는 이론―역주)과 객관적 진리라는 개념에 대한 포스트모던적 비판에는 취할 점이 많이 있음을 인정한다. 하지만 여기에서는 우리가 상대적인 입장에 있기 때문에 실재를 제대로 잘 해석하지는 못한다 해도, 실재가 자율적이고 이성적인 사람과 독립해서 존재한다는 점 그리고 그 '실재' 세계와 도덕적 세계 간에 엄청난 분열이 있는 것은 아니라는 점을 말하는 것으로 충분하다.
3) Francis A. Schaeffer, *The God Who Is There*(Downers Grove, Ill.: InterVarsity Press, 1968), p. 178. 「거기 계시는 하나님」(생명의말씀사).
4) 기독교를 하나의 체계로 보는 것에 대한 중요한 비판으로는 James K. A. Smith, *Who's Afraid of Postmodernism? Taking Derrida, Loytard, and Foucault to Church*(Grand Rapids: Baker, 2006), pp. 26-29를 보라. Smith는 근대가 합리주의에 의존하는 바로 그 방식대로 고전적 변증이 합리주의에 의존하고 있다는 견지에서 문제를 다룬다. 하지만 여기서 우리에게 중요한 것은 체계가 지닌 변증적 가치가 아니라, 하나님의 자기 계시에 기초해 삶의 모든 영역에서 사상, 믿음, 행동을 일치시키는 것이다. 「누가 포스트모더니즘을 두려워하는가?」(살림 출판사).
5) Due de la Rochefoucald, *Réflextions ou Sentences et Maximes Morales*(1678), *Oxford Dictionary of Quotations*(Oxford: Oxford University Press, 1979), p. 310에 인용됨.
6) Peter Kreeft, *Back to Virtue*(Ft. Collins, Colo.: Ignatius Press, 1986), p. 20.
7) 미국 복음주의 역사, 신앙부흥운동에서 복음주의 역사의 뿌리, 복음주의 역사의 유산에 대해서는 Mark A. Noll, *The Scandal of the Evangelical Mind*(Grand Rapids: Eerdmans, 1994), pp. 59-145를 보라.
8) 같은 책, p. 46.
9) Colin E. Gunton, *The One, The Three, and the Many*(Cambridge: Cambridge University Press, 1993), p. 19와 Lesslie Newbigin *Foolishness to the Greeks: The*

Gospel and Western Culture(Grand Rapids: Eerdmans, 1986)를 보라.
10) Nancy Pearcey, *Total Truth: Liberating Christianity from its Cultural Capacity* (Wheaton, Ill.: Crossway, 2004), p. 20. 「완전한 진리」(복있는사람).
11) Peter Berger, 같은 책, p. 20에 인용됨.
12) Newbigin, *Foolishness to the Greeks*, pp. 16-20, 75-94.
13) 하나님의 나라에 대한 좋은 자료 가운데는 Allen Mistuo Wakabayashi, *Kingdom Come: How Jesus Wants to Change the World*(Downers Grove, Ill.: InterVarsity Press, 2003, 「웰컴 투 하나님 나라」, 생명의말씀사); Albert M. Wolters, *Creation Regained: Biblical Basics for a Reformational Worldview*(Grand Rapids: Eerdmans, 1985); Russell D. Moore, *The Kingdom of Christ: The New Evangelical Perspective*(Wheaton, Ill.: Crossway, 2004) 등이 있다.
14) Wakabayashi, *Kingdom Come*, p. 45.
15) Wolters, *Creation Regained*, p. 84.
16) Wakabayashi, *Kingdom Come*, p. 45.
17) Pearcey, *Total Truth*, p. 18.
18) Budziszewski, *What We Can't Not Know*, p. 19.
19) Lesslie Newbigin, *The Gospel in a Pluralist Society*(Grand Rapids: Eerdmans, 1989), p. 218.
20) 같은 책, p. 220.
21) 같은 책.
22) Gene Edward Veith Jr., *God at Work*(Wheaton, Ill.: Crossway, 2002), p. 50.
23) 같은 책, p. 52.
24) 같은 책, p. 54를 보라.
25) James Joyce, "Araby", in *Dubliners*(New York: Dover, 1991), p. 17. 「더블린 사람들」(창작과비평사).
26) Institutes 3.10.6.
27) Douglas S. Schuurman, *Vocation*(Grand Rapids: Eerdmans, 2004), p. 52.

7. 공동체

1) **일반적으로** 외톨이 그리스도인이란 없다. 약간 과장해서 말한다. 사막의 교부들과 그리스도인 은자들의 전통에 비추어 볼 때, 적어도 일시적으로라도 그리스도만을 따르는 것은 실제로 가능하다. 다른 한편, 은자들과 사막의 교부들은 주로 기도와 명상에

마음을 다해 헌신하려는 금욕주의 성향을 지닌 공동체 출신이다. 나는 장기적 고독은 분명 그리스도인들에게 모범이 되는 것도 아니고 건강한 것도 아니라고 믿는다. 나의 동료 Craig Stern은 은자적 삶은 균형을 잃은 것일 수도 있지만, 그것은 기둥 꼭대기에서 팽팽히 균형을 잡은 가운데 36년을 살았던 Simeon 같은 주상(柱上) 고행자들에게는 그렇게 말할 수 없을 것이라고 말한다!

2) Robert Letham, *The Holy Trinity: In Scripture, History, Theology, and Worship* (Phillipsburg, N.J.: P & R Publishing, 2004), p. 428.
3) 일상적 일에서 행하는 사역과 관련해 이 주제에 대한 가장 좋은 자료는 R. Paul Stevens, *The Other Six Days: Vocation, Work and Ministry in Biblical Perspective*(Grand Rapids: Eerdmans, 1999), pp. 56-65다. 이 부분에 나오는 논의는 주로 Colin Gunton, *The One, the Three, and the Many*(Cambridge: Cambridge University Press, 1993)에 의지하고 있다. 오류와 공인되지 않은 적용이 나온다면 나의 실수로 인한 것이다. 탁월한 역사적·비교적 분석은 Letham의 *Holy Trinity*에서 볼 수 있다.
4) Stevens, *Other Six Days*, p. 57.
5) 같은 책, p. 61.
6) 같은 책, p. 63와 거기 인용된 자료들을 보라.
7) Kenneth Scott La Tourette, *A History of Christianity*(San Francisco: HarperSanFrancisco, 1953), 1:225-228을 보라.
8) Stevens, *Other Six Days*, p. 57. Stevens는 이 말이 절대 우리 입에서 나와서는 안 된다고 말한다.
9) 같은 책, p. 57.
10) 같은 책.
11) Gunton, *One, the Three, and the Many*, pp. 163-165; Stevens, *Other Six Days*, pp. 59-65를 보라.
12) Gunton, *One, the Three and the Many*, p. 164.
13) Stevens, *Other Six Days*, p. 57. 또한 지상명령은 완전히 삼위일체적인 사역을 내다보며 요구하기까지 한다. "내가 너희에게 명한 모든 것을 그들이 순종하도록 가르치라." Stevens의 불평은 아마도, 복음주의가 지상명령에 대한 너무 협소한 해석에 몰두했다는 것이다.
14) Stephen R. Holmes, *Listening to the Past: The Place of Tradition in Theology* (Grand Rapids: Baker Academic, 2002), p. 13.

15) 같은 책.
16) 같은 책.
17) 같은 책, p. 34.
18) 같은 책, p. 161.
19) David F. Wells, *No Place for Truth* (Grand Rapids: Eerdmans, 1993), pp. 98-99.
20) 같은 책, pp. 99-100.
21) 같은 책, p. 100.
22) Veith, *God at Work*, p. 14.
23) Gunton, *One, the Three, and the Many*, p. 216.
24) 같은 책.
25) 같은 책.
26) 같은 책, p. 15.
27) 이런 통찰은 Christian Legal Society 실행 총무인 Sam Casey를 통해 얻은 것이다. 그는 공동체와 그리스도인 법률가에 대해 생각하는 일에 생애를 바쳤다.
28) Robert K. Visher, "Catholic Social Thought and the Ethical Formation of Lawyers: A Call for Community," *Journal of Catholic Social Thought* 1(2004): 417. Vischer 교수의 글들은 대부분 가톨릭 법률가가 된다는 것이 무슨 의미인지의 문제를 다룬다. 하지만 그의 제안과 전제들은 그리스도인 법률가들의 광범위한 공동체에도 적용된다.
29) 같은 책. 이 개념들에 대해서는 11장에서 다시 살펴보겠다.
30) 같은 책, p. 440. 역시 Vischer는 가톨릭 법률가들에게 말하고 있다. 하지만 그의 규정들은 믿음의 공동체 전체에 대체로 매우 유용하다.
31) Robert K. Vischer, "Catholic Social Thought and the Ethical Formation of Lawyers: A Call for Community," *Journal of Catholic Social Thought* 1(425). 이것은 Thomas L. Shaffer, *American Lawyers and Their Communities* (Notre Dame, Ind.: University of Notre Dame Press, 1991), p. 198를 풀어서 해설한 것이다.
32) www.wooddaleatwork.org에서 Wooddale의 일과 관련된 사역을 보라. 또한 www.hischurchatwork.org도 보라.
33) 이러한 생각은 나의 친구이자 InterVarsity Christian Fellowship 동료 간사인 Bob Trube에게서 듣게 된 것이다.

8. 진리

1) Herbert W. Titus, *God, Man, and the Law: The Biblical Principles*(Oak-brook, Ill.: Institute of Basic Life Principles, 1994), p. 29.
2) 진리에 대한 이론들에 대한 훌륭한 서론으로는 J. P. Moreland and William Lane Craig, "Theories of Truth and Postmodernism," *Philosophical Foundations of a Christian Worldview*(Downers Grove, Ill.: InterVarsity Press, 2003)를 보라. 그리고 균형잡힌 비판으로는 James K. A. Smith, "Who's Afraid of Postmodernism? A Response to the 'Biola School'" in *Christianity and the Postmodern Turn*, ed. Myron B. Penner(Grand Rapids: Brazos, 2005)를 보라.
3) C. S. Lewis, *The Screwtape Letters*(New York: Macmillan, 1959), p. 62.「스크루테이프의 편지」(홍성사).
4) Stanley Hauerwas with David B. Burrell, "Self-Deception and Autobiography: Reflections on Speer's *Inside the Third Reich*," in *Truthfulness and Tragedy: Further Investigation into Christian Ethics*(Notre Dame, Ind.: University of Notre Dame Press, 1977), p. 82.
5) 같은 책, p. 91.
6) 같은 책, p. 95.
7) Nancy Pearcey, *Total Truth*(Wheaton, Ill.: Crossway, 2004), p. 23.
8) David K. Naugle, *Worldview: The History of a Concept*(Grand Rapids: Eerdmans, 2002), p. 260.
9) Ronald H. Nash, *Worldviews in Conflict*(Grand Rapids: Zondervan, 1992), p. 16.
10) Naugle, *Worldview*, p. 260.
11) Pearcey, *Total Truth*, p. 45.
12) 이 패러다임은 모든 신학적 노선에서 무비판적으로 채택되지는 않는다고 생각한다. 하지만 그것이 논란의 여지가 가장 적고 세계관 과업에 가장 도움이 된다고 생각한다. 이런 맥락에서 가장 일반적인 양자택일의 세계관 틀은 '두 나라' 모델이다. 많은 면에서 그 둘은 완전히 모순되지는 않다. 예를 들어, Russll D. Moore, *The Kingdom of Christ: The New Evangelical Perspective* (Wheaton, Ill.: Crossway, 2004)를 보라.
13) 수수께끼 같은 Dooyeweerd의 말에 대한 이 요약은 Naugle, *Worldview*, pp. 16-31의 도움을 입었다. 이것은 세계관을 다룬 최고의 신학적·철학적 글 중 하나다. 일반적인 세계관에 대해서는 또한 Nash의 *Worldviews in Conflicts*와 J. P. Moreland와 William Lane Craig의 *Philosophical Foundations of a Christian Worldview*를 보라.

14) Millard J. Erickson, *Christian Theology*, 2nd ed.(Grand Rapids: Baker, 1998), p. 411. 일반적으로 창조 교리가 지닌 신학적 함축들에 대해서는 같은 책, pp. 400-411를 보라.
15) Martin Luther, Gustav Wingren, *Luther on Vocation*(Eugene, Ore.: Wipf & Stock, 2004), pp. 130-131에 인용됨.
16) John Paul II, *Loborem Exercens* par. 25.
17) 이에 대해서는 Albert M. Wolters, *Creation Regained*(Grand Rapids: Eerdmans, 1985), pp. 48-51를 보라.
18) 같은 책, p. 50.
19) 같은 책, p. 57.
20) 같은 책, p. 59.
21) 교회가 정치적 질서와 '동화되는 것'과 '완전히 분리되는 것' 둘 다의 위험에 대해서는 Lesslie Newbigin, *Foolishness to the Greeks: The Gospel and Western Culture*(Grand Rapids: Eerdmans, 1986), pp. 95-123를 보라.
22) 같은 책; Allen Mitsuo Wakabayashi, *Kingdom Come*(Downers Grove, Ill.: InterVarsity Press, 2003)을 보라.
23) Wolters, *Creation Regained*, p. 69.
24) C. S. Lewis, "Christianity and Culture," in *Christian Reflections*, ed. Walter Hooper(Grand Rapids: Eerdmans, 1967), p. 33.
25) Wolters, *Creation Regained*, p. 73.
26) 혁명 대 개혁에 대해서는 같은 책, pp. 89-94를 보라.
27) Charles Malik, *The Two Tasks*(Westchester, Ill.: Cornerstones, 1980), pp. 30, 26.

9. 통합을 위한 영적 훈련

1) 기독 법조회 담당 목사로 법률가들과 함께 교구 사역을 하는 내 친구 Phil Ashey가 다니엘과 이와 같은 직무를 위해 필요한 이러한 자질들을 말해 준 것에 대해 감사한다.
2) Richard Foster, *Celebration of Discipline*, 3rd ed.(New York: HarperCollins, 1998), p. 1. 「영적 훈련과 성장」(생명의말씀사).
3) Dallas Willard, *The Divine Conspiracy: Rediscovering Our Hidden Life in God* (New York: HarperCollins, 1998), p. 353. 「하나님의 모략」(복있는사람).
4) 같은 책.
5) 같은 책, p. 354.

6) Foster, *Celebration of Discipline*.
7) Dallas Willard, *Spirit of the Disciplines*(San Francisco: Harper & Row, 1988).「영성 훈련」(은성).
8) Willard, *Divine Conspiracy*, p. 307.
9) J. P. Moreland, *Love Your God with All Your Mind*(Colorado Springs: NavPress, 1997), p. 39.
10) 같은 책, p. 90.
11) 같은 책, p. 88.
12) 같은 책, p. 95.
13) 같은 책, p. 164; Foster, *Celebration of Discipline*, p. 69를 보라.
14) Foster, *Celebration of Discipline*, pp. 69-70.
15) 같은 책, p. 68.
16) 당연히 Foster는 이것에 대해서도 할 말이 있다. 반복, 집중, 이해, 성찰은 연구 훈련의 '네 단계'다.
17) Jude P. Dougherty, *Western Creed, Western Identity*(Washington, D.C.: Catholic University of America Press, 2000), p. 186.
18) 같은 책.
19) Gene Edward Veith, *God at Work*(Wheaton, Ill.: Crossway, 2002), p. 67.
20) 같은 책.
21) 동료 Natt Gantt가 이것을 지적해 준 것에 대해 감사한다.
22) 기독교적 사고와 대중 문화에 대해서는 Kenneth A. Meyers, *All God's Children and Blue Suede Shoes: Christians and Popular Culture*(Wheaton, Ill.: Crossway, 1989); William Romanowski, *Eyes Wide Open*(Grand Rapids: Brazos, 2001)을 보라. 「맥주, 타이타닉, 그리스도인」(한국 IVP).
23) Dougherty, *Western Creed, Western Identity*, p. 185.
24) 같은 책, p. 186.
25) 이 부분을 구성하는 훈련에 대해서는 Willard, *Spirit of the Disciplines*, pp. 186-189(교제와 고백), 그리고 Foster, *Celebration of Discipline*, pp. 143-157; 175-189(고백과 인도)를 보라.
26) Willard, *Spirit of the Disciplines*, p. 188.
27) 나는 우리가 '제자도'라고 부르는 것이 사실은 멘토링에 불과하다는 생각을 종종 한다. "내가 너희에게 분부한 모든 것을 가르쳐 지키게" 하여 제자를 만들라는 지상명

령의 광범위함에 비추어 볼 때, 우리의 관계들은 예수님이 염두에 두고 계시는 '제자도'보다 너무 규모가 작고 근시안적인 듯하다. 아니면 아마도 우리는 동일한 단어를 좀 다른 의미로 사용하고 있을 수도 있다. 예를 들어, Bob Biehl, Jerry McGregor, and Glen Urquhart, *Mentoring: How to Find a Mento and How to Become One*(Laguna Niguel, Calif.: Masterplanning Group, 1994), p. 4를 보라.

28) Dietrich Bonhoeffer, *Life Together*(San Francisco: HarperCollins, 1954), p. 78. 「신도의 공동 생활」(대한기독교서회).

29) Gerhardus Vos, *Biblical Theology*(1948; reprint, Carlisle, Penn.: Banner of Truth, 2000), p. 139.

30) 같은 책, p. 140.

31) 어떤 사람들은 그것을 네 번째 계명으로 친다. Thomas는 그것을 세 번째로 친다. 그러면 누구의 계산이 맞는 것인가? *Summa Theologica* 2-2, Q.35. 또한 Josef Pieper, *Leisure, The Basis of Culture*(Chicago: St. Augustine's Press, 1998), p. 30와 본문에 딸린 주를 보라.

32) Thomas Aquinas *Summa Theologica* 2-2 Q.35.

33) Pieper, *Leisure*, pp. 4-5.

34) 다음에 나오는 논의는 같은 책, pp. 30-36에 의거하고 있다.

35) 같은 책, p. 31.

36) John Piper, *A Godward Life*(Sisters, Ore.: Multnomah, 1997), p. 228. 「시들어가는 당신의 영혼을 위하여-묵상1」, 「갇혀 있는 당신의 영혼을 위하여-묵상2」(좋은씨앗).

37) David Brooks, *On Paradise Drive*(New York: Simon & Schuster, 2004), p. 227. 「보보스는 파라다이스에 산다」(리더스북).

38) 같은 책, p. 228.

39) 같은 책, p. 229.

40) Foster, *Celebration of Discipline*, p. 97.

41) 같은 책, p. 97와 Willard, *Spirit of the Disciplines*, p. 160.

42) 텔레비전과 사고 습관이라는 주제에 대해서는 Neil Postman, *Amusing Ourselves to Death*(New York: Penguin, 1985)를 보라. 「죽도록 즐기기」(굿인포메이션).

43) Moreland, *Love Your God with All Your Mind*, p. 164.

10. 직업 정체성, 통합 그리고 근대성

1) Abraham Lincoln, *Speeches and Writings* 1832-1858(New York: Library of America, 1989), p. 245.
2) Joseph Allegretti, *The Lawyer's Calling*(New York: Paulist Press, 1996), p. 9.
3) Thomas L. Shaffer, *On Being a Christian and a Lawyer*(Provo, Utah: Brigham Young University Press), p. 7.
4) Monroe Freedman and Abbe Smith, *Understanding Lawyer's Ethics*(Newark, N.J.: Lexis-Nexis, 2004), p. 71.
5) Allegetti, *Lawyer's Calling*, p. 9.
6) Robert Granfield and Thomas Koenig, "It's Hard to Be a Human Being and Lawyer: Young Attorneys and the Confrontation with ethical Ambiguity in Legal Practice," *West Virginia Law Review* 105(2003). 동료 Natt Gantt가 이것을 지적해 준 것에 대해 감사한다. Larry O. Natt Gantt II, "Integration as Integrity: Postmodernism, Psychology, and Religion on the Role of Moral Counseling in the Attorney-Client Relationship," *Regent University Law Review* 16(2003-2004): 233-234를 보라.
7) Gantt, "Integration as Integrity," p. 234.
8) Allegretti, *Lawyer's Callings*, p. 10.
9) 같은 책, pp. 7-23.
10) Shaffer, *On Being a Christian and a Lawyer*, pp. 6-7.
11) Allegretti, *Lawyer's Calling*, p. 15.
12) 1977년에 한 유대인 법률가는 나치를 대표해, 그들이 유대인이 밀집한 시카고 인근을 당당히 걸어갈 권리가 있음을 입증했다. Philippa Strum, *When the Nazis Came to Skokie*(Lawrence: University Press of Kansas, 1999).
13) Teresa Stanton Collett, "Speak No Evil, Seek No Evil, Do No Evil: Client Selection and Cooperaton with Evil," *Fordham Law Review* 66(1998): 1339. Collett 교수는 여러 실례와 이야기를 들면서, 이런 어려운 결정들을 내리기 위해 유용한 신학적·철학적 접근을 말해 준다.
14) 같은 책.
15) Schuurman, *Vocation*, pp. 77-78.
16) Allegretti, *Lawyer's Calling*, p. 20.
17) 같은 책, p. 21.
18) 같은 책.

19) 같은 책, p. 20-22.
20) Shaffer, *On Being a Christian and a Lawyer*, p. 6.
21) 같은 책, p. 8.
22) 같은 책, p. 32.
23) Thomas L. Shaffer and Robert F. Cochran Jr., *Lawyers, Clients, and Moral Responsibility*(New York: West, 1994), pp. 40-54.
24) 같은 책, p. 44.
25) 나는 이런 식으로 실무에 종사하고 있는 법률가들이 매우 많이 있으며, 그렇게 하기를 열망하는 훨씬 더 많은 법률가들이 있음을 믿어 의심치 않는다. 하지만 대부분의 개업 변호사들과 법학 교수들은 그것을 논하지도, 추구하지도 않는다.
26) Colin Gunton, *The One, the Three and the Many: God, Creation and the Culture of Modernity*(Cambridge: Cambridge University Press, 1993), p. 71.
27) 같은 책, p. 14.
28) 같은 책, p. 69.
29) 기독교적 관점에서 모더니즘을 비판한 중요한 포스트모던적 비판에 대해서는 Smith, *Who's Afraid of Postmodernism?*과 Crystal L. Downing, *How Postmodernism Serves (My) Faith*(Downers Grove, Ill.: InterVarsity Press, 2006)를 보라.
30) Ziauddin Sardar. Gunton, *The One, the Three and the Many*, p. 69에 인용됨.
31) Colin Gunton, *The One, the Three and the Many*, p. 12.
32) 법의 목적에 대해서도 실로 중대한 차이들이 있다. 모더니즘은 세계를 통일시키는 힘을 하나님에서 개인으로 바꾸어 놓는 반면, 객관적이고 보편적인 진리의 가능성을 여전히 고수한다. 모더니즘에 의해 가능하게 된 방식이긴 하지만 포스트모더니즘은 주관주의와 상대주의를 받아들인다. 하지만 모더니즘이 근본적이고 명제적인 진리로 삼은 어떤 것에 의지하는 것조차 거부하는 방식으로 받아들이는 것이다. 법학에서 이들 간의 중대한 차이들에 대해서는 Dennis Patterson, "Postmodern Jurisprudence," *Law and Truth*(New York: Oxford University Press, 1996)를 보라.
33) Shaffer, *On Being a Christian and a Lawyer*, p. 17.
34) 같은 책.
35) Gantt, "Integration as Integrity," p. 241.
36) 같은 책, p.241. MacIntyre, *After Virtue*, p. 204를 인용함.「덕의 상실」(문예출판사).

37) Gantt, "Integration as Integrity," p. 241, MacIntyre, *After Virtue*, p. 204를 인용함.
38) Gantt, "Integration as Integrity," pp. 240-262.
39) 이러한 공식화는 동료 C. Scott Pryor의 도움을 받은 것이다. 또한 모더니티에서 공사의 구분은 Newbigin의 *Foolishness to the Greeks*를, 그리고 포스트모더니즘의 상대주의적 경향들에 대해서는 Downing의 *How Postmodernism Serves (My) Faith*를 보라.
40) Robert Cochran, *Professionalism in the Postmodern Age*, Gantt, "Integration as Integrity," p. 242에 인용됨.
41) Cochran, *Professionalism in the Postmodern Age*, pp. 318-320.
42) Gene Edward Veith, *Postmodern Times*(Wheaton, Ill.: Crossway, 1994), p. 195를 보라.
43) Gantt, "Integration as Integrity," p. 244. 또한 Richard John Neuhaus, *The Naked Public Square*(Grand Rapids: Eerdmans, 1984)를 보라.
44) Newbigin, *Foolishness to the Greeks*, p. 15.
45) Neuhaus, *Naked Public Square*, p. 20.
46) Gantt, "Integration as Integrity," p. 244.
47) 같은 책, p. 245.
48) Veith, *Postmodern Times*, p. 84.
49) 같은 책, p. 84.
50) Gantt, "Integration as Integrity," p. 247.
51) 같은 책, p. 253. Catherine J. Lutz and Scott R. Ross, "Elaroration Versus Fragmentation: Distinguishing Between Self-Complexity and Self-Concept Differentiation," *Journal of Social and Clinical Psychology* 22(2003): 538.
52) 같은 책.
53) Gantt, "Integration as Integrity," p. 255.
54) Robert K. Vischer, "Catholic Social Thought and the Ethical Formation of Lawyers: A Call for Community," *Journal of Catholic Social Thought* 1(2004): 419.
55) Shaffer, *On Being a Christian and a Lawyer*, p. 220.
56) Gantt, "Integration as Integrity," p. 260.
57) Vischer, "Catholic Social Thought," p. 432.
58) 같은 책, p. 437.
59) 같은 책.

60) 우리는 마지막 장에서 재판 체계와 소송 원리들에 대해 살펴볼 것이다. 정부와 정치에 관한 기독교적 관점에 대해 몇 가지 탁월한 자료들이 있다. Oliver O'Donovan, *The Ways of Judgment*(Grand Rapids: Eerdmans, 2005); J. Budziszewski, *The Revenge of Conscience: Politics and the Fall of Man*(Dallas: Spence, 1999); Oliver O'Donovan and Joan Lockwood O'Donovan, eds., *From Irenaeus to Grotius: A Sourcebook in Christian Political Thought*(Grand Rapids: Eerdmans, 1999); Oliver O'Donovan, Desire of Nations: *Rediscovering the Roots of Political Theology*(Cambridge: Cambridge University Press, 1996); Michael Cromartie, ed., *Caesar's Coin Revisited: Christians and the Limits of Civil Government*(Grand Rapids: Eerdmans, 1996); Herbert W. Titus, *God, Man, and Law: The Biblical Principles*(Oak Brook, Ill.: Institute in Basic Life Principles, 1994); Doug Bandow, *Beyond Good Intentions: A Biblical View of Politics*(Wheaton, Ill.: Crossway, 1988); Harold J. Berman, *The Interaction of Law and Religion*(Nashville: Abingdon, 1974)을 보라.
61) 이 예는 Albert M. Wolters, *Creation Regained*(Grand Rapids: Eerdmans, 1985), p. 90에서 도움을 받은 것이다.
62) 같은 책, p. 91.
63) 같은 책.
64) 같은 책, p. 92.
65) Stanley Hauerwas, Douglas J. Schuurman, *Vocation*(Grand Rapids: Eerdmans, 2004), p. 84에 인용됨.

11. 법률가의 악덕 – 법률가의 미덕

1) Richard Foster, *The Challenge of the Disciplined Life: Christian Reflections of Money, Sex, and Power*(New York: HarperCollins, 1985), pp. 12-13.「돈, 섹스, 권력」(두란노).
2) Peter Kreeft, *Back to Virtue*(San Francisco: Ignatius Press, 1992), p. 109.
3) Martin Luther, cited by Stanley Hauerwas and William H. Willimon, *Resident Aliens*(Nashville: Abingdon, 1989), p. 131에 인용됨.
4) 같은 책.
5) Patrick J. Schiltz, "On Being a Happy, Healthy, and Ethical Member of an Unhappy, Unhealthy, and Unethical Profession," *Vanderbilt Law Review* 52 (1999): 871.

6) Roger Roots, "The Student Loan Debt Crisis: A Study in Unintended Consequences," *Southwestern University Law Review*[29] (2000): 501.
7) Leigh Jones, "As Salaried Rise, So Does the Debt," *National Law Journal* (February 1, 2006)<www.law.com/jsp/llf/PubArticleLLF.jsp?id=1139393114101>.
8) 같은 책.
9) 같은 책을 보라. 이 문제를 약간 꼬아 놓은 것으로는 Lewis A. Kornhauser and Richard L. Revesz, "Legal Education and Entry into the Legal Profession: The Role of Race, Gender, and Educational Debt," *New York University Law Review* 70(1995)을 보라. 그들은 졸업생들이 급여가 낮은 일자리들을 갖지 못하도록 하는 것은 교육비 대출금이 아니라, 애초에 그 학생이 '비영리' 단체나 다른 사회적 요소에 대한 헌신이 결여되어 있기 때문이라고 주장한다.
10) Foster, *Challenge of the Disciplined Life*, p. 28.
11) 이에 대해서는 Darrell L. Bock, *Luke 9:51-24:53*, Baker Exegetical Commentary on the New Testament(Grand Rapids: Baker, 1996), p. 1334를 보라.
12) R. G. LeTourneau, *R. G. LeTourneau: Mover of Men and Mountains* (Chicago: Moody Press, 1967), p. 90.
13) Hauerwas and Willimon, *Resident Aliens*, p. 131을 보라.
14) Foster, *Challenge of the Disciplined Life*, pp. 28-29를 보라.
15) Hauerwas and Willimon, *Resident Aliens*, pp. 130-131.
16) 창조의 권세와 사역의 권세라는 주제에 대해서는 Foster, *Challenge of the Disciplined Life* 11장과 12장을 보라.
17) Christopher Marlowe *Doctor Faustus* 1.1.51-53, 59-60.
18) Kreeft, *Back to Virtue*, p. 98.
19) Andrew Murray, *Humility: The Journey Toward Holiness*(Minneapolis: Bethany House, 2001), p. 11. 「겸손」(좋은씨앗).
20) John Milton *Paradise Lost* 1.261-263.
21) Kreeft, *Back to Virtue*, p. 97.
22) Kreeft, *Back to Virtue*, p. 98.
23) Shaffer, *On Being a Christian and a Lawyer*, p. 19.
24) 같은 책.
25) C. S. Lewis, *The Great Divorce*(San Francisco: HarperSanFrancisco, 2001), p. 75. 「천국과 지옥의 이혼」(홍성사).

26) G. K. Chesterton, *The Man Who Was Thursday*(New York: Modern Library, 2001), p. 14.
27) Murray, *Humility*, p. 53.
28) 예를 들어, J. Vernon McGee, *Thru the Bible*, vol. 2(Nashville: Thomas Nelson, 1983)를 보라.

12. 법과 진리

1) 창조-타락-구속에 대해서는 8장을 보라.
2) C. Scott Pryor, "Mission Possible: A Paradigm for Analysis of Contractual Impossibility at Regent University," *St. John's Law Review* 74(2000). 또한 C. Scott Pryor, "Consideration in the Common Law of Contracts: A Biblical-Theological Critique," *Regent University Law Review* 18(2005-2006): 1을 보라.
3) Pryor, "Mission Possible," pp. 694-698. Pryor는 이것을 규범적 관점, 역사적·상황적 관점, 그리고 실존적 관점이라고 부른다.
4) 같은 책, p. 705.
5) Wayne Grudem, *Systematic Theology*(Grand Rapids: Zondervan, 1994), p. 122를 보라. 또한 Pryor, "Consideration in the Common Law of Contracts," p. 10를 보라.
6) Grudem, *Systematic Theology*, p. 122를 보라.
7) 같은 책, pp. 122-123를 보라.
8) Pryor, "Consideration in the Common Law of Contract," p. 10.
9) 같은 책.
10) Pryor, "Mission Possible," pp. 699-700.
11) Gordon J. Spykman, *Reformational Theology*, 같은 책, p. 699 24행에 인용됨.
12) D. A. Carson, Pryor, "Mission Possible," p. 700에 인용됨.
13) Pryor, "Mission Possible," p. 702.
14) 같은 책, p. 720.
15) *Wycliffe Dictionary of Theology*(Peabody, Mass.: Hendrickson, 2000), pp. 204-205.
16) Grant Osbourne, Pryor, "Mission Possible," p. 721에 인용됨.
17) Derke Bergsma, *Redemption: The Triumph of God's Great Plan*(Lansing, Ill.: Redeemer Books, 1989).
18) Pryor, "Mission Possible," p. 702.
19) 같은 책, p. 703.

20) 같은 책, p. 723.
21) 예를 들어, Craig A. Stern, "Crime, Moral Luck, and the Sermon on the Mount" *Catholic University Law Review*, 48(1999): 801-842를 보라.
22) Harold L. Berman, *Law and Revolution: The Formation of the Western Legal Tradition*(Cambridge, Mass.: Harvard University Press, 1983)을 보라.
23) Craig A. Stern, "The Common Law and the Religious Foundations of the Rule of Law Before Casey," *University of San Francisco Law Review* 38(2004): 499.
24) Michael Novak, "The Faith of the Founding," *First Things* 132(2003): 32.
25) 로마 가톨릭의 법 전통에서, 역사적인 것들의 많은 부분은 전통의 가르침들과 관련되어 있으므로 또한 규범적인 것이 될 수 있다.
26) Ralph McInerny, Thomas Aquinas, *Treatise on Law*(Washington, D.C.: Regnery Gateway, 1956), p. xviii 서론.
27) J. Budziszewski, *Written on the Heart: The Case for Natural Law*(Downers Grove, Ill.: InterVarsity Press, 1997), p. 180.
28) 같은 책, pp. 180-181.
29) 같은 책, p. 184.
30) Thomas C. Folsom, "The Restatement of the Obvious: Or, What's Right Got to Do with It? Reflections on a Business Ethic for Our Times," *Regent University Law Review* 16(2003-2004): 347-349.
31) 개인적으로 직업적으로, 갈등이라는 주제에 대해 생각하기에 가장 좋은 입문서는 Ken Sande, *The Peacemaker*, 3rd ed.(Grand Rapids: Baker, 2004)이다. 「피스메이커」(피스메이커).
32) Thomas L. Shaffer and Robert F. Cochran Jr., *Lawyer, Clients, and Moral Responsibility*(New York: West, 1994), pp. 5-6.
33) Robert F. Cochran Jr., "Professional Rules and ADR: Control of Alternative Dispute Resolution Under the ABA Ethics 2000 Commission Proposal and Other Professional Responsibility Standards," *Fordham Urban Law Journal* 28(2001): 895.
34) Sande, *Peacemaker*, p. 26.
35) Sande, *Peacemaker*, p. 54, 고린도전서 6장을 인용함.
36) 같은 책, p. 280.
37) John Colet, *Community on First Corinthians*(Binghamton, N.Y.: Medieval &

Renaissance Texts & Studies, 1985), pp. 121, 127.
38) Sande, *Peacemaker*, p. 280.
39) 같은 책, p. 281.
40) Matthew Henry, *Commentary on the Whole Bible*(Peabody, Mass.: Hendrickson, 1991), p. 2254.
41) Sande, *Peacemaker*, p. 281.
42) 같은 책, p. 282.
43) 같은 책, p. 283.
44) Douglas H. Cook, "Negligence or Strict Liability? A Study in Biblical Tort Law," *Whittier Law Review* 13(1992): 1-16.
45) Dennis Huspeni, "Lawyer Practices His Faith," *Colorado Springs Gazette*, January 8, 2007, Metro, p. 3.
46) 같은 책.
47) William Blackstone, *Commentaries on the Laws of England*(Chicago: University of Chicago Press, 1979): 4:27.
48) 이 문제에 대해서는 Michael P. Schutt, "What's a Nice Christian Like You Doing in a Profession Like This?" *Regent University Review* 11(1998-1999): 137.
49) Craig A. Stern, "Things Not Nice: An Essay on Civil Government," *Regent University Law Review* 8(1998): 1.
50) J. Budziszewski, *What We Can't Not Know: A Guide*(Dallas: Spence, 2003), pp. 69-70.
51) 이것에 대한 논란의 여지가 전혀 없는 것은 아니다. 부록의 인용문들에 나오는 Tuomala 교수의 억제에 대한 논증을 보라. 또한 Jeffrey C. Tuomala, "The Value of Punishment: A Response to Judge Nygaard, "*Regent University Law Review* 5" (1995): 13을 보라.
52) *ABA Model Rules of Professional Conduct* R. 2.1. (2002).
53) "*A Time to Kill*", John Grisham의 소설에 기초한 영화로, Akiva Goldsman이 극본을 쓰고 Joel Schumacher가 감독함(Regency Pictures, Warner Bros. 1996). Arkansas 대학 법학 교수인 Howard Brill이 내게 이 장면과 다른 장면들을 윤리학의 실례로 사용하라고 이야기해 주었다.
54) ABA Model Rule 4.1(b). 대안적 설명과 해석이 될 만한 것으로, Charles W. Wolfram, *Modern Legal Ethics*(St. Paul, Minn.: West, 1986), pp. 722-727를 보라.

55) 같은 책.
56) Wolfram, *Modern Legal Ethics*, p. 726.
57) 흥미롭고 유용한 역사적-신학적 언급은 Paul J. Griffiths, *Lying: An Augustinian Theology of Duplicity*(Grand Rapids: Brazos, 2004)에 나온다.
58) Sande, *Peacemaker*, p. 226.
59) 같은 책, pp. 227-228.
60) Wolfram, *Modern Legal Ethics*, p. 714.
61) Pryor, "Mission Possible," p. 727.
62) Michael V. Hernandez, Regent University School of Law 소유권에 대한 강의 계획안(저자 목록이 첨부되어 있는)
63) Herbert W. Titus, *God, Man, Law: The Biblical Principles*(Oakbrook, Ill.: Institute in Basic Life Principles, 1994), p. 237.
64) 같은 책, John Locke, *Second Treatise of Civil Government*(1690)를 인용함.

결론
1) Ben Carson, with Cecil Murphey, *Gifted Hands: The Ben Carson Story*(Grand Rapdis: Zondervan, 1990), p. 183.

부록
1) 이 부분에 나오는 Jeffrey C. Tuomala 이론에 대한 언급들은 "Christ's Atonement as the Model for Civil Justice," *American Journal of Jurisprudence* 38(1993)에서 볼 수 있다.
2) Tuomala, "Christ's Atonement", p. 223.
3) Pryor는 이것이 역사적 관점의 중요한 부분이라는 점을 주목한다. C. Scott Pryor, "Mission Possible: A Paradigm for Analysis of Contractual Impossibility at Regent University," *St. John's Law Review* 74(2000).
4) Tuomala, "Christ's Atonement," pp. 223-224.
5) 같은 책, p. 232.
6) 같은 책, pp. 243-244.
7) 같은 책, p. 244.
8) 같은 책, p. 254.
9) 같은 책, p. 255.

10) 이 부분에 나오는 언급들은 C. Scott Pryor, "Consideration in the Common Law of Contracts: A Biblical-Theological Critique," *Regent University Law Review* 18(2005-2006): 1에 나온다.
11) 같은 책, p. 2.
12) 당신이 계약광이고, 그저 고찰 원리에 대한 그의 평가를 알 필요가 있다면, 같은 책에 나오는 내용 전체를 읽어 보라.
13) 같은 책, pp. 5-6.
14) 같은 책, p. 9.
15) 같은 책.
16) 같은 책, p. 10.
17) 같은 책, p. 11.
18) 같은 책.
19) 같은 책, pp. 12-15.
20) 같은 책, p. 18.
21) 같은 책, p. 19.
22) Craig A. Stern, "Crime, Moral Luck, and the Sermon on the Mount," *Catholic University Law Review* 48, no. 3(spring 1999): 801, 802-3.
23) 같은 책, p. 804.
24) 같은 책, p. 812.
25) 같은 책, p. 815.
26) 같은 책.
27) 같은 책, pp. 817-818.
28) 같은 책, p. 818.
29) 같은 책, pp. 831-832. 이 단락에는 John E. Witte and Thomas C. Arthur, "The Three Uses of the Law: A Protestant Source of the Purposes of Criminal Punishment?" *Journal of Law and Religion* 10(1994): 451을 참조하는 각주가 나와 있었다. 저자는 다음과 같은 것을 주장한다. "신학자들과 마찬가지로, 초기 근대 법학자들은 정부와 형법의 일반적인 도덕론을 받아들였다. 하나님은 도덕법 혹은 자연법을 창조하셨다.…국가의 치안판사는 세상에서 하나님을 따라 다스리는 부섭정자다. 그들은 하나님의 권위와 위엄을 이 땅에 나타내고 반영해야 한다. 그들이 공표하는 법들은 하나님의 도덕법, 특히 십계명에 나와 있는 법을 잘 요약하고 상세히 설명해야 한다. 그러므로 형법 조항들은 도덕법의 조항들과 필연적으로 유사해야

한다. 형벌의 목적은 필연적으로 하나님이 내리시는 형벌의 목적과 비슷해야 한다. William Blackstone이 말하듯, '국가의 형법은, 하나님의 도덕법이 영적 삶에서 담당하는 것과 같은 역할을 사회적 삶에서 담당한다.'"
30) Pryor, "Consideration in the Common Law," pp. 1, 9.

CLF(기독법률가회) 소개

역사

1987년 기독교윤리실천운동 출범 당시 참여한 기독 법률가들을 중심으로 1993년 초부터 비공식적인 모임을 갖다가 1995년 기윤실 법률가 모임으로 공식화하였다. 처음에는 기윤실 사역의 법률 지원에 초점을 맞추다가 차츰 법률 영역의 기독 전문가 그룹으로서의 성격을 강조하는 방향으로 나가게 되었다. 그 후 여러 차례에 걸친 핵심 회원들의 논의를 거쳐 1999년 개혁적인 복음주의에 기초한 법률가 모임인 Christian Lawyer's Fellowship(CLF)을 창립하였다. 초기에는 CLF를 예수사랑변호사회, 기독변호사회로 불렀으나 2008년 이름을 기독법률가회로 바꾸었다.

미션

CLF는 예수 그리스도의 주되심을 인정하고 선포하며, 기독 법률가로서의 정체성을 확립하고 대안적인 삶의 모델을 세워 나감으로써 법률 영역에서 하나님 나라를 이루어 가는 것을 목적으로 하고 있다.

조직

CLF는 위와 같은 목적을 이루기 위해 이사회, 실행위원회 아래 (1) 법률 실무, 법학, 그리고 신앙 사이의 통합을 위해 성경적 법학 연구 자료를 수집, 번역, 발간하는 연구 위원회 (2) 기독 법률가들 사이의 교제를 돕고 기독 법률가의 대안적인 라이프 스타일을 실험하는 생활·공동체 위원회 (3) 기독 NGO를 법률적으로 지원하고 법률가로서 사회적 약자들을 섬기며 사회적 책임을 수행하는 사회 위원회 (4) 법대기도모임, 사법연수원 신우회, 고시촌 선교회, 로스쿨기독인 모임 등 예비 법률가를 지원하는 예비 법률가 위원회 (5) 해외 기독 법률가들과 교류하고, 국내외 선교사들을 법적으로 지원하며, 저개발국에 법률적인 지원을 하는 선교 위원회 (6) CLF 전체 사무를 총괄하면서 회원 관리, 회계, 사무행정 등을 담당하는 사무국을 두고 있다.

활동

각 위원회의 활동 내역을 살펴보면 연구 위원회는 그동안 외국의 성경적 법학 자료를 번역하여 회원들에게 소개하는 일을 해 왔는데, 최근에는 기독교 법사상에 관한 책들을 'CLF 총서'의 이름으로 한국 IVP를 통해 출판하기로 하고, 이를 위해서 2008년 초부터 변호사, 교수, 대학원생들이 월 1회 모여 관련되는 책들을 강독하고 번역하는 기독법사상연구모임을 하고 있다. 생활·공동체 위원회는 수년 동안 정기 목요모임(매주 목요일 저녁 7시, 문의 02-2087-3287)을 주최해 왔으며, 중보기도팀을 중심으로 월 1회 회원사무실을 방문하는 정오중보기도모임과 청계산 기도원에서의 월례 중보기도회를 통해 회원 간의 친목과 영성 계발을 도모하고 있다. 사회 위원회는 기독시민단체지원팀을 통해 피난처, 난민인권센터, 희년선교회, 성서한국, 기윤실 등 기독 NGO를 지원해 왔고, 특히 탈북자, 장애인, 이주노동자, 난민들을 집중적으로 도와 왔다. 장애인차별금지법 제정 등에 핵심적인 역할을 담당한 노하우를 바탕으로 한 장애인팀, 통일을 준비하는 기독법률가들의 모임인 통일팀을 구성하였고 이주난민법센터를 통해 난민소송과 난민법 제개정 운동, 난민인권실태조사 등에 참여하고 있다. 예비 법률가 위원회는 고시촌 선교회와 법대기도모임을 지원할 뿐 아니라 법대생, 로스쿨생들의 소명 발견을 위한 인턴십 프로그램, 법대생과 연수원생 그리고 기독법률가들이 함께 하는 법기독 컨퍼런스, 로스쿨 시대를 맞이하여 주기적으로 로스쿨에 있는 기독 모임을 방문하고 로스쿨 학생들을 초대하여 로스쿨생들을 위한 훈련 코스와 CLF 학교 등을 운영하고 있다. "사회 복지 그리고 종교"라는 주제로 한중(韓中) 기독 법률가 컨퍼런스를 주최한 바 있는 선교 위원회는 해외 기독 법률가들과 적극적으로 네트워크를 하기 위해 기독 법률가 네트워크 및 저개발국 지원팀, 해외 선교사들을 법적으로 지원하기 위해 선교·법률지원팀을 두고 정기적으로 모임을 갖고 있다.

전국대회

2009년 8월에는 "생존을 넘어 소명으로"라는 제목으로 제1회 CLF 전국대회를 열었는데, 기성 법률가와 예비 법률가 240여 명이 참여하여 법률 영역에서 어떻게 현실의 어려움을 극복하고 하나님의 뜻을 따를지 고민하고 해결책을 모색하는 시간을 가졌다. CLF 전국대회는 매년 8월 첫째주에 개최가 되는데, 2010년 8월에는 "새로운 법률가가 온다"라는 제목으로 제2회 CLF 전국대회가 열릴 예정이다.

문의

CLF에 대해 더 자세히 알고 싶거나 회원 가입을 원하시는 분들은 홈페이지 www.clf.or.kr을 방문하시거나 사무국(02-2087-3287)으로 연락 주시기 바란다.

옮긴이 정옥배는 한국외국어대학교 서반아어과를 졸업하고 IVP 간사를 역임했으며 미국 웨스트민스터 신학교와 풀러 신학교에서 수학하였다. 역서로는 「그리스도의 십자가」(공역), 「로마서 강해」, 「사도행전 강해」, 「진정한 기독교」, 「하나님을 아는 지식」, 「현대 사회 문제와 그리스도인」(이상 IVP) 등 다수가 있다.

다시 찾은 법률가의 소명

초판 발행_ 2010년 7월 15일

지은이_ 마이클 슈트
옮긴이_ 정옥배
펴낸이_ 신현기
책임편집_ 이혜영

발행처_ 한국기독학생회출판부
판권ⓒ_ 한국기독학생회출판부 2010
등록번호_ 제313-2001-198호(1978. 6. 1)
주소_ 121-838 서울 마포구 서교동 352-18
대표 전화_ (02)337-2257 팩스_ (02)337-2258
영업 전화_ (02)338-2282 팩스_ 080-915-1515
직영서점 산책_ (02)3141-5321
홈페이지_ http://www.ivp.co.kr 이메일_ ivp@ivp.co.kr
온라인 산책_ http://www.ivpbooks.co.kr
ISBN 978-89-328-1153-6

책값은 뒤표지에 있습니다.
  무단 전재와 복제를 금합니다.